鞠曦思想研究

孙铁骑 彭卿 主编

线装书局

图书在版编目（CIP）数据

鞠曦思想研究/孙铁骑,彭卿主编.-- 北京：线装书局,2018.5
ISBN 978-7-5120-3188-3

Ⅰ.①鞠… Ⅱ.①孙…②彭… Ⅲ.①鞠曦—哲学思想—思想评论 Ⅳ.①B262

中国版本图书馆CIP数据核字(2018)第077605号

鞠曦思想研究

作　　者：	孙铁骑　彭　卿
责任编辑：	李　媛
出版发行：	线装书局
地　　址：	北京市丰台区方庄日月天地大厦B座17层(100078)
电　　话：	010-58077126（发行部）010-58076938（总编室）
网　　址：	www.zgxzsj.com
经　　销：	新华书店
印　　制：	北京荣泰印刷有限公司
开　　本：	710mm×1000mm　1/16
印　　张：	30.25
字　　数：	400千字
版　　次：	2018年5月第1版第1次印刷
印　　数：	0001—2000册
定　　价：	88.00元

前　言

　　鞠曦先生，土生土长并隐居修学于长白山，其学以"承诺推定法"为方法论，对中西哲学进行一以贯之的思想与逻辑推定，揭示出中西哲学不同之特质与思想进路；以"时空统一论"贯通中西哲学，给出西方哲学何以终结，中国哲学何以必然复兴与如何复兴之思想进路；以"形而中论"外化出易哲学的思想体系，揭示出中国哲学何以走出了西方哲学的理论误区，阐释了人类哲学的未来发展方向。其事业以"内道外儒"为宗旨，创立长白山书院，每年暑期面向社会举办儒道研修班，广开弘道之门，不取丝毫之利，传道授业，教化社会，真正传承传统民间书院之道统与学统；创办《恒道》辑刊，致力于学术，深研于学问，广结众缘，为弘扬儒道之学、复兴传统文化奔走呼号。

　　鞠曦哲学思想之体系已经系统完备，义理坚实，贯通中西思想史，直面当下社会问题。故对鞠曦思想之研究具有双重时代意义：在思想史的维度上，鞠曦思想真正实现了对中国传统文化的正本清源与返本开新，以现代哲学话语与理性逻辑重新阐释出中华道统之本真面目。可以说，鞠曦思想是继孔子编撰"六经"系统而承续和阐释中华道统二千年之后，对中华道统的再次厘定与重新阐释。孔子是为了应对"道术为天下裂"的文化现实而编撰"六经"，由"以人载道"转为"以文载道"。鞠曦则是为了应对西方文化主导下的哲学与文化终结问题而对孔子思想进行正本清源，从而以易哲学为核心依据，以现代哲学理性话语将孔子思想复活于当下。此为千古未有之伟大事业，当许多现当代新儒家还在纠结于"照着讲"还是"接着讲"的路径迷途之时，鞠曦思想已经超越前人，超越思想史的纷争，直接与孔子合而为一，其既不是"照着讲"，也不是"接着讲"，而是让孔子自己重新讲，鞠曦思想之使命只是代言而已。故对鞠曦思想的研究就是对孔子思想的研究，我们无法读懂孔子，但我们可以读懂鞠曦，当我们读懂鞠曦，再去对接孔子，方可知孔子为何人，何以称伟大，亦可知鞠曦之思想绝非其私人创制，而是中国文化高明而深奥之义理自在，本质上是与孔子一样的"述而不作"，只是将中华道统如其所是地表达出来，并没有刻意创制什么理论。

在现实的维度上，鞠曦思想直面当下中国与世界面临的人类性社会与文化问题，不做无益之思，不做理论之奴隶，一切以现实之生命安顿为旨归，《易》之"穷理尽性以至于命"为鞠曦思想之终极价值追求。既然生命还在延续，人类还在生存，"理性与命"的主题就是人类文化不可逃避的核心。不能安顿生命的文化是虚假的文化，不能"尽性至命"的理性思考是无用的思维浪费。而西方哲学与文化正是奔走于这样的歧途之上而走向了终结，中国文化则步西方文化之后尘而沦入现代性病症的深渊，而当代复兴传统文化的热潮也只是一种游荡他乡之浪子遥望梦中家园的盲目激情，尚不知家在何方又何谈归乡？严格的社会分工与知识系统的分科研究已经将现实生命与生活完全撕裂，使碎片化的思想无法去关照生命。而鞠曦思想则系统完备而又以性命为宗旨，以性命之道贯通古今。因今人之性命即为古人之性命，古人之性命即为今人之性命，故先圣孔子"穷理尽性以至于命"之思想必然亦能使今人达于"穷理尽性以至于命"之境地，此方为复兴传统文化之根本理由与依据所在，也是鞠曦思想与孔子思想本质为一之根本证明。而鞠曦个人"内道外儒"之生命修为及其弟子对其思想与践行之传承则是如此思想进路之生命实证，传统儒道之学的生命力已经复兴于鞠曦个人的生命践行之中，故求其学、问其道者，只要如其所思，践其所行，就可直接领略到传统文化不朽之精神与永久之魅力。

故鞠曦思想研究既有思想史的传承意义，又有对治当下生命与社会问题之现实意义，研究鞠曦思想，实乃为当下复兴传统文化大业之直达捷径。然当代中国整体学术还沉迷于西学范式的理论研究之中，创新理论却不问生命，只求现世名与利，不问学者职与责，故还没有意识到或有意躲避鞠曦思想贯穿思想史与时代现实的双重意义。但路总要有人去走，鞠曦思想必须有人去研究，鲁迅说："世上本没有路，走的人多了，也就成了路。"这本《鞠曦思想研究》文集就肩负着这样的使命，它要开启鞠曦思想研究的一扇门，或许这本书中的文章还很粗浅，还很稚嫩，更没有表达出鞠曦思想的精髓与全部，但它只是一个开始，是鞠曦思想研究已经在路上的一个标志，必然会有后来人不断地加入其中，会开启鞠曦思想研究的一个文化时代，因为这是对自我生命负责、对中国文化负责、对人类未来负责的必然之路。

这本文集严格限定于对鞠曦思想体系的理论进路与应用研究，共分"鞠曦易学研究""鞠曦哲学研究""鞠曦思想应用研究"与"鞠曦思想研修"四个单元。每个单元的文章都独立成篇，彼此之间又有一定的内在逻辑关联，读者既可对每篇文章进行系统理解和解读，也可以将整个单元以至全书作为一个整体来理解和解读。

"鞠曦易学研究"所选文章侧重于对鞠曦易学的哲学化研究，即鞠曦易学的"形而中论"哲学体系研究。这不过是鞠曦易学研究的一个狭小侧面，还没有真正深入鞠曦易学的核心高地，但读者可以初步理解鞠曦易学区别于传统易学的根本所在，可以初探鞠曦易学的基本哲学理念与体系架构，可以为有心人更深入地走入鞠曦易学思想体系导引方向。

"鞠曦哲学研究"所选文章侧重于对鞠曦哲学的"时空统一论"研究，由"时空统一论"哲学的基本学理切入，逐步展开"时空统一论"解决现实生命存在问题的逻辑进路。读者可概览"时空统一论"哲学的核心理念与基本理路，并可初窥"时空统一论"与"形而中论"的内在相通之处。

"鞠曦思想应用研究"所选文章是运用鞠曦易学的"形而中论"与鞠曦哲学的"时空统一论"思想原理解读《易经》《道德经》和《庄子》文本中的生命修炼之道。不通过鞠曦思想的阐释和解读，就无法以现代哲学的理性思维与话语表达方式理解和言说传统儒家与道家的生命修炼思想与具体方法。

"鞠曦思想研修"单元具有特别的意义，精选了长白山书院历年儒道研修班的思想综述，读者从前至后可以概览长白山书院传道授业的学术轨迹，可以领略中国传统民间书院的学思风采，很有历史带入感与思想成长感，可以看出鞠曦思想如何从最初的点滴片段式传播日渐发展为体系化、系统化的全面传播过程，可以感受到鞠曦思想的影响与传播虽然步履维艰，但步步扎实，步步深化，并影响日深。

这是一本载道并传道之书，虽然它并不完美，但所选文章的每个作者都有向道之心，都希望通过鞠曦思想走入中国传统儒道文化的义理世界之中，"修己以安人，修己以安百姓"。中国文化之未来与希望或已由此开启，此为编者之厚望与期许。

孙铁骑

2018.1.12

目　录

前　言 ……………………………………………………………… 1

鞠曦易学研究

鞠曦易学研究的哲学转向 ………………………… 孙铁骑　3
鞠曦易学的哲学前提 ……………………………… 孙铁骑　19
《周易》内含的哲学体系 …………………………… 孙铁骑　32
鞠曦易学的解易原则 ……………………………… 孙铁骑　52
六爻成效的本体论意义 …………………………… 孙铁骑　64
《咸》卦的历史性误区及其正本清源 ……………… 刘　中　78
穷理尽性以至于命 ………………………………… 韩　星　91
关于鞠曦先生学术的几点初步理解 ……………… 邓荣和　101

鞠曦哲学研究

"时空统一论"哲学之学理初探 …………………… 孙铁骑　115
论鞠曦哲学的"时空"与"被存在" ………………… 彭　卿　131
论鞠曦哲学的"形而中"与"被存在" ……………… 彭　卿　143
论鞠曦哲学的"内时空"与"去被存在" …………… 彭　卿　155
崔致远《〈天符经〉解》与鞠曦《〈天符经〉解要》之比较 …… 孙铁骑　167
理性与命之正本开新 ……………………………… 陈咸源　185

鞠曦思想应用研究

《道德经》中的生命修炼之道 ………………………… 孙铁骑　205

《易经》与《庄子》中的生命修炼思想之比较 ………… 孙铁骑　219

鞠曦思想研修

丙戌研修班综述 ……………………… 林桂榛　隋洪波　翟奎凤　237

庚寅研修班综述 …………………………………………… 孙铁骑　256

壬辰研修班综述 …………………………………………… 孙铁骑　272

癸巳研修班综述 …………………………………………… 孙铁骑　308

甲午研修班综述 …………………………………………… 孙铁骑　339

乙未研修班综述 …………………………………………… 孙铁骑　356

丙申研修班综述 …………………………………………… 孙铁骑　384

后记 ……………………………………………………………………　402

鞠曦易学研究

○ 鞠曦易学研究的哲学转向　孙铁骑
○ 鞠曦易学的哲学前提　孙铁骑
○ 『周易』内含的哲学体系　孙铁骑
○ 鞠曦易学的解易原则　孙铁骑
○ 六爻成效的本体论意义　孙铁骑
○ 『咸』卦的历史性误区及其正本清源　刘中
○ 穷理尽性以至于命　韩星
○ 关于鞠曦先生学术的几点初步理解　邓荣和

鞠曦易学研究的哲学转向

孙铁骑

摘要：鞠曦易学的研究进路是对《周易》的经传系统进行符合当代哲学理性的哲学体系化解读，转向《周易》哲学的生命之道研究，转向《周易》哲学的体系化研究，转向儒道会通的研究。揭示出《周易》哲学的生生本体论、"穷理尽性以至于命"的价值论与"形而中"的中道认识论。揭示《周易》具有的生命修炼之道与道家内丹学本质一致，从而证明儒家与道家思想的会通。

关键词：鞠曦易学；哲学转向；生命之道；儒道会通

按照鞠曦易学的研究进路，将历史性的易学研究与现实性的时代要求相结合，当代的易学研究应当遵循如下三个大的原则：一是易学研究必须符合易学的本性，必须以《周易》自在的象、数、理、义为依据，不能在易理之外私加己意，妄为解说，此为自古解易之说的最大弊病。二是必须符合孔子的解易宗旨，因为"易道广大，无所不包"，自古解易之书最多，但真得孔子作传解经之宗旨者则寡矣！故必须使易学研究与其他儒学经典相贯通，还原《易》作为"六经"之首的学理地位。三是必须使易学研究满足现代人的理性规则与学术标准的要求，从而使易学成为现代人可以理解的当代经学。

根据此三原则，当代易学研究进路应当实现彻底的哲学转向，将《周易》自在的象、数、理、义系统转化为符合现代理性思维的体系化哲学，形成可以为现代理性所理解的《周易》哲学体系。这一易学研究的哲学转向已经由鞠曦的易学研究开启，下面本文就根据鞠曦的易学研究成果阐释这一哲学转向的具体进路。

一、转向《周易》哲学的生命之道研究

将《周易》的文本与卦爻系统进行全面的哲学化研究和现代转化首先需要确立《周易》哲学的理论宗旨，即确定《周易》哲学作为一种哲学体系获得自身理论合法性的核心理念是什么，也就是《周易》作为一种哲学体系必须给出自己的价值论承诺。这一核心理念必须从《周易》自身的经典文本中析出并贯穿于整个《周易》卦爻系统之中，构成整个《周易》哲学的文化灵魂。而这一核心理念作为一种哲学追问与价值诉求又必然需要内在的学理支撑，即需要具有内在的本体论依据。此本体论依据又必须由《周易》哲学自身给出，从而使整个《周易》哲学体系建立在坚实的哲学本体论基础之上，以确保自身价值论承诺的实现，从而避免现代西方哲学因本体论缺失而走向终结的必然命运。

那么，《周易》哲学的核心理念与价值追求是什么呢？《说卦传》第一章言：

> 昔者圣人之作易也，幽赞于神明而生蓍，参天两地而倚数。观变于阴阳而立卦；发挥于刚柔而生爻；和顺于道德而理于义；穷理尽性以至于命。

"说卦"之意即为解释"何为卦""卦为何用"与"卦如何用"，作为《周易》原典的"经"就是由八卦以至六十四卦、三百八十四爻构成的卦爻系统，而"传"则是孔子为解经而作，故"卦"乃为《周易》哲学原典的核心，而《说卦传》就是孔子对卦的具体解释，故《说卦传》无疑为整个《周易》理论体

系之纲领。①而《说卦传》第一章就开宗明义,揭示卦为何而立与如何立。"幽赞于神明而生蓍,参天两地而倚数。观变于阴阳而立卦;发挥于刚柔而生爻",是说昔者圣人如何通过"幽赞""参两""观变""发挥"而"生蓍""倚数""立卦""生爻",从而最终确立了《周易》的整个卦爻系统。"和顺于道德而理于义,穷理尽性以至于命",则是解说昔者圣人为何要确立此卦爻系统,其目的是将此卦爻系统"和顺于道德而理于义",最终达到"穷理尽性以至于命"的价值追求。②

"穷理尽性以至于命"就是《周易》哲学的核心价值追求,就是贯穿于整个《周易》哲学体系之中的核心理念。而考诸历史,作为《周易》之"经"的卦爻系统本为卜筮之用,而孔子却将之解说为"穷理尽性以至于命"之用,显然这是孔子对《周易》卦爻系统的传统卜筮之用进行了创造性转化,使之"和顺于道德而理于义",以达到"穷理尽性以至于命"的目的。故《周易》哲学代表的是孔子对"性与天道"的理解,"穷理""尽性""至命"是孔子思考的终极问题,故孔子将对"理、性、命"的思考融入《周易》的卦爻系统之中,通过对之作传的方式,借助《周易》六十四卦系统言说自己对"性与天道"的理解,指点世人如何实现"穷理尽性以至于命"。故《周易》哲学就是孔子的生命哲学,内在蕴含着孔子的生命之道,故子曰:"夫易何为者也? 夫易开物成务,冒天下之道,如斯而已者矣。"(《系辞传》)

而《周易》的六十四卦系统如何可以言说"理、性、命",可以达到"穷理尽性以至于命"的价值追求呢? 这直接相关于孔子对《周易》的本体论设定,《系辞传》言:

  一阴一阳之谓道。继之者善也,成之者性也。仁者见之谓之仁,

---

① 鞠曦:《周易思想体系与说卦传——论六十四卦卦序》,长白山书院网站:http://www.cbsrudao.com。

② 鞠曦:《易经及哲学核心问题论纲》,长白山书院网站:http://www.cbsrudao.com。

> 知者见之谓之知，百姓日用而不知，故君子之道鲜矣！显诸仁，藏诸用，鼓万物而不与圣人同忧，盛德大业至矣哉！富有之谓大业，日新之谓盛德。生生之谓易，成象之谓乾，效法之谓坤，极数知来之谓占，通变之谓事，阴阳不测之谓神。

"之谓"不是"谓之"，不是人为的定义，而是自然的"报出、给出、显露出"。"一阴一阳之谓道"即言"一阴一阳"的变化之中自在地显露出"道"的存在，能继此道而行即为善，能成此道即为性，但人有不同生命境界，从而对此道有不同领悟与践行，故"仁者见之谓之仁，知者见之谓之知，百姓日用而不知"，而君子之道更是少有人知。此道外显而为仁，隐藏于人与万物之用中，与圣人一样助成万物的长养，却没有圣人的忧患之虑，成就其"富有"之"大业"与"日新"之"盛德"。此"盛德大业"之所以"至矣哉"，就是因为表现于"富有"与"日新"之中的生生不息。而"生生之谓易"，"生生"之中自在地"报出、给出"易的存在，故易由"生生"而来，本于"生生"。而庄子言"易以道阴阳"（《庄子·天下篇》），《易》就是言说"一阴一阳"之道的理论，故此"一阴一阳"之道也本于"生生"，由"生生"给出。从而整个《周易》哲学体系都建立在"生生"本体之上[1]，"穷理尽性以至于命"也由此"生生"本体论得以保证。

从而可以确证，《周易》哲学所穷之理是"生生"之理，所尽之性是"生生"之性，所至之命是"生生"之命，理、性、命由"生生"一以贯之，故孔子言"吾道一以贯之"，即孔子所言之道乃为生命之道，乃为"穷理尽性以至于命"之道，乃为"穷生生之理""尽生生之性""至生生之命"之道。所以当代的易学研究应当转向孔子易学的生命之道研究。

---

[1] 鞠曦：《哲学、哲学问题与中西哲学》，长白山书院网站：http://www.cbsrudao.com.

二、转向《周易》哲学的体系化研究

当把易学研究转向代表孔子儒学宗旨的生命之道的哲学研究，必然要求整个易理阐释的哲学化与当代化，以现代哲学的理性语言阐释孔子易学的生命之道，构建起符合现代哲学理性思维进路的生命哲学体系。这一《周易》哲学的体系化研究必须满足"通古"与"贯今"的双重要求，"通古"是指这一研究的学理基础必须绝对遵从孔子作传解经之后的易理自在，将《周易》通过"象、数、理、义"所表达的易之理、易之道真正"外化"为现代性的哲学体系，也就是以现代哲学的理性语言将易理与易道表达出来；"贯今"是指这一《周易》哲学的体系化研究不只是要将孔子易学的生命之道用现代理性的哲学语言揭示出来，而且要以之对治和解决现代哲学所无法解决的哲学问题，这才是当代易学哲学化研究的真正意义所在。

按照现代哲学的理性思维，一种完备的哲学理论体系必须具有坚实的本体论根据、明确的价值论承诺与恰当的认识论方式。《周易》原典是通过卦爻系统与《易传》互证、互释的方式阐释易理，是与现代哲学的理性思维完全不同的理论架构，故当然不会明确给出现代哲学理性思维所追问的本体论、认识论与价值论。但这不等于说作为《周易》原典的经传系统中没有自在的（内在的）本体论、认识论与价值论，故转向《周易》哲学的体系化研究就是要将内在于《周易》经传体系中的自在的本体论、认识论、价值论"外化"出来，以当代哲学的理性语言明确给出《周易》哲学体系的本体论是什么，价值论是什么，认识论又是什么，从而构建起完备的现代化的《周易》哲学理论体系。

前文已经论述，《周易》整个经传系统都本于"生生"，"生生之谓易"，故可以明确《周易》哲学的本体论根据为"生生"本体论；亦由《说卦传》第一章可知，《周易》整个经传系统的核心宗旨为"穷理尽性以至于命"，即《周易》哲学的价值论承诺为"穷理尽性以至于命"，就是为了安顿现实人生的身心性命。理、性、命由"生生"本体一体贯通，而"生生之理如何穷、生生之性如何尽、生生之命如何至"方是《周易》哲学体系化研究之关键。鞠曦的"形而中论"就是对这一关键问题的当代性哲学解读。

《周易》哲学的认识论方式就是从人作为"形而中"存在的特殊地位而确立的"中道"的认识方式,标志着中国哲学与西方哲学的本质性区别。西方哲学是横向的主客二元的对象性思维,而中国哲学则是从人之"形而中"出发而贯通形上与形下的整体性、立体化的中道思维。具体而言,此中道思维根源于"形而中"之人的存在,表现为"形而中"之卦的形式,发用于"形而中"之"神"的运用。

《系辞传》言:"形而上者谓之道,形而下者谓之器。"以"形"为分界,形之上为无形的生生之道的发用流行,形之下为有形的器物世界的存在,但无论形而上还是形而下,都不是存在于人之主体意识之外的对象性存在,而是由形上贯通形下的整体性立体思维,从而区别于西方哲学的主客二元对立的对象性思维。而区分此形上与形下的正是人之存在,人位于此形上与形下之"中",故此人之存在不是西方哲学意义上的做对象性观察的主体。因为西方哲学的主体总是在"认知"或"征服"的意义上与客体相对而存在,而在《周易》哲学的形上与形下之分中,形上之道才是真正的主体,人只是在被道给出的意义上才具有灵性,从而能"为天地立心",以示人之存在超越物之存在,但人并没有西方哲学意义上的超越于万物之上的优先性,故老子言"天地不仁,以万物为刍狗"。故万物不是受制于人的客体,而人亦不是高于万物的主体,人不是对万物做对象性"认知"或"征服"的存在,而是"划分"形上与形下的特殊存在,此"划分"不是认识论的"认知",而是存在论的"立","立天之道曰阴与阳,立地之道曰柔与刚,立人之道曰仁与义"(《说卦传》),人不是对象性认知天、地、人之道,而是"立"天、地、人之道,即以自身之存在区分形而上之道与形而下之器。人立于形而上与形而下之"中",故可名之为"形而中"的存在，故有"形而中者谓之人"。①

而人何以能有此形而上与形而下的划分，能立天道、地道与人道呢？因为"形而中"之人有"神"，"神而明之，存乎其人"（《系辞传》），"神"使"形而中"之人具有了"为天地立心"的主体性，使人可以立天、地、人之道，可以划分形而上之道与形而下之器。也正是在"形而中"之人的主体性之中呈现出、报出"神"的存在，故谓"形而中主体之谓神"。②

形而中之人通过形而中之神的运用推演天道、地道、人道的变化，以确定人在天地之中的存在位置，安顿人的生命存在，在理论形态上就表达为《周易》哲学所揭示的生命之道。天道与地道皆为自然，只有人道才是自为，故《周易》哲学虽有天、地、人三才之道的变化，但其宗旨无非以人道为中心，指导现实之人的生命如何安顿，如何实现"穷理尽性以至于命"。故《周易》哲学的卦爻系统就是"形而中者谓之人"的生命存在状态的理论化、体系化表达，就是此人道中行的演示形式。此人道中行是上贯天道、下通地道、中行人道的立体性生命存在演示，而不是简单定义何为人，何为理、性、命。故《周易》哲学有"象、数、理、义"四种综合演绎的生命表达形式，"象"为生命存在的形象性演绎，"数"为生命存在的律动性演绎，"理"为生命存在的规律性演绎，"义"为生命存在的价值性演绎，"象、数、理、义"综合为一个生命存在的整体性有机系统。《周易》哲学不是对象性告诉我们生命的定义是什么，生命的规范是什么，而是具象性地将生命之理演绎在我们的"神明"之中，故将《周易》研究区分为象数派与义理派本身就是对《周易》原理的割裂。故可以说《周易》哲学由八卦以至六十四卦、三百八十四爻的推演过程就是对人之生命存在之道的推演，使君子可以"居则观其象而玩其辞，动则观其变而玩其占"，指导自己的生命存在，故能"自天佑之，吉无不利"，

---

① 鞠曦：《中国之科学精神》，四川人民出版社，2000年版，第162页。
② 鞠曦：《易道元贞》，中国文联出版社，2001年版，第242页。

故《大象传》多言"君子以……"即君子根据此卦象以确定内在的生命之理。故卦即为标示形而中之人的生命存在状态的表达方式，卦即为"形而中"之人存在的理论形式，故可说"形而中者谓之卦"。①

如此外化出来的《周易》哲学就以"生生"本体论、"穷理尽性以至于命"的价值论、"形而中"的中道认识论构建起了完整的《周易》哲学理论体系，从而可以使现代人以现代哲学的理性思维方式走进博大精深的《周易》哲学之中，实现《周易》哲学的当代化。

三、转向儒道会通的研究

《周易》哲学作为孔子的生命哲学通过六十四卦体系揭示出生命存在的自在与自为之理，即生命自在的顺行天道之"损道"，与生命自为的逆行天道之"益道"，故"天道损，地道益，人道中行而知损益"，从而"避损行益""贞吉悔亡"就成为人之生命存在的天然价值追求，《易》之"穷理尽性以至于命"就是对这一价值追求的理论表达。这种揭示不只是在知识论上对人之生命存在于世界之中的自在与自为之理的揭示，还是功夫论上的根据此生命内在的自在与自为之理进行生命自我修炼的自为之道，如此就使《周易》哲学揭示的生命之道成为一种实践的理论，成为生命修炼的理论，从而贯通了道家的内丹修道的理论与实践。且在义理上，《周易》哲学的"恒以一德"亦与老子《道德经》的"恒道"相互贯通，《周易》哲学的损益之道及生命修炼之道亦与《内经》的"七损八益"之理相贯通。从而证明孔子儒家与老子道家在作为其共同的理论根源的生命之道方面是一体贯通的，足证儒道本然会通，故长白山书院以"内道外儒"立教。

---

① 鞠曦：《卦的形式及其本体论内涵》，载段长三主编《现代易学优秀论文集》，中州古籍出版社，1994年版，第599页。

（一）"咸""艮"二卦的生命之道与道家的内丹修炼相贯通

《周易》哲学内含的生命内在的修炼之道集中表达于"咸""艮"二卦之中，将"咸""艮"二卦的爻、彖、象辞贯通于《周易》哲学的"生生"本体与"穷理尽性以至于命"的价值宗旨，就可以发现《周易》哲学以"咸""艮"二卦的象、数、理、义揭示出生命内在的修炼原理与方法，可以贯通道家哲学的内丹修道。下面本文根据鞠曦的易学原理解释之：

"咸"卦上兑下艮，上卦"兑"为"悦"，下卦"艮"为"止"，卦理为"止而悦"的生命之道；"兑"为少女，"艮"为少男，指示此卦为指引少男少女通过"止而悦"的方式实现生命修养的功夫论。故而咸卦《彖》辞曰：

> 咸，感也。柔上而刚下，二气感应以相与。止而说，男下女，是以"亨利贞，取女吉"也。天地感而万物化生，圣人感人心而天下和平。观其所感，而天地万物之情可见矣。

"柔上而刚下"言说的是"形而下者谓之器"的地道，因《说卦传》言"立地之道曰柔与刚"，故"柔上而刚下"就是对地道的表达。"二气感应以相与"则言说的是"形而上者谓之道"的天道，因"二气"定是指阴阳二气，而《说卦传》言"立天之道曰阴与阳"，"一阴一阳之谓道"，故阴阳二气表达的就是天道。而"止而说，男下女，是以'亨利贞，取女吉'也"则是说"形而中"的人道，只有人才能自觉自为地实现"止而说"的生命之理，最终达到"亨利贞，取女吉"的目的。"天地感而万物化生"是天道与地道自然流行的过程，而圣人立于天地之中，"感人心而天下和平"，这是人道的自为。"观其所感，而天地万物之情可见矣"，即圣人的"感人心"已经内含了天道阴阳、地道柔刚的自在流行，又超越天道与地道的自在而实现生命修养的自觉与自为。故咸卦《象》辞说：

山上有泽，咸。君子以虚受人。

就卦象而言，山本高耸之物，而泽为易流之物，高耸之山上何以能有易流之泽以润生万物呢？因为高耸之山上有中虚之处，才可以容下易流之泽而不动，且欲容此泽，山上不仅要有虚，且山必岿然不动，方能容此易流之泽，从而使山与泽阴阳相感，刚柔相交而生万物。君子正是观此阴阳、刚柔、天地、山泽之象而效法之，故能"以虚受人"。由山之静止中虚，涵摄易流易动之泽而生育万物，生生不息，正可见易道生生的本体支配下的生命流行过程，君子穷此生生之理，而尽自我生生之性，故有"咸"卦六爻所具体展开的生命内在之理与具体的修炼之道。

"咸"卦六爻之中从初爻的"咸其拇"到二爻的"咸其腓"，再到三爻的"咸其股"，都是在言说少男少女的青春时期如何感于外在世界的诱惑而"志在外也"，因追逐欲望而消耗并损害生命，故警告曰"居吉"而"往吝"。九四进一步解释说，虽然人之青少年时期也知"贞吉悔亡"，但由于还"未感害也"，故而"憧憧往来，朋从尔思"，奔逐于外而"未光大也"，无法光大自己的生命。那么怎么才能解决"憧憧往来"的问题，光大自己的生命呢？就要效法咸卦"山上有泽"所表达的"止而悦"的天地生生之理，使生命的盲动静止下来，排除外物干扰，"以虚受人"，由"咸"始，经"未济"而"益"，形成"益道三卦"之理，以之增益自己的生命，光大自己的生命。

而如何使自己生命的盲动静止下来呢？"咸"卦九五爻言"咸其脢，无悔"，即指导少男少女将所感所知反身集中于后背，即人体的督脉之处，使生命能量在自己的体内运行，而不会浪费奔逐于外，以增益自己的生命。庄子言"缘督以为经，可以长生，可以延年"《庄子·养生主》，亦是此意，此处已经与道家的修道相通。而人之生命的自我修养不能停止于"无悔"而已，故为"志末也"，故还要继续增益自己的生命，最终要达到上六爻的"咸其辅颊舌，滕口说也"，即使身体内部的能量上下自由流动，身心通畅，疾病自然难侵，从而身心康健，"滕口说也"。

"咸"卦揭示的是少男少女的修身功夫，而"艮"卦则继言成人的修身功夫。"咸"卦卦象为"山上有泽"，卦理则为上兑下艮，揭示"止而悦"的生命修养之理。"艮"卦在卦象上则是"兼山艮"，山上有山，卦理则是"止而又止"，由"咸"卦的"止而悦"进而到"艮"卦的"止而又止"，最终实现"艮"卦上九爻的"敦艮之吉，以厚终也"，显然在功夫论的层次上又进一层，生命的盲动已经完全清除，身心合一，也就是中国哲学所追求的"天人合一"境界，达于生命修为的极致。中国哲学的儒、释、道三家都有各自静坐修心的功夫论实践方式，其本质都是为了实现"咸""艮"二卦"止而悦"与"止而又止"的生命修养原理，最终达于"艮"卦上九的"敦艮之吉，以厚终也"，也就是《大学》所言的"止于至善"。而至善者，生生也，止于至善，止于生生之至善也。

而问题的关键是如何止于生生，"艮"卦的卦辞揭示说："艮其背，不获其身，行其庭，不见其人。无咎。""咸"卦的功夫是"咸其脢"，即感于后背，而"艮"卦的功夫是"艮其背"，即止于后背，在功夫论的层次上又进一步，使生命能量不盲动于外，完全在体内运行，故能增益生命，忘我而"不获其身"，进而"止而又止"，由"不获其身"的忘我再进一步达于忘情、忘物，即"行其庭，不见其人"，不为外物所限，身心自在合一，故"无咎"。这也就是孟子的"求其放心"与"我善养吾浩然之气"《孟子·公孙回上》，心止于内而忘我忘物，方能达于"富贵不能淫，贫贱不能移，威武不能屈，此之谓大丈夫也"《孟子·腾文公下》的生命修养境界。再看"艮"卦的《彖》辞：

艮，止也。时止则止，时行则行，动静不失其时，其道光明。艮其止，止其所也。上下敌应，不相与也。是以不获其身，行其庭不见其人，无咎也。

"艮"卦的功夫论是"止而又止",已经完全克服了"咸"卦揭示的"憧憧而来,朋从尔思"的生命盲动性,从而完全身心合一,故而能自如、自在地展开生命活动,即"时止则止,时行则行,动静不失其时,其道光明"。"艮其止,止其所也",即止于生生也,此生生为自我生命内在的生生,而不是外物的生生,故只能内求而得,而不可向外求取,内外不相与,故言"上下敌应,不相与也"。"是以不获其身,行其庭不见其人,无咎也"的意思是说,只要我们明白了这一生命修养之理,就可以据以展开生命修养的具体功夫实践,最终会达于忘我忘物而与道合一,生生不息而"无咎"。是以"艮"卦的《象》辞又言:

兼山,艮。君子以思不出其位。

君子观"兼山艮"之象,而体会生命运行的自在与自为之理,止而又止,止于生生之道,故而能"思不出其位",自然合于天道,实现生命修养的功夫境界。也就是孔子的"七十而从心所欲,不逾矩",亦是老子的自然"无为",亦是庄子的"逍遥"自在,亦是佛家的"觉"与"悟"。《大学》有言:"诗云:'缗蛮黄鸟,止于丘隅。'子曰:'于止,知其所止,可以人而不如鸟乎?'""知其所止"即止于生生之道,让生命的能量流行于自己的身心之中,而不是浪费于外物的追逐,自然"思不出其位"而"无咎也"。

(二)《易经》的"恒以一德"与《道德经》的"恒道"相贯通

"内道外儒"是长白山书院的立教宗旨,而其内在学理依据则是儒道之学的本然贯通。道家的内丹修道贯通于《易经》的损益之道及"咸""艮"二卦的生命修炼之道,这是从学理的实践层面来证明儒道本然会通。此外,鞠曦还从道家的经典文本《道德经》与儒家的经典文本《易经》共同具有的"恒道"宗旨来证明儒道本然会通。

前文已述,"恒以一德"是易学的基本问题,"恒"者,生生也,故"生生之谓易",《易经》整部经典都是对生生之道的存在论演示,以"形而中之卦"演示"形而中之人"的生命存在的可能性。"生生之谓易","生生"给出易的存在,而"易以道阴阳",易言说一阴一阳之变化,"一阴一阳之谓道",一阴一阳的变化之中给出道的存在,故可知"一阴一阳之道"亦由"生生"给出,从而可言"生生之谓道"。故《易》以"恒"为德,即以生生之道为德。鞠曦通过对《帛本老子》的研究认为老子《道德经》所言之道亦为生生之恒道,从而使《道德经》与《易经》由"恒道"而一体贯通,使两部儒道经典会通为一。《帛本老子》的文本依据如下:

道可道也,非恒道也。名可名也,非恒名也。无名,万物之始也;有名,万物之母也。故恒无欲也,以观其眇;恒有欲也,以观其所徼。两者同出,异名同谓。玄之又玄,众眇之门。

此段文字关键在"恒道"二字,通行本将"恒"改为"常",虽从语意的直接性上可以相通,但却失去了老子"恒道"的宗旨,亦使老子"恒道"与《易经》的"恒以一德"失去了联系,从而使儒道经典失去了文本相通的依据,此当为学术史中至关重要的问题。

"道可道也,非恒道也"一句,意为人们话语言说之中的道都不是"恒道"本身,也就是说"恒道"本身不是言说与理论的事情,而是存在的事情,是实践的事情,是生命修炼的事情。故老子此语"道可道也,非恒道也",并不是通常理解的"道不可言说",而是道可言说,但非言说之事,而是生命修炼之事。而在此语之中,老子明示了"恒"之一字,以示道之德为"恒",从而与《易经》的"恒以一德"相贯通,说明《易经》与《道德经》都是以"恒道"为宗。

以"时空统一论"解之,"恒道"为时空统一的自在,即生生不息的本然状态，而"可道也"之道已经落入"形而中之人"的时空自觉性的判定之中，从而将时空自在的统一分裂为"时间"与"空间"的存在，成为"非恒"之道，亦即由形而上之"恒道"下降为形而下之器物，故器物终有毁坏而"非恒"。将"恒"定位为道之生生之德，就可对下文做出统一之解释了。

"名可名也，非恒名也"，"恒"本身就是道之生生之德，"恒"只是生生不已，不会给任何存在命名，故任何名称的给出都是主体之人的命名，而不是"恒"道本身的命名。

故下文言"无名，万物之始也"，即言"无名"乃为恒道生生不息的自在状态，万物皆从此恒道生生中开始，故可言万物始于无名，从而言"无名，万物之始也"。

"有名，万物之母也"，"有名"是人之命名，是人以时空自觉分割、划定万物之区分，并为之命名，万物皆以"有名"才成其为万物，否则万物无法称其为万物，只是恒道生生之流行中的自在，故言"有名，万物之母也"。

"故恒无欲也，以观其眇；恒有欲也，以观其所徼"。"观"只能是人之观，也就是老子要指点我们如何去观察此生生之恒道。上文已言"道可道也，非恒道也。名可名也，非恒名也"，故此"恒道"不可以言说求之，只能在恒道生生的存在流行之中去"观"之。那么如何"观"呢？老子告诉我们"恒无欲也，以观其眇；恒有欲也，以观其所徼"。"欲"只能为人所有，"恒道"本是自然的生生之道，本无所谓"有欲"与"无欲"，故无论"有欲也"，还是"无欲也"，都是主体之人的赋予，都是主体之人为了"观"此"恒"而铺设的道路。

"恒无欲也，以观其眇。"即从无欲的角度观"恒"，将此"恒道生生"视为无知无识、无欲无求的自然存在，而此无知无欲之"恒道"却生生不息，流行不止，也就是时空统一的生生自在，从而得此恒道生生之妙。这与孔子"天何言哉！四时行焉，百物生焉，天何言哉！"《论语·阳货》之叹同一宗旨。

"恒有欲也，以观其所徼。"即以有欲观"恒"，将此"恒"视为有欲以成就万物的存在，观此"恒道"如何化生万物，使万物由无名而有名，从而使万物生长消亡，也就是主体以时空自觉为此恒道生生的自然状态进行时空划界，命名万物，从而使万物"有名"而成"万物之始也"，而万物有始就必然有终，故要"观其所徼"，"知至至之，可与言几也，知终终之，可与存义也"。

"两者同出，异名同谓。"无论"有名"还是"无名"，无论"有欲"还是"无欲"，都是由此"恒道生生"而来，故言"两者同出"，同出于"恒"，"异名同谓"，命名不同，所指却都是生生之恒道。

"玄之又玄，众眇之门。"恒道生生，玄矣！妙矣！可观之，可得之，可守之。既已观之、得之、守之，又何必言说？既得"众眇之门"而入又何言哉？生命至此只是一修证、修炼、修行之过程，一切言说论证皆已没有意义。故老子当年骑青牛出关本不想留一言，《道德经》五千言也只是对如何走进恒道生生的"众眇之门"的一种指引，而非西方哲学那种纯粹的思想与理论言说。故在中国哲学面前，理论永远是苍白的，只有生命的修证与践行才是最终的宗旨。故鞠曦给出结论说真正的哲学必须是内化的，内化后的哲学已经不必再言说，只要去践行就可以了，如此也可以说真正的哲学最终是要内化为生命的实修与实证而消亡其理论形式的。

（三）《易经》《道德经》与《内经》相贯通

《道德经》与《易经》由恒道而贯通，鞠曦又从学理上将此两部经典与《内经》相贯通。《内经》自古为中国医家必读经典，其理论宗旨不是简单的祛疾治病而已，而是从恒道生生的本体论出发，揭示生命自在的损益之理，男女有别的"七损八益"直接贯通孔子《易经》哲学的"损益之道"，而其对生命修养的指引亦直接贯通道家的内丹修炼与《易经》的"咸""艮"二卦内含的生命修炼之理。从而可以从学理上使《道德经》《易经》《内经》三部经典相贯通，更加证明儒道之学本然会通，故君子之学必须"内道外儒"，方为真正得传统文化之宗旨。在长白山书院的学术理路中,《内经》虽然是传统医学著作,但本质上更具有哲学性,揭示出生命之道与生命之理。《上古天真论》言:

> 上古之人,其知道者,法于阴阳,和于术数,食饮有节,起居有常,不妄作劳,故能形与神俱,而尽终其天年,度百岁乃去。
>
> 今时之人不然也,以酒为浆,以妄为常,醉以入房,以欲竭其精,以耗散其真,不知持满,不时御神,务快其心,逆于生乐,起居无节,故半百而衰也。
>
> 夫上古圣人之教下也,皆谓之虚邪贼风,避之有时,恬惔虚无,真气从之,精神内守,病安从来。

"天真"就是天道,天道自然流行也即时空统一的生生不息状态,而"上古之人,其知道者,法于阴阳,和于术数……形与神俱",也就是保持生命自在的自然无为状态,实现"内时空"的自在统一,从而能"终其天年,度百岁乃去"。而"今时之人不然也,以酒为浆,以妄为常,……逆于生乐,起居无节",即已打破生命自在的时空统一态,从而离开"天真之道",以至"半百而衰"。下文接下来指点"古圣人"如何"教下","虚邪贼风,避之有时,恬淡虚无,真气从之,精神内守,病安从来",也就是告诉世人应当如何修炼生命,已经直通道家的内丹修炼之道。"恬淡虚无,真气从之,精神内守",与内丹修炼的"炼精化气,炼气化神"相贯通,即使精、气、神合一,实现"内时空"的统一,从而自然合于生生之恒道,故能实现"病安从来"。

(作者为吉林师范大学马克思主义学院副教授,哲学博士)

鞠曦易学的哲学前提

孙铁骑

摘要：鞠曦的易学研究不是对《周易》文本的注疏与解说而已，而是对《周易》文本进行符合当代哲学理性思维的哲学化解读，对《周易》的版本、篇章结构、内在逻辑、思想体系进行一以贯之的哲学解读，从《周易》的卦、爻、辞系统与经传互证之中解读出"形而中论"哲学体系。其逻辑起点是西方哲学的终结，其问题意识是儒学宗旨何在，最终通过正本清源，而从《周易》的卦爻系统中外化出"形而中论"哲学体系。

关键词：鞠曦易学；逻辑起点；儒学宗旨；正本清源；形而中论

鞠曦的易学研究不是对《周易》文本的注疏与解说而已，而是对《周易》文本进行符合当代哲学理性思维的哲学化解读，对《周易》的版本、篇章结构、内在逻辑、思想体系进行一以贯之的哲学解读，从《周易》的卦、爻、辞系统与经传互证之中解读出"形而中论"哲学体系。但鞠曦易学的逻辑起点并不是重整国故意义上的对《周易》经典的当代解读，而是在追溯中西哲学史的源流与发展脉络的过程中拷问人类文化的未来走向问题。其问题意识的原点是西方哲学的终结与中国哲学退出历史舞台的双重变奏所带来的中国思想向何处去、人类思想向何处去的问题，内含着如何回答中西哲学史遗留下的哲学难题与如何引领人类未来命运的人文情怀。故在进入对鞠曦易学的系统理解之前，必须首先对鞠曦易学产生的哲学前提有所了解，理解鞠曦是通过怎样的思维进路进入自己的易学研究,意在解决什么样的哲学问题。概括而言,鞠曦易学是为了回答西方哲学终结之后的人类哲学走向问题,是为了对儒学史进行正本清源,是为了引导现代人的哲学理性思维走进《周易》的义理世界。

一、逻辑起点：西方哲学的终结

"哲学的终结"是西方哲学发展到现代的必然产物,不是西方人结束了哲学思考,而是西方哲学在其旧有的哲学理路之中已经找不到继续向前行走的道路。在对象性的理性思维的视域局限之中,西方哲学已经穷尽了各种可能进路,从古希腊的本体论哲学到中世纪的宗教神学,再到近代的认识论哲学及现代的分析哲学与存在主义哲学,理性的哲学思维可以触及的各种路向都已经被穷尽,可是却没有任何一种哲学可以安顿世人的身心性命,没有任何一种哲学真正支撑起西方人的精神世界。虽然尼采宣布上帝死了,但宗教仍然是西方人终极的精神寄托。虽然西方人的哲学理性思维仍然在继续,但可能的思维进路却都已被穷尽,未来的哲学走向何方成为一个无人可以回答的问题。从而海德格尔宣布了传统西方哲学的终结,并意图通过诗化哲学的方式找到西方哲学的新路向。但其诗化哲学只是一种朦胧的个人感悟,并不能给西方哲学以清晰的思维路径,根本无法成为一种普世的哲学理念,更无法引领现实的生命如何去存在。

哲学的终结虽然发生于西方的文化土壤,但其影响却走出了西方的地理范围,最终成为一种世界性的文化事件。因为当今世界已经是一个全球化、一体化的时代,以美国为首的西方国家凭借国家强力以各种方式向全世界输出着自己的文化与意识形态,西方文化已经成为普世文化的代名词,这种西方文化的强大影响在中国表现得尤为突出与明显。因为近代中国的特殊国情使中国人以新文化运动的方式全面否定了传统文化,同时全面引进了西方文化。这是人类文化史上的一个特异现象,一个民族会自动消灭自己的母文化而全面接受外来的异质文化，但由于没有西方文化得以发生的深层社会土壤与根基，中国人事实引入的只能是西方文化的皮毛甚至垃圾。正是在这种对西方文化的全面引入中，西方哲学成为中国思想界所接受的哲学正宗，从而使西方哲学与文化存在的问题直接移植为中国哲学与文化的问题，中国社会还没有全面进入现代化，但中国人的精神世界却已经全面沦陷，直接与西方接轨，沦入与西方人一样的现代性困境之中。而西方哲学虽然已经宣布了自己的终结，却仍然固守在原来的道路上找不到出路，而中国思想界只是拾西方思想的牙慧，仍然以西方哲学为真正的哲学，在所谓中、西、马的三足鼎立之中仍然以西方哲学为崇尚，却对西方哲学的终结问题没有根本的反思，结果只能是使中国文化进入比西方人更大的迷茫与虚无之中。

故时至当代，中国文化向何处去的问题已经内含了西方文化向何处去的问题。鞠曦易学的逻辑起点正是对西方哲学终结问题的深入反思，由西方哲学转入中国哲学，由儒道会通而归宗于易学。鞠曦的学术进路是由西方哲学开始，发现西方哲学在其固有的进路中已经找不到出路，从而才进入中国哲学寻找解决之道；而作为中国哲学主体的儒道之学已经宗旨不明，无法直接回答西方哲学的问题，故要对中国哲学进行正本清源。而《易经》为群经之首，为儒道二家的共同之核心经典，却"二派六宗，相互攻驳"，没有体系完备、一以贯之的理论阐释，故鞠曦对中国哲学的正本清源就从《易经》开始，"以易为宗"，揭示儒道相通的内在逻辑与儒道分裂以至相绌的历史发展逻辑，还原儒道之学的本来面目，故以"内道外儒"立教。

鞠曦对西方哲学的问题认知深刻而简洁，西方哲学之所以会走入终结的命运，就是因为西方哲学从其开端之处就在意图用理性的思维完全对象性地把握外在世界，意图达于思维与存在的完全同一。但理性思维却具有先天的视阈局限，"人无法走出自己的皮肤"，人生来就是受限于特定时空的存在，人的理性思维亦无法突破这一局限。故无论西方哲学理性对外在的世界进行怎样的理解与解释，都不可能完全与存在的事实相符，也就是康德所说的"物自体的不可知"，西方哲学的发展史已经在事实上证明理性的有限思维永远无法达于与存在的同一。理性思维的有限性是由时间与空间给出的，也就是说，人之生命存在的时间与空间的有限性使理性思维无法认知存在的自在，无法实现思维与存在的完全同一。整个西方哲学史都是思想者意图以理性的思维突破自身存在的时空局限性，追求思维与存在同一的历史。恩格斯看到西方哲学史追求思维与存在同一的过程，所以提出"全部哲学，尤其是近代哲学的基本问题是思维与存在的关系问题"[1]，但他没有看到思维与存在的关系问题悬而不决的根本原因是生命存在的时空限定性，这一限定性最终使西方哲学在固有的道路上走向终结。鞠曦的哲学研究以"时空统一论"揭示出这一困扰西方哲学的终极问题，并给出自己的哲学命题："时间和空间是哲学的基本问题。"[2] 由此一语道破天机，西方哲学问题的发生根源于时空问题，西方哲学问题的解决也必然要指向时空问题，也就是要突破生命存在的时空限定性，通过生命修炼达于思维与存在在生命"内时空"[3]中的时空统一。

西方哲学从柏拉图的"理型论"开始，就开启了以理性认知世界的历程，相信理性的认知能力可以最终认识世界，可以把握存在，从而非常自信地给出自己的哲学判断，却不知道自己的哲学判断是在特定的时空限定之下给出"自己认为正确"的答案，存在的自在与事实并非完全如此。从而这种哲学判定最多只能具有部分的真理性，却不是真理本身；只能是一种"自以为是"，只是自己认为正确，却不能获得他人的认可，也不能与存在产生现实的连接，更不能现实地改变世界。因而每位哲学家都会受到后来者的否定，而后来者在否定前者的基础上提出的思想仍然是受限于自己的时空限定性之中，从而其思想仍然是一种"自以为是"。在"时间与空间"这一基本问题的限定之下，

---

[1] 《马克思恩格斯选集》第4卷，人民出版社，1995年版，第223页。
[2] 鞠曦：《哲学、哲学问题与中西哲学》，长白山书院网站：http://www.cbsrudao.com。
[3] "内时空"为"时空统一论"哲学的核心概念，"内时空"为形而上，"外时空"为形而下，主体之人可以通过修炼内时空而合于形而上，以突破外时空形而下的时空限定性。

西方哲学走不出"自以为是"的思想误区,故鞠曦给出"自以为是是哲学的根本问题"[①]的哲学命题。整个西方哲学史都在力图走出自以为是,但由于找不到突破理性思维的时空限定性的正确途径,从而始终走不出自以为是,并且在"理性主义"的误导下走向了"以非为是"。西方后现代的非理性思潮认识到了理性主义带来的危害,却找不到走出理性局限的道路,从而陷入"怎么都行"的价值迷失之中。

西方哲学何以无法突破理性思维的时空限定性,从而无法解决"自以为是"的根本问题呢?因为西方哲学的理性思维是一种主客体二元对立的对象性思维方式,主体之人与客体对象的分立是理性思维得以实现的前提,而主客体的分立就是一种时间与空间割裂,而在存在的自在上,主客体都是存在的自在构成,本来处于自在的时空统一之中,但因为理性的对象性思维的进入,分割出主体与客体的对立,也就打破了存在的时空统一,产生理性的分裂认知。而这一分裂的理性认知只是对存在局部与某些现象撕裂后的片段认知,并非存在的本来面目,理性却自以为存在就是如此,从而产生自以为是的根本问题。正是在理性思维的固有进路上,西方哲学已经无法突破理性认知的时空限定性,无法解决自以为是的哲学根本问题,才使西方哲学不得不宣布了哲学的终结。既然西方哲学的理性思维已经显露出无法解决的先天局限,那就要超越于理性思维之外寻找更加高明、更加有效的思维方式来突破思维与存在的时空限定性。在西方哲学已经终结的现实下,合乎逻辑的道路选择就是转向中国哲学的理论思维寻找出路,这就是鞠曦由西方哲学研究转向中国哲学研究的思想动因与逻辑进路。

---

① 鞠曦:《哲学、哲学问题与中西哲学》,长白山书院网站:http://www.cbsrudao.com.

二、问题意识：儒学宗旨何在

当转向中国哲学寻找西方哲学的出路之时，必然要面对的问题就是"中国哲学是什么"，鞠曦正是在对这一问题的解答中开启了"以易为宗"的儒学研究。中国哲学素有儒释道三教合流之称，但真正影响社会主流的显学仍然是以儒学为主，道学为其辅翼，佛学可称为二者之补充。通常治世用儒，乱世用道，避世用佛，三家互补，相得益彰。但中国哲学自近代以来被国人所抛弃，传统的儒家文化被披上了"吃人"的骂名，如此被国人所抛弃的传统哲学怎么可能回答西方哲学的问题呢？故必须对中国哲学进行追根究源式的彻底反思，审视儒学的发展历史，揭示儒学的根本宗旨，知晓孔子创立的儒学到底是怎样一种学问，又经历了怎样的发展历程，又何以会退出历史舞台，当代中国文化是否需要儒学的回归，儒学的复兴又能否回应西方哲学与文化的质疑，能否解决西方哲学与文化留下的问题。

鞠曦面向儒学的哲学追问当然要从儒学的当代命运开始，故其面向儒学的第一个问题就是："儒学何以会退出历史舞台？"就事实的层面而言，既然儒学在五四新文化运动之后的西方文化面前失败了，就已经说明了儒学一定存在问题，否则何以不能回应西方文化的挑战？而问题的关键在于，是孔子的儒学从一开始就错了，还是后儒对孔子儒学的后续发展错了呢？就客观的儒学发展史而言，无人可以否定儒学在孔子身后的二千年中国历史中所起到的伟大作用，近代百年的中国衰败史可以否定儒学的全部吗？那么就要反思是什么让儒学曾经引领中国历史的辉煌，又是什么让儒学退出历史舞台呢？如此反思，只有具备系统完备的哲学理念，精研儒学经典，深悟儒学精髓，透视儒学史的发展历程，理解儒学史发展的内在逻辑，才能给出一以贯之的系统解答。

按照历史与逻辑的统一，孔子一生述而不作，早年周游列国，立志行道，晚年见道不可行，退而编撰"六经"，而其编撰"六经"之目的必然是承载自己的儒学思想，故无人可以怀疑孔子的儒学思想就承载在晚年编撰的"六经"系统之中。欲得孔子儒学的原本宗旨只能到孔子的"六经"系统中去寻找，而不能到后儒的思想，尤其是宋儒的思想中去寻找，因为宋儒的思想已经是"六经"以外的另一套思想。但孔子的"六经"系统在秦始皇"焚书坑儒"后已经不再完备，只留下现世的"五经"系统，而此"五经"系统亦是后儒整理而出，存在错简残缺。而在孔子编撰"六经"文本的自在逻辑上，既然《周易》是"群经之首"，自然就应当承载着作为孔子儒学思想核心的"性与天道"之学。但孔子弟子之中除颜渊外无人能理解孔子的"性与天道"，而颜渊早死，自然也就无人能理解孔子作传解经的易学，所以易学成为孔子儒学后世发展的"卡夫丁峡谷"。

按照中国思想史的发展逻辑，孔子之前的中国学术都是以人载道，而不是以文本载道。故韩愈在《原道》篇中总结中国文化的道统说："斯吾所谓道也，非向所谓老与佛之道也。尧以是传之舜，舜以是传之禹，禹以是传之汤，汤以是传之文、武、周公，文、武、周公传之孔子，孔子传之孟轲，轲之死，不得其传焉。"而孟子乃"私淑孔子也"（《孟子·离娄下》），非得孔子亲传，孔子意中可以亲传其道者是颜渊，但颜渊早死，孔子的"性与天道"之学自然无人可传，使孔子痛哭"天丧予"（《论语·先进》）。子贡曾言"夫子之文章可得而闻也，夫子之言性与天道不可得而闻也"（《论语·公冶长》），可见以子贡之才尚不足以传承孔子的"性与天道"之学。既然无人可以传道，那就只能用文字载道以传后世，故孔子才合乎逻辑地在晚年编撰"六经"系统，以"文以载道"的方式让斯文不绝。而"六经"之中，《周易》为核心，"易以道阴阳"（《庄子·天下》），"一阴一阳之谓道"（《周易·系辞》），《周易》就是演示天地人三才之道的学问，故《周易》直接承载着孔子的"性与天道"之学。但孔子身后无人能理解孔子的性与天道，也就自然无人能理解孔子编撰的《周易》，故后儒并没有以《周易》为核心系统解读孔子的儒学思想，从而可以说，千古儒学都是在偏离孔子儒学"以易为宗"的思想进路上展开的。

在偏离孔子儒学宗旨的进路上影响最大的就是宋明理学。宋明理学继承韩愈首倡的道统说而自觉承担起辟佛老的文化使命，这是其可称道之处，但对孔子儒学宗旨的偏离又是其可批判之处。朱熹明确提出《古文尚书》中的"道心惟微，人心惟危，惟精惟一，允执厥中"为自尧、舜、禹、汤、文、武、周公、孔子而来的道统心传。从此，道心、人心之争，天理、人欲之辨就成为宋明理学以至后世儒学史争执不断的主题。且不言《古文尚书》存在的真伪之争，仅就孔子儒学的"六经"系统而言，《尚书》经并不具有核心地位，具有哲理性的《周易》方为公认的群经之首。既然《周易》为群经之首，易理就当贯通于"六经"系统之中，易道就应当是孔子儒学的道统。而《古文尚书》给出的十六字心传，无论其真伪性如何，只要其属于儒学范畴，就只能涵摄于易道之中，并由易道给出。而从周敦颐的《太极图说》到程颐的《伊川易传》也都是本着以易为宗的儒学进路而展开的思想表达，尽管他们对易理的解读并非完全合于孔子宗旨，但仍不失孔子儒学以易为宗的学理进路。而朱熹则认为"易只是为卜筮而作"[①]，自言"易非学者急务也，某平生也费了些精神理会易与诗，然得力则未若语、孟之多也。易与诗中，所得似鸡肋焉"[②]。《易经》在朱熹的思想中只是可有可无的"鸡肋"，而完全在"六经"之外的《论语》《孟子》反而在《易经》之上，以至朱熹最终将《礼记》之中的《大学》《中庸》与《论语》《孟子》并列为"四书"，奉为儒学绝对经典，终生宣扬，使"四书"成为高于五经原典的儒学经典，使儒学走上以"四书"为宗的思想进路，从而偏离了孔子儒学以易为宗的儒学进路。而其将《古文尚书》中的"道心惟微，人心惟危，惟精惟一，允执厥中"十六字作为儒家道统更是越俎代庖，使承载儒学道统的易道暗而不彰。

至此，就可以正面回答"儒学何以会退出历史舞台"的问题了。正因为

[①] 《朱子语类》卷第一百五，中华书局，1986年版，第2625页。
[②] 《朱子语类》卷第一百四，中华书局，1986年版，第2614页。

宋明理学偏离了孔子儒学的原初宗旨，才导致思想的僵化，出现所谓的"礼教吃人""以理杀人"等问题，以致新文化运动将全部脏水泼在孔子儒学的身上，并以文化自戕的方式使儒学退出历史舞台。而退出历史舞台的儒学并非孔子以"六经"载道的本真儒学，而是被后儒误读和篡改的伪儒学。故近代以来儒学的失败并不能用来证明孔子儒学存在问题，而是被后儒误读之后的儒学出了问题，从而当前的儒学复兴就不能重蹈宋明理学的旧路，而是要回归到孔子儒学的本真宗旨之中，对儒学进行正本清源，展开"以易为宗"的儒学解读与重建。而要实现"以易为宗"的儒学解读与重建，就要先对《周易》进行正确解读。而易学史宗旨不明正是造成儒学史宗旨不明的根本原因，自古解易之书最多，却是"二派六宗，相互攻驳"，无人真正将《周易》解读为一套系统的哲学理念，可以一以贯之于儒学的整个义理世界之中。故鞠曦的哲学追问自然由对儒学宗旨的探求深入到对《周易》哲学的研究之中，对孔子作传解经的《周易》哲学进行正本清源，最终形成了尽扫群易的"鞠曦易学"。鞠曦通过"以易为宗"的儒学研究揭示出孔子儒学"穷理尽性以至于命"的儒学宗旨，生命的安顿是儒学的终极价值论承诺，"儒乃人之需"，儒学就是安顿生命的学问，此为当代儒学界还没有真正认识到的儒学本质。

三、正本清源：《周易》的生命哲学

如何对《周易》进行正本清源是一个千古难题，自古解易都是对《周易》文本进行随文注释，但这种注释都是针对具体的卦辞、爻辞及《易传》的每一语句进行再解释，却没有人能将所有解释一以贯之为一个整体，更没有统一的思想逻辑与理论体系，以现代人的哲学理性思维根本无法理解，从而只能众说纷纭，各言其是。鞠曦以其严苛的哲学训练与强大的思辨能力，以"时空统一论"为理论地平，运用自我独创的"承诺推定法"，结合自己"内丹"修炼的生命感悟，对《周易》的经、传文本进行一以贯之的哲学解读，从中外化出"形而中论"哲学体系。"形而中论"并不是鞠曦个人的刻意独创，而是自在于《周易》经、传系统之中，由整个卦、爻、辞系统表达出来的生命哲学体系，只是此生命哲学体系在孔子那里是用《周易》文本的卦、爻、辞与经、传互证的系统表达出来，而在鞠曦这里则是用符合现代哲学理性思维的现代话语方式表达出来。此生命哲学体系就是孔子儒学的"性与天道"之学，以之可以安顿世人的身心性命，是儒家修身养性的具体心法与生命修炼方法，亦是儒家立身处世、修己安人的实践之路，可以直接指导现实的人生实践与社会发展。

而在以"形而中论"揭示《周易》文本内含的生命哲学体系之前，鞠曦必须完成的前提性工作就是要按照历史与逻辑相统一的原则，复原孔子解易的整个思维进路，阐释孔子为何要编撰《周易》，怎样编撰《周易》，孔子编撰的《周易》应该是什么样的版本，以及《周易》文本内含的最核心的生命哲学原理是什么等问题，从而才能形成对《周易》文本一以贯之的理解和解读，才能最终外化出自在于《周易》文本之中的"形而中论"生命哲学体系。而这些问题的回答最可靠的当然就在《周易》文本自身之中，只能"以易解易"，才不会偏离孔子编撰《周易》的原初本意。因为孔子亲手编撰的文献只有"六经"系统，孔子的全部思想尽在"六经"之中，而《周易》为群经之首，自然应当可以统摄群经，但群经却不可能反过来统摄《周易》，故用《周易》之外的其他经典无法直接解读《周易》。而《周易》文本之外的其他易学资料又都是对《周易》文本的个性化解读，必然无法与孔子的本意完全相符，尤其是自古以来的解易之书皆无法对易理一以贯之，足证其为强解易理，误读孔子。《帛书易·要》载孔子曾经预言："后世之士疑丘者，或以易乎！"证明孔子深知《周易》内含的生命哲理深奥难解，后世之人必然误读易理，错用《周易》，故有此叹。

那么按照"以易解易"的原则，又当从何处入手求解这些问题呢？鞠曦的进路是从《说卦传》入手，因为《说卦传》就是对卦为何而画，有何用处，又如何应用的解说，故鞠曦言："解得说卦，则易思过半矣！"但自古以来的解易之书都没有正确解读《说卦传》，故而不能正确理解孔子作传解经的易学原理，也就无法解得六十四卦体系应当如何排列，一卦六爻又应当如何解读，整个卦爻系统之中又内含着怎样的生命哲学原理。而这些问题《说卦传》都已回答，只是易学史没有正确解读而已。作为鞠曦易学核心著作的"易道三书"（包括：《易道元贞》《易道纂中》《易道发微》）之一的《易道元贞》就是对《说卦传》的系统解读，全面回答了这些前提性问题。本文于此只给出结论性简介，而不对《说卦传》进行具体的理论阐释。

孔子为何要编撰《周易》？《说卦传》如是说："昔者，圣人之作易也，幽赞于神明而生蓍，参天两地而倚数。观变于阴阳而立卦；发挥于刚柔而生爻；和顺于道德而理于义；穷理尽性以至于命。"孔子编撰《周易》的目的是利用"昔者圣人"所作的《易》，将之"和顺于道德而理于义"，最终实现"穷理尽性以至于命"的目的。也就是孔子将自己的"性与天道"之学寓于《周易》的卦、爻、辞系统之中，以之为载体传给后人，安顿世人的身心性命。

孔子怎样编撰《周易》？孔子是对昔者圣人所作的《易经》卦、爻、辞系统进行"和顺于道德而理于义"的义理改造，通过六十四卦系统的象数变化演示生命流行的存在状态，通过对卦、爻、辞的注释揭示生命流行的内在义理，从而使《周易》的卦、爻、辞系统以象、数、理、义的综合表达方式融为一体，共同揭示出生命流行演化的奥秘，使《周易》摆脱原始的卜筮性质，彻底转化为孔子"性与天道"之学的载体。

孔子编撰的《周易》应当是什么样的版本与体例？《说卦传》如是说："昔者圣人之作易也，将以顺性命之理。是以立天之道曰阴与阳；立地之道曰柔与刚；立人之道曰仁与义。兼三才而两之，故《易》六画而成卦。分阴分阳，迭用柔刚，故《易》六位而成章。"孔子编撰的《周易》卦爻系统是"六画而成卦"，《周易》的文本结构则是将此六画之卦"分阴分阳，迭用柔刚"，最终形成"易六位而成章"的文本结构。故孔子编撰的《周易》文本应当是由《易经》《彖传》《系辞传》《象传》《说卦传》《文言传》构成的六章书，而不是通行本《周易》的《易经》加"十翼"系统的篇章结构。

孔子编撰的《周易》文本内含的核心的生命哲学原理是什么？就是由损道六卦揭示的生命自在的"损益之道"，损道三卦为"恒—既济—损"，益道三卦为"咸—未济—益"，损益六卦各领十卦，与"乾、坤、否、泰"四卦共同构成《帛书易》的六十四卦卦序。"咸"卦为生命修炼之卦，故为益道之始。综观六十四卦系统，每一卦都是对现实生命的具体指引，都在不同的生命层面上揭示着如何实现生命的避损行益，而内含在这种具体的生命指引之中，贯穿着六十四卦系统内在逻辑的生命哲学原理就是"形而中论"。"形而中论"是存在论、认识论、方法论的统一，在存在论上，"形而中论"揭示《周易》的"形而上者谓之道，形而下者谓之器"（《周易·系辞》），内含着"形而中者谓之人"[①]，人既不是"形而上之时空本在"，也不是"形而下之时空客在"，而是"形而中之时空主在"。在认识论上，"形而中论"揭示出《周易》卦、爻、辞系统内含的"形而中"的"中道"认识论，以人为中心，通过"仰观俯察，近取诸身，远取诸物"（《周易·系辞》），再以卦的方式"通神明之德，类万物之情"，以上达天道，下通地道，中行人道，是一种整体性的中道思维，从而突破西方哲学的对象性思维的时空局限性。在方法论上，"形而中论"揭示以"咸""艮"二卦与"损益之道"为核心的《周易》哲学如何具体指引生命修炼与生活实践，具体说来就是通过"形神和中"而有人道之主体性自觉，通过"神形中和"而实现"内时空"的生命修炼而达于"形而上"，通过"形神相分"而局限于"外时空"的"形而下"。而孔子言"志于道，据于德"（《论语·述而》），"君子不器"（《论语·为政》），"下学而上达"（《论语·宪问》），可见孔子儒学是让人求道而非器。鞠曦以现代哲学的理性思维将之外化出来，可以使现代人直接理解《周易》的

[①] 鞠曦：《中国之科学精神》，四川人民出版社，2000年版，第162页。

生命哲学原理，再以之反观《周易》文本的卦、爻、辞系统，按照鞠曦正本清源的易学理路，就可以走入《周易》哲学的博大世界，走入孔子儒学的"性与天道"之中。

（作者为吉林师范大学马克思主义学院副教授，哲学博士）

《周易》内含的哲学体系

孙铁骑

摘要： 在"六经"之中，《周易》为"群经之首"，故在学理地位而言，《周易》就应当处于孔子儒学的形而上学地位，以统摄其他诸经。而就思维的逻辑、思想的内涵及理论的体系而言，亦只有《周易》才具有哲学思维的终极性、系统性与严谨的逻辑性，故儒家的本体论与形而上学必须到《周易》哲学的经典文本与思想理路中去求取。《周易》哲学具有"易道生生"的哲学本体论，"穷理尽性以至于命"的哲学价值论与合于"中道"的哲学认识论。

关键词： 《周易》；哲学体系；本体论；价值论；认识论

儒家的形而上学体系主要表达在《周易》哲学之中，因为孔子"述而不作"，没有完全独立的原创思想，但孔子是"以述为作"，通过编撰"六经"系统以之承载自己的儒学思想，故孔子的儒学思想就在"六经"之中。而在"六经"之中，《周易》为"群经之首"，故在学理地位而言，《周易》就应当处于孔子儒学的形而上学地位，以统摄其他诸经。而就思维的逻辑、思想的内涵及理论的体系而言，亦只有《周易》才具有哲学思维的终极性、系统性与严谨的逻辑性，故儒家的本体论与形而上学必须到《周易》哲学的经典文本与思想理路中去求取，儒学的其他经典只能作为由《周易》哲学所表达的儒学形而上学的辅证，而不能直接充当儒学的形而上学思想体系。故本文将以《周易》为宗解读儒家哲学的本体论与形而上学，以使之符合孔子儒学原创时期以《易》为宗的儒学宗旨。

一、易道生生的哲学本体论

　　本体论是形而上学的核心,现代西方哲学拒斥形而上学的根本原因就是找不到哲学存在论的终极本体,从而建立不起牢固的形而上学大厦,故其拒斥形而上学的背后是本体论追问的困境。正是因此,伴随着西方哲学拒斥形而上学的必然是对本体论的悬搁,但人类的思维又不能无所理据,此理据的终极着力点仍然是某种本体,只是此种本体只是思维得以展开的理论根基,是理论得以建基于其上的前提性设定,是由此思维与理论内在承诺的认识论本体,而不是现实地支撑着事实与世界存在的存在论本体,故蒯因称之为"本体论承诺","一个理论的本体论许诺问题,就是按照那个理论有何物存在的问题",而"关于什么东西(事实上)存在的问题则是另一个问题"。[①]这就表明西方哲学的本体论只是思维自身在说某物存在,而不是某物事实存在,仅仅是思维的事情,与存在无关。如何实现思维与存在的同一就是西方哲学始终无法解决的基本问题。故只是按照自我的理论而说"何物存在"的认识论本体只能支撑理论自身的自恰性,却无法保证理论的言说与真实的存在相符合,更无法保证理论能够走向生活的真实而获得实证。蒯因的"本体论承诺"已经逃避了哲学追求真理的责任,使理论仅仅成为一种语言的游戏,任何人都可以按自己的本体论预设而言说"何物存在",而不必保证自己之言说"事实存在"与否。正是哲学"所说的"何物存在与"事实的"何物存在无法同一才使西方哲学史成为思想者厮杀的战场,故恩格斯总结说"全部哲学,尤其是近代哲学的基本问题是思维和存在的关系问题"。[②]"思维与存在

[①] 蒯因:《从逻辑的观点看》,上海译文出版社,1987年版,第4页。
[②] 《马克思恩格斯选集》第4卷,人民出版社,1995年版,第223页。

的同一"是西方哲学永远无法完成的任务，故只能终结。而真正的本体论应当不只是理论言说"何物存在"的问题，而且也是"何物事实存在"的问题，真正的本体就应当是宇宙的起点，万有的根源，存在的根据，不仅仅在理论上，而且在实存上支撑起一切"存在者"的"存在"。

而哲学的言说总是主体之人的言说，主体之人总是受限的存在，无法得见存在（者）的整体与大全，故思想者如何避开思维对存在的主体性限制与干预而让存在（者）背后的"存在"自在地开显出来，这是西方哲学无法解决的本体论困境。而如此的困境并非源于"存在"的不可言说，而是西方的哲学思维还没有切入存在的本质，没有解读出存在（者）之为存在的终极根源。正如冯友兰所言："对于不可思议之思议，对于不可言说之言说，方是哲学。"[①]问题的关键是如何思议与如何言说才能揭示出此存在的本质。因为西方哲学的思维是主客体二元对立的对象性思维，主体永远参与于对存在的解读与言说之中，而主体之思维视域只能是局限于有限的时空存在之中，而不能达于作为宇宙整体的大全存在，故其给出的本体只能是部分存在的本体，而不是大全存在的本体，所以"水""气""火""原子""存在""单子""绝对精神"等都曾做过西方哲学史中的本体，但这些本体都只是局限于思想者当下的时空视域之中的有限存在的本体，而非包括所有存在于其中的大全存在的本体。故西方哲学史中的本体论只能保证思想者自身的理论自恰性，只是"说何物存在"，而与"何物事实存在"拉开了距离，当这种距离达到极致，必然导致对"形而上学的拒斥"与"本体论的悬搁"。而本体论的无定与悬搁也使任何一种哲学体系都不足以贯通整个西方哲学史，使西方哲学史只能断裂为思想者个体的思维片段，故黑格尔说："全部哲学史这样就成了一个战场，堆满了死人的骨骼。它是一个死人的王国，这王国不仅充满着肉体死亡了的个人，而且充满着已经推翻了的和精神上死亡了的系统，在这里面，

[①] 冯友兰：《三松堂全集》第 4 卷，河南人民出版社，2001 年版，第 8 页。

每一个杀死了另一个,并且埋葬了另一个。"①真正的本体只能是立于一切哲学追问的终极之处的"一",而不是"多",故无论是西方哲学还是中国哲学,无论是人类的思维还是存在,抑或是天地万物、宇宙洪荒的自在,都只能有一个共同的本体,当哲学还困惑于"思维与存在的关系"之中时,就已经离本体越来越远了。

而中国哲学早已经自在地解决了这一问题,中国哲学给出的本体自在地就是思维与存在的同一,因为中国哲学的本体论是由易道给出的"生生"本体论。②思维与存在皆由生生而来,从而是对思维与存在的双重超越,亦是思维与存在的自在同一。如此言说的根据既有来自于《周易》哲学体系本身的文本依据,又有贯通于《周易》哲学体系之中的学理依据,还有由此"生生"本体贯通于天、地、人、我的真实存在之中的现实依据。《周易·系辞上》言:

> 一阴一阳之谓道。继之者善也,成之者性也。仁者见之谓之仁,知者见之谓之知,百姓日用而不知,故君子之道鲜矣!显诸仁,藏诸用,鼓万物而不与圣人同忧,盛德大业至矣哉!富有之谓大业,日新之谓盛德。生生之谓易,成象之谓乾,效法之谓坤,极数知来之谓占,通变之谓事,阴阳不测之谓神。

以西方哲学视域观之,"道"为中国哲学的核心概念,道即为中国哲学给出的本体论承诺,而诸子百家又无不以"道"为总归,故"道统"是中国哲学自在的本体论承诺。但"道可道,非常道",道之本体不可言说,与康德的"物自体"一样不可知,从而使这一本体论承诺无法获得哲学理性所追求的明晰性,故诸子百家皆从其"一曲之见"而言道、行道,已失道之大本,

---

① 黑格尔:《哲学史讲演录》第1卷,商务印书馆,1959年版,第21-22页。
② 鞠曦:《哲学、哲学问题与中西哲学》,长白山书院网站,http://www.cbsrudao.com.

结果如庄子所言："后世之学者，不幸不见天地之纯，古人之大体，道术将为天下裂。"（《庄子·天下篇》）而孔子"述而不作"的本质即为避免自己成为庄子所言的"一曲之士"，故有"子欲无言"，及"天何言哉！四时行焉，百物生焉。天何言哉！"（《论语·阳货》）之叹。而从另一角度而言，"子欲无言"的原因则是上古圣人已经"言"过，"述而不作"的原因则是上古圣人已经"作"过，故孔子不想再另立他说，再另有他作，避免"道术将为天下裂"。所以孔子自言"信而好古"，因为"古已有道"，不需自己再曲为解释，曲为解释的结果必然是"道术将为天下裂"。故孔子的使命只是编订典籍，确定哪些典籍真正承载了此"道统"。孔子"述而不作"，编订"六经"的意义就是去芜存菁，从而在学统上"为往圣继绝学"；而在"道统"上，则以"六经"言道。故孔子之道就在"六经"之中，而《周易》之所以为"六经"之首，即是因为《周易》直言"道统"而为孔子的"性与天道"之学，其他经典只能为道之一体，从而"易道"贯通群经之中而成为"群经之首"。故孔子作传解经之后的《周易》已经不再是传统的"卜筮之书"，而是被孔子转化为揭示存在的终极，言说天地万物之理的"性与天道"之学。故易道即天道，易理即天地万物之理。

而易道又如何言说此本不可言说的道之本体呢？由"道可道，非常道"所决定，任何直面道体的言说都必然不是真道，故《周易》哲学对道本体的言说是另开门径，只以道之显象指示道之存在，即"八卦以象告，爻彖以情言"（《周易·系辞下》），而非直言道体为何物，从而避免"言语道断"。

《系辞传》言"一阴一阳之谓道"，并非将道直接定义为一阴一阳之变化，而是说道显示于"一阴一阳"的变化之中，宇宙万物于其一阴一阳的变易之中显示出（报出）道的存在，故一阴一阳"之谓"道，而不是"谓之"道。这是对人作为主体性生命存在给出的一种求道指引，到自我与天地万物的一阴一阳的变化之中去体悟道之存在，而非直接定义道为何物。而中国哲学的终极追求是要使人得道，而不是认之、识之而已，而人要得道，就必须与道合一，故求道之本就在我之生命存在之中，而非外求可得，此乃为孔子求"为己之学"的本质。因为既然"一阴一阳"只是报出、显示出道之存在，就决定了主体无法对象性直言道为何物，而只能用自我之生命去"继之""成之"，与道合一而体悟之，即主体只能由继之、成之而"得道"，却无法"言道"。在此"一阴一阳之谓道"的变易之中，主体之人可以主动去"继之"，故为"善也"；当主体继此生生之道而成就自我生命之生生不息，即为"成之者性也"，即为《说卦传》所言的"穷理尽性以至于命"，即为《中庸》所言的"天命之谓性"。而在此由"继之"而至于"成之"的过程中，由于个体生命存在境界的不同而会表现为"仁者见之谓之仁，知者见之谓之知，百姓日用而不知"，可见生生之天道已经自在于个体生命存在的不同状态之中，只能"显诸仁，藏诸用"，却不能被人对象性认知，定义性言说，"故君子之道鲜矣"！

《周易》的卦爻系统就是推演此"一阴一阳之谓道"的变易过程，由八卦推演出六十四卦，三百八十四爻，无不是一阴一阳之卦爻变动，也就是道之运行的"显象"或"轨迹"。那么《周易》的卦爻系统演示此"一阴一阳之谓道"的根据何在呢？《系辞传》言"生生之谓易"，即"生生"显示出（报出）易道的运行轨迹，《周易》的卦爻系统就是对此易道生生过程的描摹。既然"生生之谓易"，《庄子·天下篇》又言"易以道阴阳"，而"一阴一阳之谓道"，由此可知，易为"生生"与"道"之"中"介，易根源于"生生"而展开"道"之"一阴一阳"的变易过程，故可知"生生之谓道"，道之本即为"生生"，"生生"即为道之本体，"生生"即为可言之道，可行之道，"上士（能）勤而行之"，而"百姓（却）日用而不知"。而"易道广大，无所不包"，易道内含人道，《易》立于"生生"本体与"道"之显象之"中"，实即人立于"生生"本体与"道"之显象之"中"，其区别在于"易无思也，无为也，寂然不动，感而遂通天下之故"（《周易·系辞上》），而人是有思也，有为也，故唯圣人可以"感而遂通"，而百姓多"日用而不知"，甚而为一己私欲闭塞其道，伤生害性。在儒学史中，早已有人揭示此生生之道为儒学本体，只是未以现代哲学的话语表达方式以本体论定义之。元末明初的宋濂就认为:"夫生者,乃天地之心,其阴阳所以运行,有开阖、惨舒之不齐。盖天地之心,生生而弗息者,恒循环于无穷。"[1]而王学后人罗汝芳更言《大学》与《中庸》皆由"生生"给出,他说:

> 孔门《学》《庸》,全从周易"生生"一语化出。盖天命不已,方是生而又生,于是父母而己身,己身而子,子而又孙,以至曾且元。故父母兄弟子孙,是替天地生生不已显现个皮肤,天地生生不已,是替孝父母、弟兄长、慈子孙通透个骨髓,直竖起来,便成上下今古,横亘将去,便作家国天下。[2]

只是这种对儒学生生本体的揭示都没有被接受为儒学正宗,反倒是程朱理学的"天理"成为后世儒学公认的本体。唐君毅在《哲学概论》中论述中西各种形态的形而上学时,亦将儒家的形而上学定义为"生生之天道论",并具体论述说:"儒家之天道论,则初为直对当前之天地万物,而言其生生与变易。"[3]但唐君毅并没有认识到"生生"本体论所具有的普世性哲学意义,只是把它当作中西哲学史中诸多本体论形态中的一种而已,而其为自己的"心通九境"的哲学体系构建的本体是"心灵本体"[4]。而"心灵本体"亦没有追问到哲学本体论的终极,我们仍然可以继续追问,此作为本体的"心灵"又是从何而来?显然"心灵本体"亦是由"生生"而来,生生本体论作为《周易》哲学内在的本体论承诺,不只可以为中国哲学奠基,而且可以为西方哲学奠基,从而真正具有人类性的哲学意义,"思维与存在的关系"作为西方哲学

---

[1] 侯外庐:《宋明理学史》(下),人民出版社,1987年版,第61页。
[2] 钱穆:《宋明理学概述》,联经出版社,1998年版,第333页。
[3] 唐君毅:《哲学概论》,中国社会科学出版社,2006年版,第482页。
[4] 李明:《我感故我在——唐君毅人生之路的心本体论证悟》,《求索》2008年第9期。

的基本问题在"生生"本体上得以统一。无论是思维还是存在,皆从"生生"而来,"生生"为一切哲学追问的终极,为一切存在的"第一因"。故"生生"本体必然立于一切存在与思想的根源之处,而为中国哲学与西方哲学,以及全部人类哲学奠基。故此"生生"本体论可以贯通于中国哲学与西方哲学,从而为中西哲学的对话提供本体论支撑与理论基点,也为西方哲学终结之后的走向提供了出路与指引。

二、"穷理尽性以至于命"的哲学价值论

任何哲学体系都必然内在承诺某种对人而言的价值,而此价值论承诺又必然以此哲学体系的本体论承诺为支撑。现代西方哲学拒斥本体论的一个必然结果就是造成其价值论迷失,一切固有哲学及新兴哲学体系的价值论承诺都失去了本体论根据,从而使整个社会都进入一种价值失范,"怎么都行"的混乱状态。海德格尔最后无望地说:"只还有一个上帝能救渡我们,留给我们的唯一可能是,在思想与诗歌中为上帝之出现做准备,或者为在落没中上帝之不出现做准备;我们瞻望着不出现的上帝而没落。"[1] 这是西方哲学的悲哀,自诩为"爱智"的哲学却无法解决人类"如何去存在"的问题,仍要乞灵于上帝的临在。"只还有一个上帝能救渡我们",这已经不是海德格尔奉献终身的存在论渴望,而是一种心灵无依的价值论乞求;上帝回答的不是"存在(者)何以存在"的存在论问题,而是"此在之人何以存在"的价值论问题。但尼采对"上帝死了"的宣判使海德格尔及所有西方人不得不"为在落没中上帝之不出现做准备"。这是西方哲学的更大悲哀,一种哲学理论无法给出可以安顿人类灵魂的价值论承诺,将人生的意义奉献给哲学领地之外的宗教与上帝,在本质的层面上暴露出西方哲学的无能。本体论的缺失已经注定了

---

[1] 海德格尔:《熊译海德格尔》,同济大学出版社,2004年版,第285页。

西方哲学的命运。

"生生"本体论作为一切哲学追问的终极，自在地赋予一切存在以"生生"的意义与价值。如果有上帝存在，那么上帝也只能在"生生"之中，一切价值与意义皆在"生生"之中，"生生"就是一切价值与意义的根源。人生的存在意义就应当是实现生生赋予的使命，故为"生命"，也就是中国哲学的"天命"，而此生生所命彰显在人之灵明自觉之中就被确认为人之本性，故此人之本性实乃生生之性，故《中庸》言"天命之谓性"。而此生生所命之性必然有其内在流行之理据，即宋儒所言的"天理"，此天理本质上就是生生之理，所谓"天"，实乃是"生"，"天之理"即为"生之理"，从而人之生命存在的意义实现就是穷此生生之理，尽此生生之性，知此生生之命。故《周易》言"穷理尽性以至于命"，正是对此价值论承诺的揭示。考之《说卦传》第一章言：

> 昔者圣人之作易也，幽赞于神明而生蓍，参天两地而倚数。观变于阴阳而立卦；发挥于刚柔而生爻；和顺于道德而理于义；穷理尽性以至于命。

"说卦"之义即解释卦"为何用"与"如何用"。"为何用"即为解释"卦"承诺了什么样的价值，为何目的而立；"如何用"则解释"卦"如何实现自己承诺的价值与目的。《说卦传》首章此段文字表明，《周易》之作是通过"生蓍"—"倚数"—"立卦"—"生爻"的方式，建立起一套阴阳变易的卦爻系统，并使这套系统"和顺于道德而理于义"，最终达到"穷理尽性以至于命"的目的。"穷理尽性以至于命"即为《周易》哲学给出的价值论承诺。[1]这也是任何人类性哲学都应当给出的价值论承诺，不能安顿人身心性命的哲学只能是无意

---

[1] 鞠曦：《周易哲学与科学的承诺和推定》，长白山书院网站：http://www.cbsrudao.com.

义的精神浪费与思想垃圾。而价值论承诺的关键是其要有真实的本体论支撑，西方哲学由于找不到真正的本体而使其价值论承诺不得不求乞于上帝的存在，当上帝不在时必然是"怎么都行"的价值迷失与精神空虚。

儒家的《周易》哲学给出的"理、性、命"的价值论承诺以"生生"本体为支撑，"穷理"是穷"生生"之理，"尽性"是尽"生生"之性，"至命"是至"生生"之命。此"生生"之"理、性、命"是人生存在的终极根据，亦是人生所追求之"穷、尽、至"的终极目的。如此的人生就找到了安顿身心性命之所，不必乞灵于上帝或某种外在的存在。"理、性、命"皆在于我心之"觉解"（借用冯友兰语），此觉解又在于"生生"于我心之流行，故"生生"本体就在我之生命中，"性命"之"理"即"生生"，"生命"即由"生生"所"命"而来，故为"生命"。如此之生命就是与"生生"之道一体流通的存在，就是心有皈依，身有所安的存在，不会如海德格尔所言："现代人被连根拔起。"

而这样一条由"生生之道"贯穿其中的"穷理尽性以至于命"之路如何可以达成，其内在理路如何呢？《说卦传》第二章续说八卦如何运用，指示着人之生命存在之"理、性、命"的实现进路。中国哲学的特质就是生命的学问，是可以应用于生命实践之中的"存在的学问"，也就是孔子所言的"为己之学"；而不是如西方哲学一样仅仅运行于思想之中的"思维的学问"，也就是马克思所批判的"头脑中的风暴"，却与现实的生命存在无关。故而《说卦传》第二章言：

> 昔者圣人之作易也，将以顺性命之理。是以立天之道，曰阴与阳；立地之道，曰柔与刚；立人之道，曰仁与义。兼三才而两之，故《易》六画而成卦，分阴分阳，迭用柔刚，故《易》六位而成章。

《说卦传》首章言"和顺于道德而理于义"，此章又言"将以顺性命之理"，其义一也，即利用《周易》的卦爻系统来指引和言说归属于人之生命的"道德""性命""理义"等哲学思想，但《周易》卦爻系统对此性命之道的言说方式却不是现代哲学理性化的逻辑推理与理论论证，而是通过卦爻系统内含的"象、数、理、义"来综合演示生生之道流行于万物之中的具体表现形态，完全是一种存在论的生存指引。卦爻系统完全就是对现实存在的抽象化图像演示，而不是思维之中的理论言说。故《说卦传》此章解释《周易》卦爻系统的建立分作三个步骤：首先是立天、地、人三道，即立天道为阴阳，立地道为柔刚，立人道为仁义；其次是阴阳爻互错而成六画之卦，即将天、地、人三才之道"两之"而成每卦六爻，从而形成由上卦与下卦组合而成的重卦，实是对天道流行的图示化演绎；最后是将上卦与下卦按照阴阳与刚柔（即天道与地道）的"生生"之理进行排列，形成以"六位卦象"为纲领的表达《周易》哲学完整体系结构的文理章法，即"六位而成章"。

这里的关键问题在于何为"六位而成章"？哪六位卦象，又是如何排列而形成"六位而成章"？此"六位而成章"又如何言说"生生"之理，实现"穷理尽性以至于命"的价值论承诺呢？《说卦传》第三章继续进行解说：

> 天地定位，山泽通气，雷风相薄，水火不相射，八卦相错，数往者顺，知来者逆；是故，易逆数也。

《周易》以天地、山泽、雷风、水火八个卦象以象天地自然的存在，而天地的"定位"，山泽的"通气"，雷风的"相薄"，水火的"不相射"，都是自然界的客观存在，都是由"生生"而来的自然存在，故称为"先天之象"。[①]而此"先天之象"不会凝固不变，"生生"之理行于"先天之象"中，必使"先天之象"发生由先天走向后天的变易过程，《易经》之"易"就是要演示此变易过程，以之指导人类的生命实践。故《周易》就是要以八卦到六十四卦

[①] 鞠曦：《易道元贞》，中国文联出版社，2001年版，第153页。

的卦爻演化方式演示此变易过程，以指引人的主体性生命"如何去存在"。故《说卦传》此章指明《周易》是用"八卦相错"的方式演示"先天之象"走向"后天之象"的过程，以象天地自然之变易。此"八卦相错"的根据是天地自然的变化，而面对天地自然之变化，可以确定者唯已逝之存在，即"往者"为已知与可知。"往者"之存在历程即天道自然"顺"行"生生"之理的过程，也正是在对往者顺行天道自然生生之理的把握中，主体之人可以明晓"生生"本体的存在。故《周易》以"数往者顺"的方式顺数"往者"而知"生生"所在。而"来者"虽因其"未来"而不可知，但可以肯定"来者"亦必由此"生生"而来，故由知"往者"之"生生"可知"生生"之来者，是故"圣人可以前知"，孔子说"虽百世可知也"，在于其知"生生"之理也。"生生"本体支配着万物存在的"往"与"来"，而"往者顺""来者逆"，故欲知"来者"，就必须于此天道自然顺行的"生生"过程中回过头来，逆而知之，故为"知来者逆"。而《周易》哲学承诺的价值就在于"彰往而察来"，故"易逆数也"，意在指引生命知晓未来发展之方向。

而天地自然如何变易？"先天之象"又如何变易成"后天之象"呢？八卦又如何相错以示其理呢？《说卦传》接下来第四章言：

> 雷以动之，风以散之，雨以润之，日以晅之，艮以止之，兑以说之，乾以君之，坤以藏之。

"先天之象"已经由八种卦象相互作用而成的"天地定位，山泽通气，雷风相薄，水火不相射"散而为八种卦象分别作用的"动之""散之""润之""晅之""止之""悦之""君之""藏之"。此八种卦象的不同作用即"生生"之理的自在流行过程，最后发展成《说卦传》第六章的"水火相逮，雷风不相悖，山泽通气，然后能变化，既成万物也"的"后天之象"。①故此八种卦象位于由"先天之象"向"后天之象"演化的过程之中，故可称为"中天之象"。②在此由"先天"到"中天"，再到"后天"的变易过程中，最可注意者是天地二象的变化，在先天之象中，天地只有静态的"定位"之功，"山泽通气，雷风相薄，水火不相射"之性都"定位"于天地之中。而在"中天之象"中，"天地"已经化为"乾坤"，"天地"是象，"乾坤"是理，"天地"之"象"化为"乾坤"之"理"，其功用就由"天地之象"静态的"定位"功能化为"乾坤之理"的动态的"君之、藏之"功能，"乾君坤藏"之理已经注入其他六象的运动流行之中，也就是天道与地道行于万物的化生之中。故而乾坤为易之门户，在"既成万物也"的"后天之象"中，天地之象已经化为乾坤之理，乾坤之理已经没于万物的"既成"之中，即隐含或消亡于万物的终结之中，以此完成万物存在的一个轮回。故"后天之象"只有六象，而没有了天地或乾坤。

在《周易》哲学揭示的这一由"先天之象"到"中天之象"，再到"后天之象"的生生流行的过程中，人的主体性生命亦自在其中。《周易》哲学揭示此生生之道的大化流行的目的就是指引主体性生命如何实现自我的生命安顿，以实现"穷理尽性以至于命"的价值论承诺。

那么，主体之人如何能够实现"穷理尽性以至于命"的价值追求呢？《周易》哲学又是如何以卦爻系统的"六画而成卦"及"六位而成章"来指引现实生命去实现"穷理尽性以至于命"呢？《说卦传》已经给出了《周易》卦爻文本的具体表达方式，即"数往者顺，知来者逆；是故，易逆数也"。《周易》就是让人观万物由"先天"经"中天"而到"后天"的发展过程，通过"数往者顺"而知生生之理，最终要实现"知来者逆"，知生命的可能发展方向，

---

① 鞠曦：《易道元贞》，中国文联出版社，2001年版，第153页。
② 鞠曦：《易道元贞》，中国文联出版社，2001年版，第154页。

实现自我生命的安顿，最后的原则定位在"是故，易逆数也"，即要"逆数"以穷理、尽性、至命。

关键是《易》如何"逆数也"才能实现"穷理尽性以至于命"的目的呢？而无论是"顺数"还是"逆数"，《周易》哲学所表达的易理都是由八卦相错而来，"先天之象"为"生生"之始，非人力所能把握，而"后天之象"为"既成万物也"，"生生"已终，亦非人力所能再干涉，那么人力能参与其中并能有所把握者唯此"中天之象"。故《周易》哲学之"数往者顺，知来者逆"，"彰往而察来"都只能在此"中天之象"的演化中实现。而《周易》哲学所承诺的"理、性、命"的价值论承诺也就内含在此"中天之象"的变化之中，故"八卦相错"后的"六位而成章"即为由此"中天之象"的变易而"相错"得来。

如何"八卦相错"呢？将此"中天之象"的八卦顺序按"天道顺行"的原则进行"顺数"而两两相错，可得"雷风恒""水火既济""山泽损""天地否"四个重卦，其所表达的易理，即为"顺行"天道的生生之理，其过程为经历"恒—既济—损"三卦的存在论演示，最终的结果是一个"否"的价值判定。具体解释之，就是天道的生生之理是永恒的，"不为尧存，不为桀亡"（《荀子·天论》），天生万物，生生不息，但生生虽为永"恒"，但万物的个体存在却是受限于此生生之中而有始即有终，故而会由生长而至于消亡，即由个体之生而发展以至于生的顶点，即为"既济"，而后必然走向衰亡，即为"损"，最终是个体之生的终结，即为"否"。此为由八卦顺数而揭示的顺行天道的生命之理，其结局为"否"。

将"中天之象"按"易逆数也"进行两两相错，可得"地天泰""泽山咸""水火未济""风雷益"四个重卦，其所表达的易理，即为由"逆行"天道的"易逆数也"所表达的生生之理，其首先承诺了"泰"的价值判定，具体展开为"咸—未济—益"的生命之理。具体解释之，就是人道要实现生命之"泰"的价值追求，就要逆"否"而为"泰"，就要逆行天道自然之"损"与"否"，故《易》要"逆数也"。此"易逆数也"只能为人道所有，自然万物只能顺行天道之损，而不能自觉此损而去有意逆行天道而求益，故此逆行天道之"求益得泰"之道实为人道的生命自觉与自为，即为主体之人的修身养性，由"穷理尽性"而"至命"，达于天命之生生不息。具体而言，就是以"泰"为价值追求，由"咸"而感知、领悟生命存在的本质，实现生命的自觉，与"生生"合一，再由"未济"而让生命避免"既济"之"损"，而使生命永保生生不息而得"益"，其结局为"泰"。

故由"中天之象"所象之"八卦相错"可以得到"损益六卦"，即顺行天道之"损道三卦"："恒—既济—损"；及逆行天道之"益道三卦"："咸—未济—益"。① 损道三卦承诺"否"的价值判定，为顺数八卦、顺行天道而来；"益道三卦"承诺"泰"的价值判定，由逆数八卦、逆行天道而来，故为"地道"。《系辞传下》言："《易》之为书也，广大悉备，有天道焉，有人道焉，有地道焉，兼三才而两之，故六。六者非它也，三才之道也。"既然易有三才之道，而"损益六卦"承诺了"天道损，地道益"，那么可知人道行于此天道与地道之中而为"人道中天而知损益"。此"损益六卦"在《帛书易》的六十四卦系统中各统领十卦，与"乾、坤、否、泰"四卦合而为《帛书易》的六十四卦卦序，故为"六位而成章"。

帛本《周易》以"损益六卦"的"六位而成章"统领六十四卦系统，揭示了天地损益的"生生"之理，人穷此理方可"尽性"。而人性何在呢？《帛书易之义》曰："万物莫不欲长生而恶死，会心者而台作《易》，和之至也。"人之性在于"欲长生而恶死"，而此性乃我与生俱来，故为"生生"本体所"命"，亦可称为（形而上之）"天命"，故此"生生"之理所命之性直接贯通于《中庸》的"天命之谓性"。

而"生生"之理内含天道顺行之损与地道逆行之益，显然只有地道之益

---

① 鞠曦：《易道元贞》，中国文联出版社，2001年版，第117—197页。

才能实现"长生而恶死"之性,故只有"避损行益"才能"尽性"。天道顺行之损乃大道无为之自然过程,"避损行益"则需要主体的自觉、自为与生命的修养,故孟子讲"尽其心者,知其性也"(《孟子·尽心章》),《大学》讲"自天子以至于庶人,一是皆以修身为本",故此"尽性"乃为主体自主操作、控制、率领、引导、修养、修炼自我之生命以避损行益的过程,故"尽性"内含着"率性"之义,率领天命之性去求取生生之益道,故此"尽性"直接贯通于《中庸》的"率性之谓道"。故"咸—未济—益"构成的"益道三卦"在《周易》哲学体系中就具有了核心地位,而"咸"卦又为益道之首,那么"咸"卦内含何种哲理而具有如此特殊的地位呢?咸者,感也。人之初生,即开始感知此世界,从而喜怒哀乐、爱恨情仇因之而生,吉凶悔吝亦相伴而来,人生的损益起于外有所感之时。"咸"卦揭示的是少男少女感于外在世界之时,如何处理自我的生命困惑与进行自我修养的道理,可以为人生青春时期的生命盲动提供生命指引,解决"憧憧往来,朋从尔思"的生命实践问题,实现"贞吉悔亡",故"咸"卦成为益道之始。故"尽性"的价值论承诺实乃生命的自我修养之过程,修养生命的"生生"之益道,最终要"以至于命",此"以至于命"的生命修养过程亦可直接贯通《中庸》的"修道之谓教",亦是孟子的"养吾浩然之气",亦是道家的"我命在我不在天"。如此可解何以《周易》既为儒家"六经"之首,又为道家的"三玄"之冠。

　　由此可见,《周易》哲学"穷理尽性以至于命"的价值论承诺可以贯通《中庸》的核心命题,即"天命之谓性,率性之谓道,修道之谓教"(《中庸》)。再引而申之,亦可将之与《大学》之道的"三纲领",即"大学之道在明明德,在亲民,在止于至善"(《大学》)相贯通。"天地之大德曰生","明德"即为明此生生之德而"穷理","明明德"即为将所穷之"生生"之理再明之于天下,而此明理于天下的过程即为"亲民"。而"亲民"不过是让天下人明"生生"之理,尽"生生"之性的过程,《中庸》言:"唯天下至诚,为能尽其性。能尽其性,则能尽人之性。能尽人之性,则能尽物之性。能尽物之性，则可以赞天地之化育。可以赞天地之化育，则可以与天地参矣。"而天下至诚者，生生也。尽生生之性，则能尽人性、尽物性、赞化育、与天地参。故尽性方能"亲民"，因我与民同具"生生"之性，我才能得以亲之。"至善"即"天命"之生生之善，"止于至善"即为止于"生生"之所命，即为"以至于命"。故《周易》哲学贯通于《大学》与《中庸》之道，如此才可以成为"六经"之首，为孔子的"性与天道"之学，亦为"为己之学"。

三、合于"中道"的哲学认识论

哲学认识论不是哲学认识本身，而是哲学认识得以产生的思维根据，中西哲学的本质差异不在于其具体的认知成果与思想理论如何不同，如具体的本体论或价值论如何不同，而在于导致其会产生如此不同的认识论根源的本质差异。

中西哲学具有本质上完全不同的认识论方式。西方哲学的本体论与价值论及其哲学终结的命运都根源于其主客体二元对立的对象性、形式化的思维方式，在这种对象性的认识论方式中，主体永远独立于客体之外，并干涉理性对客体的认知，而主体作为有限的时空存在，只能在有限的视域内思维，故局限了理性的"可视"范围，从而使理性永远无法"看到"存在的大全，无法达于存在的本质，故康德认为"物自体"不可知，要为理性的思维划界。但这种划界只是回避了问题，却不能解决问题，故西方哲学思想只能各立其说，各言其是，却无法真正安顿现实人生的身心性命。而西方哲学的各言其是却有一个共同的认识论根源，即二元对立的形式化思维方式，以此才可以将纷争不断的各种西方思想统称为西方哲学。

《周易》哲学作为中国哲学的源头活水，群经之首，大道之源的地位，亦不在于其哲学系统如何为各家哲学所直接继承，而在于其迥异于西方哲学的独特思维方式成为贯通整个中国哲学史的认识论根源。中国哲学的思维智慧在于其不是把人作为绝对主体而与外在客体对立起来。在中国哲学的视域中，天道才是绝对主体，人与外在器物都是天道自然支配下的存在，故"万物与我为一"（《庄子·齐物论》），但人又不是与器物同样的绝对客体性存在，而是具有生命自觉，能体道、达道的灵性生命存在，故能"上下与天地同流"（《孟子·尽心上》）。故人是处于绝对主体（道）与绝对客体（器）之"中"的存在，处于道器之"中"的灵性存在。故《周易》言"形而上者谓之道，形而下者谓之器"，内在蕴含着"形而中者谓之人"[①]的哲学判定，从而把人从西方哲学主客体二元对立的思维局限中拯救出来，形成了中国哲学独特的"中道"思维。《周易》哲学从人作为"形而中者"的中道思维出发，演示从形而上之道到形而下之器的存在论演化过程，指引现实生命"如何去存在"。"圣人立象以尽意，设卦以尽情伪，系辞焉以尽其言"（《周易·系辞传上》），象是存在的图像与情境，卦是对具体生存情境的演绎，辞是对此情境的解说，《易传》则从此"象、卦、辞"之中揭示出指引主体生命选择之"义"，故《周易》哲学的卦爻系统具有"象、数、理、义"四种综合的表达方式，而不是单纯的理论阐释。象是世界的图景，数是世界的规定，理是世界的规律，义是世界的应然，象、数、理、义之间可以进行从形象到义理的存在论推演与理论表达，将生命存在的生生图景展现在思者的面前。所以卦的特点就是具有解释学上的开放性，可以随时变易，与时偕行，而不被束缚于某种逻辑规定或视域局限之中，从而每一卦似乎都可以做全息性的生命整体解读，因为每一卦都是对生命存在的全景呈现，世界的整个道理都可以在某一卦的具体情境之中完整呈现出来，故圣人可观象玩辞，展开无尽演绎，实现"穷理尽性以至于命"的目的。而"卦"之本在"中"，"卦"本身不是道，但"易以道阴阳"，而"一阴一阳之谓道"，故"卦"以一阴一阳之爻变演示道之流行。"卦"不是器物，但却含万物之象，示以万物变

[①] 鞠曦：《周易哲学与科学的承诺和推定》，长白山书院网站：http://www.cbsrudao.com.

易之理，故"卦"就是人的生命象征，就是人之生命行于道与器之"中"的存在论演示，故"卦"就是人的生命存在状态的描摹方式，从而卦与人一样同为"形而中"。

中国哲学这种"形而中"的中道认识论方式，将人带入对世界的观察之中，上有形而上，下有形而下，中有"形而中"；上有道，下有器，中行者为人；从而这种中道思维不是西方哲学那种横向的主客二元对立的对象性思维，而是纵向的天、地、人相贯通的立体式的整体性思维，人可上求天道，即"修道之谓教"，而成为形而上者，获取生命的终极安顿。但人亦可能纵欲而行，下降为形而下者，沉沦为物，即"物至而人化物也"（《礼记·乐记》）。故孔子讲"君子不器"（《论语·为政》），即君子求道而非器，因孔子自言"志于道，据于德，依于仁，游于艺"（《论语·述而》），显然"道"为孔子所"志"，为其最高追求，亦为孔子生命的终极安顿之处。故中国哲学的整体就是一部中道哲学，就是为人找到恰当的"中"的位置，从尧舜的"允执厥中"，到孔子的"中庸之道"，"执其两端，用其中于民"，再到老子的"多言数穷，莫若守中"，及庄子的"得其环中，以应无穷"，再到佛家的"中观"，中道的认识论原则为中国各派哲学所宗奉，亦为"中国"之所以为"中"国之文化深义所在。故孔子说："中庸之为德也，其至矣乎！"（《论语·雍也》）以"中"而观，实乃唯一合于人道之认识论原则。

但中国哲学这种中道的思维方式曾经是一种非自觉的思维自在，是一种笼罩在孔子"六经"系统的思想结构与传统的生活世界之中的自然思维方式，传统中国人不会觉得自己的思维方式有区别于其他文化的特殊性。而且此"中"难寻，此"中"难执，人们总是在离"中"言道，离"中"行道的过程中寻找"中"的位置，故孔子说："天下国家可均也，爵禄可辞也，白刃可蹈也，中庸不可能也。"（《中庸》）孟子亦说"子莫执中，执中为近之，执中无权，犹执一也。所恶执一者，为其贼道也，执一而废百也"（《孟子·尽心下》）。而儒学经典文本的表达之中，亦只有《周易》哲学以"形而中者谓之卦"的方式代言人道之中，真正穷尽了人之生命存在的"形而中"原理，故而成为中国哲学与文化的大本大源。但"易道广大，无所不包"，以至人异言殊，孔子早就有"后世之士疑丘者，或以易乎"（《帛书易·要》）之叹，以至后世儒学曲解易理，离"中"而言道，结果是"道术将为天下裂"。故当中国哲学的思想结构与生活世界悄然变化之后，传统的这种中道思维方式也就在不自觉中发生了暗中的转化。从宋明理学以《大学》格物之说取代《周易》哲学在传统哲学中的核心地位开始，传统哲学的中道思维方式就已经在向对象性的思维方式转变，近代以来对传统文化的全面剿灭与西方文化的大举进入则彻底消灭了这种中道思维。这种传统中国人的经典思维方式已经无法被现代人所理解，而这样一种中道的思维方式对于解决西方哲学的对象性思维导致的问题，及解决由西方哲学与文化所导致的现代性问题又具有决定性意义，故应当在当代的儒学形而上学重建之中重新发掘这种中道的思维方式。

（作者为吉林师范大学马克思主义学院副教授，哲学博士）

鞠曦易学的解易原则

孙铁骑

摘要：鞠曦易学以"承诺推定法"为根本依据，在解易过程中自然遵循着几个一以贯之的解易原则，这几个解易原则贯穿于鞠曦易学的易理解读之中，成为鞠曦易学进行易理解读的核心方法论。首先是以孔子之学解易，其次是以生生之道解易，最后是以"六爻成效"解易。

关键词：鞠曦易学；孔子；生生之道；六爻成效

《周易》在传统经典之中具有群经之首、大道之源的文化地位。但易之卦爻系统的抽象复杂及卦爻辞文言的古奥难解，使自古以来的千家解易皆是各言其是，各立宗旨，或重象数，或重易理，"二派六宗，相互攻驳"。不但如此，以现代哲学理性观之，自古以来的任何一家解易都没有一以贯之的解易原则，或无法将自己的解易原则贯彻到底，从而都没有对《周易》的卦、爻、辞文本实现一以贯之的哲学解读。故易学史虽然经典无数，却都存在着"惭、枝、游、屈"的根本问题[1]，无法将《周易》理解和把握为一套完整的哲学体系。究其原因，就是各家解易都没有实现"承诺推定法"所要求的"本体论承诺与逻辑推定的统一，价值论承诺与范畴推定的统一，主体论承诺与形式推定的统一"[2]，这三个承诺与推定的统一是保证思维与理论正确性的根本原

---

[1] 鞠曦：《论易学基本、根本与核心问题》，长白山书院网站：http://www.cbsrudao.com.
[2] 鞠曦：《中国之科学精神》，四川人民出版社，2000年版，第152页。

则。鞠曦易学就是以"承诺推定法"的三个承诺与推定的统一为根本原则对《周易》文本进行一以贯之的哲学解读,从而将《周易》哲学解读为一个完整系统的哲学体系,实现对《周易》文本及整个易理解读的正本清源。

以"承诺推定法"为根本依据,鞠曦易学在解易过程中自然遵循着几个一以贯之的解易原则,这几个解易原则贯穿于鞠曦易学的易理解读之中,成为鞠曦易学进行易理解读的核心方法论,同时也是自在于《周易》哲学理路之中的认识论原则,亦是指导现实生命如何去存在的存在论原则,对于以现代哲学理性重新解读《周易》,真正实现对易理的当代理解与应用具有正本清源的理论意义与实践意义。

一、以孔子之学解易

自古解易的第一大问题就是《周易》的成书性质问题,虽然公认伏羲画卦,文王系辞,孔子作传,但无人能将伏羲所画之卦、文王所系之辞、孔子所作之传三者之间的逻辑关系清楚地揭示出来,从而只能认为《周易》文本是一个合集,并不必然具有内在统一的逻辑关系。虽然自古以来的解易者在价值取向上也意图打通整个《周易》文本,努力将卦、爻、辞,经和传解读为一个整体,但伏羲、文王、孔子三个圣人年代相去甚远,孔子思想虽存,伏羲、文王思想却是无文献可查,从而无法确知二人画卦系辞之本意,故在思想理路上无法将伏羲、文王、孔子的思想综合贯通,又怎能将《周易》的卦爻辞与经传系统贯通呢?故易学史中的每个解易者都试图以自己的思想将伏羲的卦、文王的辞、孔子的传贯通起来,其结果自然是无人可以超越伏羲、文王、孔子的思想而将之贯通起来,从而只能局限于自己固有的思维视域与个体价值取向之中,对《周易》文本进行自以为是的理论解读,而这种解读因为没有理清卦、爻、辞,经与传之间的逻辑关系,结果仍然是卦是卦,辞是辞,经是经,传是传,彼此无法贯通。因此造成易学解读中象数派与义理派的分裂,

《易经》与《易传》的分裂，甚至出现"经传分治"的问题，从来没有将《周易》哲学解读为一个完整的哲学体系。

那么《周易》文本真是没有统一逻辑，从而可以允许解易者根据各自的知识背景而随文赋义，任意展开仅仅属于解易者自我的易理解读吗？鞠曦易学给出了否定的回答，并以自己的易理解读证明《周易》文本的卦爻辞系统与经传系统具有内在的逻辑统一性，内含着孔子儒学的生命哲学体系，是孔子儒学的"性与天道"的系统表达方式。只是现代哲学的理性思维已经不能直接从《周易》文本的卦爻辞与经传系统中直接把握这一生命哲学体系，故需要对之进行符合当代哲学理性要求的思想外化。这一外化出来的《周易》哲学理论体系就是鞠曦的"形而中论"[①]。

鞠曦易学根据"承诺推定法"对《周易》的经、传文本进行系统的理论推定，揭示出《周易》经、传文本的逻辑统一性、理论系统性与体系完整性，证明《周易》文本的经、传系统不可分割，共同构成了系统完备的孔子儒学的生命哲学理论体系，从而《周易》才成为群经之首、大道之源。在"承诺推定法"的规范下，鞠曦的易学解读已经不是其个体的私人话语，而是对自在于《周易》经、传文本之中的本体论、价值论、主体论及相应的思想逻辑、概念范畴、表达方式展开的一以贯之的理论推定，如此推定出来的理论成果就是对《周易》文本内涵的哲学原理的系统性理论外化，此哲学原理归属于《周易》文本自身，而不是鞠曦个人的"独创"，从而不是其私人性的、自以为是的理论构建。

根据"承诺推定法"的"主体论承诺与形式推定的统一"原则，《周易》经、传系统首先统一于孔子的"作传解经"这一历史事实。因为《周易》文本由经、传系统构成，《易经》卦爻辞系统的作者据传是伏羲画卦，文王系辞，也就是说画出卦爻系统的主体是伏羲，而给卦爻系辞的主体是文王。而文王系辞之时必然要将伏羲所画的卦爻系统与自己所系之辞进行从形式到内涵的逻辑

---

① 鞠曦：《哲学问题在当代和〈周易〉哲学观诠释——形而上学与形而中论》，《周易研究》1998年第2期。

重组,从而文王系辞之后的卦爻与系辞已经是一个整体,具有了文王的思想逻辑,而此思想逻辑的整体统一于文王的创制,而不是统一于伏羲。故文王系辞之后的卦爻辞系统已经发生了主体论的转换,虽然最早的卦爻系统是伏羲所作,但文王系辞之后的卦爻辞系统在理论进路上就已经归属于文王所作,而不能再归属于伏羲所作了,从而在理论进路上可以将整个卦爻辞系统都视为文王所作。同理,《易传》是孔子为解《易经》而作,在正常的理论进路上,《易传》与《易经》必然是一个理论整体,且孔子又言"吾道一以贯之",其对经、传系统的思想阐释亦必然是一种系统的理论构建。而这一经、传统一的《周易》文本系统是由孔子完成的,而不是由画卦的伏羲或系辞的文王完成的,从而整个经传系统的逻辑统一性已经统一于孔子的思想系统之中。故《周易》文本之中虽然保留着伏羲所画之卦与文王所系之辞,但此卦爻辞系统已经贯通于孔子作传解经之后的思想逻辑之中,已经打上了孔子的烙印,与孔子的《易传》融为一体,从而在理论推定的主体论上已经归属于孔子的创制,而不再归属于伏羲或文王。故在"主体论承诺与形式推定的统一"性上,对《周易》文本的理论解读之中已经不必再强调伏羲画卦与文王系辞,可以将之与《易传》作为一个整体都看作孔子所作,从而可以将《周易》文本解读为归属于孔子儒学的完整体系,避免造成经传分裂,甚至经传分治的错误问题。

当将作易主体推定为孔子,就可以将整个孔子儒学思想体系作为解读《周易》文本的思想背景与理论地平。故鞠曦易学的根本原则就是"以丘知易"[①],以孔子之学解易,通过对孔子及其思想的理解来实现对易理的理解。这就给《周易》的文本解读找到了历史与逻辑相统一的理论起点,此起点奠基于孔子的现实生命与学术思想之中。故可以将易理与孔子的生命轨迹及整个儒家思想相互映照,相互验证,使易理的文本解读在一般性的理论阐释之外找到现实的根据和证明。

---

① 鞠曦:《论易学基本、根本与核心问题》,长白山书院网站:http://www.cbsrudao.com.

但以孔子之学解易必然面临着另一诘难，那就是孔子之学不也是一种私人话语吗？凭什么要以孔子的思想与生命实践为依据去解读易理呢？即然可以以孔子之学解易，为什么不可以以"我"之学解易？孔子有解易的权威，为什么"我"不可以有解易的权威？易学史中的各家解易者不也是从自己的思想与生命实践出发来解读易理吗？何以要独尊孔子呢？尤其在推崇批判与创新精神的现代学术面前，以孔子之学解易似乎具有思想迷信的学术盲目性，从而需要进一步地特殊说明。这里首先需要明晓什么是孔子之学，以及孔子之学与中国思想学术史之间的关系。如果真正知道了什么是孔子之学，也就能够合理定位孔子的思想史地位，进而理解孔子之学的学术性质并非孔子个人的私人话语，而是代表和承续中国传统文化道统的公共话语，对孔子之学的尊崇，实乃是对中国传统文化道统的尊崇。

在中国传统文化的思想与学术发展史中，孔子及其儒学具有中流砥柱的地位。与西方文化具有"希腊文明"与"希伯来文明"两个源头不同，中国文化在其根源之处只有一个源头，那就是中华道统，但到孔子之时已经是"道术将为天下裂"（《庄子·天下篇》）的时代，孔子面对百家分裂，道统即将不明的文化现实，相信"天之未丧斯文也"（《论语·子罕》），起而担当道统，"志于道，据于德，依于仁，游于艺"（《论语·述而》），"述而不作，信而好古"（《论语·述而》），编订"六经"系统，以承续古之斯文。故孔子之学不是其私人创制，而是对上古文化道统的直接传承，故言"吾道一以贯之"（《论语·里仁》），而其余诸子百家之学正如庄子所言，皆只得"道之一隅"，使"道术为天下裂"，皆不足以承担中华文化道统的重任。故孔子之学即为中华文化道统之学，对孔子的尊崇就是对中华文化道统的尊崇。故以孔子之学解易，就是以中华文化道统解易，而易作为群经之首，亦是中华文化道统的核心载体。孔子之所以"老而好易，韦编三绝"，就是因为《易经》承载了中华文化上古之道，孔子才要以作传解经的方式阐释之、承续之，故以孔子之学解易才符合《周易》的成书性质。以孔子的现实生命观之，孔子一生亦是行道的一生，最终达于"七十而从心所欲，不逾矩"（《论语·为政》），可知孔子生命已达至道，故可将孔子之生命、孔子之学问、中国文化之道、《周易》经典统合而为一，相互印证。故以孔子之学解易，才符合易道宗旨，才能将《易经》与《易传》解读为一个整体，解决易学史"惭、枝、游、屈"的根本问题。

二、以生生之道解易

自古解易的第二大问题是无法将《周易》的经、传及六十四卦系统进行一以贯之的系统解读，其原因除去前文论述的成书性质问题之外，更根本的就是解易者在对《周易》的经、传系统，尤其是六十四卦系统的解读之中无法发现可以一以贯之的逻辑体系及其本体论支撑。根据"承诺推定法"，任何可以自恰的思想体系都必须首先要具有"本体论承诺与逻辑推定的统一"，而易学史中的诸家解易多是随文赋义，也就是对《周易》文本的卦爻辞与易传文本进行翻译性解释，而不是找到其本体论依据与内在逻辑，以对之进行系统化、体系化的思想解读，从而将《周易》的篇章结构及所表达的哲学思想碎片化、歧义化，没有统一之逻辑。

正因为每个解易者都没有坚实的本体论依据与一以贯之的逻辑体系，结果只能是私加己意，对《周易》文本进行自以为是的理论解读，或重象数，或重义理，从而造成"二派六宗，相互攻驳"的易学史乱象。而在这一混乱的易学史发展历程中，人们已经普遍接受了易学解读的无逻辑性与非体系性，多认为《周易》本为卜筮之书，又为多人合篇而成，自然不具有统一的逻辑性与思想体系性，从而在学术价值取向上就不将《周易》作为完整系统的经典文献看待。而对现代人的哲学理性而言，《周易》文本的卦爻符号的抽象性与系辞文言的古奥性已经难以理解，再加上整个文本的无逻辑性与非体系性，就使《周易》文本难比天书，甚至蒙上了神秘主义色彩。

鞠曦易学按照"以丘知易"的原则，以"承诺推定法"对《周易》文本进行一以贯之的系统解读，将《周易》文本自在的思想逻辑与孔子作传解经的历史事实相统一，解读出（或称提炼出）《周易》哲学所内含的归属于孔子儒家思想体系的生命哲学体系，即"形而中论"。"形而中论"是对自在于《周易》卦爻辞与经传系统之中的生命哲学体系展开的可以被当代哲学理性思维理解和把握的哲学性外化。也就是说，"形而中论"并不是鞠曦的私人创造，而是《周易》哲学自在的哲学原理与思想体系，只是此哲学原理与思想体系在孔子那里是通过作传解经的方式，通过卦爻辞与经传系统的结合来表达《周易》文本；而在鞠曦这里则是通过当代哲学的理性话语方式表达的"形而中论"。具体说来，这一由"形而中论"表达的《周易》哲学体系就是以"易道生生"为本体论根据，以"穷理尽性以至于命"为终极价值追求，以"形而中"的"中道"为认识论方式，在"形而上者谓之道"与"形而下者谓之器"的存在论认知中展开"形而中者谓之人"的生命逻辑。

理解一个哲学体系的逻辑起点就是其本体论依据，当我们确定了《周易》哲学以"生生"为本体，就有了对整个易理进行解读的核心基点，对《周易》的卦爻与经传系统展开以生生本体为核心的一以贯之的哲学解读，从而为以当代哲学理性思维重新解读《周易》找到了根本路径。整个六十四卦体系都是对此生生之道流行于某种生命存在境遇之中的存在论演绎与描摹，意在警示主体之人如何趋利避害，避损行益，穷理尽性以至于命，故鞠曦易学的又一解易原则就是以生生之道解易。生生之道给出了易，故有"生生之谓易"（《周易·系辞》）；生生之道又给出了人，故有生生之道命之于人而成之"生命"；易为人所作，又与人一样皆由生生之道给出，故易道即为生命之道。从而《周易》有"形而上者谓之道，形而下者谓之器"，内含着"形而中者谓之人"与"形而中者谓之卦"的理论推定。这是"形而中论"的核心命题，揭示出《周易》六十四卦体系演示着生命流行的生生之道，每一卦都是对某种生命存在状态与境遇的存在论描摹，每一爻都是对生命发展与演化的某种变易情形的存在论演示。

而整部《周易》哲学演绎的生命之道是如何表达的呢？那就是由"损益六卦"所揭示的生命发展与演化无可逃脱的"损益之道"。具体说来，就是由"恒—既济—损"构成"损道三卦"，揭示了人之生命顺行天道而"损"于生命的过程，最终由"否"卦揭示损道害于生命的性质；由"咸—未济—益"构成"益道三卦"，揭示了人之生命自觉逆行天道而"益"于生命的过程，而由"泰"卦揭示益道利于生命的性质。而《周易》哲学的价值承诺是"穷理尽性以至于命"，表达在具体的哲学理路上就是通过"易逆数也"（《周易·说卦传》）的方式最终承诺着避损行益的价值追求。而整个六十四卦体系都是以此生命自在的"损益之道"为核心而展开的生命哲学体系，此生命哲学体系用现代哲学理性语言表达出来就是鞠曦的"形而中论"哲学体系。"形而中论"就是对《周易》六十四卦系统内含的生命之道的当代哲学性外化。按照"主体论承诺与形式推定的统一"，《周易》文本是孔子以作传解经的方式表达的生命之道的经典表达形态，而"形而中论"则是鞠曦以现代哲学的理性话语方式表达的生命之道的当代表达形态。

知道了《周易》哲学的生生本体，明晓了六十四卦之中贯通着统一的生命逻辑，而此生命逻辑自在地演化为顺损逆益的"损益之道"，就已经挺立起了整个易学原理的核心骨架。具体到每卦六爻之中，"爻也者，效天下之动也"（《周易·系辞》），每一爻不过是对生命损益之理具体而微的存在论的展开与演示。如此解易，整个六十四卦系统就是一个动态的生命流行体系，而不是西方哲学那种形式化的抽象逻辑演绎，而是生生不息、动态流行的生命逻辑，也就是"易"。而此"易"不是盲目、任意或无根据地变易，如何在这种生命的变易流行之中避损行益才是"易"哲学的精髓。将此生命的损益之道与避损行益的价值追求贯通于每一卦、每一爻的易理解读之中，就可以将每一卦、每一爻的"象、数、理、义"一以贯之于"易道生生"的生命逻辑之中，给出系统完整的易理解读。因为生命本身是统一的，从而由易道所揭示的生命之道亦必然是统一的，孔子的"吾道一以贯之"就是对这一生命之道的命题式表达。不解《周易》哲学内含的生命损益之道，就不能将孔子的生命之道与《周易》文本一以贯之，从而发生"惭、枝、游、屈"的易学根本问题。

首先，以生生之道解易在本体论上使生生本体与《周易》卦爻系统内含的生命逻辑统一起来，并贯穿整个六十四卦系统，实现了《周易》哲学的"本体论承诺与逻辑推定的统一"。其次，以生生之道解易使《周易》哲学"穷理尽性以至于命"的价值论追求获得了生生本体的支撑，可以直接指导现实的生命运动，具体表达为由"损益六卦"所揭示的损益之道与如何避损行益的具体生命指引，使《周易》哲学真正具有了可操作性。最后，以生命之道解易在主体论上可以与孔子的学术与生命结合起来，用孔子的生命境界与生命实践，用孔子的儒学思想来辅证易理的解读。而对当代的易学解读而言，则可以与当代人的现实生命，尤其是解读者自身的现实生命结合起来，在实现正确的易理解读的同时，现实地引领当代人的生命，避损行益，穷理尽性以至于命。

三、以六爻成效解易

自古解易的第三大问题是对卦爻辞的解释多是随文赋义，没有统一的逻辑标准，从而形不成系统化的哲学思想体系，使《周易》哲学无法形成可以为现代哲学理性思维所理解和接受的体系化哲学形态。上文已经论述了《周易》哲学的六十四卦体系内含的统一逻辑是由生生之道流行于天地万物与人之生命而自然演化生成的生命逻辑。此生命逻辑在孔子的易学构建中已经表达为卦爻辞与经传系统互证的表达形式，而以当代哲学的理性思维已经不能直接理解孔子作传解经后形成的经典（原始）理论表达形式，故需要当代的哲学理性将内在于《周易》卦爻辞与经传系统之中的孔子易学的生命逻辑进一步外化出来，表达为一种可以为当代哲学的理性思维理解和接受的理论表达形式，这就是鞠曦易学的核心命题之一，亦是其解易的根本原则之一——"六爻成效"①。

何为"六爻成效"呢？顾名思义，即是《周易》每卦六爻所具有的效用，但这还只是表层的理解，在本质的层面上，"六爻成效"是由生生之道流行于天地万物与人之生命而自然展开的运行轨迹，从而具有根源于生生本体的本体论意义，规制着天地万物与人之生命的变化流行，从而一卦六爻以其不同的效用演化出生命流行的不同发展阶段与存在状态，使主体之人可以观卦辨爻，以其爻效作为直接的本体论根据解读爻辞与爻义，以指引现实的生命运动与实践，从而"六爻成效"就成为鞠曦易学解易的又一个根本原则。

在"六爻成效"的易学原理之下，《周易》六十四卦体系的每卦六爻都遵循着同样的生命逻辑，此生命逻辑具体展开为每卦六爻所具有的不同效用：初爻之效为"动"，二爻之效为"齐"，三爻之效为"见"，四爻之效为"悦"，五爻之效为"劳"，上爻之效为"成"，即每卦六爻展开的生命逻辑就是"动—齐—见—悦—劳—成"。还可以将此"六爻成效"理解为天地万物与人之生命发展演化所必然经历的六个阶段，六个阶段具有相应的六种性质，呈现出相应的六种效用。此六种效用不是西方哲学那种抽象的形式逻辑，也不是那种被黑格尔自认为非常了不起的辩证逻辑，因为"六爻成效"不是思辨的产物，而是自在流行于每个人的现实生命之中，只有通过生命的觉解（悟性）与生命的自我操作（修道）才能真正理解和把握的生命逻辑。

"动—齐—见—悦—劳—成"这样一个生命逻辑的具体内涵及其文本依据何在呢？鞠曦易学以《说卦传》为核心，以"承诺推定法"将《说卦传》阐释的易学原理与卦爻辞系统进行一以贯之的理论推定，在《说卦传》的文本依据中直接解读出"六爻成效"的易学原理，再将此易学原理贯通于

---

① 鞠曦：《易经诠释学论——（卷一）〈说卦传〉之"六爻成效"》，长白山书院网站：http://www.cbsrudao.com.

六十四卦的卦爻辞系统之中，从而可以证明"六爻成效"的易学原理自在作用于六十四卦系统之中，是孔子解易的基本原则。

"六爻成效"的直接文本依据是《说卦传》第五章：

> 帝出乎震，齐乎巽，相见乎离，致役乎坤，说言乎兑，战乎乾，劳乎坎，成言乎艮。万物出乎震，震东方也。齐乎巽，巽东南也；齐也者，言万物之洁齐也。离也者，明也，万物皆相见，南方之卦也，圣人南面而听天下，向明而治，盖取诸此也。坤也者，地也，万物皆致养焉，故曰：致役乎坤。兑，正秋也，万物之所说也，故曰：说言乎兑。战乎乾，乾西北之卦也，言阴阳相薄也。坎者水也，正北方之卦也，劳卦也，万物之所归也，故曰：劳乎坎。艮，东北之卦也。万物之所成终而成始也，故曰：成言乎艮。

此段是以八卦言天地万物消长变化之理，"帝"者，非宗教信仰之上帝，而是哲学存在论上能够使存在者成其为存在者，并能够现实地去存在的力量，也就是生生之道的发用流行，即为《周易》哲学的生生本体。此生生之道的发用流行用卦理来表示就是"出乎震，齐乎巽，相见乎离，致役乎坤，说言乎兑，战乎乾，劳乎坎，成言乎艮"。也就是说，以八卦之理言天地万物的生生演化，从"震"初始，经"巽""离""坤""兑""乾"，以"艮"终结，相对应的具体演化运动就是"动—齐—见—役—悦—战—劳—成"的过程，而其中乾坤二卦为"易之门户"，乾坤之理贯通于诸卦之中，即乾坤所具的"战""役"之理实乃贯通于事物发展的终始过程与所有阶段之中，故此生生之道行于万事万物之中具体表现为六个发展阶段，用卦理来表示就是"震—巽—离—兑—坎—艮"六卦作用于"乾""坤"二卦的支配之中，用效用来揭示就是"动（震）—齐（巽）—见（离）—悦（兑）—劳（坎）—成（艮）"作用于"战""役"的支配之中。既然生生之道流行于天地万物，则此六卦所具有的六效及其所代表的六个阶段就在哲学存在论上具有本体论地位，具有普遍有效性，即无论是天地万物的存在，还是人之生命的存在，其发展过程无不在客观上经历着"动—齐—见—悦—劳—成"的发展历程与效用表现。而"爻也者，效天下之动也"（《周易·系辞》），一卦六爻的变动就是在描摹此生生之道于万物流行之中所展开的六个发展阶段及其变化，故每卦六爻的每一爻都必然对应于相应的事物发展阶段与具体效用，即初爻效用为"动"，二爻效用为"齐"，三爻效用为"见"，四爻效用为"悦"，五爻效用为"劳"，上爻效用为"成"，鞠曦易学名之为"六爻成效"。

而"六爻成效"的易学原理一经提出，就可以作为我们现实生命的指导原则，因为"六爻成效"是直接由生生之道给出的生命演化逻辑，不是思想的造作，不是思维的事情，而是存在的事情，是生命的事情。每个现实生命都自在地展开为"动—齐—见—悦—劳—成"的发展历程，不管你是否明白与知晓这一原理，生命都是如此自在地演化着。主体之人应当自觉把握这一生命发展的自在逻辑，努力获得生命的增益，避免生命的损害，表达在《周易》的文本之中就是"穷理尽性以至于命"的价值论追求以及由损益之道所揭示的如何实现避损行益的方法论指引。同时，这一"六爻成效"原理亦可成为我们解易的根本原则，《周易》的"六画而成卦""六位而成章"都应当在"六爻成效"的基本原理之下展开解读。鞠曦易学就是以"六爻成效"的根据将《周易》成书的整个篇章结构、经传系统、六十四卦体系解读为一个整体。尤其在每卦六爻的具体解读之中，"六爻成效"的基本原理使每一爻的义理解读都获得了直接的本体论依据，使一卦六爻的解读在"六爻成效"原理的规制下统一于由"生生"本体给出的生命之道，最终使《周易》的六十四卦、三百八十四爻系统获得了统一的生命逻辑与现实的本体论支撑。

（作者为吉林师范大学马克思主义学院副教授，哲学博士）

六爻成效的本体论意义

孙铁骑

摘要： 鞠曦易学所名之"六爻成效"，即一卦六爻分别具有"动—齐—见—悦—劳—成（终始）"六种效用，因其性质为"效天下之动"而来，从而具有支配万物变动规律的本体论地位。既然"六爻成效"具有支配万物变化的本体论地位，那对于生命的安顿与《易经》文本的"六位成章"也必然具有本体论意义。

关键词： 六爻成效；本体论；生命安顿；六位成章

《周易》文本的核心框架就是六十四卦、三百八十四爻，一卦六爻，六爻而成其卦，六爻而呈其象，六爻而有其数，六爻而达其理，六爻而含其义，六爻而成其作为一卦之效用，六十四卦而成其效天下之动的效用。故六爻所成之效用对于《周易》而言具有根本性的本体论意义。本文先根据鞠曦易学解释何为"六爻成效"，六爻何以成效，再论其本体论意义。

一、何为"六爻成效"

欲解"六爻成效"，首先要知道什么是爻。《系辞传》有如下解释："爻也者，效天下之动者也。""爻者，言乎变者也。""道有变动，故曰爻。""六爻之动，三极之道也。"爻是效仿、模仿、揭示、表达天下万物的各种变动，故爻自身就有阴爻与阳爻之变，一卦之中又有从初爻到上爻之六位变动，都是为了代言天地万物的变化。而爻之阴阳与六位的变化又不是没有根据的变化，而是"道有变动，故曰爻"，爻之变根据于道的变动，此道即为老子"道可道也，非恒道也"（《帛书老子》）之道。既然道不可直接以语言来表达清楚，但可以通过爻之变动来指示、揭示道之变动，故"六爻之动，三极之道也"。道通天、地、人，故"六爻之动"揭示和表达的是贯通天、地、人的三才之道。而三才之道用三爻也可以表达，引申之用九爻、十二爻都可以表达。为什么《周易》一定要用六爻呢？至此就追问到了"六爻成效"的易学原理，以六爻之变揭示天地万物的变动之理，实具有深刻的内在本体论依据。此原理只有鞠曦易学揭示出来，为千载易学研究史所未有。

"六爻成效"的直接理论依据是《说卦传》，《说卦传》是对整个《周易》卦爻系统的组织原则、篇章结构、文理章法等问题的系统阐述，故鞠曦言"解得《说卦》，则《易》思过半矣"！《说卦传》第二章言：

> 昔者圣人之作《易》也，将以顺性命之理。是以立天之道，曰阴与阳；立地之道，曰柔与刚；立人之道，曰仁与义。兼三才而两之，故《易》六画而成卦。分阴分阳，迭用柔刚，故《易》六位而成章。

将昔者圣人所作之《易》顺以性命之理，此性命之理非仅指人之性命而言，而是贯通天、地、人三才之道的性命之理，而"一阴一阳之谓道"，阴阳变化呈现出道之运行，故此性命之理亦必由此"一阴一阳"之变给出，从而要"立天之道，曰阴与阳"，而天道之阴阳变化下贯于地道之中表现为"柔与刚"，下贯于人道之中表现为"仁与义"。这样天、地、人三才各有阴阳、柔刚、仁义的变化，《易》就以一卦六爻而指示之，是为"兼三才而两之，故《易》六画而成卦"。此天、地、人三才之道的变动就是道的完整运动过程，虽然"道可道也，非恒道也"，道不可言说，但对此三才之道，六爻之动的把握就是对道体运行的把握，从而可以在与道偕行的过程中领悟道的存在。这就是中国哲学的大智慧，先求行，后求知，在修道、得道、行道，与道合一的过程中去明了何为道。而西方哲学则是先求知，后求行，结果是不能知，不能行。

而此六爻之动所揭示的道体运行又是如何变动的呢？《说卦传》第六章言：

> 神也者，妙万物而为言者也。动万物者，莫疾乎雷；挠万物者，莫疾乎风；燥万物者，莫熯乎火；说万物者，莫说乎泽；润万物者，莫润乎水；终万物、始万物者，莫盛乎艮。

《周易》所言之神非宗教意义上的人格神、彼岸神，而是使万物"各正性命"，各呈其妙之神。此神妙于万物，使万物各有其象，各有其数，各有其理，各有其义，故《易》之象、数、理、义无非此神之妙用与外显，而此神之妙用与外显之轨迹即为道。故由《易》所表达的中国哲学之道即为神妙万物之过程，从而不可以某一特定概念定义之，故言"道可道也，非恒道也"。而昔者圣人如何通过观万物之变动而把握此神之妙用与道之显现呢？万物之动以雷为极，万物之挠以风为极，万物之燥以火为极，万物之说以泽为极，万物之润以水为极，万物之终始以艮为极。由"雷之动—风之挠—火之燥—泽之说—水之润—艮（以山取象）之止"而成神妙万物之终极过程。而此神妙万物之过程运行于天地之中，故由此万物之动的取象过程，可以获得相对应的八卦以何种变动方式来取象、指示万物之变动，那就是以"震—巽—离—兑—坎—艮"六卦行于由乾、坤二卦所成的"易之门户"之中，以象天地万物之变动过程。具体来说，就是天地万物之变具有统一的变动规律，以卦理表达就是"震—巽—离—兑—坎—艮"的变动过程。此六卦的变动就代言了天地之间万事万物从起始到终结的整个过程，从而此六卦之动就具有效万物之动的本体论意义。而此六卦所言的变动之理具体为何呢？这就要结合《说卦传》第五章来阐释此六卦之理。《说卦传》第五章言：

帝出乎震，齐乎巽，相见乎离，致役乎坤，说言乎兑，战乎乾，劳乎坎，成言乎艮。万物出乎震，震东方也。齐乎巽，巽东南也；齐也者，言万物之洁齐也。离也者，明也，万物皆相见，南方之卦也，圣人南面而听天下，向明而治，盖取诸此也。坤也者，地也，万物皆致养焉，故曰：致役乎坤。兑，正秋也，万物之所说也，故曰：说言乎兑。战乎乾，乾西北之卦也，言阴阳相薄也。坎者水也，正北方之卦也，劳卦也，万物之所归也，故曰：劳乎坎。艮，东北之卦也。万物之所成终而成始也，故曰：成言乎艮。

震卦之理为动，"帝出乎震"，"万物出乎震"，帝为主宰，使万物由震卦所代表之动而成其为万物。巽卦之理为齐，"言万物之洁齐也"，万物虽各有不同，但皆根源于共同的生生之道，故虽各具其性，各呈其妙，却本质为一，即《中庸》所言之"万物并育而不相害，道并行而不悖"。离卦之理为明，"万物皆相见"，万物因明而见其不同，从而各从其性，各正性命。坤卦之理为养，"万物皆致养焉"，故能"厚德载物"。兑卦之理为说，"万物之所说也"，万物并育而不相害，各正性命而生生不息，得尽性至命之说。乾卦之理为战，"言阴阳相薄也"，道以阴阳和合而生万物，万物亦需阴阳和合而生生不息，阴阳相薄必战。坎卦之理为劳，"万物之所归也"，万物之生皆归于劳，通于庄子所言之"大块载我以形，劳我以生，逸我以老，息我以死"（《庄子·大宗师》）。艮卦之理为成，"万物之所成终而成始也"，有形之万物皆有终止之时，而大道生生不息，此终止之时亦为另一起始之时，故庄子亦言"指穷于为薪，火传也，不知其尽也"（《庄子·养生主》）。

以此八卦之理阐释"震—巽—离—兑—坎—艮"六卦所代言的万物变动之理就是"动—齐—见—悦—劳—成（终始）"，由此我们可以清晰地得到世间万事万物发展变化的必经历程，即为"动—齐—见—悦—劳—成（终始）"的过程，由于其是万物无法逃脱的根本规律，从而在《周易》哲学中具有本体论意义。而构成八卦以至六十四卦的每卦六爻结构亦必然受此本体论意义上的"动—齐—见—悦—劳—成（终始）"的规定与制约，因为"爻也者，效天下之动者也"，而天下之动在效用上有"动—齐—见—悦—劳—成（终始）"六种顺次表现之理，从而六十四卦就以每卦六爻之变来对应此万物之动的效用表现。从而可知《周易》每卦六爻各有其相对的变动效用：初爻为动，二爻为齐，三爻为见，四爻为悦，五爻为劳，上爻为成（终始）。是为鞠曦易学所名之"六爻成效"，即一卦六爻分别具有"动—齐—见—悦—劳—成（终始）"六种效用，因其性质为"效天下之动"而来，从而具有支配万物变动规律的本体论地位。至此可知，由"震—巽—离—兑—坎—艮"所演示的万物之动是由生生本体下贯万物而来，鞠曦易学名之为"本体和中"，而"六爻成效"则为主体对此天地万物变动之理的理论性阐述与运用，鞠曦易学名之为"主体中和"，本体和中与主体中和而有"六爻成效"之体用。

既然"六爻成效"的原理具有本体论意义，支配着天地万物的变动，则人之生命成长的过程亦必然受此"六爻成效"原理支配。而孔子在作传解经，重新编订《周易》版本的时候，亦必然按此"六爻成效"原理阐释易理，编订《周易》文本，从而可以根据此"六爻成效"原理对《周易》文本进行正本清源。

二、"六爻成效"对生命安顿的本体论意义

此处所言之"六爻成效"的本体论意义只是就其作为支配万物变动的基本规律而言，而非指"六爻成效"就是《周易》哲学给出的终极本体。《周易》的本体论是由"生生之谓易"给出的"生生"本体论，"之谓"即为"给出、报出、显示出"之意，"生生"给出《易》的存在，即为《周易》以"生生"为本体。而"易以道阴阳"（《庄子·天下篇》），《易》就是言说阴阳变化的学问，而"一阴一阳之谓道"（《系辞传》），一阴一阳的变化之中又给出、报出、显示出道的存在，故可知老子所言"道可道也，非恒道也"之

道亦是由"生生"本体给出，道不可言，但道本于生生，故可借生生而言道，是为生生之道，此生生之道乃为《周易》哲学给出的全部中国哲学的终极本体论依据。那么"六爻成效"的本体论依据亦是此生生本体论，生生给出万物之存在，万物之生生必然经历"动—齐—见—悦—劳—成（终始）"的变动过程，"六爻成效"即为生生本体支配万物存在与展开过程的性质表现，从而"六爻成效"就具有了由生生给出的本体论意义，支配着万物的变动过程。

这是《周易》哲学高于西方哲学的伟大智慧。西方哲学只是给出一个存在者背后的本体论承诺，却给不出此本体如何支配着存在者去存在，从而其本体论只能是一种认识论中的解释根据，仅仅是为了实现理论的自恰而给出的承诺而已，完全是思的事情，而与存在的现实无关。《周易》哲学则不仅给出了生生本体论承诺，而且给出了此生生本体如何现实地展开于万物的存在之中，从而可以使主体之人法天而行，遵循此生生本体展开的变动规律操作自己的生命，使主体生命自觉合于生生之道，与道合一而实现生命的终极安顿。

以此"六爻成效"反观人之生命，就可以明了生命发展的大致过程及实现生命安顿的大致取向，从而给出现实生命发展的宏观指导，可谓人生哲学的重大纲略已经尽在"六爻成效"之中。

初爻之动：人之初生，由无形而有形，由有形而降世，哇的一声，开始与外在世界相呼吸往来，是为一爻初动之效，标志着生命降临，其本于生生，由生生而命之于人，故为生命。是为初爻之本体论效用——动。

二爻之齐：少儿生命初长，懵懂无知，随顺自然，并无物我之分，人我之别，虽生命表现各有不同，却恰合于自己的天命之性，本质为一。是为二爻之本体论效用——齐。

三爻之见：随着生命成长，智识初开，开始辨识万物，分别之心生，愤争之心起，个体生命的自我意识突显，即为生命之"见"，亦通"现"。是为三爻之本体论效用——见。

四爻之悦：生命因智识开启而见生命自身与万物存在之理，从而在自我与万物的共在之中寻找自身存在的最佳位置，以之安顿自我的身心性命，从而悦于生命的成长。是为四爻之本体论效用——悦。

五爻之劳：生命由无知而有知，由自在而自觉，以自为的方式实现生命的自我安顿之过程，即为生命劳作之过程。是为五爻之效用——劳。

上爻之成：生命由无形而有形，降生于世为生命之起始，而有始必将有终，有形复归于无形，有生必有死，有形之生命劳作亦必将归于终结，是为成终。而此成终只是个体有形之生命成终，作为本体的生生之道必然会开启新的生命历程，从而成终而成始，薪尽火传，生生不息。是为六爻之效用——成（终始）。

明晓此"六爻成效"所主宰之生命历程，主体即可自主把握生命的价值取向与运动方式，操作自己的生命活动，使自身生命合于生生之道，从而使生命得到终极的安顿。这是《周易》哲学给出的生命终极关怀之道，其不仅具有生存论的本体论依据，而且具有可操作的生命修炼方法，从而完全是一种生命实践的方法论与功夫论哲学，而不是西方哲学那种单纯的理论遐思而已。

那么，如何按照"六爻成效"的生命变动原理，反思生命存在的终始历程，实现生命的终极安顿呢？初爻之动是生命之始，生命由生生本体给出，而非由自身所自主决定，从而生命之来非人之主体性所能干涉。这也就是西方哲学所言之生命的"被抛"状态，但西方哲学只有认识论中的思维本体论承诺，而没有存在论中的生命本体的真实支撑，从而其"被抛"是无根源的"被抛"，是生命无所皈依的虚无与空虚，故西方人只能以上帝的存在作为自己生命存在的根本寄托，作为其生命意义的存在来源。而中国人的生命认知则由生生本体给出，生生本体是存在论中现实地支配着天地万物，可以被主体生命领悟和感悟到的生生之道，故中国人的生命是有所皈依，有所理据的存在，从而中国人不希求上帝的存在，此为中国人没有宗教信仰传统的根本原因。故观初爻之动，主体之人当接受自己的"被抛"状态，并将自己的生命根基扎根于生生本体之中，努力合于生生而实现生命之安顿。而如何才能合于生生呢？当观二爻之齐。

二爻之齐是生命的自在而又自然的状态。就人之主体生命而言，只有在童蒙未启的少儿时期才会有这种合于自然的"混沌"齐一状态。在这种自然状态中，人之生命本性自然流露，无善恶之分，无好坏之别，却生生不息，合于大道之本。故老子言"常德不离，复归于婴儿"（《道德经·第二十八章》），又言"含德之厚，比于赤子"（《道德经·第五十五章》），将赤子之德作为最高的道德。孟子亦言"大人者，不失其赤子之心者也"（《孟子·离娄下》），即是言赤子之心合于天命之性，与道合一。由此可反思现代教育对少儿的功利化早教教育，使少儿过早失去其赤子之心，心智早熟又不知大道所在，必然造成"咸"卦四爻所揭示的"憧憧往来，朋从尔思"的生命问题。故观二爻之齐，主体之人当知回归自己的生命自在本性，方是合于生生之自然大道，要知道"归根复命"，将外放之生命收摄回来，回归生命之本，方能最终安顿身心性命。而如何回归生命之本呢？当观三爻之见。

三爻之见是生命智识展开的自为状态，此自为状态因其是生命自觉的选择行动，从而已经脱离与万物齐一的自然状态，开始将自然万物作为有别于己的他者进行研判，也就是穷万物之理的过程，以为自己在与他者的对立与交往中找到自我的位置，实现生命之安顿。一切的善恶、美丑、好坏等价值判断皆产生于主体之人与他者进行分判和交往之中的主体性认知。而主体之人如果能在此穷万物之理的过程中发现生命存在之理，知道生命何以存在与如何去存在，就能按照此生命之理的要求而安顿自己的生命。但如果主体之人仅仅在生命的外在世界穷理，却无视生命自身的存在，或只对生命进行对象性认知，不能回归生命的内在，就无法穷尽生命自在之理，自然无法安顿生命。西方哲学就是以理性的对象性观察与思维方式穷外在世界之理，既使面向生命，也是将生命作为对象性客体进行研究，从而不能领悟与把握生命自在之理，从而无法实现生命之安顿，只能以一个悬设的上帝作为生命安顿的慰藉。而《周易》哲学则以生生本体为依据穷尽生命自在之理，以"六爻成效"穷尽生命变动之理，以"损益之道"与"咸""艮"二卦穷尽生命自为之理。穷尽生命之理后，又如何现实展开生命的安顿之道呢？当观四爻之悦。

四爻之悦是生命由穷理之后而识得自我本性，由穷理而尽性，明心见性，根本自立，自然悦于生命之本来面目。就易理而言，即为复归二爻之齐而生生不息。但此"穷理尽性"的内涵是穷生命自在之理，方能尽生命自在之性。当生命流连于外在世界之中，只知穷外在世界之理，自然无法复归生命自在之性，亦无法真正获得生命本然之悦，从而生命只能悦于外在世界的感官诱惑之中，"憧憧往来，朋从尔思"，却不能真得生命之安顿，这就是西方哲学与文化的发展理路。故知对于生命而言，四爻之悦是悦于生命之本性，即生生之性。而此生生之悦又当如何展开呢？当观五爻之劳。

五爻之劳是生命现实展开的具体过程，以穷理尽性为前提，此生命之劳合于生生本体，自然能实现生命之圆满，达于生命之极致，实现生命之终极安顿，是为"以至于命"。故《说卦传》言《周易》哲学的终极价值论承诺为"穷理尽性以至于命"，整部《周易》哲学就是如何安顿生命的学问，此为中国哲学之伟大，亦是世界文化之希望与未来。而生命如果没有穷理尽性，则此生命之操劳就成为对生命的损害，伤生害性，也就是西方哲学所言的造成意义虚无的"空虚"与"烦忙"，从而无法实现生命的安顿。西方哲学因其不能穷生命之理，自然不能尽生命之性，更不能至命，从而无法安顿生命而最终宣布终结。

上爻之成（终始）是生生之道支配下的生命形质的终结，而由生生本体支配的生命之道依然生生不息，薪尽火传，从而成终而成始。故此六爻之成终对于生命而言，是指主体之人对生生之道于我身流行之使命的完成，而不是指此肉体生命之死亡事件。《系辞传》言"一阴一阳之谓道，继之者善也，成之者性也"，继道而行为善，完成此道为性，即为完成自我天赋之使命，使生命得以实现终极安顿而成终。故孔子言"朝闻道,夕死可矣"(《论语·里仁》),即为"穷理尽性以至于命"之后,生命已经完成天赋之使命,自然可以成终,而此成终之中暗含着成始,死去的只是生命之形质,而生命之道依然流行不止而生生不息。按照成终而成始的生命发展逻辑,自然可以推出生命的至高境界即为了生死,脱轮回,得永恒,获得生命的大解脱、大自在。而没有"穷理尽性以至于命"之人则没有完成自我天赋之使命,也就是其生命没有成终,虽然其生命形质亦有一死期,但仅仅是肉体生命之死亡事件,而无完成生命之道的成终意义,从而必然抱憾而死,不得生命之满足,并因此而贪生怕死。而在成终而成始的逻辑上,其生命因为没有成终亦自然没有成始,生命中断于死亡这一刻,故只能留下意义的虚无与不再存在的苍白,生命没有圆满,自然不能了生死,更做不到孔子"朝闻道,夕死可矣"的人生境界。

在此由"六爻成效"而展开的生命变动过程中,初爻之动由生生给出,主体之人无从干涉与把握,上爻之成终而成始,主体已经终结,亦为主体所无从把握,主体所能把握者唯二爻至五爻的变动过程,而二爻之齐实乃生命合于生生之道的本然状态,不需主体性干预,故主体之人需要并且真正能够进行干预与操作的生命阶段就是三爻之见、四爻之悦与五爻之劳,即为以见穷理,以悦尽性,以劳至命;见于生生之理,悦于生生之性,劳于生生之命,穷理尽性以至于命,一体贯通而实现生命之终极安顿。此"见、悦、劳"之生命操作过程就是孔子达于"性与天道"的生命操作之法,即为儒家的生命修炼之道。具体说来,就是内观生命,精神内守,使身心合一,将精、气、神统一于生命的内时空而不散失于外,实现内时空统一而合道,自然身心愉悦。当生命能量运行的生生之流循行于体内,而不是消耗于体外,自然冲破体内一切阻碍,贯通任督二脉,进而打通全身经脉,从而强身健体,明心见性,而实现生命安顿。更为具体的生命操作与修炼方法则由《周易》的"咸""艮"二卦给出,通于道家的内丹修炼之道,可证儒道会通。可参看鞠曦易学的相关论述，此不赘述。

三、"六爻成效"对《周易》文本"六位而成章"的本体论意义

既然"六爻成效"具有"效天下之动"的本体论意义，那么孔子编撰《周易》，作传解经，亦是一种"天下之动"，从而在逻辑上"六爻成效"的本体论地位亦当为《周易》全书奠基。而通过鞠曦易学研究得出的结论证明，孔子亦确实是按照"六爻成效"的本体论依据编订了《周易》的六章结构，揭示了生命自在的损益之道。本文根据鞠曦易学直接进行结论性简要介绍，而对其具体的证明理路不展开论述。

通行本《周易》由经、传二部分组成，《易传》包括：《彖》上下、《象》上下、《系辞》上下《文言》、《说卦》《序卦》《杂卦》，即所谓"十翼"。《易经》被认为是上古圣人所作，而"十翼"为孔子解《易经》而作。而按照思想理论的正当逻辑，既然"十翼"为孔子一人所作，而且孔子又自言"吾道一以贯之"（《论语·里仁》），则"十翼"必然为一理论整体，必然是对《易经》的系统解读，而且按照孔子"七十而从心所欲，不逾矩"的逻辑，孔子必然已经将易理完整揭示出来，不可能用一部逻辑不通、理路不清的"十翼"来为《易经》作传。但千载以来的《周易》解读都没有将"十翼"解读清楚，"十翼"与《易经》之间亦没有实现真正的经、传互证，甚至出现了经、传分治的《周易》研究方式。这就证明后人对《周易》的解读已经迷失了孔子作《易》的宗旨与原则，不是按照孔子的原则，而是按照后人自己的原则在解《易》，从而使《周易》经、传系统发生错乱，无人再能将《周易》经、传系统解读为一个整体，不能将《周易》文本与易理一以贯之。而司马迁在《史记·孔子世家》记载："孔子晚而喜《易》，序彖系象说卦文言，读《易》韦编三绝。"说明司马迁所见之《易传》只有《彖传》《系辞传》《象传》《说卦传》《文言传》，而没有《序卦传》与《杂卦传》，亦没有"十翼"之称。

推理可知,"十翼"结构当为司马迁之后的易学家在解《易》过程中增改而来。

而如何能够在当代重新确定孔子编订《周易》的篇章结构呢？既然不能直接求证于孔子,那就仍然要求证于《周易》本身,而"六爻成效"的本体论地位就给出了推定《周易》篇章结构的本体论依据与根本原则。《说卦传》言:

> 昔者圣人之作易也,将以顺性命之理。是以立天之道,曰阴与阳；立地之道,曰柔与刚；立人之道,曰仁与义。兼三才而两之,故《易》六画而成卦。分阴分阳,迭用柔刚,故《易》六位而成章。

孔子作传解经的目的是要将昔者圣人所作之《易》顺以性命之理,从而立天、地、人之道以指导现实人生如何安身立命,天道归宗于阴阳,地道归宗于柔刚,人道归宗于仁义,再以"六画而成卦"的方式利用六爻之变演示此天、地、人三才之道的变化,使君子观此变化而知如何去安顿自己的生命。而前文已述,此一卦六爻之变动正是以"六爻成效"为本体论依据。而"分阴分阳,迭用柔刚,故《易》六位而成章"则指明《周易》全书如何对天、地、人之道进行演绎,"分阴分阳"是对天道之运用,"迭用柔刚"是对地道之运用,而"《易》六位而成章"自然就是对人道之运用。也就是说,《周易》全书以"六位而成章"来揭示人道如何行于天道与地道之"中",天道为形而上,地道为形而下,人道为"形而中",故鞠曦易学理论的现代哲学表达形式就是"形而中论"。而"六位而成章"已经明确表明《周易》全书为"六章",此"六章"按照"六位"而成。也就是说,《周易》全书应当为六章书,但此六章书不是通常著书意义上话尽而止,自然形成的六章书,而是孔子以"六位"为根据而人为编订的六章书。如此"六位"就成为推定《周易》文本六章结构的关键。由"故《易》六画而成卦"与"故《易》六位而成章"的相同逻辑可以推定二者具有共同的本体论根据,既然"六画而成卦"以"六爻成效"为根据,那么"六位而成章"亦必然以"六爻成效"为根据。故"六位而成章"的"六位"就是"六爻成效"之六位，从而在逻辑上可以推定《周易》的六章书应当分别对应于"六爻成效"之六效。

故鞠曦易学根据"六爻成效"的本体论规定性，重新推定《周易》文本的篇章结构应当为"动以《易》—齐以《彖》—见以《系辞》—悦以《象》—劳以《说卦》—成以《文言》"，从而整部《周易》就是六章书，每一章皆对应并具有"六爻成效"中的一爻之效用。除《易经》文本为古之遗言外，其余五章为孔子解经之传，正与司马迁所言之版本相合，从而可知司马迁所见之《周易》版本即为以"六爻成效"为据，"六位而成章"之版本。从而可以破除"十翼"的理论误区，使《周易》文本在篇章结构上形成完整而系统的理论体系。下面就其分章结构简论之：

动以《易》：在构成《周易》的六章文本之中，《易经》原文不是孔子所创，但孔子要动手对之进行"将以顺性命之理"的变动与解读，故为"动以《易》"。

齐以《彖》：《彖传》是对每卦下一断言，一卦有六爻之变以效天下之动，但六爻变动之中有不变之一，即为其核心宗旨，表达为彖辞，故为齐以《彖》。

见以《系辞》：鞠曦易学按"六爻成效"所推定的《系辞传》是通行本中的《小象传》；而通行本中的《系辞传》则应当是鞠曦易学按"六爻成效"所推定的《文言传》。故按"六爻成效"所推定的《系辞传》（即通行本的《小象传》）就是孔子系于每卦六爻之下的辞，而后世易学将之错解为《小象传》。事实上，我们可以从《小象传》的语言表达看出，其根本不是对"象"的解释，而是对《易经》原有爻辞的进一步解释，也就是孔子对每卦六爻的原有爻辞给出"顺以性命之理"的解释，故此所谓的《小象传》实为孔子在《易经》原有爻辞之下所系之辞，以让性命之理直接"呈现"出来，故为见以《系》。

悦以《象》：鞠曦易学按"六爻成效"所推定的《象传》就是通行本的《大象传》，不包括《小象传》。上文已述，通行本的《小象传》在鞠曦易学按"六爻成效"的推定中是《系辞传》。《象传》是指导君子如何根据卦象揭示的天地万物自然生生之理而法象而行，故《象辞》多以"君子以……"

的句式表达，如"天行健，君子以自强不息；地势坤，君子以厚德载物；水雷屯，君子以经纶；山水蒙，君子以果行育德"等等。都是指导君子如何修为，从而合于生生之道，自然悦于性命之理，故为"悦以《象》"。

劳以《说卦》：《说卦传》是整部《周易》体系的核心，《说卦传》就是解说卦的性质、作用，揭示卦为何用与如何用，包括给出六十四卦的排列原则与文理章法，以及在此文理章法中由损益六卦揭示的"损益之道"。而"六爻成效"的易学原理亦是由《说卦传》给出，从而证明《说卦传》的核心地位。故就《说卦传》在《周易》体系中的决定地位而言，其性质为劳，故为"劳以《说卦》"。

成（终始）以《文言》：鞠曦易学按"六爻成效"所推定的《文言传》为通行本的《系辞传》，通行本的《文言传》则是孔子对乾、坤二卦的解读之语句汇编，为孔子答弟子问的记录，当是后人辑录而成，非孔子所编订《周易》版本之固有章节。故由"六爻成效"所推定的《文言传》（即通行本的《系辞传》）是对整部《周易》进行系统总结，以完成整部《周易》体系而"成终而成始"，即原始具有卜筮性质的《易经》已经终结，新的由孔子作传解经而"顺以性命之理"的《周易》已经开始，故为"成（终始）以《文言》"。

（作者为吉林师范大学马克思主义学院副教授，哲学博士）

"咸"卦的历史性误区及其正本清源
——鞠曦先生易学思想研究

刘 中

摘要： 鞠曦先生以其独创的"承诺推定法"，推定了《周易》在中国哲学史上的基础地位，以哲学性和科学性的《易》学理论体系，解决了易学史上存在的诸多问题，并以"咸"卦为例给《周易》以正本清源，为人类的现实关怀与终极关怀开出现代哲学和科学的理性进路。在这一进路中，以正本清源为思想理路，以"承诺推定法"推定了中国传统文化，外化并建构了中国哲学的科学思想体系。

关键词： 鞠曦；"咸"卦；正本清源；"承诺推定法"

进入 20 世纪 80 年代，我国学术领域思想开放，中国传统文化成为学术界关注、研究的热点，《易经》成为研究的主流，很多学者把《易经》称为中国传统文化的源头活水。《周易》之成书博大精深，孔子晚年序《传》而"韦编三绝"，以至《易》为儒学六经之首、道学三玄之一。孔子序《传》解《经》形成了怎样的思想体系？其《经》《传》的统一性，承诺并推定了怎样的一种思想理论？而孔子的亲传弟子为什么不理解，致使有"子贡三疑"[1]？《易》学史表明，由于后世学者不理解孔子的《易》学思想体系，使《易》说繁多，

---

[1] 鞠曦：《易道元贞》，中国文联出版社，2001 年版，第 86 页。

从而走向了杂论乱章，学理无宗的状态，以至导致了疑、误孔子"尽性知命"的"一以贯之"的思想体系。

因此，在现代易学研究中，需要对《周易》的思想体系进行追溯，以正其本，以清其源。显然，这是当代《易》学研究的前沿性工作。很多学者自觉地为这一目标而辛勤工作。比较有代表性的是注重以哲学为主体性解读古代文献，并建构了"形而中论"中国哲学体系的鞠曦先生。鞠曦先生以其独创的"承诺推定法"推定了《周易》在中国哲学史上的基础地位、与儒学的哲学关系及其在未来人类文化中将产生的作用。在研究中，鞠曦先生发现了古今学者对《周易》的解释性误区，并在《易道元贞》中进行了详细的论证，为现代易学研究指点了迷津、指出了正确的研究方向。笔者经过数年对《易道元贞》的深入研究，认为要走出《周易》的历史性误区，重新认识《咸》卦的思想原理，对其思想误区进行正本清源应当是主要工作之一，理应引起《易》学界的重视。

一、鞠曦先生正本清源的易学思想

鞠曦先生是一位辟世隐居修学的学者，是一位忧心天下，致力于中华传统文化复兴的研究者。他在追寻中国的科学精神中，对中国哲学与传统文化进行反思，以他的"承诺推定法"推定了中国哲学的自在性。鞠曦先生在《中国之科学精神》一书中，以深厚的中西哲学、科学之学养，对《周易》思想体系进行了推定，把"卦"推定为时空的主体形而中性，由此承诺和推定时空的自在本体性，即所谓"形而上者谓之道，形而下者谓之器"，发现了自在的中国科学精神，以此反思西方的科学精神，批判了自五四运动以来所形成的"唯科学主义"思潮，推定了西方文化的科学精神为形而下性。进而推定了中国哲学的"形而中论"，并以"形而中"的哲学方式，承诺和推定了形而上与形而下，从而得出了中国科学为形而上的生命终极关怀，走出了以西方科学为坐标系推定中国科学的误区，建构了中国生命科学体系。对黑格尔认定中国没有哲学的错误论点进行了正本清源，厘清了中国古代文化没有科学的认识误区。① 自《中国之科学精神》之后，先生又在"易道三书"之一的《易道元贞》中，进一步阐述了其易学思想，考定了孔子周游列国离鲁返鲁的时间，推定了孔子作《传》解《经》的时间，对孔子作《说卦传》解《易》的一以贯之的思想，以"承诺推定法"为方法，进行了推定。对"子贡三疑"和曾子误解"夫子之道，忠恕而已矣"（《论语·里仁》）以及易学史中的有关问题进行辨误，厘清了孔子对《周易》的创造性转化，最终以《说卦传》为思想纲领使《周易》形成了哲学性与科学性的思想体系，从而对汉降以来诸儒，以及近现代学者的易学思想在理论上进行了正本清源。

在《易道元贞》中，鞠曦先生对易学史上形成的《说卦传》研究误区与现代研究误区，以哲学与科学的理路给以正确的推定，推定"象数学""卦气说""先后天图""卦序"等问题，其都不能"一以贯之"地解释《说卦传》，以至于不得不用篡改肢解其文体结构的方式进行曲解，从而解决了古今学者怀疑否定《说卦传》与《周易》思想体系的统一性问题。

关于圣人作《易》的目的：

> 子曰：《易》其至矣乎，夫《易》，圣人所崇德而广业也，知崇礼卑，崇效天，卑法地。天地设位，而《易》行乎其中矣。成性存存，道义之门。（《系辞上》）
>
> 是故变化云为，吉事有祥。象事知器，占事知来。天地设位，圣人成能。（《系辞上》）

虽然《易》"以言者尚其辞，以动者尚其变，以制器者尚其象，以卜筮者尚其占"，但是，孔子认为"夫《易》何为者也？夫《易》开物成务，冒

---

① 鞠曦：《中国之科学精神》，四川人民出版社，2000年版。

天下之道，如斯而已者也"。"开物成务，冒天下之道"承诺的是"天地之大德曰生"，以此实现使生命生生不息的价值。所以孔子以"天地之大德曰生"为理路，以对性命的终极关怀为目标，将"昔者圣人"所作之《易》转化为承诺"穷理尽性以至于命"价值的《周易》思想理论形式。[①]因此，《说卦传》曰：

昔者圣人之作《易》也，幽赞于神明而生蓍，参天两地而倚数。观变于阴阳而立卦；发挥于刚柔而生爻；和顺于道德而理于义；穷理尽性以至于命。

鞠曦先生以《说卦传》的思想原理形成对"穷理尽性以至于命"的推定，步出了易学史上对《说卦传》所产生的诸多误区，不但使《说卦传》正本清源，而且深入浅出地论述了古今易学研究者在《咸》卦上形成的解释性误区，并分析了其形成的原因。先生以"价值论承诺与范畴推定的统一性"，推定了《易》是以"卦"的范畴承诺了主体的"穷理尽性以至于命"的价值论。《周易》之所以具有主体的存在论承诺，是由"形而上者谓之道"的逻辑形式所推定的，其为"形而中"的形式。以"形而中者谓之卦"推定了"形而中者谓之人"，进而推定出《周易》"形而中论"的中和之道。《经》《传》"一以贯之""穷理尽性以至于命"，是以形而中的中和之道，上达形而上的本体之道，从而推定了"形而中论"的哲学思想。他以"承诺推定法"为哲学方法论，对《周易》进行了哲学与科学的推定，说明了孔子作《传》解《经》是以《说卦传》为纲而形成的"穷理尽性以至于命"的哲学思想体系。鞠曦先生的哲学性和科学性的《易》学理论体系，解决了易学史上存在的诸多问题，并以《咸》卦为例给《周易》以正本清源，为人类的现实关怀与终极关怀开出现代哲学

[①] 鞠曦：《易道元贞》，中国文联出版社，2001年版，第69页。

和科学的理性进路。在这一进路中,以正本清源为思想理路,以"承诺推定法"推定了中国传统文化,外化并建构了中国哲学的科学思想体系。

二、咸卦的思想原理

鞠曦先生所推定的《周易》思想原理,统一了《周易》哲学思想体系。以《说卦传》的承诺推定《乾》卦的《象》辞、《文言》和《坤·文言》,得出了时空统一论,"大明终始"。①这与中国科学院紫金山天文台赵定理教授从天文学角度考量得出的《周易》为日、月合德规律的大象是相通的。由"数往知来,天地损益"推定了"乾以君之,坤以藏之"在"先天之象"为"天地定位"与"后天之象"的"化体为用",因此推定出"损益之象"的"中和之象"为"中天之象"的"藏体化理",由损益中天的"藏体化理"到"知来者逆"的益道"天地定位",以"数往者顺"的损道"化体为用",上下统一了"先天而天弗违,后天而奉天时"的先后天终始之象。又以《说卦传》"穷理尽性以至于命"的内容和形式推定了"损益之道"的卦序。对于主体"以至于命"的承诺,推定了益道始于《咸》卦,《说卦传》承诺的"穷理尽性"的形式为"数往知来,天地损益","以至于命"的形式为"乾坤三索,损益六卦"。②益道的生生不息承诺了"尽性知命",表明了"由咸而益"的性命之理,得出了"尽性知命"的重要卦理是"逆数一索"的《咸》卦。由"咸"卦经"未济"到"益"的"益道三卦"推定的生命进程,是主体把握自身存在的理性进路,在这一进程中,以"咸"卦的"形神中和"开始,到实现"艮"卦的"穷神知化",是对"益道三卦"的超越,生命之"日新"可以知也,所以,《系辞传》谓之以"日新之谓盛德"③,其正确指出了"咸"卦的意义。

---

① 鞠曦:《易道元贞》,中国文联出版社,2001年版,第152页。
② 鞠曦:《易道元贞》,中国文联出版社,2001年版,第172页。
③ 鞠曦:《易道元贞》,中国文联出版社,2001年版,第261页。

显然，这对于理解《周易》的哲学思想体系具有举足轻重的作用。因为，古往今来，对于"咸"卦的注释上，纷杂百出，《荀子·大略》曰："《易》之"咸"见夫妇。夫妇之道，不可不正也，君臣父子之本也。咸，感也，以高下下，以男下女，柔上而刚下。"可见，因荀子把"咸"卦推为夫妇之道，误解了"咸"卦的思想原理，给后世学者带来了极大的误区及消极影响。司马迁由于误解了"咸"卦的含义，以百家争鸣的历史形态引证了《易大传》"天下一致而百虑，同归而殊途"这段文字，指明为"阴阳、儒、墨、名、法、道德"六家的殊途，误导了孔子解《经》乃源于对生命终极关怀的亘古忧患意识。更有甚者，这种误导造成了对"咸"卦的断章取义。所以，正确理解《说卦传》的思想原理，是正确理解"咸"卦的前提，这是易学研究中的重中之重。这正是本文为什么要以"'咸'卦的历史性误区及其正本清源"为题之所在。

由于益之道始于"咸"卦，孔子在对"咸"卦以《象》《象》注释后，还在《系辞传》中对"咸"卦进行了"一以贯之"的"穷理尽性以至于命"的统一性推定，使其在整体上形成了关于终极关怀的哲学与科学的理论体系。

鞠曦先生在《易道元贞》中，对"憧憧往来，朋从尔思"的论述，以"承诺推定法"对"咸"卦的九四爻进行剖析，认为其具体承诺了主体的终极关怀，并把"咸"卦以损益之道的形式与《经》《传》统一，厘清了后世对"咸"卦的错误解读。

"咸"卦九四爻辞和孔子所作《系辞传》的解释是：

"咸"九四：贞吉悔亡。憧憧往来，朋从尔思。

《咸·象》曰："贞吉悔亡"，未感害也。"憧憧往来"，未光大也。

《系辞传》曰：《易》曰："憧憧往来，朋从尔思。"子曰："天下何思何虑？天下同归而殊途，一致而百虑。天下何思何虑。日往则月来，月往则日来，日月相推而明生焉。寒往则暑来，暑往则寒来，寒暑相推而岁成焉。往者屈也。来者信也，屈信相感而利生焉。尺蠖之屈，以求信也。龙蛇之蛰，以存身也。精义入神，以致用也。利用安身，以崇德也。过此以往，未之或知也。穷神知化，德之盛也。"

上引表明，孔子以《象》论述的"贞吉悔亡"，是现实关怀与终极关怀的统一。鞠曦先生正是由"贞吉悔亡"问题的"未光大"和"未感害"所产生的"憧憧往来，朋从尔思"，推定了孔子解释"憧憧往来，朋从尔思"的思路源于"贞吉悔亡"。《系辞》"天下何思何虑？天下同归而殊途，一致而百虑"是对"憧憧往来，朋从尔思"社会存在的历史性推定，以此推定了"精义入神""穷神知化"的主体生命时空规律，由时空规律推定了人们对自身生命存在的终极关怀，厘定了生命是存在的最大价值，厘清了孔子是以天地万物的生命运动透析人的生命运动，进而推定了人的生命是"精义入神，以致用也；利用安身，以崇德也"的存在方式，由"咸"卦九四爻引发的终极关怀，进而推定了人的生命哲理。

鞠曦先生以孔子的"尽性知命"的思想体系，阐明了"天地人"三才之道与"咸"卦融于一体，"咸"卦取象于人体以承诺生命的主体性价值。鞠曦先生在对"咸"卦性命之理的论证中，征引了《黄帝内经·素问》与《说卦传》的损益之理，从而推定了"咸"卦性命之理所具有的医学理论基础。"七损八益"是中医学以时空为坐标推定人的性命之理的重要理论范畴。"七损"是对女子生命运动规律的推定。女子以七年为期，推定生命由年少到年老的过程。女子二七而天癸至，任脉通，到三七，肾气平均。"八益"是对男子生命运动规律的推定。男子二八肾气盛，到三八肾气平均，筋骨劲强。这就是说，女子在十四岁到二十一岁，男子在十六岁到二十四岁时，生理处于发育期至成熟期的阶段，因生理逐渐成熟，也就出现了"憧憧往来，朋从尔思"的问题，"咸"卦以少年时期为推定形式，正是承诺解决这一时期的问题。先生在这里又指出了"咸"卦的性命之理与中医学的七损八益的性命之理及道家的丹道之学基本相同。"精义入神，以致用也；利用安身，以崇德也"与道学"炼精化气，炼气化神"的承诺统一，"穷神知化，德之盛也"与道学"炼神还虚，炼虚合道"的承诺统一。由此证明了"咸"卦的原始含义与《说卦传》的"尽性知命"的理论是相通的。①

三、步出咸卦的历史性误区

笔者在研读鞠曦先生的《中国之科学精神》《易道元贞》《中国儒教史批判》②等著作时，一直以"咸"卦之原始含义作为研讨主题，贯彻始终。通过对鞠曦先生原著的学习，使笔者走出了历史以来易学大家对《咸》卦解释的诸多误区，并运用"承诺推定法"初步认识到了《易》学、儒学史上的诸多问题。窃以为，要想复兴中国传统文化，应首先对传统儒学思想进行正本清源，通过对"咸"卦的理解，纠正历史以来形成的误区。笔者发现，程子解释"咸"卦步入了荀子的误区。程子释《易》说："上经首乾坤，下经首咸继以恒也。天地二物，故二卦分为天地之道。男女交合而成夫妇。故咸与恒皆二体合为夫妇之意。""咸之为卦，兑上艮下，少女少男也，男女相感之深，莫如少者，故二少为咸也。艮体笃实，止为诚悫之义。男志笃实以下交，女心说而上应。男感之先也，男先以诚感，则女说而应也。"③可见，程子把"咸"卦视为夫妇之道，歪曲了"咸"卦"尽性知命"的本义。其后王肃又步其后尘曰："山泽以气通，男女以礼感，男而下女，初婚之所以为礼也。"④王肃提出的"礼感"，也没有体现出"尽性知命"的本义，所说的"初婚之所以为礼"，则更没有道理。王肃把荀子夫妇之道的解释，进一步推向了误区。朱子在解释"咸"卦九四爻的"贞吉悔亡，憧憧往来，朋从而思"，《象》曰"贞吉悔亡，未感害也。憧憧往来，未光大也"这段含义时说："九四居股之下脢之下，又当三阳之中心之象，"咸"之主也。心之感物当正而固，乃得其理。今九四乃以阳居阴，

---

① 鞠曦：《易道元贞》，中国文联出版社，2001年版，第219–223页。
② 鞠曦：《中国儒教史批判》，中国经济文化出版社，2003年版。
③ 程颐：《周易程氏传》，中华书局，2011年版，第174页。
④ 马振彪遗著、张善文整理：《周易学说》，花城出版社，2002年版，第310页。

为失正而不能固，故因占设戒，以为能正而固。则吉而悔亡。若憧憧往来不能正固而累于私感，则但其朋类从之，不复能及远矣。"①朱子不但没有走出荀子的误区，继而又进入了"因占设戒"的新误区。《周易》原本是占卜决疑的筮书，经孔子序《传》，使《经》《传》合一，最终把《周易》从卜筮性质改造为"穷理尽性以至于命"的解决生命现实关怀和终极关怀的思想理论体系，从而使《周易》成为集哲学性与科学性为一体的中国文化思想之大成。孔子在对"子贡三疑"的问答中曰："《易》，我复其祝卜矣，我观其德义耳也。幽赞而达乎数，明数而达乎德，则其为之史。史巫之筮，乡之而末也，好之而非也。后世之士疑丘者，或以《易》乎！吾求其德而已，吾与史巫同途而殊归者也。"（《帛书·要》）"圣人繇《易》，至于损益一卦，未尚不废书而叹，戒门弟子曰：'二三子！夫损益之道，不可不审察也，吉凶之口也。益之为卦也，春以授夏之时也，万勿之所出也，长日之所至也，产之室也，故曰益。损者，秋以授冬之时也，万勿之所衰也，长夕之所至也，故曰：产。道穷□□□□□□。益之始也吉，其冬也凶。损之始凶，其冬也吉。损益之道，足以观天地之变，而君者之事也。是以察于损益之总者，不可动以忧。故明君不时不宿，不日不月，不卜不筮，而知吉与凶，顺于天地之道也，此谓《易》道。"（《帛书·要》）以上说明了朱子主张卜筮"因占设戒"的误区。清末民初的尚秉和先生步荀子之后，在释《易》时引用《诗·秦风》"忧心钦钦，传思望之，心中钦钦然"言"盖以少男仰求少女，有钦慕之情，是钦亦有感意，与咸义同"②，也进入了求正夫妇之道的误区。

现代的易学研究也出现过诸多类似问题。如《白话帛书周易》一书对"咸"卦的注释，引用了尚说，以证夫妇之道所承诺取女吉的误释，出现了"咸"卦六爻多伤的论证。如把"咸"之初爻译为"伤了他的足拇指"；六二译为

---

① 朱熹：《周易本义》，中华书局，2009年版。
② 尚秉和：《周易尚氏学》，中州古籍出版社，1994年版，第178页。

"伤了腿肚子,家居不出则吉祥"。九三译为:"伤了大腿,另一腿随之不行,故有困难"。九五译为:"伤了脊背,但没有困厄。"上六译为"伤了腮帮与口";再一个是对九四爻"贞吉悔亡。童(憧)童(憧)往来,倗(朋)从玺(尔)思"释为:"卜问则吉祥,没有困厄。反复思求,计虑获得朋贝。"①再如《白话周易》一书在释"咸"卦时说:"这一卦,下卦艮是少男,上卦兑是少女;象少男谦虚追求少女。再则,'艮'是止,'兑'是悦,表示爱情不能三心二意,应当坚定不移地追求,以诚意使对方喜悦感动。"又说:"素不相识的少年男女,能够相互感应,一见钟情,结为终身夫妇,这完全是自然的,是必然的现象。"对九四爻的解释是:"如果心神不宁,走来走去,犹豫不决,就得不到多数人的赞成,只有少数几个朋友,才会符合你的想法了。"其还把上六说成了"已经是"咸"卦终极,又是上卦兑的终了,以动人的言语,取悦于人,使其感动,根本缺乏诚意,这是小人的行为。'上六'是阴代表小人,频频用口舌去诱骗他人,不是君子应有态度。所以《象传》说:就是玩弄口舌"。②显然,这些是对"咸"卦的误解。

《周易评注》一书对"咸"卦的注释与评析引用了孔颖达的《正义》,其说法是"此卦明人伦之始,夫妇之义,必须男女共相感应,方成夫妇"。而在解释卦爻时说:初六:男女交感于足拇指,是情感最初发动处。六二:男女交感于小腿肚,一味盲动,会遭反脸(凶),冷静相处,前途有吉。九三:双方交感到大腿,不加克制,执意尾追,往后必有遗憾。九四:憧:通瞳,眼珠。朋:友朋此即恋人。双方情感融洽,不时眉来眼去,对方相期默许,故曰"贞吉,悔亡"。执下理性失控,采取下策。九五:纵情拥抱,抚摸对方的背脊,毫无顾虑,故言无悔。上六:情感增长,由拥抱进而相亲,接吻;其评析为"本卦所记,似为一少男与少女相见甚悦,产生感情,一方面表示追慕,

---

① 张立文:《白话帛书周易》,中州古籍出版社,1994年版,第398页。
② 孙振声:《白话周易》,中州古籍出版社,1994年版,第190页。

进而发展成爱恋的曲折过程"。①《周易大传今注》一书注"咸"曰:"筮遇此卦,可举行亨祭;乃有利之占问;娶女亦吉。""然则"咸"之卦象是男女结婚,相感相应。阴阳二气相感而后万物亨通,男女两性相感而后家道亨通,是以卦辞曰'亨'。但阴阳相感利在得其正,男女相感亦利在得其正,是以卦辞曰'利贞'。男女相感以正,则夫妇白头偕老,是以卦辞曰'取女吉'。"其释爻辞"咸,斩伤,即今之砍字。但爻辞诸咸字皆被外物所伤之义,不限于斩,故宜直训为伤。初六:咸其拇,小伤之象。六二:伤其腓,是凶象,但居家不出,则吉。六三:伤其股,手抚其裂肉,创深而痛甚,不利于行路,有所往,难矣"。其释九四爻:"贞吉,犹吉;憧憧,往来不绝貌。朋,朋友。思,语气词,犹哉也。筮遇此爻,所占问者吉,其悔将过去;憧憧然往来不绝之朋友皆随从汝。""贞吉悔亡,言人之德行正则吉,其悔将去。余与经同。《象》曰:'贞吉悔亡',未感害也。'憧憧往来',未光大也。传意:爻辞云'贞吉悔亡'言人之志行正,则灾害不临身,不感受灾害也。云'憧憧往来,朋从尔思',言从尔之人限于朋友,其范围与数量犹未溢于广大也;《易》曰:'憧憧往来,朋从尔思。'子曰:'天下何思何虑?天下同归而殊途,一致而百虑。'此释'朋从尔思'之思为思想之思,非经意也,盖亦与《象传》不同。"其对"咸"卦中的"男下女"释为古代婚礼男下女之仪式。②显然,作者注释"咸"卦没有步出夫妇之道之误区,而是进一步求证"咸"之卦象为结婚。其释"咸"字皆被外物所伤;释九四爻之"憧憧往来,朋从尔思"与《系辞》"《易》曰:憧憧往来,朋从尔思"非经意亦与《象传》不同,所误甚明。

以上表明了后世儒家和研《易》者对孔子解经所产生的严重误解。《说卦传》表明,孔子是以"咸"卦少男少女入手,推定了"咸"卦承诺的少年时代现实性,进而升华为终极关怀。少年时期是人生命中最重要的起步阶段,

---

① 唐明邦主编:《周易评注》,中华书局出版,1997年版,第80页。
② 高亨:《周易大传今注》,齐鲁书社,1998年版,第218-222页。

"咸"卦代表的是少年时段生理发育逐渐成熟，所产生的心理生理与体感的反应。更深一层次地说，由于益道始于"咸"卦，"咸"卦中的利贞，谓之性与情。性者，人性的本质与理智；情者，人之七情与欲望。这种性情左右着人的生理，故在此期间应知七损八益，认识人生，让生命常新不古，故《大学》云："苟日新，日日新，又日新。"《易》曰："随时偕进，与时偕极。"通过修为使阴阳得以调合。《大学》云："自天子以至庶人，壹是皆以修身为本。其本乱而末治者否矣。其所厚者薄，而其所薄者厚，未之有也。此谓知本，此谓知之至也。"孔子在《礼运》篇中说："饮食男女，人之大欲存焉。死亡贫苦，人之大恶存焉。故欲恶者，心之大端也。人藏其心，不可测度。"又在《乐记》篇中曰："人生而静，天之性也。感于物而动，性之欲也。"继而在《论语》中说道："少之时，血气未定，戒之在色。"因此笔者认为欲不可纵，古人制礼以防患未然，作乐以调整性情。《礼》曰："男子三十而有室，女子二十而有夫。"这才是夫妇之道，这才能应"咸"卦中的"亨利贞、取女吉"的承诺。老子也在《道德经》中说："不见可欲，使民心不乱。是以圣人之治，虚其心，实其腹，弱其志，强其骨。"儒、道之学分别以"人性"和"人欲"的概念，"同出而异名"，"天下同归而殊途，一致而百虑"，一以贯之于《系辞》中"成性存存，道义之门"的论述，这也就是对"贞吉悔亡"的终极关怀的思想考论。

　　综上所述，历史及现实性的"咸"卦研究误区表明，其主要是忽视了"咸"卦"穷理尽性以至于命"的含义，把"咸"卦的卦象当成了本质，曲解了孔子《说卦传》的原意。《周易》为众经之首，是中国传统文化中最重要的组成部分，在任何一个时期，释《易》者不得将其与儒学其他五经义理相背离。人的天赋本能，存在着不同个性和幻想，由于差异的思想与心理，人的感情左右着理智与慧思的极限，也影响着人们的正常思维和逻辑推理，因此才造成了人们对"咸"卦的误解。所以，只有正其心智，明其事理，倾其毕生精力博览群书，才能从中学到真知，找出谬误，提高自己的识别能力。笔者由此认为，探索《咸》卦的真正含义，指出"咸"卦的解释性误区，以正本清源，是现代易学研究中极为重要的内容之一。正确认识与光大《周易》的"穷理尽性以至于命"的形而中论哲学与形而上性的科学思想，才能真正为人类文明发展做出贡献。

（作者为黄龙山庄子书道院院长）

穷理尽性以至于命
——《易道元贞》阐读和品评

韩 星

《易道元贞》最近由中国文联出版社出版。作者鞠曦先生自云是一个"辟地避世隐居修学的人"①，然而他不是古代的隐者，而是一位心忧天下，关注中华文化之复兴，致力于人类终极关怀问题研究、探讨的一位颇"现代"的学者。他的特点是身在"体制"之外（这有利有弊：利者身心自由，弊者研究条件和与学界交流困难），故能"识得庐山真面目"，比我们这些慌迫于"体制"之内的学人更容易有自由的思想，以超越地判识现实学界之弊端，判释古代文化之误区，从而提出深入、独到的学术见解。

《易道元贞》为其"易道三书"之一（另外两书《易道发微》和《易道纂中》已写就而无力出版），是以其独特的"承诺推定法"研究解读《周易》思想体系，并进而提出了一系列重大学术理论问题并做了初步解答的一部学术专著，不但对《周易》这部群经之首，中国文化之源的古经的研究，而且对于两千多年中国思想文化发展曲折历程以至穷途末路的正本清源、返本归元都有十分重大的意义。当然，由于作者长期在体制之外，隐居于深山，学术研究不仅仅是学而知之，有许多是从其性分所流出，再加上其独特的思想进路、学术理路、理论架构和话语形式，对我们习惯于学院式思维方式，特别是缺

---

① 鞠曦：《易道元贞》，中国文联出版社，2001年版，第308页。

乏修炼实践，昧于觉悟的学人来说，阅读此书一定会发生困难。本人不才，然对鞠曦先生神往已久，一拿到此书，感到吸引而深入地吃力，也许是书中提出的一些重大学术理论问题是笔者平时有所思而无得少得却借此书有了难得的启迪吧，所以有强烈的愿望想把读了此书的理解、感悟和思考写出来，以与读者交流，因此也是一篇书评。

概括地说，本书所解读的文本是《周易》（以《说卦传》为主），所用的方法是"承诺与推定"的哲学方法论，所要解决的学术思想问题是孔子儒学两千年隐而不彰的"性与天道"之学，所采取的理性进路是赋予中国古代的生命科学以现代的学科理论形式，所构建的是哲学性和科学性统一的中国学术形式（思想体系），最后归宿到人类的终极关怀问题和出路探寻。这样看来，不能把本书当成纯粹的一本《周易》研究之书看。从目录上看大致也符合一般学术专著的写作方法，提出问题，回顾过去研究状况，进行必要的资料考定，进行内容的阐释、梳理，构成一个体系，得出自己的结论，说明自己解决了什么问题，展望还没有解决的问题。但深入其中，你所读到和感到的是一个立体的、开放的、网络的结构，思路是纵横交织的、发散的，你读的时候，刚抓住一个线索，还没解决它，为了解决这一线索上的问题，又得连接另一线索；关键的地方，需要反复读，才能抓住要领，但刚抓住了，又仿佛丢失了，你又进入另一思维区域。

总的来说，本书以《周易·说卦传》的解读和孔子修《易》使之卜筮理路终结，开辟"尽性知命"的易学之道，并进而凸现了孔子儒学"性与天道"的"一而贯之"的思想体系，强调了由现实关怀（忧患）以归于终极关怀的"穷理尽性以至于命"的学术理路。对汉宋儒学因曲解儒学元典而导致儒学误区，乃至中国传统思想文化的误区，对近现代以来西学东渐，国人思维受控于西人，特别是科学主义导致的哲学与科学的误区做了发人警醒的分析、批判，有振聋发聩之效。

本书给人多方面、多层次的启迪，提出了诸多值得详尽探讨，向学界和社会阐扬，以正视听的问题，我暂谈以下几点。

一、对孔子"性与天道"之学的复原

过去思想史研究形成了一个较为固定的看法，以为中国传统思想文化的哲学框架是《老子》以及庄子构建的，孔子只有政治理论道德教化那一套，没有形而上学的、思辨的哲学，后来儒家的哲学是从老庄那里承受过来的。这主要是子贡说"夫子之言性与天道，不可得而闻也"（《公冶长》）和曾子"夫子之道，忠恕而已矣"（《里仁》）的误解，再加上后儒把儒学纳入治国之术（汉代）和心性学的发展（宋明理学），遗落了孔子思想体系的形上基础。鞠曦先生在书中对这一曲解的历史过程做了阐述，其思路是推定"尽性知命"为"性与天道"的理论形式，并主要体现在《周易·说卦传》和《中庸》之中，并且开辟了以"形而中论"的哲学思路复原这一思想的令人信服的工作。作者认为，孔子的"吾道一以贯之"不是人们一般认为的"忠恕"，而是指孔子儒学思想的统一性。其中最重要的就是"性与天道之学"，但由于《论语》的对象是对中人以下的，故孔子的弟子知道孔子有"性与天道之学"，只是"不可得而闻也"而已。鞠曦先生通过使《周易》"穷理尽性以至于命"的内涵外化为哲学与科学统一的理论形式，使"性与天道之学"得以复原（另外相关内容见其所著《中国科学之精神》有关章节）。其实，关于孔子应有形而上学哲学思想（性与天道）本应是不成问题的，以逻辑言，任何一完整的思想体系都应有其形而上学的理论基础。一般的说法老子讲天道，孔子讲人道，或把孔子天道等于天命，加以贬低，实是不能全面、整体地贯通孔子的思想体系。以《论语》作为孔子思想的第一手资料是无可疑问的，但仅此够吗？作者对孔子与《周易》关系的考定拨疑古思潮之乱，也是目前学界"走出疑古时代"的共识共行。再就是利用考古文献，如《帛书周易》以证孔子的易之道，都是很有说服力的。其实目前学术界热烈探讨的郭店楚简，在众多的儒家简中，可以见到大量论述天道观的内容。总之，这个问题对复原儒学的元典思想，再现孔子思想的伟大光辉，清理两千多年对孔子思想的曲解误用（或者更平和地说是片面地发展了孔子思想的某些方面），将有很重大的价值。

二、正确推定"咸"卦的意义

关于"咸"卦，在易学史上自古以来理解非常歧义，可谓五花八门，奇解百出。鞠曦先生在考订孔子与《周易》关系的基础之上，认为孔子对"咸"卦不但以《彖》《象》进行推定，还以《系辞传》对"咸"卦进行整体统一性的推定，以形成终极关怀的理论架构。这就揭示了为学界所忽略或否定的孔子"尽性知命"的思想体系。然而孔子以后，后儒均不理解孔子以"咸"卦推定的性命之学。荀子把"咸"卦推定为夫妇之道，误解了"咸"卦的思想，对后来易学研究有消极影响。司马迁由于不知"咸"卦的意义，以百家争鸣的历史形态引证了《系辞传》中"同归而殊途"这段文字，这样就遗失了"天下同归而殊途，一致而百虑"所具有的终极关怀的思想价值。更有甚者，造成今人对"咸"卦的断章取义，以此证明《系辞传》与孔子无关。

作者在本书卷三和卷四中，对"咸"卦承诺主体的终极关怀进行了具体推定，这样就把遗落了两千多年的宝贵思想以现代科学理论的形式找了回来。因为对于主体的"穷理尽性以至于命"而言，是"损益之道"，而"益道三卦"始于"咸"卦，因此，正确推定"咸"卦的意义，对于理解《周易》的思想体系具有举足轻重的作用。作者对这一问题的追寻和找回，并以生命科学形式重新推定，便成为当代哲学和生命科学研究的重要组成部分，为正确解决人类的终极关怀提出了具体的可操作的理路，其学术价值和现实意义自不待言。

三、孔子道、德思想新论

关于孔子与老子的道、德这些核心范畴及其思想意义的阐释，是笔者一段时间曾感兴趣的，大约是去年，还写了一篇短文《老子的道和德》，主要是有感于帛书《老子》德经在前，道经在后，以及韩非《解老》《喻老》也是先解德经，后解道经等，考虑德经在前道经在后也许是《老子》较古老的文本，当表达了更古老的老子思想，更有感于两千多年来人们把老子的道作为一个处处借用的最高哲学范畴，却相对地忽略了德；另一方面，又过分强调孔子儒家的伦理道德，造成了对老子的架空和对孔子的降低，再加上近代以来西方道德观念传入，使这些概念、范畴更为混乱。

今天，读鞠曦先生《易道元贞》，大开眼界，作者对《周易》之"道"与"德"的推定，不但解决了"道"与"德"统一（以"德"明"道"，以"德"合"道"，以"德"修"道"）问题，而且以哲学性与科学性的统一的理路，解决了儒学天道与人道统一，以主体性的人在天地（阴阳）之道的框架中解决人自身的终极关怀的中国式思路。这一理路也不排斥儒学的政治思想，心性之学以及日用伦常，更有意义的是：（1）这一主体性带有个人化的思路，可以解决两千多年来儒学为封建专制政治利用而添加的思想专制，重国家和阶级，轻社会和个人的后遗症；（2）能够解决所谓儒道分裂（其实儒道并未分裂，或者说同根共源，因失误而分），中国思想文化史分为一显一隐、一主一辅的两块，特别严重的是造成民族心理结构的分裂，即达则兼利，穷则独善，出儒入道（后来有佛），以及终南捷径等双重人格现象；（3）这一理路有望解决内圣外王问题。内圣外王为《大学》提出的理想，但内圣外王始终难以打通，这个问题实质上是"道"与"德"的问题，由立德（内圣）以达道（外王），道德合一，以尧舜为典范，即是孔子心目中的圣王。可惜秦汉以后，儒家道、德思想失去联系，并被曲解地应用，圣王被代之以"王圣"，所谓道德便成为封建帝王专制的面具。

四、"形而中论"对推定《周易》思想形式的价值

"形而中论"是作者在20世纪90年代就提出的哲学思想,这一思想的基本命题就是对《周易》之"卦"的高度概括。在本书中,作者对《周易》"形而中者之谓卦"到"形而中者之谓人"再到"形而中主体之谓神"进行了贯通的推定。作者以《系辞传上》"形而上者谓之道,形而下者谓之器"出发,认为"道"与"器"的关系,是以"卦"承诺形而中的主体,以推定形上之道和形下之器,因此,形而中者谓之卦。形而中之主体者,人也。故以"卦"承诺的主体可推定:形而中者谓之人。也就是说,形上和形下统一于形而中之主体,形式为卦,承诺和推定者是人。在这里,作者以"形"作为主体推定的基础,以形而中者谓之卦作为承诺和推定的形式,从而推定形上和形下,构成形上、卦、形下统一的哲学体系,使《周易》的哲学模式得以外化,再现了中国哲学的独特体系。这就告诉我们,《周易》哲学具有与西方哲学的本体论、认识论、方法论完全不同的体系性,就在于以其形而中者谓之卦和形而中者谓之人的形而中论哲学体系,推定和承诺了主体的"穷理尽性以至于命"的科学价值。这就使《周易》成为哲学性及科学性统一的思想形式,使中国文化传统活水源头的《周易》焕发出真正的本色本光,同时也将改变中国人近现代以来受西方思想观念影响而形成的思维方式(特别是学者们的思维定式,已使中国人的思想能力降到了历史上的最低水平),如作者在书中提到的对立统一的辩证法,还有如二元对抗思维模式,形上形下之分,进化论、螺旋式上升等。如近几年学界把中国哲学特征说成"天人合一",这里的"天"即是西方人说的"自然",人则是人类社会,天人合一是人与自然的和谐等。其实中国思想并不是二分的,作者以《周易》的三才之道(有天道焉、有地道焉、有人道焉)推定和承诺"穷理尽性以至于命"的价值,就是说,穷理者,地道也,在地成形者也,形而下者也,器也;尽性者,人道也,形而中者也;以至于命者,天道也、形而上者也,道也。这样,三才

之道就成了承诺和推定本体与主体的逻辑形式。作者由形而中论对三才之道模式的追寻，对彻底改变国人的思维混乱，整合古代、现代思想文化于一体，意义巨大。笔者也觉得三才模式可能比天人合一模式更符合中国传统文化的特征，过去对"天"探讨太多，对"地"注意不够，这是否与后来形成的尊上卑下，尊君卑臣，尊男卑女心理思维有关？作者还译注了韩国典籍《天符经》，是以三才模式为基本结构的，这似乎说明是中国人在后来扭曲了、忽略了三才模式。这个问题值得正本清源，历史反思。

五、对"神"这一范畴承诺人的形而中主体性的推定

正如作者在书中所说的，"神"是一个被模糊了几千年的没有被正确认识的概念[①]，近代以来由于西方宗教、哲学的引进，这个概念被弄得更为歧义，且容易引起人们误解。在唯物主义哲学一边倒的时代，"神"或者被作为宗教概念遭遇"批判"，或被作为鬼神迷信而遭遇贬斥，或者被冠以神秘主义、客观唯心主义等哲学帽子，弄得人们不敢谈神，神的真义潜隐不彰，只留下常用"精神"一词也被弄得大而无当，处处套用，如革命精神、爱国主义精神等，把物质以外人的心理、情感、态度、观念大杂烩成一锅，来表达主导意识形态的主观意识。（《辞海》说："唯物主义者常把精神当作和意识同一意义的概念来使用。"《哲学分册》，上海辞书出版社，1980年版。）

作者在书中从"形而中论"哲学原理出发，把《周易》中的"神"以形而中的方式进行了理性推定，认为"神"是人之所以为人的主体性质，即人的主体性是以"神"的方式在形上之道与形下之器之间运用，主体体道是在"一阴一阳"的相感中"形神中和"实现的，具体操作是"精义入神，以致用也"，这是人的"神明之德"与"天地之大德曰生"的"形神中和"统一。由于"神

---

① 鞠曦：《易道元贞》，中国文联出版社，2001年版，第252页。

明之德"与性命之理是统一的,所以作者认为过去的鬼神迷信是由于人不理解自己的"神明之德"可以进行主体性操作,一般百姓处于浑然状态,对鬼神抱着"日用而不知"的状态,并因此在敬畏中流于迷信。这里,人的主体对天地之间奥妙的认识(即具神明之德)消解了鬼神迷信,使"神"哲学化、科学化了,并可以在操作中把握。

同时,由于使内化的"神明之德"外化为"穷理尽性以至于命"的哲学原理,使人作为主体在认识上具有了客观性,不致走向主观神秘主义。但是这种客体性又是主体与客体统一的,是主体进行"观"(上观、中观、下观)的结果,主客体的相通,所以《观·象》中的"圣人以神道设教,而天下服矣"就不能理解为宗教,而应理解为圣人以"神明之德"进行"神道设教"。

总之,"神"之概念提升为范畴,并赋予哲学性、科学性含义,就使得许多学术疑难化解了。

六、生命科学与终极关怀

鞠曦先生的《易道元贞》使《周易》研究超越纯粹的易学领域,通过发掘"尽性知命"的易学之道,使其承诺了中国生命科学的科学性建构和人类终极关怀问题的解决思路。

建构中国生命科学的学科体系,以解决人类生命的终极关怀问题为归宿,是作者一系列学术研究活动的最高目的。为了这一最高目的,作者对《周易》中的哲学和科学思想进行挖掘,推定其哲学和科学原理,走出以西方科学的理论架构为坐标系推定中国生命科学的理论误区,其目的是正确理解中国的生命科学,同时从中国古代浩如烟海而杂乱无章的生命科学资源中提升出现代的学科理论形式。这就是他研究中国生命科学的理性进路。

中国文化中的生命科学(传统叫养生之道)原本是有很深奥的哲学原理内化于其中的,但历史上由于儒道分为两途,儒失去"性与天道"之学,道退为避世、化为道教，越来越具形而下性（养生之术）。近代受西学东渐、西化思潮的冲击而受制于西方思想的影响，并在激烈反传统过程中形而下的养生之术也被斥为封建迷信。20世纪80年代以来社会上自发的大众性的"气功热"是对前30年压制的一种反拨，在众多气功大师和气功功法中虽然也提到"生命科学"，但真正向形中、形上进行理论研究和思想体系构建的几乎没有，最多不过进行一点"多学科的综合"（其实是拼凑），缺乏一以贯之的哲学理路。而官方或半官方的"生命科学研究"也是试图以西方科学技术思路和手段来揭示中国气功的"神秘"，弄了不少数据最后还是没搞成什么，直至气功误入金钱和政治陷阱无疾而终，留下了不能出声的哀叹。鞠曦先生以深厚的中西哲学、科学功底和超人的思辨能力为中国生命科学体系的真正建立提出了哲学与科学统一的理路，并在不断地进行研究，是令人敬佩和受鼓舞的。该书的理论架构的主体方式就是中国生命科学的形上性原理与操作的具体方法及其形而中哲学原理。

关于终极关怀问题，作者认为西方形式化的思想制式和形而下的科学思路对解决终极关怀问题是无能为力的，只有中国的形而中论哲学及形上性科学对人类的终极关怀才有决定性的意义，并且将是解决目前人类文化困境的出路，西方文化的终结必然是中国文化的复兴。

七、阅读体验

如前所说，本书的"思想进路、学术理路、理论构架和话语形式"是"独特的"，但正因为如此，却也造成了此书的阅读困难，由此使其思想难以为人理解，成为一种局限。

依笔者看法，造成这种情况的内因大致有二：一是作者问题意识强、思辨能力强，在书中构成了问题的链和环，以及分析、探讨、解决的严密逻辑推展，特别是所运用的"承诺推定法"，都使得本书有极强的专业性；二是我猜想，作者有意或无意是抱着为中人以上读者写书的思想，是对当今没有思想、肤浅、随意、生编乱凑的学术界腐败风气的一种逆反。

依笔者谬见，若要论缺点，就是语言拉长，引文反复，论述重复之处不少，要读此书，需要悟性、思辨，还需要耐性，这对读者要求是高了点。总之，这本书确实是值得一读，甚至再读、三读，所谓哲学者，思辨启智而后已。（2001年10月30日）

（作者为中国人民大学国学院教授，博士生导师）

关于鞠曦先生学术的几点初步理解

邓荣和

摘要：鞠曦先生在学术上强调对传统文化的正本清源，认为中国哲学是形上性科学，与西方科学的形下性具有本质区别，突出表现在中西医的重大区别之中。鞠师提出"内道外儒"之说，并身体力行，付诸实践，诚为典范。今日中国文化之正本清源，必须将儒道二家重新整合为一。而易学史之正本清源是首要工作，鞠师明确反对对孔子《易》的卜筮性推定，而主张《周易》为君子儒学，为内道外儒之学。

关键词：鞠曦；正本清源；《周易》；形上性

癸巳年长白山儒道研修班，我初次忝列其中，得闻鞠师煌煌高论，得见诸君灼灼才华。其时，我刚从同济大学哲学系硕士毕业，初次进入民间书院研修，得此缘分，受教于鞠师，思想之眼界大开，心性之迷雾略去，得无感慨！我一年以来，留心医学，于鞠师之书，疏于研读，未能精进，此为憾事。现书院甲午年儒道研习班开班在即，欲将去年研修班以来之收获与感悟，总结几项，以为上山就教于鞠师和同学诸君，若要规范成文，则尚待来日之努力。

一、文化比较即是正本清源

"名者，实之宾也。"子曰："必也正名乎？名不正则言不顺，言不顺则事不成。"新文化运动以来的现代中国学人，多秉持科学主义。彼之"科学"，则西洋之赛恩斯（science）也。所谓西洋德先生与赛先生，自新文化运动至今，一直是国人的两个主要的教条式迷信。鞠师作《中国之科学精神》，即是要破除中国人百年来对西方科学之迷信。这些现代中国学人手持西方科学之形式，到中国传统文化中来寻找这种形式之科学时，他们失望地发现，中国自古就无科学。因为关心国家的前途，民族的兴亡，也因为对真理的热情，所以他们无比绝望和愤慨，进而他们鼓吹打倒孔家店，建设新文化，这其中就以陈独秀这个新文化运动的掌旗人为代表。新文化运动，实则西化运动也。

鞠师将那种认为只有西方才有科学的观念称为"科学主义"。而他认为，实际上，如果说科学是以更为深层更为根本的文化思维形式、亦即哲学本体论为基础的，那么有一种文化思维形式（哲学本体论），在逻辑上就必定会有一种相应的科学形式。西方式科学产生于他们的文化思维模式，而中国的文化思维模式也必定承诺了中国式的科学。因此，我们要问："西方科学是否具有终极价值？如没有，为什么还要强调儒学能开出西方的那种科学形式的必然性……对于中国文化的特质而言，西方科学的科学形式是必需的吗？"[1]

全盘西化论者自不必说，现代新儒家基本问题意识也是科学与民主问题。个人认为，《中国之科学精神》开头对于现代新儒家之批评，体现出鞠师卓越之思想洞察力与学术勇气。当今儒学界，能反思陈独秀、胡适、周树人之错误浅薄者不少，而对于儒家阵营内部诸前辈所陷入之思想歧途，则罕有能洞察至此者。循着鞠师的指引，我们看到，当冯友兰以西方的逻辑形式来整理中国的"哲学"史，当熊十力通过改造唯识学来构造中国的"哲学体系"，当牟宗三的中西哲学会通实际上是以康德哲学为标准来寻找和建构中国的"哲学"，已经丧失了中国文明固有之本色。现代有学者，受到西方逻辑学之启发，重新于破简残篇中整理《墨辩》《公孙龙子》等古籍中的中国名理学，亦受

---

[1] 鞠曦：《中国之科学精神》，四川人民出版社，2000年版，第4页。

西方逻辑学范式之支配，而无力呈现中国固有名理学之本色。可以说，伴随科学主义之流行的，是中国文化（哲学）本身的合法性问题。所以有人将现代新儒家、尤其是港台地区新儒家的基本问题概括为"儒家内圣如何开出新外王、亦即如何开出民主和科学"。（我本人不把马一浮、梁漱溟和钱宾四称为新儒家，他们是生活在新时代的传统儒家）

推及言之，世间只有一种真理，既然东方西方有各自的文化思维模式（哲学），也有各自的科学形式，那么我们必须追问它们各自是什么，各有什么优劣之处，从而找到那具有最高合理性的文化思维模式和科学形式。这一切，需要对东西方各自的文化形态首先作彻底的追本溯源的澄清。据本人所见，《中国之科学精神》是一部澄清东西方科学形式、为中国科学精神正名的力作。这项工作之可贵处尤其在于，它为我们反思今天的乃至历史上长期的对先秦正统文化大道的误解、进而实现中国文化的正本清源打开了一个全新的视野。鞠师说：当人们推定中国无科学时，他们必定承诺了某种科学理念。而鞠师要阐述的是：他们所秉持的是一种错误的科学理念，而《周易》已经内含了中国的作为形而上性生命科学的科学理念，这是一种对人类生命安顿最有益的科学理念。

二、中国科学的形而上性与西方科学的形而下性

鞠师认为，"中国文化中的科学形式是形上性的生命科学，而不是像西方科学那种形下性的物质科学"[①]。西方的中国科学技术史学权威李约瑟也是以西方文化形式和科学形式来解释中国文化史和科学技术史的。"外化的中国哲学的形而中论表明，中国不但有哲学，并且是自成体系的而且是自洽的哲学；如果认为科学是主体寻求和达到真理目标的工具，那么，中国文化中就必然有其自在而自为的科学系统。但我们不是在西方哲学的意义上推定中国的科

---

① 鞠曦：《中国之科学精神》，四川人民出版社，2000年版，第8页。

学，而是在中国文化中自在的方式上推定中国科学的科学性。中国哲学的形而中论表明，由于人的自在的形而中性，中国哲学和科学的终极关怀是使人的形而中的自在与形而上的自为统一，从而实现主体生命形式的超越。在对科学的承诺上，毫无疑问，就其在中国文化中的主体性而言，先秦的儒道之学共同承诺着中国的生命科学。"①中国的形而上的生命科学要解决的是终极关怀的问题，"生命科学的主体操作方式，先秦的儒道之学有具体的承诺"。

鞠师在《中国之科学精神》第八章第五节中总结说："我们看到，正由于西方科学承诺的'穷理尽性'是穷形下之理，尽形下之性，所以，西方科学对于'穷理尽性'的'形上之道'始终无能为力，而不得不依赖哲学和宗教。西方哲学陷入主客体的同一性的困境中难以自拔，对人类诸如道德的本体论问题不能给出科学的证明，表现在行为方式中人性问题始终要靠宗教加以维持。这就形成了西方文化中的理性形式的科学理性和宗教理性的二律悖反。西方哲学对人性的研究游离于科学和宗教之间，康德的道德先验论和莱布尼茨对自然上帝的信仰，都表明了这一问题。"②西方科学、哲学和宗教三足鼎立，演变过程是比较复杂的。

《中国之科学精神》所主张的中国科学的形而上性，是至关重要的。精、气、神、思、鬼、神等，都是形而上层面的东西，如果不能思辨和直观于形而上层面的东西，诸如气一元论这样的思想就是不可理解的。

不过，个人认为，在西洋古典时代，也就是牛顿、伽利略之前的漫长历史中，并无现代的科学和哲学明确区分。真正的区分，倒在于科学（science）和技术（technology）之分。科学思想与工艺技术的区分，实际上是一种思辨之学与经验之学的区分，今天当我们在笼统地说科学技术的时候，我们并没有意识到两者的区分，这造成了理论和实践中的无数混乱。思辨之学就是世

---

① 鞠曦：《中国之科学精神》，四川人民出版社，2000年版，第10页。
② 鞠曦：《中国之科学精神》，四川人民出版社，2000年版，第262页。

界观之学，直到牛顿仍然将其思想称为"哲学"，而布鲁诺和伽利略的科学研究之所以会遭到来自天主教会的迫害，那是因为他们的思想仍然是探究世界本体的"哲学"，而他们的探究则在思辨层面上对基督教神学世界观、在实践层面上对基督教的上帝信仰构成了根本的挑战。相比之下，工艺技术则是一种比较形而下层面的东西，说白了，它就是一种实用技艺，它所给我们带来的是形而下之器。就此而言，工艺技术本身是价值中立的，它也是可以脱离开思辨科学之层面，而可以被独立地被快速便捷掌握的东西。就人文的整体反思来说，关键的问题倒是：对于工艺技术，我们秉持一种怎样的世界观和价值观？如果说人文的价值在于安顿人类的生命，那么怎样一种安顿是最有意义的、最佳的安顿？这就是一切学术研究的安身立命的终极关怀问题。如果只是着眼于眼前狭窄视野的短期效用，那么这种短视的实用主义将很快自己否定自己，因为它陷入了一种同质的形而下之器的量的无限扩展当中，欲壑难填。黑格尔曾经正确地指出过，这种形而下的量的无限性，是一种坏的无限性，其本质上是一种有限性。

鞠师《中国之科学精神》更进一步，认为西方之哲学思维本身就是一种形而下的思维，因此，建立在西方哲学思维之上的西方科学，是一种形而下的科学。这个问题是极其繁复艰深的，因为个人对于形而上、形而下，以及鞠师之形而中论尚不能有一个清晰之领会，故而这部分学理的阐释，只能留待来日了。然而本人愿意从中西医学比较的角度，尝试为思考这个问题提供一个范例。

三、从中西医比较看中国科学的形而上性与西方科学的形而下性

当代中国的主流中医药学研究，因为已经西化，其药理学研究偏离了传统的正道，成为一种实验室小白鼠医药学研究。这是违背中医药学的基本原则的，因为这种研究是对天地万物的对象性的"看"，而这种外在的"看"是永远无法进入研究对象"内部"的。当代西化的药理学研究能够看到很多

东西，但是却看不到药物当中最重要的东西，即药物的"气"，就像当代西化的诊断学能够看到很多东西，但是却看不到人体中最重要的东西，即人体的"气"（精气神和邪气）一样。比如中医的水气病，西医搞不清楚是什么原因，根本无从论治，很多并非致命的水饮疾病，被西医诊断为肝硬化腹水之类的古怪疾病，胡乱治疗，最后人财两空。又如消渴便秘，很多为阳明燥热，用白虎汤、承气汤系列，常有立竿见影之功效，而到西医那里，因为不知病因，数年不愈，实在可叹。中医以风寒暑湿燥火六种邪气辨病，是直达本质的。

《易》曰"形而上者谓之道"，"气"就是形而上层面的东西，看不见，摸不着，听不到，但是可以"感"到。西方人鲁莽浮浅，基本还停留在事物的可见可闻可触的形而下层面，因此各个思想巨人之间总是各得一端，各成一说，从未能融会贯通，一以贯之。西洋人理性思维的形而下性，拿医学来说，西医的解剖学是将人体的器官组织分别看待的，他们诊断病情，就是要还原到细菌、病毒、组织细胞的层面，他们的治疗很大程度上也是头痛医头脚痛医脚，很多时候他们不过是以伤害人体的形式在治疗疾病。有一次一位老工程师非常气愤地说到，西医啊一直在割我们的器官，割我们的钱财，现在又要割我们的免疫力，这给我留下了深刻的印象。然而在中医看来，必须达到了气的层面，到了阴阳的层面，才算是人类理性对于天地和人体生命的最终极最准确把握。物无美恶，过则为灾，故气有正邪，中医辨证论治，不过是诊断出人体中正气邪气的状况，然后扶正驱邪而已。作为西方科学的西医因为没有把握到形而上的活泼泼的"气"，甚至不知道有经络穴位的存在！究其原因，或许可以尝试这样来回答：古希腊的哲人们，大多都是在城邦围墙之内进行他们的科学和哲学探索的，他们不是生活在乡村和山林，他们也不从事农事劳作，所以他们的几何学很发达，这是构筑房屋宫殿所必须的，但是只有每天生活在乡村和山林，才能真切感受到天地之间的生生之"气"，因为他们朝夕与生命为伴，而不是与石头建筑为伴。相比之下，像大禹治水，神农尝百草，我们感觉中国上古的圣王，似乎一个个都是与大自然打交道的农民。将天地万物做几何学的材质层面的极限分割，就是德谟克利特的原子论。我们知道，原子论是西方科学的基本思维预设，这证明了鞠师对于西方科学之形而下性的论断。

另外，很多到过美国的人都有一个感受，在美国吃肉，怎么就那么没有滋味呢。现在不用到美国，我们也能感受到美国式的生活了，我们每天都能感受到，市场上买来的肉，怎么就那么没有滋味了呢？想想过去我们自己家里养的老母鸡吧，那真是没法比了。无论如何，我们必须认识到，我们每天所吃的粮食瓜果，已经不是天然农产品，而是工业品了。农业时代已经过去，现在是资本主义的工业时代和商业时代，所以我们吃的是工业品和商品，不是传统农产品。这种现象，有学者称之为"有形无气"，也就是外形看着一样，可它就是没那个嚼头那个滋味。为什么日本、韩国和中国台湾这么害怕美国的牛肉呢，就是因为美国的牛肉太高产了，太便宜了，对本地农业冲击太大，然后这些年疯牛病又时有发生。试问如此高产廉价的牛肉，其质量如何保证？很难想象，西方学者会有足够的思想资源来反思今天人类生存所遭遇的问题的严重程度。因此我们可以说，在人类文明已经误入歧途的时代，中国文化的生死存亡，事关人类的基本福祉。

四、儒学之返本与正名：一统之学还是一家之学

长白山书院有其明确之学术追求，即"正本清源，承续传统；中和贯通，重塑传统；中学西渐，开新传统"。基于对中国历史文化之整体把握，鞠师明确提出了"内道外儒"之学术观与人才观，即重新整合历史上之儒学与道学，而实现儒道之学重新合一，谓之"君子儒学"。《庄子·天下篇》说"道术将为天下裂"，可见战国时代，由于百家各执一端，自立学派，上古朴素浑然之正统大道已经出现明显之分崩离析现象。鞠师认为，至于汉代，由于儒生利用学术争取政治身份，迎合时君，而出现了对先秦典籍之篡改和曲解，最终出现了"儒道互绌"之文化局面，这种局面一直延续至今。很显然，儒

道之学作为中国正统文化之主干,其相互割裂与对立,既造成了儒学的偏颇与单薄,也造成了道学的偏颇与单薄。比如唐代大儒韩昌黎,立儒家道统说,既绌佛,亦绌道。韩愈有一个侄子,叫韩湘子,为八仙之一。韩昌黎因为绌道,反对韩湘子修道,而韩湘子则一意孤行,出离世事,后人认为其亦位列仙班。韩昌黎与韩湘子之对立,体现了儒道互绌之尴尬,即儒学为维护家庭社会伦常之秩序,不承认道家之性命内修功夫,而道家及道教修行,亦以出家离世放弃伦常承担为前提和代价。至于宋代,因为南北朝隋唐以来,佛教道教之风太盛,故宋儒普遍排佛排道,而成宋代理学之定式。学人向来以汉儒宋儒为儒家正统之代表,而鞠师于汉儒宋儒则多有批评,其原因即是认为汉儒宋儒割裂儒道,不知本源,而失落了中国文化之大根大本,他们一方面主张儒学代表华夏道统,另一方面又人为地将儒学降格为百家之一家。

我们看到,历史上道家的传统,截取于中国统一文化架构当中之古老的隐士传统和黄老养生传统。事实上,在没有丛林体制之时,已经有了道教;在没有道教之时,已经有了道家;在没有道家之时,中国已经有了对道的领悟和践行,包括修道养生。中国文化中的隐士传统和养生学,可概括为《周易·乾卦》之初九"潜龙勿用",而潜龙勿用只是大人君子的六个层次之初始。"《易》曰:'潜龙勿用',何谓也?子曰:'龙德而隐者也,不易乎世,不成乎名,遁世无闷,不见是而无闷,乐则行之,忧则违之。确乎其不可拔,潜龙也!'"《周易·艮卦》曰:"时行则行,时止则止,动静不失其常,其道光明。"

在这个层面上,不存在儒道的对抗,存在的只是先王之道和君子之道。因为作为文明之根本立法者的先王,即黄帝、神农、尧、舜、禹、汤、文、武,开创了中国文化的基础。而孔子有德无位,其作为中国文化之集大成者,被后人尊为"大成至圣先师"。关于此点,古人云:"先孔子而圣者,非孔子无以明;后孔子而圣者,非孔子无以法。"实际上,在孔子那里,是没有儒道之分的。今天我们所看到的孔子形象,主要有两个方面,一是来自所谓"儒家"经典如《论语》《礼记》中的孔子形象,一是来自所谓"道家"经典如《庄子》

《列子》中的孔子形象。后者，较典型的，如《庄子·人间世》中说：回曰："敢问心斋？"仲尼曰："若一志。无听之以耳而听之以心，无听之以心而听之以气。耳止于心，心止于符。气也者，虚而待物者也。唯道集虚，虚者，心斋也。"

历来学者往往轻视后一种孔子形象，认为那纯粹是道家的一种杜撰。从《周易》的兼有儒道，儒道不分，我们可以说，这其实是后代儒家学者因为受到门户之见误导而作的简单化误判。

鞠师提出"内道外儒"之说，并身体力行，付诸实践，诚为典范矣。今日中国文化之正本清源，必须将儒道二家重新整合为一。因为儒学以孔子为宗师，而孔子则是中国文化之集大成者，其所编订之六经，基本完整地包含了一个文明体所应该具有的各个方面。比如《易经》，甚至已经包含了道家的性命修行功夫，比如"随"卦之"君子以向晦入晏息"，比如"乾"卦初九之"潜龙勿用"，用九之"见群龙无首，吉"，如果用后世的视角看，倒更像是道家的学说了。所以今天我们将中国正统大道称为儒学，或是道学，都是没有问题的。在这里，正本清源的正名工作，本身就是重塑传统的回归工作，只不过这是一个更为本源更为完整的传统。关于此点，我试作一短论，不揣冒昧，求教于鞠师和诸君：

大学之道，先乎百家，三纲八目，由内而外，由近及远，由小及大，由一心身，及于天下，贯通为一，次第井然，无有二分，无有隔断，无有双重标准，此为中华正统之大道。在佛教，则个人修行与社会责任否隔对立，在耶教，则彼岸幸福与现世庸常否隔对立。二家虽偏，亦有一得，列诸百家可也。然则大学之道，自天子以至于庶人，一是皆以修身为本，修己以立命，修己以安人，修己以治事，修己以化成天下也。人我小大之间，道一理一，在人则或否隔为二，或贯通为一，或失或中，取决一心耳。或谓：心及之，力不及耳。对曰：心既达之，力必能达，非求于外，非较于人，尽分而已。独善其身，则君子穷而不失小成也，兼善天下，斯君子达而乃称大成焉。

中国文化在佛教入华很早以前，就已经独立地创造了完整而辉煌的社会和历史格局，物质礼乐文教全面繁荣而可持续，可见中国文化本来是一种完整而全面的文化。今天我们作为学者，最重要的就是重新梳理出我们的一套"范围天地之化而不过，曲成万物而不遗"的一以贯之的文化思想体系，用以指导我们的人生和社会实践重新走上可持续之正途。

五、一以贯之：易学史之正本清源

由于孔子的中和贯通，虽易历三圣，而孔子易和伏羲易、文王易不失为内在一贯之易。"古者包牺氏之王天下也，仰则观象于天，俯则观法于地，观鸟兽之文与地之宜，近取诸身，远取诸物，于是始作八卦，以通神明之德，以类万物之情。"（《周易·系辞》）故："天尊地卑，乾坤定矣。卑高以陈，贵贱位矣。动静有常，刚柔断矣。方以类聚，物以群分，吉凶生矣。在天成象，在地成形，变化见矣。"（《周易·系辞》）究其原："刚柔者，立本者也。变通者，趣时者也。吉凶者，贞胜者也。天地之道，贞观者也。日月之道，贞明者也。天下之动，贞夫一者也。"（《周易·系辞》）

道通为一，对于一个学者而言，如何"贞夫一"（守一）？曰：必"穷理尽性以至于命"也！在西化的今天，对象性的思维模式，已经深入到我们的思想无意识当中，在今天的学术艺术界我们看到了太多的置身事外的学术（科学）研究和艺术审美。这些人，他们的"纯客观（理性）研究"和"纯主观（感性）审美"活动本身与他们自身的安身立命成了两回事。事实上，不"穷理尽性"就不足以"至命"，不"至命"也不足以"穷理尽性"，宋儒亦曰"尊德性而道问学"。作为一个学者来说，他的理论研究本身已经是一种主体性的带着本体性和价值性预设的实践活动，因此，他的理论和实践必须是一以贯之，知行合一的。

《经解》曰："易之失贼。"贼者，害物也。鞠师最重视易学，因为其"范围天地而之化而不过，曲成万物而不遗"。然而，正如鞠师所指出的，易学史于经学史中最混乱无序,即《四库全书》所总结的"两派六宗,相互攻驳",这使《易经》事实上失落了其"群经之首"的地位。鞠师认为,《周易》之所以为群经之首,是因为其内含了作为中国思想文化之基础的本体论、主体论和价值论形式。然而我们纵观易学史,却找不到一部易学阐释著作,能够做到内在一贯而全面完整,也就是说能够全面囊括儒道之学。我本人比较推崇伊川先生之《周易程氏传》,因为其明确地主张《周易》作为大人君子之学,而不是卜筮小技之学,并对《周易》经传做了系统全面的阐释。然而伊川先生的问题是绌道太过,这是宋儒的问题。

因此,易学史之正本清源,就是事关文化正本清源的重要工作。鞠师明确反对对孔子《易》的卜筮性推定,而主张《周易》为君子儒学,为内道外儒之学,这在今天是极具思想洞识力和学术勇气的。鞠师对于《周易》当中丹道内修之学的阐发,同时也不失落或轻视其基本的"以文化成天下"之社会担当和人类关怀,给我们研究《周易》打开了一个全新的视野。个人对于鞠师《易道元贞》和相关文章尚缺少切实的研读,对于鞠师的系统性观点尚不能理解,然对于鞠师所提出的打通儒道、一以贯之解读《周易》的立场,是极为认同的。

《易》曰:"穷理尽性以至于命。"如何穷理尽性?曰:取类比象,知类通达,知行合一。易道之大,曰"以文化成天下",舍此何为?道通为一,思想史研究的"贞夫一"要求我们进行文化的正本清源,力求突破"道术已为天下裂"的局面,重新整合学术,回归真正道统。

(作者为曲阜春耕园学校国学教师)

「鞠曦哲学研究」

○「时空统一论」哲学之学理初探　孙铁骑

○论鞠曦哲学的「时空」与「被存在」　彭　卿

○论鞠曦哲学的「形而中」与「被存在」　彭　卿

○论鞠曦哲学的「内时空」与「去被存在」　彭　卿

○承诺推定法探微　彭　卿

○崔致远《〈天符经〉解》与鞠曦《〈天符经〉解要》之比较　孙铁骑

○理性与命之正本开新　陈咸源

"时空统一论"哲学之学理初探

孙铁骑

摘要："时空统一论"是鞠曦先生在贯通西方哲学的基础上，为破解西方哲学走向终结的理论困境，为解决以生命为中心的人类性的哲学问题而构建起来的以时空统一为核心的哲学体系。"时空统一论"之核心理念或称核心原理为"时空本无间，无间时空自生生"。"内时空"为无间时空的"形而上"，"外时空"为有间时空的"形而下"。要解决生命问题，实现生命的安顿，就要从"外时空"回到"内时空"，从"形而下"上达于"形而上"。

关键词：时空统一；内时空；外时空；生生

"时空统一论"是鞠曦先生在贯通西方哲学的基础上，为破解西方哲学走向终结的理论困境，为解决以生命为中心的人类性的哲学问题而构建起来的以时空统一为核心的哲学体系。但此哲学体系一直藏之深山，"时空统一论"的完整著作一直未曾出版，只能散见于鞠曦先生发表于网络、期刊及各种学术会议的论文之中。而每次长白山书院会讲，由于时间有限及学员层次不同，鞠曦先生只是因时、因人制宜地阐释出"时空统一论"的某个观点、观念或个别的理论架构，而对于"时空统一论"的完整体系建构还一直未曾为世人所知。但经过累年研修班的逐渐积累，尤其是鞠曦先生在今年暑期研修班的开示与研讨，"时空统一论"的整体架构已经初步展现出来，使我们可以大致整体地理解和把握"时空统一论"的精髓所在。但本文于此只能根据笔者自己的粗浅理解展开理论阐释,细节之中必有不足甚至谬误之处,唯待于鞠曦先生及研修"时空统一论"的诸位同仁指点之、纠正之。

一、"时空统一论"之核心理念

"时空统一论"之核心理念或称核心原理为"时空本无间,无间时空自生生"。时间与空间是人类认识世界、理解世界的两个基本范畴,而这样两个基本范畴都突出了一个"间"字,"时"而有"间"即"时间"才能被人之理性所理解和把握,同理,"空"而有"间"即"空间"才能被人之理性所理解和把握,而无"间"之"时"与无"间"之"空"却是人之理性所能理解和把握的。这就是"时空统一论"哲学(以下简称"时空哲学")的关键点,"时间"与"空间"是整个西方哲学无法绕开的基本概念,但其所理解的"时间"与"空间"却是对"时"与"空"的间化,一个没有间化的时空是其无法想象与理解的。而"时空哲学"的核心宗旨与理念恰是要突破这种对"时间"与"空间"的间化理解和把握,要回到"时间"与"空间"还没有被间化的时空原点,也就是时空统一的原初状态,也就是"无间时空"的生生自然状态。

在这种时空统一的原初状态下,"时"与"空"没有被间化,从而没有分别,"时就是空,空就是时",时空本然统一,也就是没有任何差别存在的纯粹自然状态,用中国哲学语言可以表达为"混沌"状态,用西方哲学语言可以表达为"纯存在"的状态。而这种时空统一的自然存在状态却不是僵死的、不动的顽空状态,而是具有一种生生无穷的力量而自然生发出万有、万事的流行状态。可以用"时间"与"空间"进行丈量、观测、理解和把握到的一切有形存在正是由此时空统一的生生流行力量给出,也就是由"无间时空"的生生力量给出了、创生出了可以用"时间"和"空间"来测量与言说的一切存在者(有间时空)。

二、"内时空"与"外时空"之分判

既然无间时空的生生力量给出了、创生出了可以用"时间"和"空间"来测量和言说的一切存在者,那么人这个特殊的存在者也是由"无间时空"的生生大化给出,也就是"无间时空"的生生力量给出了人的生命存在。那么人是一种什么样的时空存在呢?人何以能言说、推定并证明"无间时空"的存在呢?这就要具体分析作为这种特殊的时空存在者的人的生命存在。

在存在论上,"无间时空"乃生生之自在流行,一当其创生出"有间时空",则此"有间时空"即为有限之存在,必然经历由生而到死,由存在而终结为不存在之历程。故一切生命作为时空间化的具体而有限的存在者,即受到具体的时间与空间限制的有限存在者,都必然要经历从生到死、从存在到消亡的过程。但在此从生到死的过程中,生命之中却必然由始到终都充有一种能够维系和支持其存在的生生流行的力量。在此生死之间,在此存在与不存在之间,此生生流行的力量不能中断,更不能终结,一当此生生之力量终结,则此具体的现实生命与存在必然终结。而"时空本无间,无间时空自生生",此生生流行的力量来源只属于"无间时空","有间时空"的生生力量皆由"无间时空"给出,故可推知一切作为"有间时空"的具体存在者必然在其从生到死的过程中一直不断接受着"无间时空"的生生力量的支撑。

而"无间时空"又以怎样的运作方式给"有间时空"输送生生的不息力量呢?在西方哲学的对象性理性思维方式之下,一定会推定出某种外在于人之生命的超越性本体或存在于彼岸世界的宗教上帝来给出此生生的力量之源,而中国哲学的理性不是逻辑的理性,而是生命的理性,或者说是生命的领悟和体悟,从而给出与西方哲学完全不同的生命理路。在中国哲学的理路之中,生生的力量给出人的生命存在,但生生并不存在于人的生命之外,而是流行于人的生命之中,人的生命之中就有生生之自在流行,如此才有现实生命的具体存在。以时空哲学解释之,那就是说"无间时空"就内在于人的现实生命存在之中，而人的现实生命存在也是一个"有间时空"，也就是说在人现实生命存在这个"有间时空"之内却存在一个"无间时空"，这个使生命得以存在的"无间时空"就存在于人之形体这个"有间时空"之内，故可称为"内时空"存在，而人之生命的外在形体存在与天地万物的具体存在一样都是"外时空"存在。

如此就产生了时空哲学的两个重要的基本概念："内时空"与"外时空"。"外时空"就是西方哲学理性之下所认知到的时间与空间相分裂的具体而现实的存在者，而"内时空"则是为西方哲学理性所无法认知，也从未认知过的生命存在领域。而"内时空"却是中国哲学自其初始就关注的核心存在领域，也是生命存在的本质领域，故中国哲学的本质就是研究"内时空"的生命哲学，而西方哲学则是研究"外时空"的物理哲学。"时空哲学"也正是因为提出了"内时空"概念与相关理论才将中国哲学与西方哲学在理论上直接贯通起来。而"内时空"是"无间时空"，属于生生之自在流行，属于道之自在，但此"无间时空"又是在人之形体的"有间时空"的限制之内，属"有间"之内的"无间"，也就是"有形"之中的"无形"，用中国哲学的语言表达就是"形而上者谓之道"，从而此"形而上"之道非生生自然的本然之道，而是属人之道，是流行于人之形体之内的生命之道，故"内时空"即为"形而上者谓之道"，而"外时空"则属于与之相对的"形而下者谓之器"。故"内时空之形而上"与"外时空之形而下"是时空哲学的两个重要哲学命题，并以此命题为基础实现了"时空哲学"与中国传统哲学的核心概念与经典理念的彻底贯通。

三、现实生命存在的时空运行机制

"内时空"与"外时空"的概念分判不只是理性推定逻辑上的哲学概念，更是现实生命的真实存在，通过真诚的生命觉解与现实的生命操作，每个人都可以真实地感知和把握到自己的"内时空"存在。而在既有的中西哲学进路之中，只有中国哲学把握到了"内时空"的存在，西方哲学则只能在"外时空"中思维。何以会产生如此差别？这就要分析现实生命存在的时空运行机制。

存在是西方哲学核心的基本概念，整个西方哲学史都要或近或远地追问着存在是什么，但在西方哲学的对象性理性思维方式之下，其所理解的存在都只能是存在者，而不是存在本身，所以海德格尔认为整部西方哲学史都是存在的遗忘史。事实上，不是西方哲学史遗忘了存在，而是西方哲学的对象性理性思维方式无法认识存在，无法达于存在，从而不得不转向认识论与语言哲学的研究。现代西方哲学完全是因为无法认识存在，无法把握世界的本体，才不得不放弃本体论追问，拒斥形而上学，这并不是哲学的进步，而是哲学的堕落，正因如此，才导致现代西方哲学不得不宣布自我的终结。

鞠曦先生对西方哲学的思考起点仍然是存在，"时空哲学"所要解决的基本问题仍然是存在问题，只是"时空哲学"将存在问题转换成了时空问题，存在的逻辑就是时空的逻辑，存在就是时空，时空就是存在，存在的自在就是无间的时空，就是时空的自在统一；由存在给出的存在者就是有间的时空，就是时间与空间限制下的有形存在，从而存在问题与时空问题就是同一个问题，而在西方哲学的传统进路中，存在问题更主要是思维逻辑中展开的思想理路问题，而时空问题则几乎等同于物理学问题。而"时空哲学"中的时空问题则是对存在问题的生命性转化，时空问题更与现实的生命存在问题直接相关，与现实的生命操作直接相关。

1. 存在—被存在—去被存在

存在作为西方哲学的经典概念揭示了西方哲学的一个根本诉求，那就是要解决人的现实生命存在问题，也就是要解决"人何以存在"与"人应当如何存在"的问题。虽其直接指向是存在，实质却是指向人的存在问题，通过对存在的认知来解决人的现实生命存在问题。但西方哲学的理性对象性思维方式在直接指向存在的同时，却在事实上将人的存在问题，也就是人何以存在与如何存在的问题遮蔽了，在对存在的思考中，事实上遗忘了人。而西方哲学对存在问题的悬而未绝，也就更加使西方人对人的存在问题无能为力。

何以西方哲学一直在追问存在的问题，却找不到存在问题的解决路径呢？鞠曦先生在深入研究中西哲学的基础上，以西方哲学的"存在"概念为思维起点，继续向前深入思考，继续提出了"被存在"与"去被存在"的概念，也就是在西方哲学对存在的思考的基础之上，继续向前深入到"被存在"的维度，在"被存在"的维度再向前深入思考到"去被存在"的维度上，从而在"去被存在"的维度上通过生命的时空操作，指引"被存在"的现实生命如何返回到"存在"的维度上，从而解决生命的存在问题。这是一个在西方哲学的"存在"维度上继续深入两个维度的思考，是对西方哲学的根本性超越，而且这一超越不只是一种理论上的超越，而且是在生命现实操作层面上的实践性超越，可以指引现实的生命存在本身真正地通过"去被存在"而达于与存在的统一，从而真正地理解什么是存在，真正地明晓自我之生命应该如何去存在。

鞠曦先生深刻地指出，西方哲学无法把握"存在"的根本原因就是其没有认识到人是一种"被存在"，也就是人并不是存在之外的特殊存在者，人也是由"存在"给出，并由"存在"所决定的一种特殊的"存在者"。一个由"存在"给出，被"存在"所决定，身处于"存在"之中的"存在者"又怎么可能直接认识"存在"本身？如水中之鱼如何得见水之为何？而西方哲学完全没有认识到人与天地万物一样是一种"被存在"，没有认知到人已经被存在所先天限定，从而人在"被存在"的限定中所展开的一切对"存在"的认知与把握都是不可靠的，都只是一种自以为正确的认知，也就是一种"自以为是"，而存在的事实并非如此。因此鞠曦先生给出的一个重要哲学命题就是"自以为是是哲学的根本问题"。

故当人局限于自己的"被存在"状态之时，就不可能正确地认识存在，更不可能把握存在。无论从思想理路还是从现实的生命存在维度上，人只有摆脱自己的"被存在"状态，也就是"去被存在"之时，才可能真正地与存在统一，并在与存在统一的状态之中才能真正知晓什么是存在，才能知道如何去存在。也就是说，只有当人的生命存在通过"去被存在"的有效路径而不再受到存在的限制之时，才可能真正认知和把握存在。但"去被存在"并不是脱离到"存在"之外而与存在无关，而是回到"存在"之中，与"存在"合一，或者说达于与"存在"的和解，以与"存在"融为一体的方式才能摆脱"存在"的限制。

故"存在""被存在"与"去被存在"是现实存在的三重不同维度，"存在"是本体论的概念，"被存在"是现实存在者的概念，包括西方哲学意义上的主体与客体都是"被存在"，"去被存在"则是"被存在"者如何达于"存在"的方法和路径。

以中西哲学的比较而论，西方哲学仅仅停留于对存在进行追问的对象性维度之中，还没有达于"被存在"的生命自觉层次，没有真正地"认识你自己"，没有认清主体之人及其哲学思想的"被存在"地位，更没有达于"去被存在"的解决自身生命存在问题的思维层次。也就是说，西方哲学距离解决存在问题还差两个思维层级，不突破对存在认知的自以为是，不自觉到人的理性认知与现实生命存在都是"被存在"，就不可能真正地"认识你自己"，就不可能真正找到"去被存在"的现实道路，就不可能使人的现实生命回到存在本身，从而也就不可能真正认识存在，更不可能现实地解决存在问题。

而中国哲学则超越了西方哲学对存在的思考层级，不仅认识到了人的"被存在"局限，而且找到了"去被存在"的方法和路径。因为"去被存在"已经不是一个理论的问题，而是一个生命的实践操作问题，所以中国的先秦经典都是对人的现实生命应当如何存在的切实指引，而不是对存在是什么的理论言说，所以中国先秦经典在理论本质上都不是西方哲学那种言说存在的理论形式，而是指引人的现实生命"如何存在"的功夫论与方法论，不但直接以"去被存在"为目的，而且现实地找到了真正"去被存在"的有效路径与方法。但正是因为先秦经典只是功夫论与方法论，而对于此功夫论与方法所内含的哲学原理却没有论述，所以黑格尔会说中国没有哲学。而贯通中西哲学的"时空统一论"就可以解释先秦经典内含的哲学原理是什么，鞠曦先生正是以此解读《易经》，才从《易经》中外化出"形而中论"的易哲学体系。

这一由"存在"开始，由于认识到自己的"被存在"地位，而通过"去被存在"的路径而达于对存在的理解、认知与把握的哲学理路，才是真正的人类性哲学必须承诺和践行的哲学道路。而这一哲学道路只有传统的中国哲学才具有，在当代只有鞠曦先生的"时空统一论"和"形而中论"哲学将之揭示出来。这一由"存在—被存在—去被存在"三个层级来揭示的人类性哲学理念用一个存在论的哲学命题来表达就是"存在的被存在的去被存在"，这是"时空哲学"的重要哲学命题。

2. 时空—被时空—去被时空

将西方哲学的"存在"观推进到"被存在"，进而再推进到"去被存在"的学理深度，才真正在思想与学术理路上解决了西方哲学一直悬而未决的"存在"问题。而这样一套解决"存在"问题的思想理路如何能够转化成现实的生命实践路径，可以现实地解决每个具体生命的现实存在问题呢？这就要将"存在"问题转换成"时空"问题。因为西方哲学的"存在"概念及其思想理路的展开都是在思维的抽象逻辑中进行的理性进路，还仅仅是思的事情，还不是现实的"存在"的事情。虽然鞠曦先生用"存在的被存在的去被存在"的哲学命题给出了解决"存在"问题的思维进路，但此思维进路还仅仅停留于思维之中，还不是具体的生命实践进路。要使此"存在的被存在的去被存在"的思维进路转化为现实的生命运动与生命实践，就要将"存在"生命化，"存在"与生命是什么样的关系，"被存在"是什么样的一种生命存在状态，"去被存在"又是以怎样的生命操作方式才得以可能，这就是鞠曦先生的"时空哲学"所要完成的哲学使命。

而在哲学思维进路中展开的"存在—被存在—去被存在"的思维层次差

别表达于现实的生命存在世界中只能以时空的方式展开，因为现实的生命存在都是以"时间"与"空间"为最基本的存在方式，而现实生命存在的"时间"与"空间"又根源于无间的"时空"。在"时空哲学"进路中，"无间时空"即"存在"，"有间时空"（时间与空间）即"被存在"，由"有间时空"回归"无间时空"即为"去被存在"。故将"存在—被存在—去被存在"的思维进路进行时空转化，就是"时空—被时空—去被时空"，而将"存在的被存在的去被存在"的哲学命题进行时空转化，就是"时空的被时空的去被时空"。

这一由"时空—被时空—去被时空"所展开的"时空的被时空的去被时空"的生命存在逻辑就是由"存在—被存在—去被存在"所展开的"存在的被存在的去被存在"的时空演化逻辑，生命通过如此的时空演化逻辑才能通达于"存在"的自在，才能摆脱"被存在"的命运，实现"我命在我不在天"。而这一达于"去被存在"的"去被时空"进路只有在中国哲学的生命实践与功夫论进路中才能得到充分的理解和把握，也就是进入中国哲学所把握的"内时空"领域才能得到真正的解决，而在西方哲学传统的"外时空"进路中无从理解，更无从把握。

为何只有在"内时空"进路中才能把握"去被存在"的"去被时空"进路呢？因为"时空本无间，无间时空自生生"，"时空"本然统一，就是生生的自在流行，而无间的"时空"给出了"有间的时空"，也就是"时间"与"空间"，作为"有间时空"的"时间"与"空间"就是"被时空"，就是被"时空"所存在的"被存在"。而这种由时空间化而造成的时空限定性是一种"外时空"的限定，也就是一切具体有形的存在都被外在的、间化了的时间与空间所限定，而西方哲学就一直在意图突破此外在的时间与空间局限性，从而发展出能够延长和扩展人类生存时间与空间的各种科学与技术，但这种外时空的发展和进步仍然是有限的发展和进步，仍然是在时间与空间的限定之中展开的外时空操作，而时间与空间的本质是"无间时空"，是无限的时空存在，从而人类在外时空的一切作为都无法达于"无间时空"的自在，也就是无法达于存在的自在，从而在"外时空"中人类永远无法自由，也无法自在。而且在这种"外时空"的操作、奔忙、竞争与征服之中，人类生命体会到了自以为是的狂妄自大与陷入"外时空"限定之中的强大张力、矛盾、斗争、冲突与痛苦，造成了人类对自我前途的迷茫与自我命运的无助感，造成现代哲学所言的"空虚"与"烦忙"。

而"内时空"则是西方哲学所从未思考和把握过的领域，却是中国哲学原初自在的思考领域，且有一套具体而有效的生命操作方法而达于对"内时空"的理解和把握。所谓的"去被时空"并不是直接去除"外时空"的生命限制，而是使生命由"外时空"返回到"内时空"，因为"内时空的形而上与外时空的形而下"，由"外时空"回到"内时空"也就是由"形而下者谓之器"上达于"形而上者谓之道"。由"器"而达"道"，即为中国哲学的"修道"。因为"内时空"是"无间时空"，是生生流行的自在，从而生命由"外时空"回到"内时空"就是合于生生之道，就是与道同一，就是在"内时空"之中摆脱了"外时空"的时空局限，即"去被时空"，从而达于"时空"的自在，也就是达于"存在"自身，也就达于"去被存在"之目的。

也就是说，这一"时空的被时空的去被时空"的时空哲学命题落实到具体的生命操作层面，就是由"外时空"返回"内时空"的生命操作过程，而"内时空"的生命操作过程本质上就是生命的修炼过程，也就是中国哲学的修道实践。从而"去被时空"的核心本质就是回到"内时空"，实现"内时空"统一，就是修道，就是修炼生命。而行文至此还有一个终极问题没有解答，那就是由"外时空"回到"内时空"的生命修炼过程还只是在"内时空"之中实现了"去被存在"与"去被时空"，而人的形体作为一个"外时空"的现实存在仍然限制着整个"内时空"的操作范围，"内时空"还只能在人的形体这个"外时空"存在之内展开运作，还没有在终极的意义上达于彻底地"去被存在"与"去被时空"。按照道家内丹学的生命修炼原理，在其实现"内时空"的统一,即"得道"的基础之上,还有向上一击,"粉碎虚空","炼虚合道",以"内时空"的精气神统一最终突破形体限制,达于内外时空的完全统一,得到生命的绝对自由与自在。但这已入玄学领域,只能实证,而非哲学思考的理性逻辑所能给予充分证明,故本文止于此处。

四、最终"内化"而消亡的"时空哲学"体系

"存在的被存在的去被存在"与"时空的被时空的去被时空"作为"存在的时空逻辑"与"时空的存在逻辑"形成了时空哲学的整体脉络。这一"时空哲学"的整体脉络与西方哲学史家的根本区别何在呢?前文已经论述,西方哲学停留于"存在"的层次,直接对象性言说存在,而存在本不可言说,只可以人的生命实践现实地去通达,故西方哲学所有对存在的言说都只能是"自以为是",所以"自以为是是哲学的根本问题"。而"时空哲学"则不仅突破西方哲学对"存在"思考的视阈局限,深入到"被存在"的层次,而且在对"被存在"的自觉的基础上深入到"去被存在"的层次,通过"去被存在"返回到"存在"自身,从而把握"什么是存在"与"应当如何存在"。

1. 作为"被存在"的"本在、主在、客在"

西方哲学之所以无法突破"存在"的魔咒,就是因为其没有摆正主体之人的位置,没有认识到人虽是认识和把握世界的主体,却仍然是由"存在"给出的主体,仍然是"被存在"之下的主体。而"客体"作为人之主体性所认知和把握的对象则成为"被存在的被存在",即人本身已经是一种"被存在",而与人相对之客体又被人这种"被存在"所存在。而西方哲学完全没有在"被存在"的意义上理解主体与客体,而是将本体、主体、客体外在并列起来,人为建立起一种外在的连接,用本体来作为解释一切的根据,却又将主体置于本体之外,以为人的主体理性可以直接认识本体,而客体则成为主体征服、占有和支配的对象。这样一种外在的关系连接完全是一种理性的主观独断,

并不是本体、主体、客体内在自然的本质联系，从而只是主体理性的"自以为是"。

"时空哲学"则完全是在"被存在"的意义上理解主体与客体，"存在"是最基本的哲学概念，亦是西方哲学思考的本体论根源，而人的一切思考与言行皆已是在"被存在"层面上的展开，人类正是因为自觉或不自觉地认识到了自己的"被存在"地位，才要创造出各种知识和技能以提升和扩大自己的能力，以力图在最大的可能性中摆脱自己的"被存在"地位，也就是为了"去被存在"。故人类对哲学的思考和构建恰是应当建立在对自己"被存在"的命运的清醒认知的基础上，从而以"去被存在"为目的构建自己的哲学体系，最终引导人类的命运走出"被存在"，通过"去被存在"而达于"存在"，这正是"时空哲学"所走出的思想理路。而西方哲学不但没有给出"去被存在"的道路，甚至连人类处于"被存在"的生存困境都没有意识到，就直接自以为是地展开对存在的思考，自以为是地解决着存在的问题。由于西方哲学没有认识到自己的"被存在"地位，从而其在不自觉的"被存在"状态下创造出的哲学必然走不出"被存在"的樊篱，也就是此哲学实质是哲学家这个"被存在"所创造出来的另一种"被存在"，而一旦当这个哲学家信奉了自己的哲学，他就又被自己所创造出来的"被存在"所存在，并使其更加陷入"被存在"的深渊，从而人类的"被存在"命运无法解决。结果就是西方哲学在存在面前表现为完全的无能为力，也解决不了人的现实生命存在问题，最终使其不得不宣告终结。

而"时空哲学"如何通过对"被存在"的自觉而达于"去被存在"的目的呢？这就要清理"时空哲学"的学术进路。在"时空哲学"中，存在是给出一切的本体，而主体与客体皆为"被存在"，在此意义上，主体并不比客体具有优先性或优越性，从而主体对客体的征服和占有在哲学上是不合法的。而主体作为"被存在"的特殊性在于其能自觉和认知到自己的"被存在"地位，从而能发挥自己的主体性去努力摆脱自己的"被存在"地位，也就是能自觉地"去被存在"。故"时空哲学"的整个路径都是在"去被存在"的层面上展开的，也就是说，在"时空哲学"系统展开的全部体系之上，还有两个存在层级：一个是"被存在"，一个是"存在"。时空哲学就是要通过"去被存在"的哲学路径，引导人类摆脱"被存在"的生存命运，而返回"存在"自身。

为实现此"去被存在"的哲学目的，就要与西方哲学停留于"存在"层面的传统路径进行清晰划分，故对应于西方哲学传统的"本体、主体、客体"三个基本的经典概念，"时空哲学"对应性地给出了"本在、主在、客在"三个全新的哲学概念。但要注意这样三个"在"的概念并不是与西方哲学传统的三个"体"的概念的简单对应，而是具有存在层级的不同，"本体、主体、客体"是西方哲学在"存在"层面给出的概念，而"本在、主在、客在"则是"时空哲学"在"去被存在"层面给出的概念。"本在、主在、客在"都是由主体这个"被存在"为实现"去被存在"的目的而构建起来的概念，从而这三个概念都是"被存在"的概念，而且是被主体这个"被存在"所存在的"被存在的被存在"概念。这样，由"本在、主在、客在"这三个概念演化和展开的整个"时空哲学"体系都是在"去被存在"的层面展开的。也就是说，这套哲学体系就是"去被存在"的哲学体系，主体作为"被存在"通过遵从这套哲学体系的演化而操作自我的生命就能达于"去被存在"之目的。而这套哲学体系引导现实生命"去被存在"的思想理路也是使此哲学理路自身"去被存在"的过程，从而这套哲学与遵从这套哲学的生命一起达于"去被存在"，到此节点之时，这套哲学也就内化于哲学人的生命之中而消亡了其外在的存在形式。所以鞠曦先生说真正的哲学必然内化而最终消亡自身。

在将传统西方哲学与"时空哲学"对比的基础上，也可以看出西方哲学的"本体、主体、客体"概念是一种对象性的形式化的思维产物，一切存在者都以"体"的方式，也就是以有形质的方式才能被理解，而这种理解又是对象性的、形式化的理解，而"本在、主在、客在"概念则是一种存在性的方式化的思维产物，一切存在者都以"在"的方式，也就是以生成和变化的方式，被整体性地、方式化地理解和把握。从而"本体、主体、客体"所展开的西方哲学是一种思维的逻辑产物，仅仅是思维的事情、理论的事情。而"本在、主在、客在"所展开的"时空哲学"是一种生命的逻辑，是生命实践与操作的现实逻辑，从而是实践的事情，是存在的事情，而不是思维的事情。

2. 作为"去被存在"的"时空哲学"理路

在"去被存在"的思维层面上，"时空哲学"给出了具体如何达于"去被存在"的时空操作路径，延着此"去被存在"的时空操作路径展开为"时空哲学"的整个思想理论的基本架构。其基本理路如下：

"本在"为对"存在"的指引，却不是"存在"本身，因为"本在"不是"本体"，而是在"去被存在"意义上的一种主体性建构，从而也是一种"被存在"，最终也要被去掉。而本体则是给出一切存在者的生生自在，不但不可能去掉，而且是主体能够实现"去被存在"的力量来源。也就是说，本体使主体成为"被存在"，同时本体也使主体能够实现"去被存在"的目的。故"本在"在这一"去被存在"的哲学理路之中就是一种终极所指，而非实有其指。

在"去被存在"的时空哲学进路之中，"主在"的一切作为都是为了达于"本在"，而"主在"如何才能达于"本在"呢？这就需要通过上文已经论述过的时空操作来实现，"主在"作为一个受时空限制的存在者，因为具有"内时空"的生命结构而具有主体性，但"主在"对"内时空"的存在有觉与不觉的分别，从而产生了主体性运用与发挥的不同路向。如果"主在"有"内时空"自觉，从而自觉运用自己的主体性进行时空内化，就会由"外时空的形而下"上达于"内时空的形而上"，也就是使"主在"可以上达于"本在"，是为修道，可以增益生命，此为中国哲学进路。如果"主在"没有"内时空"的自觉，就必然会运用自己的主体性进行时空外化，从而奔忙于"外时空"的世界之中，竞争、创造、征服、占有，耗费生命，至死方休，此为西方哲学及其自然科学所走的进路。而"主在"的时空外化恰是更加地对"外时空"

进行间化，从而陷入到更大的时间与空间的局限之中，从而更加地"被存在"，从而使"主在"下达于"客在"，而无法实现"去被存在"的生命目的。

"主在"只有运用自己的主体性进行时空内化，才能去除"外时空"的间化，达于"内时空"的统一，在"内时空"之中实现"去被存在"。而一旦当"主在"运用自己的主体性进行时空内化，表现于外在的主体性操作就要全部停止，最终消融于"内时空"之中，此时生命"内时空"的精、气、神统一而使生生流行的生命力量自然产生自我运作，而限制此"内时空"的形体则进入受动状态，完全接受"内时空"的自主支配，是为"道做主人我做客"，是为修炼生命而强身健体，益智延年。所以在生命表征上，当"主在"运用主体性进行时空内化之时，同时也意味着"去主体性"的历程，完全进入"内时空"统一则意味着外在主体性的去除，所谓"人心死而道心生"，真正进入生命的修炼状态。

而在整个"时空哲学"的理论架构之中，这一由"主在"的时空内化而实现"去被存在"目的的"时空哲学"理路完全是在"去被存在"的层面上展开的，这一理路在完成了指引现实生命实现"去被存在"的目的之后，此理路本身也作为"被存在"而同时被去掉了。此理路本身也与现实生命一样通过"去被存在"的思想理路摆脱了"被存在"的命运而回到了"存在"自身，从而此哲学至此就完成自己的终极使命而自然内化于哲学人的现实生命之中而消亡了自身。这就是"时空哲学"由对"被存在"的自觉出发，通过"去被存在"的哲学历程，最终返回"存在"而摆脱"被存在"命运而内化消亡的历程，这就是鞠曦先生说"真正的哲学必须是内化的，必须是要消亡的"原因所在。

这一时空哲学展开的整体架构可以图示如下：

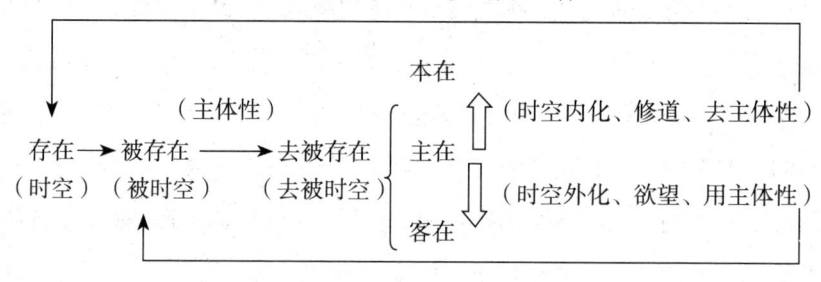

```
                    "去被存在"而与"存在"合一
        ┌──────────────────────────────────┐
        ↓           （主体性）         本在
       存在 → 被存在 ──→ 去被存在  ⎧    ↑  （时空内化、修道、去主体性）
      （时空）（被时空）（去被时空）⎨  主在
        ↑                          ⎩    ↓  （时空外化、欲望、用主体性）
        │                            客在
        └──────────────────────────────┘
                永远处于"被存在"之中
```

（作者为吉林师范大学马克思主义学院副教授，哲学博士）

论鞠曦哲学的"时空"与"被存在"①

彭 卿

摘要： 鞠曦哲学基于对存在问题和时空本质的反思提出"被存在"概念，并认为以往哲学所认识的存在并非是存在而是被存在，以往所认识的时空并非是时空，而是被主在意识所间化后的时间与空间。所谓被存在，是指被时空所存在。本文研究主要从被存在概念提出的理论背景，以及认识论层面分析被存在概念建构的理性必然性，为进一步研究被存在概念的逻辑架构和理论证明做出学理铺垫。

关键词： 时空；存在形式；存在方式；被存在

前言

"被存在"这个概念由长白山书院山长鞠曦先生所提出，概念出处是其20世纪80年代初期的著作《时空统一论》中关于"时空与存在"的哲学理论阐述，以及由被存在概念所衍生出的本在、主在、客在、去被存在等核心概念。鞠曦先生将这些概念广泛运用于其出版的书籍以及一些公开发表的论文。由于《时空统一论》是他哲学理论的源泉，限于国内学术环境和出版

---

① 关于"被存在、本在、主在、客在、去被存在"的概念源于鞠曦先生的早年著作《时空统一论》（未出版）中的重要概念，其概念广泛运用在已出版的书籍和公开发表的文章中。

条件并未能公开出版。因此，这些概念如何产生以及其中的内在逻辑推导却并未以整体性的逻辑架构呈现于世人。

笔者有幸于2014年阅读过先生《时空统一论》的部分手稿，并根据自己的疑问先后多次向先生求教，由此而形成了几篇《白山传习录》专题性的答疑解惑。由于《时空统一论》文辞言简而意深，逻辑缜密而清晰，但也因哲学理论的语言表述极具思辨性，难以把握概念背后丰富的含义意旨。以线性思维或表象思维方式显然不能准确把握思想的内在精要，这就要求在阅读和理解的过程中不但要正确理解概念含义，还需要把握语言表述和逻辑论证的思维方式。

因此，只有在正确理解思想的内在逻辑架构基础上，我们才有可能将思想放在历史与逻辑统一的基础上呈现其思想整体面貌。这就是说，本文立意是在探究概念的基础上进行的思想解读和逻辑推定，力图呈现出思想自身的逻辑架构，而非被任何一种价值论偏见所导致的对理论的无视或者曲解。

由于《时空统一论》尚未公开出版，本文所讨论的问题皆是鞠曦先生的思想视域内的问题，所讨论的问题仅仅是逻辑整理意义上的阐述，所表述的思想并未有任何笔者个人的思想创建。若要全面地探讨时空统一论的思想，无论是在论题上还是在思想高度上，本文远不能胜任论题。因此，笔者仅仅是试图从思想中的核心概念来探求理论建构所要阐述的问题。所以，在《时空统一论》未出版的背景下，给笔者留下了许多可探索与思考的理论空间。在此，还需将本文的文献阅读来源做一个简要的说明，以方便读者对于相关问题的查阅。本文除参考了鞠曦先生公开出版的书籍以及发表过的论文外，还参阅了包括传统意义上的《传习录》和相关论题的重要信件和论文，现列出如下：

《翟奎凤：长白山书院问学记——鞠曦先生论哲学问题与儒学复兴》[1]《作

---

[1] 见长白山书院网站：http://www.cbsrudao.com。

为哲学的形而上学和形而上学的哲学》(作者：鞠曦)①《白山传习录(一)》②《白山传习录(三)——答彭川》③《鞠曦：游小建〈学习心得〉释疑》④《白山传习录——乙未春答彭川问形而上学》⑤《白山传习录——丙申年答彭川问哲学、易学问题》⑥

传习录问答形式的学问讨论，虽然不是当代学术意义上公开发表的论文，但以学术思想答疑、解惑为载体的文本形式，对作者思想研究是有着更为直观的把握，蕴含着不容忽视的学术研究意义。因此，《传习录》问答中含有相关被存在的论题，都是作为本文重要的文献参考来源。作为中国传统书院思想传播的重要载体，《传习录》有其生生不息的思想动力，尤其是对于作者思想的专题性研究。

探讨被存在概念，在这里是一个专题性的研究，为方便论题阐述，将以连续三篇连贯性的文章作为系列讨论，即《论鞠曦哲学的"时空"与"被存在"》《论鞠曦哲学的"形而中"与"被存在"》《论鞠曦哲学的"内时空"与"去被存在"》。

一、存在之谜

存在以及何以为存在，是所有哲学都必须回答的问题。为揭开存在之谜，哲学家根据问题把握的视角不同产生了不同的哲学思想理路以及推定结果。以探求存在本源及其属性的哲学理论，通常被称之为本体论或者形而上学。通过思想方法建构，从而认识并推定存在的哲学理论，在哲学史中被称为方

---

① 见 长白山书院网站：http：//www.cbsrudao.com.
② 见 长白山书院网站：http：//www.cbsrudao.com.
③ 见 长白山书院网站：http：//www.cbsrudao.com.
④ 见 长白山书院网站：http：//www.cbsrudao.com.
⑤ 见 长白山书院网站：http：//www.cbsrudao.com.
⑥ 见 长白山书院网站：http：//www.cbsrudao.com.

法论和认识论。然而认识论和方法论如若不能得到本体的保证，那么其思想方法和认识结果将产生理论上的不自恰，其认识结果则不具有可靠性，问题的本质仅仅是由本体论问题未决所衍生出来的问题。因此，主体对存在的任何推定，都是对存在的自为，而非本体之自在。换句话说，理论建构是主体自为的结果而非本体之自在存在。由此而导出的问题是，主体自为认识后的存在是什么存在？与本体之自在是怎样的关系？

哲学始于对存在基本原因的探究，以寻求世界最为普遍的存在物为己任，目的是了解存在者的本原存在，"我们寻求的是存在物的本原和原因，很显然这些事物是作为存在"[①]。亚里士多德指出"存在物的本原和原因"表明，追寻存在的基本原因的基础是来自对存在物本原的研究。也就是说，事物存在形式的基本原因是哲学所要探讨的问题，而事物的构成因素则是物理学所要研究的目标。由此，哲学与物理学在古希腊时期之后便形成了各自独立的知识形式，也就是后世所说的物理学和形而上学。形而上学在哲学史中有着深刻的历史根源，亚里士多德将存在的原因归结于形式的存在，为后来的哲学研究开辟了对存在进行形式化、范畴化和逻辑化分割的研究道路。

古希腊时期的哲学并未将存在形式和思维形式做出严格的二元区分，只有在笛卡尔"我思"后，将思维从存在中独立出来。"我思"成了不可怀疑的形而上学因素，与此相对应的是，主客二元对立的思维方式对于存在认识的凸显，尤其是对存在形式进行形式化的理解，并以逐渐完善存在形式作为其最高理想。就主体的存在形式与思维形式而言，思维形式是如何生成了存在形式？主体的存在形式是如何被证明的？[②]（相关问题会在《论鞠曦哲学的"形而中"与"被存在"》中得到进一步阐释）显然，笛卡尔的"我思故我在"却不能对这疑问有一个满意的回答。其中，"我思"对于人认识客观世界是

[①] 亚里士多德：《形而上学》，苗力田译，中国人民大学出版社，2003年版，第119页。
[②] 相关系列问题最早由鞠曦所洞察到，相关论题阐述请参阅鞠曦：《作为哲学的形而上学和形而上学的哲学》，长白山书院网站：http://www.cbsrudao.com。

取得了突出的进步，尤其表现在近代科学的迅猛发展，与此同时也隐含着这样一个问题：能被思的存在一定是存在的并具有存在的形式，而不能被思的存在则是不存在的，例如无是不能被思的。这正如巴门尼德所言：能够被思维和存在的乃是一回事儿。这表明，巴门尼德所讨论的思维所能思的存在，仅仅是存在者，而非存在之所以为存在。哲学研究一直停留在存在者的层面，哲学史中关于追寻存在思想的演变蕴含了这一问题的实质。

直到海德格尔这里对于存在论的阐述，才区分出了存在与存在者的不同，是对于存在认识的巨大进步。如何去认识存在，海德格尔主张从人的生存论来探求存在，"只有把哲学研究的追问本身就从生存上理解为生存者的此在的一种存在可能性，才有可能开展出生存的生存论结构，从而也才有可能着手进行充分根据的一般性的存在论问题的讨论"[1]。作为由主体生存而建构的"生存论结构"，对于主体生存境遇是有着重要的价值层面的关怀，敞开了此在对存在的可能性。然而，由生存论所倡导的存在哲学，以此在这样的存在者的生存来为存在问题寻求突破，进而追问的是，存在者的存在是何以可能的。

海德格尔认为存在者的存在并非通常意义上通过逻辑论证证明的，而是通过时间来展示给世人的，即人的历史性存在展示了存在者的生存状态。由此，"时间性将被展示出来，作为我们称为此在的这种存在者存在的意义"[2]。按照海德格尔的阐释，人存在的意义就在于时间性也就是人历史的存在性。由于人的生命是受到时间的限定，海德格尔得出此在是"向死而生"的命题，也就成了逻辑上和价值上的必然。

虽然海德格尔努力从生存论中寻求此在的意义和价值，但在主体生命存在终结的问题上，此在本身蕴含着不可逾越的鸿沟。主体的生命形式正是在

---

[1] 海德格尔：《存在与时间》，陈嘉映、王庆节译，三联书店，2012年版，第16页。
[2] 海德格尔：《存在与时间》，陈嘉映、王庆节译，三联书店，2012年版，第20页。

这样"被抛"入到世界中，寻求自我的存在价值。由于此在是被抛入这个世界之中，此在对于世界理解和存在，使得生存是此在作为其他一切所要优先考虑的问题。作为此在的生存论结构建构，所标识的价值是主体性的价值追求，但又不得不面对生命形式消亡的价值"掠夺"，存在的价值与终极关怀之间的价值矛盾，显现出主体在价值上的二难困境。存在以及何以为存在，深切关系着主体的终极关怀问题。哲学乃穷理之学。因此，众多学科都在以不同形式来追索，并试图解决主体的终极关怀问题。作为穷理之学的哲学，无论在学理层面还是主体性价值追求上，皆有着不可推卸的理性责任。

哲学的终结表明，理性非但没帮助人们正确地认识世界，完成主体的终极关怀问题，反而陷入自身的学科形式遇到前所未有的合法性危机。更为严重的是，由理性所产生的科学技术对人性的宰制以及工业大生产所产生的环境危机，时刻威胁着人所生存的环境。由哲学制式所产生的科学，一方面给人们带来了极大的物质丰富，一方面也因人对自然的过度掠夺使人愈加受到环境的限定，这说明科学对人的生存危机有着深刻的现实和历史根源。

这就是说，从哲学的产生、发展以及终结，隐含着一脉相承的历史脉络。所以，以逻辑统一性而言，反思哲学的产生和哲学终结的原因显然只能是出自于同一原因，这一原因贯穿于哲学史与逻辑，更为重要的是推定出导致这一原因的思维方式。黑格尔对此有着更为深刻的认识："所以哲学思维与一般思维如何相同，无论本质上与一般思维同是一个思维，但总是与活动于人类一切行为里的思维，与使人类的一切活动具有人性的思维有了区别。这种区别又与这一事实相联系，即基于思维、表现人性的意识内容，每每首先不借思想的形式以出现，而是作为情感、直觉或表象等形式而出现。——这些形式必须与作为形式的思维本身区别开来。"[①]事物的表象形式与形式的思维，是我们认识不可或缺的因素，并自在于我们的认识之中。因此，反思的不仅

[①] 黑格尔：《小逻辑》，商务印书馆，2012年版，第38页。

是存在问题,还需要反思存在形式与形式思维之间的生成和被生成关系。

二、何谓"被存在"

如果说哲学的产生和哲学的终结必然地出自于同一个原因,以及原因背后所承诺的同一种思维方式,那么,对于这一原因和所承诺的思维方式的反思是何以可能的?

由逻辑的统一性所决定,哲学产生于存在之思辨,哲学的终结内在要求哲学对自身的反思需要回到自身的历史与开端,以寻求起初的原因和内在的发展逻辑。关于哲学的开端问题,黑格尔的表述对这个问题的思考或许大有裨益:"因为如果以一个当前直接的东西作为开端,就是提出一个假定,或者毋宁说,哲学的开端就是一个假定。"[①]黑格尔所言"当前直接的东西作为开端"以及"假定",在这里所意指的是什么呢?黑格尔在这里想要表达的是,对于存在形式的主体确定性以及如何证明其存在的形上学正是哲学所承诺和意旨的。

哲学史表明,把存在当成存在者的研究历经千年而不衰,直至海德格尔这里才做出了存在与存在者不同的严格区分。那么,以往所研究仅仅是存在所具有的存在形式,将存在形式进行不断的形式化分割,以寻求存在形式的基本原因,从而形成形式之间的时空逻辑关系的证明。研究存在自身的组成形式的则成了物理学研究对象,以研究存在形式之所以为形式的则是哲学中的形而上学。所以,海德格尔认为:"哲学即形而上学。形而上学着眼于存在,着眼于存在中的存在者之共属一体,来思考存在者整体——世界、人类和上帝。形而上学以论证性表象的思维方式来思考存在者之为存在者。因为从哲学开端以来,并且凭借这一开端,存在者之为存在者就把自身显示为根据(本原、

[①] 黑格尔:《小逻辑》,商务印书馆,2012年版,第38页。

原因、原理）。"① "存在者之为存在者"的原因，找到这一原因或者本原，并做出这一原因的本体论证明，正是哲学所要承诺的，哲学的终结则表明这一承诺所做的推定失败。

鞠曦先生对时空与存在的反思与批判②表明，时空与存在有着紧密的联系。在鞠曦先生时空统一论的理论视野里，首先是需要区分时空概念是不同于流俗意义上的时间和空间概念。时空，是指本然之存在，这种存在是主体意识未间化的时空，也就是时空统一态；间化，是指主在对本在时空进行的形式化理论推定。时间和空间，是指在物理学和经验意义上的存在。时间空间问题，是哲学和科学研究最前沿的课题，限于本文论题，时间空间问题暂不做详细的理论阐述，沿用鞠曦先生把时空作为哲学的本体论的观点来理解存在。

时空是如何作为哲学本体论依据的，这里需要作一些简要的说明。通过对前沿物理学问题相对论与量子力学的哲学反思，鞠曦先生发现哲学以往所认识的存在仅仅是时空形式的存在。这种形式的存在的本体论承诺是时空，时空形成了时空的表现形式并被主体所推定。因此主体所推定的存在是时空形式的存在。之所以时空形式的存在不是时空自身，是因为时空形式是通过主体之意识的推定，从而形成了主体论的形式推定，并被主体所理解。

从这个意义上说，由于对时空的理解不同，从而产生了不同的时空观，如绝对时空观、相对时空观、分子时空观、量子时空观等，无论是哪种时空观，显然是由主体所推定的时空理论形式。由于其主体的理论建构，同样是对时间空间的主体性理解，而非时空的本然存在。这就是说，时空本然的存在是主体未经意识间化的时空，却又作用于认识中成为不可或缺的形而上学因素。康德的先天直观形式，已经证明了时间空间对于人类认识和知识论建构所具

---

① 海德格尔：《面向思的事情》，商务印书馆，2010年版，第68-69页。
② 关于对时空的批判，是《时空统一论》中的重要组成部分，限于本文论题就不做相关阐述了，但依然沿用时空作为哲学的本体论地位的观点，以及在"时间和空间是哲学的基本问题"这一哲学命题下所展开的讨论。详细参见：《哲学、哲学问题与中西哲学》，鞠曦主编《恒道》第四辑，吉林文史出版社，第1-41页。

有的重大作用，但是并未将时空上升为本体论高度来思考时间空间在认识中的必然因素。

对于形式与形式生成的研究，无论是在哲学还是在科学上，都已进入了深入的讨论。在通常意义下，是把事物的存在形式看成事物自在的形式，是一种毫无疑问的看法。从理性对形式推定过程来看，自思维从自在的存在形式独立出来后，追查存在的基本形式成为推动认识前进的动力，直到量子力学中微观粒子不可测定性，主体对存在形式的推定遇到了理论和实践认识上的巨大困难，也就是说存在对象的形式的不可推定，认识论问题则由此而产生了。时空统一论哲学的反思表明，对于形式的不可推定性，问题不但表现在对存在形式的时空限定性，更凸显出主体认识形式的时空限定性。从认识论角度而言，对存在形式进行精细的逻辑分割以及不可推定其形式，蕴含着理性需要对形式重新反思其生成过程。

科学上所导致的认识论危机，给予哲学的启示是存在与时空的关系已是认识最为急迫的问题。通过对时间空间问题的艰深研究，鞠曦先生研究认为，哲学中以往所认识的存在，虽然在海德格尔那里区分了存在与存在者，仍未能摆脱西方传统的主客二元对立的思维方式，更为重要的是，这种思维方式并不能深入存在的本质。因为以往哲学中所认识的存在并非存在的自在形式，而是被存在。所谓被存在，是指主体所推定的一切存在皆是主体意识间化后的存在，即被时空所存在，简称为被存在。

被存在概念的缘起，不是源自于思者在先的理论构建，而是源自于对于东西方哲学思维方式和思维形式的自在发现[①]。由于中西方哲学在各自的思想形态中表现出不同的理式，思维是自在地运用于思想的表述之中。因此，对于思想的反思势必也是对思维自身所具有的模式反思。既然主体所认知的存在是被存在，那么被存在的认识是如何被推定的，以及背后的思维方式与传

---

① 关于思维方式与形式之间的关系，将会在《论鞠曦哲学的"内时空"与"去被存在"》阐述。

统思维有哪些不同？

三、"被存在"何以可能

在推定出被存在概念之前，需要回答以往所认识的存在是如何被推定的，以便从反思中获得对被存在之理解。

把事物的存在确定为"有"，是在亚里士多德那里确立起来的，所以探寻有之为有的原因则是形而上学的任务。确定事物存在为有，并具有有的形式，是哲学研究的基础，也就是追查事物存在形式的基本原因。沿着这一理性的过程，已经隐含了主客二元对立的必然因素，只是在笛卡尔的"我思"中才明确起来，将思维与存在形式区分出来使之具有独立的形式，主客二元对立的同一性思维贯穿着哲学的终结。主客二元的本体论承诺是形式的一元，当主体不能推定出存在形式或者客体不再以存在形式被主体把握时，问题表明本体意义上形式的一元并非是真正的本体。但是，主客在经验层面的认识也只在时空的限定性中才具有有效性意义，最为显著的表现就是自然科学。

鞠曦先生的时空哲学反思认为，对于存在原因的基本性追查，并不能完成对于存在的认识，虽然在经验有效性意义的前提下具有限定性的意义，但也不可否认的是，无论科学技术如何向前推进，人存在形式的有限性是始终无法改变的事实。哲学中对于形式的认识，在当代哲学和科学所出现的危机前，似乎已不能反思和穷尽存在的本性。这表明，由于受到时空限定性的制约，无论是对事物存在形式分割，还是对主体认识的形式化认识，都将遇到不可抗拒的时空限定，这就是说，时空问题成为认识论问题中必须审思的重要因素。

时空在认识中所起作用在上文中远未能真正揭示出来，在这里仅仅是提供一个可追寻被存在的逻辑线索。鞠曦先生对存在与时空的认识关系有着深刻的认识，为方便我们进一步理解在此引述："时空的相互作用表现出当存在的形式受主体的时空限定时，存在的形式被时空形式的改变而改变，这时，时空只是时空存在的方式而已，时空是存在的形式失去了本体论意义，这就说明，作为时空的形式和时空作用于存在使存在具有形式，仅具有主体的认识论意义，即主体在作为现象的对象和对象的现象使时空是存在的形式，而主体在这样的情况下，把时空作为方式——把握存在的方式，这一对存在和存在方式的把握，是我们形而上学最重要的部分。"[①] 当存在不能以存在形式表现自身且主体认识受到时空限定时，认识存在将由存在形式迈向存在方式的转变。进一步地追问是以方式来认识和把握存在，如何就能正确地认识了存在？

关于对时空方式的深入研究，鞠曦先生的理论视野早已走在时代的前沿，甚至可以说学界暂时还未有人真正关注到这个问题的重要性，即便如此，并不影响我们对于这个问题本身的深入探索与追问。因为历史上任何一种新哲学思想的出现，都是需要理性漫长的时间检验，而能在历史上留下不断被后人探讨并予人启发的那些思想，才是思想真正的生命活力。

被存在，主要是指我们所认识的存在是被主体意识间化后的存在，也就是被时空所存在，即被存在。将存在以存在方式的理解，不仅是对于以往存在理解上的重大差异，更为重要的是，思维方式的变化，即由以往形式化思维向方式化思维的转变。方式化思维，是以时空作为自己的本体论承诺。因此，根据方式所建构的概念皆由时空所承诺。时空之所以为方式，不仅仅是对于当代前沿科学（如相对论与量子力学等）关于时空的深切认识，更在于对于方式化思维的自在发现。因此，由时空方式的自在性所建构的概念范畴的时空自为，从而形成了方式化的理论和命题。

在用时空方式来理解存在的同时，需要扬弃传统形式化的思维，但这并不意味着完全"抛弃"形式化思维。因为哲学史中理性对于存在形式的认识，

[①] 鞠曦：《作为哲学的形而上学和形而上学的哲学》，长白山书院网址：http://www.cbsrudao.com。

已经证明了形式思维在经验中的有效性,只是这种思维无法突破自身的时空限定。在明晓了形式的本体性做出了正确认识后,思维方式的转变也就成了进一步认识存在的必然。

然而,思维是自在于人的语言与活动中,并非是某种理论的特意建构,无论是形式化思维还是方式化思维皆是对于时空的不同理解,从而形成了不同的思维方法。正是思维是超越有限性的存在,所以对于思维差异的考察尤为重要,"思维之超出感官世界,思维之由有限提高到无限,思维之打破感官事物的锁链而进到超感官的界的飞跃,凡此一切的过渡都是思维自身造成的,而且也只是思维自身活动"。[①] 从这个意义上说,思维是自为的结果,也是思维自在的原因。在思维和形式如何产生的反思基础上,我们才能切入到被存在的认识,这个问题即是被存在是如何被推定的以及被存在是如何可能的?

鞠曦先生通过对时空问题的研究表明,以往所认识的存在是被时空所存在的,即被存在。由时空的本体论承诺所决定,主体所做的一切对本体的推定皆为被存在,因为本体存在不是以时空形式的存在而是时空方式的存在。因此,本体的时空方式,决定了主体所推定存在的方式,这说明主体的时空方式是隐含于被存在的推定之中,这即是说,存在形式的推定是由存在方式所支持的,其本体论承诺是时空方式。由于主体所推定的存在为被存在,从而使主体也成为被存在。主体及主体所做的推定皆被时空所限定,也是被存在,那么被存在的反思何以可能?显然,作为本体性的时空使得主体及主体所推定的存在为被存在,所以对存在的反思首要是从被存在开始,正是由于时空本体的存在,从而使被存在的反思成为可能。

(作者为山东大学儒学高等研究院博士生)

---

① 黑格尔:《小逻辑》,商务印书馆,2012年版,第136页。

论鞠曦哲学的"形而中"与"被存在"

彭 卿

摘要：鞠曦哲学表明，从被存在的认识论层面而言，之所以把人作为主在能够认识存在与被存在，原因是在于本在之存在，从而使被存在认识得以可能。以主在的时空本性而言，是形而中的时空方式性。形而中之主在的内化与外化，形成了主在去被存在的形而上与形而下的两种理性进路，主在由此而扬弃了形而下的形式性存在，并转向形而上的方式性存在，从而认识存在的本质。

关键词：被存在；本在；主在；客在；去被存在

一、被存在的内涵及逻辑架构

关于存在的认识历史，在哲学史上通常是以形式及形成存在形式的基本原因作为理性思考的动力，并以本体、主体和客体来进行自在的理论思辨建构，对于其思维方式和理论建构，在经验有效性内理论是自洽的。

传统意义上的概念，本体、主体和客体在时空形式化认知下，不足以认识被存在之本性。由于理解了形式的本体性原因，过去所认识的存在乃是被存在，并以时空作为其理论的本体论承诺。所以，需要适宜于时空方式认知下的概念范畴，那么新的概念范畴从逻辑意义上而言，不仅要包容了本体、主体以及客体所具有的哲学内涵，而且需要以时空方式为基础的概念，即本在、主在与客在。虽然本在、主在和客在是以时空方式为基础的概念建构，这并不能完全抛弃本体、主体以及客体的概念内涵意义。相反，是在内涵与逻辑一贯性上对原有概念内涵的扬弃，亦即，不但包容了本体、主体以及客体中的合理内涵，而且以时空方式的概念建构，达到了对被存在的理解。因此，简要地梳理下本体论、认识论以及方法论之间的关系，显然是尤为必要。

探求存在本原的哲学理论通常被称之为存在论或者宇宙论，通过主体的思想方法建构，从而推定本体存在及认识其属性的哲学思想，在哲学史中被称为本体论和方法论。然而认识论和方法论如若不能得到本体的保证，那么其思想方法和认识结果将产生理论上的矛盾，其认识结果则不具有可靠性。究其根源，依然是由本体论问题未决所衍生出来的相关问题。显然，只有在理解了主在、本在以及客在之间内在逻辑关系架构以及含义的基础上，我们才方便讨论主体、客体以及本体概念是如何被扬弃的，以发现二者思维方式和理论承诺的差异。

以时空方式所进行的学理建构，是鞠曦先生基于对于时间和空间问题的本质洞察。时间和空间问题，历来被各大哲学家和科学家所重视，其理由在于时间空间问题不但是哲学中最为重要的问题，同时也是科学中最为艰深的问题。正因为时间空间是巨大的问题，所以必须怀抱巨大的理论勇气来探讨，其意义则不言而喻。因此，为行文与讨论的方便，下面将从鞠曦先生所推定哲学命题开始，通过命题来逐渐深入到时空方式建构后的概念理解和运用，并考察理论内部的逻辑一贯性。

鞠曦先生认为："时空是哲学的基本问题。"[1]将时空作为哲学的基本问题，则承诺了哲学产生与终结的原因是基于时间和空间的主在性问题，从而造成了不同的思维方式和理论推定。按照承诺与推定的统一，问题产生的原因和

---

[1] 关于此命题，本文暂不对此进行详细阐述和推定，仅仅是作为问题线索来理解被存在以及哲学命题的相关性。

造成的结果，在本体论意义上必然是出自于同一原因，因此，对基本问题的反思也必然承诺了这一问题的解决。

把时间空间进行本体论承诺与推定①，将发现时间和空间的问题是源于主在问题，即时间和空间是由主在所"间化"出来的结果。所谓间化，是指主在意识外化，即对本在时空进行的间化与推定，从而形成时空意识和概念范畴。时间和空间是一切经验认识的基础，而这种认识仅仅是主体认识形式和存在形式所统一的结果。对形式的本体性认识，使我们认识到概念范畴的推定是主在外化的结果，使纯粹的时空在主在时空方式下推定成了存在形式，从而使主体通过对存在形式的推定，进而形成了对客体的认识。

然而，对存在形式推定的这一理性过程，使得主体与本体的同一性困难，已经造成了哲学的终结。时空哲学反思表明，对时空形式所进行的理性推定，是由主在外化而形成了理论架构。主在之所以能够推定存在形式，是因为本在时空所承诺。本在，是指时空的本然存在，这种本然存在并不是时空形式的存在，而是时空方式的存在。之所以将时空确定为时空方式，是在于对时间空间进行的主在性还原，将发现主在未外化时的存在是时空的自在，即主在之形而中。因此，由形而中之主在以时空作为量纲推定，由此而产生了形而上、形而中与形而下之分别，即内化被存在和外化被存在统一于形而中之主在。因此，形而中之主在依然是为被存在所包容，并且能够去被存在。

由于时空本在是时空本然之存在，并且由主在所推定，从而形成了本在之被存在推定。因主在推定是对本在之间化，其推定的存在也必然是被存在，从而使得主在也成为被存在，因此客在是被主在所存在，由此而形成关于客体的范畴与形式的推定。客在从其本体性而言，乃是本在之被存在的存在的被存在。主在、本在和客在，三者都是时空方式下的被存在，从而使被存在

---

① 相关问题将在《论鞠曦哲学的"内时空"与"去被存在"》得到阐述和论证，也就是形式和方式中和统一的证明。

包容了被存在形式和被存在方式。由此而知，主在、客在和本在都为被存在所包容，换句话说，被存在包容了一切存在。

从被存在的理性推定过程来看，与形式推定的理性过程有着重大的不同。被存在是以本在时空作为其本体论承诺，从而由主在来推定本在与客在。以此来反观形式的推定过程，不过是主体与客体在一定经验时空限定性内相统一的主体论推定形式。换句话而言，形式的时空仅仅是主体推定的主在性结果，并不能给予形式以本体论承诺的意义。主在对本在的推定所形成客在推定结果，是以本在作为保证的。因此，主在与本在统一的证明则是认识正确的根本性保证。对存在形式的推定，是主在的外化被存在之自为，同时也承诺了主在内化被存在之自在，主在统一于被存在的自在与自为。所谓主在内化被存在，是指主在所推定的被存在形式的还原，从而以时空方式消解了主在的被存在之主体性，使得主在与本在在方式中得到中和统一。

从思维方式而言，形式化思维是以事物的存在形式作为其理性思辨的基础，把事物的存在形式进行形式化的逻辑分割，以追求形式的基本性为己任，将客体形式作为本体性的研究，并试图完成主体对本体形式的推定。然而，形式之所以能够成为形式，是蕴含着主在的时空方式对于时空形式的支持，将时空形式进行形而中之主在的时空还原，我们将发现主在之被存在的内化与外化皆为存在之必然，而非任何理性思辨的结果。

方式化思维是以时空作为主在认识的起点与终点，形而中之主在意识外化形成了关于外时空的概念范畴推定。把概念范畴通过主在的时空还原结果表明，形式推定是由主在的时空方式所产生的。这就是说，主在之被存在的内化与外化，是主在形而上与形而下统一于主在之自在。用时空方式来推定存在，不但包容了主在所推定的被存在形式，而且还通过时空还原内化主在之被存在，从而使主体性问题得以解决。可见，方式化思维是对于形式化思维的扬弃,从而使方式的研究成为形而上学的基础。①

二、形而中的被存在属性

方式作为研究形而上学的基础,是源自形式本体性的反思和洞察,更是基于对时空的方式化理解。由于理解存在以及理解时空仅仅是主体的事情,所以主在的时空方式是如何被推定,以及主在时空方式下呈现出怎样的时空本性就显得尤为重要了。与此同时,从时空统一论的角度来讨论和分析形而中之主在的被存在属性,对于理解鞠曦先生的"承诺推定法"与"形而中论"有着重大的学理意义。

由于本在是时空的本然存在,是没有任何价值和意义的纯粹存在,并以此作为时空自身的存在方式,或者说,本在是未被主在所推定的存在之自在。因本在是由主在的被存在所推定,因此本在在被存在方式上是被主在所存在,进而主体价值也由主在之被存在所生成。时空效应生成了时空存在形式时,被存在之主在通过存在形式的理解,把握关于对形式的本质认识。这是对事物形式的推定,由主在的时空方式所支持的,也就是主在通过意识间化本在的结果,这就要求对于主在和本在之间的证明,从而使得主在认识得到本体论层面的保证。因本在和客在,都是存在的被存在的主在方式化的理论建构,由时空本体所决定,时空效应生成了存在形式,从而使时空方式内化于被存在的推定中。虽然本在和客在是基于被存在的主体性推定,但是要认识与反思被存在的属性,唯有通过被存在之主在来完成。

主在的内化与外化统一于主在的时空方式之"中",更进一步而言,主在是基于本在之被存在的存在,与客在之被存在的最大不同在于,主在不但能够认识到自身的被存在属性,而且能够通过主在之被存在的被存在,即主

---

① 鞠曦:《作为哲学的形而上学和形而上学的哲学》,长白山书院网站:http://www.cbsrudao.com。

在意识来消解主在之被存在属性，从而使主体之主在扬弃了形而下的存在转向形而上存在的跃迁。在存在属性上，主在是被本在所存在的被存在，既非纯粹意义上的方式性存在，也非纯粹意义上的形式性存在，而是介于两者之"中"，从认识论角度而言，是方式与形式之"中和"。

从认识的生成性而言，本在是先在，主在的存在形式是在时空对存在的作用下所产生的存在，并在时空效应的作用下生成了主体意识，并在时空方式的认识下认识到了主体的被存在属性。从这个意义而言，纯粹意义上时空方式只能是本在，时空形式只能是被主体所推定的客在。主体以主在的存在形式生成了被存在之主体意识，使主体之主在意识具有了内化与外化的时空属性。这即是说，主在之内化与外化同属于主在的时空方式，从主在之外化而返回主在之内化，仅仅是主在之自为而返回主在之自在而已。

因此，形式的方式以主在与方式的形式以客在，在主在的时空方式中得到中和统一。所以，主在无论是从形式还是从方式而言，是由"形"而"中"的存在论推定，即"形而中"。在这里，从主在方面说"中"，即主体性或者意识。在明晰了意识的时空属性后，我们认为主在只能是形而中之自在，即自在的被存在与被存在之自在的统一。正是基于形而中之自在，被存在之主体性意识内化为形而上与外化为形而下，才能成为主在之被存在的必然。

主在在认识论、方法论以及本体论上，以形而中的方式来认识存在，也就是一种中道的思想方法。从认识论角度而言，主在的认识正是基于对时空方式化的理解，从而形成了关于形式和形式的本体性的认识。由此发现对形式的推定过程是为主在的方式所支持，本体论承诺为本在之时空方式，所以理性的认识，是一个方式和形式中和的过程。在方法论上，扬弃了时空形式的存在认识，通过时空还原的方法，将时空形式还原为主在之时空方式，使得主在在认识过程摆脱了传统中把客观性作为认识正确的标准，解决了主客二元对立的理性困境。由此而知，方式的正确性运用是我们认识存在的本体性保证。

从逻辑意义而言，时空先于主在的存在，时空生成了一切存在。因本在是由主在所推定，是作为本在的被存在，所以本在是被主体所存在，一旦失去了主体之确定性，那么就无法确定其存在。鉴于时空的先在性，时空效应生成了时空形式，从而使主在在时空效应中形成了主体意识，进而推定其存在本质。这表明，主在的存在形式是时空自在生成的，而非任何一种思的建构，逻辑在先的原则使我们认识到主在的存在形式是认识形式的前提，正如我们所看到的主在与客在的形式限定性内的统一，使得人的主体的时空能动性不断被经验所证实，只有在反思形式限定的基础上，认识才真正回到关于人自身的认识。诚如苏格拉底所言，认识你自己，依旧饱含着深刻的认识论意义。

追溯人能够把握事物本质的认识，如若仅仅认为是思的主体性，显然是未能道明主体性的存在基础和形成原因。从这个意义而言，把对象形式的认识转为对人自身的存在形式认识，从而理解正是由于主体所具有这样的存在形式，才能形成对于客体的认识。然而，这种主体性既非纯粹的时空存在，也非纯粹的形式存在。由于本在对主在时空的限定，因此主体性是介于纯粹方式性存在与纯粹形式性存在之"中"，所以被称为"形而中"，从其本性而言，形而中是自在的被存在与被存在之自在的统一体。

形而中主在之外化，即间化本在之被存在，进而形成对客在之推定，由于客在是由主在所推定，所以客在也承诺了形而中之被存在属性。从形而中之主在的本体论承诺而言，是被本在方式所承诺并通过主在外化为形式推定，这就是说，主在之所以能够外化，是由时空方式所承诺的，即主在之被存在不但能够外化对存在的被存在推定，同时也承诺了对于存在的被存在内化的推定，从而使得主在与本在统一。在此基础上，主在与本在在方式上的统一上完成了对存在的本质性认识。

虽然主在与客在被形而中的被存在所承诺，但是二者却有着重大的不同。从价值的生成而言，本在是纯粹无意义的时空，并不蕴含任何价值论承诺，对本在的价值推定往往是主体价值推定的结果，而非本在之自在承诺，这就是说本在的价值只能是一种他在而非自在。由于时空生成了本在之被存在的存在，从而形成了被存在的价值论承诺，而这种价值仅仅是被形而中之主在所固有的，所以，主在对于客在的推定从价值论而言，客在价值是从属于主在价值推定的。

换而言之，客在价值是主在形而下的价值需求，并不能解决被存在的时空限定性，然而由于主体的时空能动性作用，有意无意都蕴含了突破被存在的价值承诺。这就是说要突破被存在的价值限定就得从被存在之主在开始，而非从客在中寻求主在的存在价值。当主在以价值范畴推定存在时，同时也承诺了主在自身的价值推定，从而使得价值蕴含于推定之中。显然，这是一种价值外化的推定，是价值的自为。从客在中寻求主在价值解决的路径，经典哲学已经向我们展示出了这样的理性图景。

以上表明，主在价值是源自于本在之被存在之存在，这就要求形而中之主在不但要扬弃从客在中探求主在的价值根据，而且要从形而中之主在自身中寻求价值依据。以客在价值的自为返回到主在价值的自在，从本体论而言，即从没有任何价值承诺的本在中获得被存在之主在的价值，显然，这是一种形而下的价值承诺。通过主在内化被存在从而扬弃了被存在之价值属性，使得主在在本在时空的自生性中获得形而上的主体价值。因此，这种价值理论不但正确地揭示了主在价值的产生根源，而且道明了解决价值论问题的途径，通过形而中之主在内化被存在，主在之价值由形而下的客在价值追求转换为形而上的主在价值追求，即被存在与去被存在的推定过程。

三、去被存在——形而上与形而下之分判

时空使一切存在成为被存在，然而被存在是由主在所推定，使得主在也成为被存在，所以主在所推定之客在乃本在之被存在的存在的被存在。在时空本性上，被存在是为本在的时空所限定。

因此，任何想要突破被存在的时空限定的意图，都必将被本在时空所限定。形而中之主在不同于其他的被存在，在于其受到时空能动性的作用，力求摆脱时空对于主体的限定，从而产生了主体对于突破时空限定的一切文明成果。在哲学上，则表现为理性穷尽其自身，以达到最高的"理念世界"（柏拉图语）；在宗教上，则表现为通过主体在上帝（或者神）的指引下，达到主体生活以及生命的终极关怀；在科学上，则表现为科学与科学技术对于提高人类生存境遇的价值承诺，并试图通过科学技术解决一切关于正确认识世界和人的生命安顿问题。

之所以将主体认识存在的价值归因于突破时空限定性追求，是在于主体自身的价值承诺，即在主体的时空能动性的作用下推动主体不断超越对于时空的认知，从而力图达到对时空本质的把握。通过对时空形式的反思，使我们认识到主体之主在的被存在属性，从主在形而下层面突破主在之被存在则始终受到本在时空之限定。基于主体的时空限定性反思使我们认识到，主在推定的一切存在形式为外时空存在，这个外时空推定是主在内时空外化的结果。

主在之时空意识外化，形成了关于存在形式的认识，这种认识仅仅限于经验时空所具有的有效性，一旦超越主体的时空限定，认识则无能为力。换句话说，主在之时空方式不但被时空本在所承诺，而且是主在认识存在的唯一途径。从形而中之主在的被存在属性出发，主在的存在形式不同于客在存在形式是在于被存在之主体性，而且主在的存在形式并非形式的自在，而是被时空形式并被主在之主体性所推定。主在的存在方式显然也不同于本在方式，而是被时空方式并被本在所承诺。主体的被存在方式和被存在形式统一于形而中之主在，这就是说，形而中之主在意识外化形式推定始终受到本在时空的制约，而主体能够进行自我把握的仅仅是主在的时空方式，即主在之被存在的主体性。

因主在之主体性是被存在，所以通过被存在方式来使得时空意识由外化转为主在时空内化,也就是意识返回到自身之自在,从而消解了意识的被存在属性。此时,主在并非真正意义上的消解被存在,因为主在的被方式是由被形式所支持的,主在的被存在之主体性统一于被存在形式与被存在方式之"中"。因此,纯粹地以被形式来去被方式,或者以被方式去被形式,都不能达到真正意义上的去被存在,因为形而中的被存在之主在,既非纯粹意义上的被形式,也非纯粹意义上的被方式,而是被存在形式与被存在方式的中和,显然,这是由主在之被存在的统一所决定的,即统一的被存在与被存在之统一。

以主在的被存在形式去被存在方式,用被存在方式去被存在形式,都显示了主在之形而中的被存在的时空中和属性。因此,主在之时空中和是消解被存在形式与被存在方式的理性途径,随着主在时空中和层次的提高,主在的存在形式(生命)也由于主在之时空中和层次的提高而得到扬弃形而下的存在属性,进而生命朝向形而上的方式转换,主在与本在时空中和统一下,时空自生性使生命达到生生不息的存在境遇。可见,主在意识的内化与外化是被存在之主在的必然,承诺了形而中的时空自在属性,同时也表明了主在存在的形而中所能自主把握存在的两条理性路径,即形而上存在与形而下存在。

形而中之主在是作为形而上与形而下存在之中介,主在以时空作为认识的基点,由于对时空的认识不同,从而产生了不同的量纲形式,哲学与科学的形上性与形下性由此而得到分判。从主在的被存在属性而言,由于时空的限定性所决定,主在时空外化是走向形而下的时空限定,所以主在之被存在的去被存在扬弃了时空形式的存在,以形而上的时空方式完成对生命形式限定的超越。形而中主在之自在自为通过意识内化从而消解被存在,正是基于对形而中之主在时空本性的洞察。

形而中之主在时空意识内化与外化,呈现出主在迈向形上性与形下性的生存境遇不同的价值承诺。这表明,主在之生存价值选择完全在于自主选择的结果。主在与主体在概念内涵上有着巨大的差异,传统意义上的主体,思是作为独立的存在形式而认识对象,在主客同一性的思维规定下进行自在的理性推定。然而形而中之主在是以时空方式作为其本体论承诺,扬弃了传统意义上的主体的概念推定,将主体这一范畴所具有的哲学意义包容在主在含义内,因此,主在的内化与外化都是被存在自在自为之必然。

  形而中主在之被存在的去被存在而言,意识之所以能够自在地内化与外化,是基于主在的被形式在长期时空效应下形成了时空意识,这种时空意识层次提高的过程也是形成理性并逐渐成熟穷尽的过程。然而也只有在理性认识到主体之主在的时空限定性之后,才会发生人的认识由形而下向形而上的转变,作为被存在之主体性,既是一切关于存在认识的被存在推定条件,也是扬弃自身被存在属性的前提。需要进一步说明的是,这种主体性意识的生成从本体性上源自长期的时空效应性,同时也蕴含了主在存在形式在时空效应下所进行的自在生命运化,从而使得主体性外化为外时空的时空意识。按照承诺与推定之统一,由外时空意识所推定的存在形式,承诺着外时空意识是有一个主体的内在根据所支持,即内时空。

  按照鞠曦先生对于内时空表述,"由承诺与推定之统一所决定,人之所以能称之为主体,乃在于生命之内时空运化,在自在性上,内时空被时空的本在性所决定,即时空的被时空,既然生命是本在的被存在,内时空乃被时空,故主体虽无力改变本在,却可以通过自身的内时空操作,而去(消解)被存在与被时空,以实现生命之生生不息,此即《易》之形而上"[①]。内时空的生命运化是一个自然而然的过程,由于内时空同样是被时空本在所存在,所以内时空外化与内化是始终伴随着生命主体的存在。所谓生命内时空外化,是指主在意识以时空作为认识基点,并由此而产生一切关于时空的主体限定性认识与实践活动;生命内时空内化,是指在主在将意识返还于意识自身,并以主在之神中和于主在之形,换句话说,将主体之神(意识)运用于形之

[①] 鞠曦:《游小建学习心得释疑》,长白山书院网站:http://www.cbsrudao.com。

内则为形而上，运用于主体形之外则为形而下，此为"形神中和"[①]。

内时空作为概念范畴，虽然同样为本在所存在即被存在，同时也是主在消解被存在之主体性的前提。因此，对主在之被存在的主体性认识使得一切存在变为被存在，从而主体意识具有了被存在属性，所以要去被存在也只能由被存在之主体意识开始。虽然主在意识是被存在，但是主在意识是完全由主体自我所把握的，也就是说主体的意识运用是主体自身所决定的。从这个意义上而言，内时空虽被主在所共有，但是内时空的时空层次因时间和空间不同存在着巨大差异性，在生命形态上则表现为人的生老病死的生命终极现象。

那么，如果正确理解并把握了主在的内时空，就意味着把握了主体之被存在的超越。首先需要明确的是，内时空概念不仅是包含着被存在之主体性，同时也包含着主在的被存在形式，这就是说主在之"形之内"为内时空所包容。虽然主在被本在时空所限定，而且主在也无力于改变本在时空，因此内时空是主体唯一能够改变和操作的途径。这即是说，将人的意识应用于人形体之内，消解主在之主体性的被存在属性，使得内时空由本在时空而产生内时空自生性，意识与物质在内时空自生的情况下，产生微量高速的时空能量转化，从而改变人的生命存在状态。

（作者为山东大学儒学高等研究院博士生）

[①] 关于"内时空"与"形神中和"之间关系，详细可参阅鞠曦：《〈易〉哲学之形而中与内时空之形而上》，载《第二十届周易与现代化国际学术讨论会论文集》（中国安阳 2009.10）。

论鞠曦哲学的"内时空"与"去被存在"

彭 卿

摘要： 鞠曦哲学通过对主体存在形式的证明，说明形式产生的本体论依据是来自于时空方式。主在与客在的形式统一是为说明主在和客在在时空统一下的经验有效性与限定性；而主在与本在统一性则是证明主在扬弃了时空形式的形而下理解，转变为以时空方式为途径的形而上存在，从而超越了主在的时空限定性，主体性问题和生命的终极关怀由此而得到解决，即存在的被存在的主在以内时空去被存在之主体性。

关键词： 内时空；被存在；形式统一；方式统一；去被存在

内时空的被存在属性使我们认识到，主在在去被存在的过程中体现出主在所能自主把握的形上性和形下性两种理性路径。无论是形上性还是形下性，二者皆出自于主在之被存在的自在自为。基于主在的时空能动性与价值论承诺，去被存在无时无刻不显现于我们人类生活之中，尤其以哲学对存在原因之本体探寻，以及为主体价值目的服务的科学实践和宗教活动。

究竟哪种去被存在方式更符合人的价值追求以及人的本质属性？这就要求理性不仅要在本体论层面回答存在何以为存在的问题，更为迫切的是在现实意义中，人何以去存在的问题。海德格尔哲学告诉我们，人是一种"向死而生"的存在者，对主体的这种价值推定未能让理性得到满意，因为这无异于说主体所做的一切努力仅仅是当下的意义，但对于人的终极意义而言是枉然的。由于理性在主体终极意义上的无能为力，从而造成为了获取人自身的生存需要，要么以夺取或压榨他人的生存资源来满足自我欲望的扩张，要么对自然所给予的能量形式进行疯狂式的掠夺。

对于人作为自然界中的一种能量形式，唯有通过外界能量补给来满足自我生存需要，这是毋庸置疑的。但是以自我生存需要而侵害他人生存空间以及以自然资源索取为目的的生存方式，从而造成人作为群体性的生存危机和环境恶化，这显然是背离了主体的生存价值追求。在寻求满足主体生存的逻辑中，可以发现主体的这种生存逻辑既是理性的必然、价值的必然，也是生存需要的必然。按照海德格尔的话来说就是此在"在之中"，即此在已在世界之中，海德格尔给出的结论是"对本真向死存在的生存论筹划"①，这表明主体在价值论上的二难困境，满足生命形式的需要成了价值选择中的首要需要，这同时也造成了主体在生存论中的价值危机和道德迷茫。

问题的根本原因在于主体是被时空所存在的被存在，而非主客二元对立所推定的存在者或者此在。可见，对此在的形式推定依然是主在性推定，这就是说，把主体生命形式作为主体生命的本质，从而使主体生命追求趋向形下性也就成了必然。鞠曦先生的时空统一论哲学表明，在以往的哲学中主体之所以未能发现主体的内在超越之道，是在于把被存在误认为存在，把被时空误认为时空。

以此对主体生命形式的反思则是主体生命形式并非生命的本质，而是被存在和被时空。把主体生命形式的形式化逻辑分割，以寻求生命形式的基本性，我们看到了发达的形而下的西方医学实践和生物学研究成果，以 DNA 和转基因成果来寻求造物主的最初动机，无时无刻不在生命认识中扮演着上帝的角色。美国生物学家刘易斯对此认识的反思深有体会：

---

① 海德格尔：《存在于时间》，陈嘉映、王庆节译，三联书店，第 298 页。

人，这种生物圈的后来者，在其科学和技术发展的过程中，抛弃了对神的信仰，嘲弄了原始的神话，却编造着并坚持着自己的信仰和神话。人相信自己是万物的灵长和主宰，相信自己有高于其他一切存在物的品质和权力，相信自己是、或应该无所不知、无所不能；在杜撰的人与外部环境的对立中，人能控制一切，人能战胜一切，干预死亡，人能制天、制身、制心，人能预言未来。①

作为生物学家的刘易斯深刻认识到，主体在生物科学认识中所扮演的角色，同时也指出人在抛弃了信仰和神话的同时，又编造了关于自己的信仰和神话。更为深刻的反思是，人类在推翻了上帝（神）对人的理性"控制"之后，却将人自己打扮成由理性所主宰世界的上帝。理性对于生命以及大自然无所不能的态度，用经验科学力图证明人是这个世界的灵长和主宰。然而人作为自然界的一种有限生命形式，通过科学技术来延长人体感官感知，以此来不断突破时空对于主体的限定性，只有在客体形式不再被主体所把握时，关于主体存在形式的反思才得以进入理性领域。

刘易斯对生命形式的反思，使我们认识到主体自我生命价值的形上性的永恒性追求，虽在不同的历史阶段表现为不同的理论追求，不变的是这种主体性的价值论承诺。这表明把人的存在形式作为本体性研究，非但不能说明人的本质，反而把生命愈加陷入形下性深渊而难以自拔，并远离了人生命存在的本质。究其实质，是把生命的被存在形式误以为是存在，不能从主在的时空方式中理解主在生命形式的时空本性，从而将被时空认为是时空。由此，问题便导入一个康德式的提问：作为主体的存在形式是如何可能的？

---

① 刘易斯·托马斯：《细胞生命的赞礼》（序言），李绍明译，湖南科学技术出版社，第3-4页。

一、主在与客在的形式统一性证明

关于存在形式的基本性,在古希腊时期就有着深刻的历史渊源。早期的古希腊先哲为探寻世界存在的本源,将世界本源归结为一般事物的基本属性(如水、火、原子等),区分存在形式并以范畴建立起对客体存在的认识,亚里士多德完成了根本性的工作。直至笛卡尔,进一步将主体存在形式进行区分,即把主体的思维形式与主体的存在形式划分并确立下来。由此以后,思是以一种独立的存在形式来认识客体,从而以思与在的同一性的形式化思维推定认识存在。

对存在认识所进行的同一性推定,在经验科学中发挥着重要的认识作用。以经验感官来对事物存在属性分析,并以逻辑证明认识的正确性,通常被认为是经验论;而以纯粹逻辑来构造对世界以及存在的认识,通常被称之为唯理论。经验论和唯理论在康德的"先天综合判断"中被整合起来,证明了科学的必然性,同时也提出时间和空间是我们认识中不可或缺的形而上学因素。时间和空间在康德视域中是作为一种纯粹形式的理解,并表现出的绝对"客观性",成为科学的基础。康德认识到,把时间和空间在知识构造中所起的作用提升到前所未有的高度,但并未把时间和空间因素上升为本体论的层面来思考。

"时空统一论"认为,把存在作为形式化的理解是在于把时间空间理解为纯形式,而主体对存在的推定过程中,存在形式的非对称性,引发了主体对客体存在不可确定性的困惑,在当代最前沿的物理学——相对论和量子力学中才暴露出认识论危机。略而言之,即存在形式的消失以及对象的不可把捉性(或可以称之为物理现象的数学不可描述性),从而造成了主体的认识论困境。从哲学上反思而言,正是在于主体时空的限定性以及客体时空的限定性所造成的,因此认识论危机是主体和客体共同的时空限定所形成的结果。所谓主体时空限定是指主体的感官形式和思维形式是受到本体时空的限定;

客体时空限定是客体自身不但被主体的认识所限定，更在于客体从本体意义上是被时空所限定。这表明时间和空间问题成为形而上学中最大也是最为重要的问题。虽然以往哲学史中也非常注重对时间空间问题的研究，在哲学终结和科学危机的背景下，时空问题在众多问题中却显得尤为根本和急迫。

历史与逻辑的统一性告诉我们，今天所产生的种种理性危机，必定是在历史中有其深层的原因，由这个根本性的原因导致了今天的结果。这要求我们把反思的目光返回到哲学制式的形成之初，即关于存在形式以及如何在历史中被推定的。在前两篇论文[1]已有所谈及，在这里需要指明的是，哲学史中对于客体存在形式的研究以及后来康德对于主体认识形式的研究使我们对于形式的属性认识有了巨大的飞跃。现代科学所暴露出的主体时空限定性，似乎远未达到哲学上的理性自觉，即未将主体的限定上升为时空本体因素来衡量。

主体作为一种时空限定性的存在，在经验时空限定内的认识有效性已经被科学所证明，一旦超出这种经验限定，认识则无能无力。从认识的发生机制来看，对存在形式的认识以及对主体认识形式的认识，都已深入到认识的纵深处。但同时也表明，主体能够以意识形式来认识存在形式，这意味着主体认识形式承诺有一个更为基本的原因支持并生成了主体认识形式，显然主体所具有的认识功能早已被哲学史所证明，换句话说，主体意识形式产生的前提是什么？

在时空统一论的视域里，认为笛卡尔哲学以来的认识，思是作为独立的存在形式，在当代哲学视野里这一观点理应受到理性的质疑，即主体之思脱离主体的存在形式作为独立存在，是否有一个逻辑必然性依据？更为重要的是，主体的存在形式是否是自在的形式，并且如何被证明的？对于这一问题的察觉，鞠曦先生在早期的哲学著作中多有阐述，至今却未被学界同仁重视

---

[1] 见彭卿：《论鞠曦哲学的"时空"与"被存在"》《论鞠曦哲学的"形而中"与"被存在"》。

起来，显然是忽视了这一问题的前瞻性和深刻性。

关于主体形式的证明，以传统主体、客体以及本体概念已不足以证明其形式产生的原因，因为主体存在形式的证明不仅仅是单一形式的原因，更为本源地说，是主在的时空方式。这即是说，主在作为时空方式的存在，是基于本在时空所存在，也就是被存在。形而中主在之被存在不但包容了主体之存在，同时也包容了主体所推定的客在。换句话说，被存在包括了一切存在的内容和形式。

在时空方式中，形而中之主在在本体论意义上是方式性的存在；在存在论意义上，是被存在方式和被存在形式中和统一下的存在。主在既非纯粹方式性的存在，也非纯粹形式性的存在，是因为纯粹的方式性存在只能是时空本在，即时空的本然存在。时空的本然存在是时空的纯粹存在。换句话说，时空的纯粹存在是没有任何意义的存在，更是逻辑意义上的先在。时空以时空作为自己的方式，方式即时空，时空即方式。时空使得一切存在成为被存在，而主在的价值论承诺也由此而产生。因此，任何形式性的存在推定，只能是主体所推定后的存在并蕴含着主体的时空方式，即客体。

主在的方式是主在意识内化消解了主在之被存在的主体性后的方式性存在，是本在与主在合中的存在。纯粹形式性的存在既包含了主体作为存在形式的存在，也间接承认了思是作为独立的存在形式。与此同时，还有一个重要的区别是在于主体的存在形式是拥有主体性的存在形式，而客体是由主在外化并由时空方式所支持的自在客体形式，并不具有任何主体能动性。更为深刻的意义在于，主体的思维形式与主体存在形式分离是由主体时空二元所造成的。由此，可以理解主在的概念建构扬弃了主体对时空形式的理解，以主在时空方式包容主体之思与在。身与心、思与在的时空二元对立，在主在时空方式下而得到统一。在此，需要更深一步思考的是，主在如何能认识形式？

由主在之被存在所决定，只要证明出形而中之主在的被存在形式与被存在方式之间的关系，那么就容易理解主体形式和客体形式能够统一到一起并被经验所认识的原因。由于主在是本在之被存在，所以主在的一切推定形式均不能超越本在之存在。也就是说，主在所做一切关于存在的形式推定，均被时空形式所限定。思维与思维的对象为形而中之主在的被存在所包容。然而，时空形式的产生是主在的形下性的时空认识，这是因为把时空形式进行主在性还原，将会发现我们所认识时空形式的存在是主在对本在时空间化的结果，由此而生成客体形式。这表明，时空形式的认识未能穷尽存在形式的本质，而存在形式是由主在的时空方式所承诺并推定。

这就是说无论是被存在形式，还是被存在方式都是被形而中之主在的自在所承诺，主在意识外化并推定存在时，主在已经由形而中的自在转变为被存在形式，也就是方式的形式以主在，是主在意识外化的结果。换句话说，主在形式和客在形式都是由主在对本在间化所产生的，而主在之所以能够正确地推定客在形式存在性，是基于主在具有了这样的存在形式为前提，而非仅仅是主体意识原因。由此认为，主体意识的产生和形成是以主体存在形式为基础的。

从根本上而言，主在正是基于这种存在形式，并在时空效应性和时空能动性上逐渐形成了主体意识，从而发现了主体的时空限定性。由此而生成了以时空方式为本体的概念范畴，即本在、主在和客在。从时空的限定意义而论，主在与客在是在时空形式统一的前提下，才会得到正确的认识。同时也要认识到，主在与客在的时空形式统一是受到主在与客在的时空限定性的制约，从本体性而言，其原因在于主在与客在为被存在，即被本在所存在。

二、形而中之主在与本在的方式统一性证明

主在与客在的时空形式统一性，表明了主在正确认识存在的有效性和限定性。然而，从主在与客在的形式统一性中认识到，主在对存在形式的推定并非穷尽存在的本性，更不能突破主体的时空限定性，从而使主在落入到形

下性认识误区。人作为一种有限的存在，一种追求形而上永恒性意义的存在，无论是在宗教、科学以及哲学的理性思考过程中，都无不承诺了在理论上和实践上的主体性价值追求。本节将要讨论的是主在的终极性价值追求能否超越主体的时空限定性，使理性认识由形而下性向形上性的转变路径。

存在形式的限定性内在要求主在扬弃以往对于存在形式的认识，追溯存在形式所形成的基本原因，源自主在对本在之间化的结果。为回答本节题目，在此把问题分解为三个小问题，即作为形而中之主在需要回答的是以下问题：

（1）主在的形而中是如何被推定的？

（2）主在如何以时空方式来超越主在之被存在属性？

（3）主在的被存在与去被存在，是如何在时空方式上统一的？

主在何以为形而中的存在，而非形而上或者形而下的存在？这个问题的发问蕴含着两层含义：其一，主在是怎样存在的；其二，主在之所以为形而中存在的本体论承诺是什么。由主在对存在形式推定的时空限定性所决定，使主体对存在形式进行主在的时空方式还原，这里所说的时空还原是指把对时空形式的认识还原为形而中之主在时空方式，即把主在意识之内化与外化归结为主在的时空方式。作为本在之被存在的主在时空，不但包含了主在的被存在形式，也包含了主在被存在方式，即被形式与被方式。

虽然主在的被形式与被方式为本在之被存在，并且被形而中之主在所承诺，然而形而中之主在意识通过主在内时空意识外化而有外时空形式之推定。从时空方式的形式而言，是方式的形式以主在推定了主在形式和客在形式。主在所推定的客在形式以时空还原为方式，是时空形式的方式以客在。因此，形式的方式以主在与方式的形式以客在，都是形而中之主在的时空方式而已。由此可知，主在意识的内化与外化是出自于形而中主在之被存在的必然。由于时空的量纲不同，而产生了主在形而上、形而中与形而下的时空推定，因此无论主在是以内化还是以外化的时空方式，都承诺了主在之自在的去被存在的价值。

所谓去被存在，是指主在通过主体的时空能动性来不断突破主在的被存在属性，由此而产生了去被存在的主体性活动。无论是主体是否意识到这一点，去被存在的价值为被存在之主在所承诺。换句话说，主体的去被存在是基于主在突破其被存在属性，因而产生了主在形而上与形而下的去被存在理性路径。由时空形式的限定性所决定，主在对本在所做的推定，是主在内时空的外化，以时空形式来把握的存在使得主在陷入形而下的时空方式，并被本在所限定。这意味着主在在形而下层面的去被存在仅有一定的时空有效性，且是只被主体经验形式所能把握的存在，一旦认识超越其主体限定性，认识论问题则由此而产生。

把主在所推定的时空形式的存在进行主在性还原，使主在扬弃了时空形式的理解，从而以形而中的时空方式来理解存在。这就是说，主体的去被存在是把主在的时空形式认知转变为时空方式的认知，从而理解时空的本质。形而中主在时空方式的外化已表明，主在以形而下的时空方式是无法突破主体的被存在属性，所以需要以主在的形而上的方式认识存在，即主在与本在的统一性推定。

虽然形而中之主在是被本在所存在，主体的去被存在只能回到主在之被存在，也就是问题是由被存在问题所产生的，所以解决被存在是以被存在之主在为逻辑起点。虽然主在包含了被存在形式和被存在方式，以单纯的被存在形式去被存在方式，或单纯地以被存在方式去被存在形式，都不能是真正意义上的去被存在，因为这是由形而中之主在的被存在之自在性所决定的。

因此，这里需要明确的是主在的去被存在的逻辑关系。主在把意识由形而下的时空返回到主在时空，将主在之被存在的主体性意识内化，从而主在以形而中的时空方式性的存在，扬弃了主在形式性的存在，迈向的是主在形而上之存在，并在本在时空自生下得到去被存在之属性后的存在，即主在的形上性自在。显然，以主在的被方式去被形式以及以主在的被形式去被方式过程中，主在的生命形式在时空本在的时空效应下，产生精神与物质的能量转化，使得形而中主在的内时空层次由时空的效应下得到内时空层次的跃迁，主在之被存在从而摆脱了外时空对主在的限定。主体生命的终极关怀，由此而得到超越自身的限定性，并以方式性的存在面目展现自身的存在状态。

由上述可知，主在与本在在时空方式上得到中和统一。在存在论意义而言，是被存在与去被存在的统一；从本体论而言，是被时空与去被时空的统一。简而言之，即时空统一。

三、"被存在"在当下哲学视域中的思想启示

在时空统一论的视域内，通过《论鞠曦哲学的"时空"与"被存在"》《论鞠曦哲学的"形而中"与"被存在"》以及本文《论鞠曦哲学的"内时空"与"去被存在"》三篇文章对被存在概念分析，进行了简要的逻辑考察，对被存在的概念起源、逻辑架构以及价值论承诺做了浅显的思想梳理。在此基础上，如若对被存在概念进行学理评判和思想价值分析，显然是仓促而有失严谨的。

就被存在概念形成的理论而言，是在哲学终结和科学危机的时代背景下产生的。面对哲学终结问题，并找出其问题的基本原因和根本原因，并开出人类理性和文明新的历史方向，是《时空统一论》的自在理论承诺。当然，以被存在概念所产生的历史逻辑和当前所涉及的问题视域，远未进入当下的哲学理性视野，但这并不意味着思想因此而失去光芒。因为任何一个具有真理性的思想，从其价值而言是表现为自在的价值承诺，而非当下人们理性所能接受程度而立马评判的。回顾任何一个思想变革的历史背景，都将会发现一些相同相似的现象，那就是各种危机在当下人们理性与生活中凸显出来，需要理性反思并给出方向，新的文明形态以及哲学观念由此而变革。然而新理论产生和被理性的普遍接受，是需要漫长的过程，也正是因为时间的漫长考验了思想自身所具有的广度和深度。

在此文中，学理阐述和逻辑分析虽仅限于思想内部分析，但这并不意味

着不需要哲学史、科学史以及时空学说史的检验。就此而言，本文远未涉及理论审视的深水区。然而哲学史告诉我们，任何一个伟大思想的出现前提，是面对历史与哲学所要解决的问题，其理论建构并承诺解决历史与当下问题为价值取向。存在以及何以为存在的问题是哲学问题之核心。时空哲学对存在的反思表明，以往所认识的并非是存在之自在，而是主在时空间化之被存在。因此，把解决存在问题的逻辑起点放置于被存在的基础上，并对由时空方式所产生的存在形态进行理论建构，即本在、主在以及客在。这样的哲学理论的内在逻辑是：存在与被存在之统一；被存在与去被存在之统一；时空与被时空之统一；被时空与去被时空之统一。

众所周知，无论是存在问题还是时空问题，都是哲学与科学中最为艰深、最为前沿的问题。作为中西哲学中和贯通的思想形式——"时空统一论"，将存在问题与时空问题纳入其理论视野来进行深度的思考和辨析，并以思想理论的形式解决其问题，完成了思想形式的内化与外化，从而由"理"达"命"，达到中和统一。对于这样的问题回答而言，问题之大、知识储备要求之高、理论视野之广阔，先不论能否解决或者多大程度地解决问题，就其问题的本身发问而言，都足以让绝大多数人退避三舍，更何况有一个成熟的思想体系来回答这样的大问题。检验其思想的有效性，显然远非笔者现在个人之力所能胜任，更乐见与学界同仁学习探讨。

笔者在此并未想以任何价值来评判思想之高低优劣，因为就其学理而言，远未进入自在的理解和达到运用其思想原理的程度，更未在思想史的意义上进行全面的考察和分析。在此，笔者更愿意以一个理论学习者和审视者的态度来学习、理解和反思。在未能从中获得真正想要的答案之前，作为未来知识储备与问题思考而言，都是大有裨益于自身理性的成长。一种新的思想理论出现，应当以何种追求真理的态度来面对，笔者愿以黑格尔的一段话语来结束本文的思考：

但我要特别呼吁青年的精神，因为青春是生命中最美好的一段时间，尚没有受到迫切需要的狭隘目的系统的束缚，而且还有从事于无关自己利益的科学工作的自由。——同样青年人也还没有受过虚妄性的否定精神，和一种仅只是批判劳作的无内容的哲学的沾染。一个有健全心情青年还有勇气追求真理。真理的王国是哲学最为熟习的领域，也是哲学所缔造的，通过哲学的研究，我们是可以分享的……追求真理的勇气，相信精神的力量，乃是哲学研究的第一条件。人应尊敬他自己，并应自视能配得上最高尚的东西。精神的伟大和力量是不可低估和小视的。那隐蔽着的宇宙本质自身并没有力量足以抗拒求知的勇气。对于勇毅的求知者，它只能揭开它的秘密，将它的财富和奥妙公开给他，让他享受。[1]

（作者为山东大学儒学高等研究院博士生）

---

[1] 黑格尔：《小逻辑》，商务印书馆，2012年版，第35-36页。

崔致远《〈天符经〉解》与鞠曦《〈天符经〉解要》之比较
——兼论《崔致远思想和作品研究》一书的治学问题

孙铁骑

摘要：《天符经》是韩国古代经典文献，内含韩国先民对天地自然与生命之道的深刻理解，其思想与中国传统儒道哲学的生命之道具有本质相通之处。崔致远的《〈天符经〉解》运用中国传统的儒释道思想对《天符经》进行再解释，并没有属于崔致远自己的超出于中国传统儒释道思想之上或之外的理论创制。鞠曦的《〈天符经〉解要》以正本清源的儒道哲学为基础，以自己的"时空统一论"与"形而中论"为直接理论根据给出《天符经》注解，所以这一"解要"是一种当代化的理论解读，虽其话语方式是文言，但其学理展开却是鞠曦哲学的理论表达。故鞠曦的《〈天符经〉解要》与崔致远的《〈天符经〉解》无论在学理依据还是在话语表达形式上都具有明显不同，但方晓伟的《崔致远思想和作品研究》一书却张冠李戴，将鞠曦的《〈天符经〉解要》这一中国人的研究成果移花接木于崔致远名下，替韩国古人崔致远剽窃中国当代学者鞠曦之学术成果，既让崔致远蒙羞，又让鞠曦受到非法侵权，性质恶劣，不可不辨。

关键词：崔致远；《〈天符经〉解》；鞠曦；《〈天符经〉解要》

《天符经》是韩国古代经典文献，内含韩国先民对天地自然与生命之道的深刻理解，其思想与中国传统儒道哲学的生命之道具有本质相通之处，可证中韩文化之间的互相交流与紧密联系。崔致远是晚唐时期进入中国学习的新罗诗人，在深入学习中国儒释道文化的基础之上对《天符经》进行了注解，即崔致远的《〈天符经〉解》[1]，其注解运用中国传统的儒释道思想对《天符经》进行再解释，并没有属于崔致远自己的超出于中国传统儒释道思想之上或之外的理论创制。鞠曦则是当代中国著名民间学者、长白山书院山长，其以"时空统一论"贯通中西哲学，以易学贯通儒道哲学，从《易经》文本义理中外化出"形而中论"哲学体系。正是在"时空统一论"与"形而中论"的基础之上，鞠曦对《天符经》进行了点校与注解，形成了《〈天符经〉解要》[2]一文，其"解要"是以正本清源的儒道哲学为基础，以自己的"时空统一论"与"形而中论"为直接理论根据给出《天符经》注解，所以这一"解要"是一种当代化的理论解读，虽其话语方式是文言，但其学理展开却是鞠曦哲学的理论表达。故鞠曦的《〈天符经〉解要》与崔致远的《〈天符经〉解》无论在学理依据还是在话语表达形式上都具有明显不同，但方晓伟的《崔致远思想和作品研究》[3]（以下简称"方书"）一书却张冠李戴，将鞠曦的《〈天符经〉解要》这一中国人的研究成果移花接木于崔致远名下，替韩国古人崔致远剽窃中国当代学者鞠曦之学术成果，既让崔致远蒙羞，又让鞠曦受到非法侵权，性质恶劣，不可不辨。故本文先对崔致远的《〈天符经〉解》与鞠曦的《〈天符经〉解要》进行对比研究，以揭示其理论不同与学理差异，再论"方书"的治学问题。

---

[1] 见后文附录一：崔致远：《〈天符经〉解》。
[2] 见后文附录二：鞠曦：《〈天符经〉解要》。
[3] 方晓伟：《崔致远思想和作品研究》，广陵书社，2007年版。

一、崔致远《〈天符经〉解》与鞠曦《〈天符经〉解要》的学理差异

崔致远的生存年代是中国唐代晚期，其文化身份是诗人，虽饱读诗书而对中国传统的儒释道思想都有所理解和把握，但要说其是有多大造诣的思想家又似乎缺少有力证据，故其对《天符经》的注解并没有一定宗旨，而是随文赋义，儒释道思想杂揉兼用又不统一，从而其《天符经》注解存在义理不通与宗旨不一就是自然之事。而鞠曦是当代学者，其学术身份是哲学家，且对中西哲学具有正本清源与一以贯之的研究，从而其对《天符经》的注解是一种系统性的哲学阐释，其注解出来的《〈天符经〉解要》具有与中国传统儒道哲学一致的生命哲学体系。所以崔致远《〈天符经〉解》与鞠曦《〈天符经〉解要》具有重大的学理差异，具体体现在如下几个方面：

（一）对《天符经》原文的点校差异

崔致远《〈天符经〉解》对《天符经》的点校版本如下：

> 一始无始。一析三。极无尽本。天一一，地一二，人一三。一积十矩。无匮化三。天二三，地二三，人二三。大乾合坤，生七八九。运三四，成环五，七一妙衍。万往万来，用变不动本，本心本太阳，昂明。人中天地一一终，无终一。①

鞠曦《〈天符经〉解要》对《天符经》的点校版本如下：

---

① 鞠曦：《〈天符经〉〈天符经解〉点校》，长白山书院网站：http://www.cbsrudao.com.

一始无始。一析三。极无尽本。天一一，地一二，人一三。一积十矩。无匮化三。天二三，地二三，人二三，大三合六，生七八九。运三四，成环五，七一妙衍。万往万来，用变不动。本本心，本太阳，昂明人中。天地一一，终无终一。①

从两个点校版本的比较可知，其差别有两处：一处是文本差异，崔注的"大乾合坤"在鞠注中为"大三合六"，此为二人文本引用的差异，并不能说明二者注解中的根本学理差异；另一处则是点校断句的差异，即崔注中的"用变不动本，本心本太阳，昂明。人中天地一一终，无终一"在鞠注点校中断句为"用变不动。本本心，本太阳，昂明人中。天地一一，终无终一"。这一点校断句的差异就彻底改变了二人对《天符经》理解的基本思路，说明二人是基于不同的学术背景与思想理路对《天符经》文本进行了不同的学理解读，从而会产生不同的义理解读，也就说明崔致远的《〈天符经〉解》与鞠曦的《〈天符经〉解要》是两个完全不同的《天符经》注解本，根本不可混为一谈。

（二）对《天符经》注解的逻辑起点差异

《天符经》第一句"一始无始"是整部《天符经》思想展开的逻辑起点，怎样理解"一始无始"决定着对整部《天符经》思想解读的脉络基础，而崔致远与鞠曦对此"一始无始"的解读具有完全不同的思维视角与理论背景，从而也给出完全不同的理论解读。崔致远注解"一始无始"为：

一者，太极也；无始者，无极也。太极始于无极，故曰："一始无始。"②

---

① 鞠曦：《〈天符经〉解要》，长白山书院网站：http://www.cbsrudao.com.
② 见本文附录一。

崔致远将"一"解释为"太极",而将"无始"解释为"无极","太极始于无极",似乎已有了后世周敦颐与朱熹"无极而太极"的思想雏形。既然"太极始于无极",那就是"无极"比"太极"更本源,从而"无极"也就应当是其思维的逻辑起点,也就是"无"比"一"更根本。但在《天符经》的文本展开中,明显以"一"为逻辑起点,"一析三""一积十矩""天一一,地一二,人一三""七一妙衍""天地一一,终无终一"等,无不以"一"为逻辑起点。故崔致远在事实上也是以"太极"为逻辑起点,而不是以"无极"为逻辑起点来解读《天符经》。故"无极"概念在崔致远整个《天符经》解读之中并没有实质意义,从而其以"太极始于无极"解释"一始无始"存在着义理不通。

而崔致远在注解"一积十矩"时,又对"无极"与"太极"给出了另一种佛学解释,产生了更大的学理问题。他注解说:"无极,则金刚般若真如之先天也。太极,则阿赖耶识。天地人物,皆因此识而落于后天。"在此解读之中,"无极"既然为先天真如,那自当为万事万法生发、存在之前提与基础,但崔致远并没有用此"无极"之先天真如作为逻辑起点展开后面的解释,而是仍然以作为"阿赖耶识"的"太极"为逻辑起点展开自己的解释。而"阿赖耶识"作为佛学唯识论中的"八识"之一,只能属于哲学认识论概念,而不是存在论概念。而"天地人物,皆因此识而落于后天"则是存在论表达,无论"阿赖耶识"如何清净高明,也只能认识世界而已,其如何能使"天地人物,皆因此识而落于于后天"呢?更不要说如何以此认识论之"阿赖耶识"而达于存在论之"一析三""一积十矩""七一妙衍"等问题,都是崔致远以此"太极"为逻辑起点的《天符经》注解所无法合理解释的问题。

鞠曦的《〈天符经〉解要》具有与崔致远完全不同的思想理路与致思起点,其注解《天符经》的逻辑起点是作为中国儒道哲学本体论的生生之道,而不是崔致远的"太极"与"无极"。鞠曦注解"一始无始"为:

> 一始者，道之生也。无始者，生于无也。一始无始者，道生于无也。故：一始无始。①

"道生于无"，道为一而生万物，从而为后文的"一析三""一积十矩""七一妙衍"等打开哲学理路，都能得到合理的解释，使整个《天符经》八十一字贯通于"道生于无"的逻辑起点之中，一以贯之，完整统一。不只如此，在"道生于无"的逻辑起点中，"无"只是万物与现实生命存在的理论与思维背景，生命的现实操作与天地万物的生发长育皆由"道"开始，故而中国哲学之道不是一个抽象的解释学的概念表达，而是具有可操作的现实路径的存在论概念。只有以"道"为始点，才能揭示《天符经》不只具有言说天地万物如何化生的解释力，而且具有指导现实生命如何"运三四，成环五，七一妙衍"以修炼生命的实践指导力。而鞠曦给出此逻辑起点的理论根据则是以《易经》为核心的儒道会通研究，儒道哲学共同承诺着"穷理尽性以至于命"的终极价值追求，并具有本质一致的生命修炼之道，以之为据才揭示出《天符经》所具有的深刻哲理。

（三）对《天符经》注解的学理依据差异

崔致远的《〈天符经〉解》以道家思想为主轴，同时也运用了儒家与佛家思想，但其对三家思想的运用并没有一以贯之，只是随文赋义，对《天符经》各句文本进行或为道，或为儒，或为佛的解释。如上文引用的其以"无极"为"金刚般若真如之先天"，以"太极"为"阿赖耶识"，就是对"无极"与"太极"两个概念给出的佛学解释。他将"万往万来，用变不动本"注解为"诚意、正心、修身等事也"②，将"本心本太阳，昂明"注解为"济[齐]家、治国、平天

---

① 见本文附录二。
② 见本文附录一。

下等事也"①，则是以儒家思想给出的解释。这种兼用儒释道的注解方式在解释学上没有问题，但问题是这种不同的解释方式之间能否一以贯之，其所运用的儒释道之义理是否有统一宗旨，是否能够形成对《天符经》义理的一以贯之的整体解读。而崔致远显然没有做到这一点，前文已经指明其对"无极""太极"的道学与佛学解读之间具有不可通约的矛盾，其对儒家思想的运用也是如此，只是将"万往万来，用变不动本"解释为"诚意、正心、修身"之事，将"本心本太阳，昂明"解释"济[齐]家、治国、平天下"之事，这种儒家思想的解读与前文的道学与佛学解释之间又是一种什么关系呢？在这种解释中，三家思想是明显分裂的，并没有形成一以贯之的义理解释。故如此注解的《天符经》就缺少一种内在思想逻辑的统一性，各句文本的义理解读都在跳跃之中，不能说明《天符经》是一套义理完备的韩国经典。

鞠曦《〈天符经〉解要》的学理依据也是以传统的儒道哲学为据，但其对儒道哲学的理解却不是对传统儒道经典文本的直接运用，而是从以《易经》为宗的传统儒道经典中外化出"形而中论"的现代哲学体系，"形而中论"又与其贯通中西哲学的"时空统一论"相贯通，从而以之为据展开对《天符经》一以贯之的思想解读。

"形而中者谓之人"是"形而中论"的核心命题，而形而中之人由"生生之道"给出，其终极价值追求就是"穷理尽性以至于命"，故"生生之道"与"理、性、命"等范畴都是"形而中论"的核心范畴。在一以贯之把握"形而中论"这一儒道哲学的整体脉络与核心宗旨的基础之上，可以发现《天符经》同样内含着"形而中论"的思想体系，同样承诺着"穷理尽性以至于命"的价值追求与具体可操作的哲学路径，故可以根据"形而中论"对《天符经》进行一以贯之的思想解读。从而鞠曦的《〈天符经〉解要》以生生之道为逻辑起点，将"理、性、命"等概念一以贯之于《天符经》的全部解读之中，

---

① 见本文附录一。

无论从概念范畴的运用、学理系统的展开，还是思维逻辑的统一，都能一以贯之，系统完备，揭示出《天符经》具有完整的哲学体系与深刻的生命哲学内涵。故鞠曦自言："余根据'时空统一论'与'形而中论'，对西方'哲学的终结'的原因进行推定，把'自以为是'归结为哲学的根本问题，把'时空'归结为哲学的基本问题，把'穷理尽性以至于命'归结为哲学的核心问题，以上三个问题的中和贯通，以'和中为是'解决了西方哲学的思维与存在的关系问题，步出了西方'哲学的终结'。余之研究表明，《天符经》自在地解决了哲学根本问题、基本问题与核心问题，完全符合'和中为是'的思想原理。《天符经》以本体论与主体论的中和统一实现了'穷理尽性以至于命'的理论承诺。"[1]

二、两个《天符经》注解版本的不同时代意义

《天符经》只有八十一个字，言简意赅，古奥难懂。虽然韩国思想史与学术界将之视为韩国文化的核心经典之一，但此八十一字内含怎样的哲学理路与思想内涵却非清晰准确。对《天符经》的思想高度与学理地位的重视与认知也是经历了一个长期的发展过程，"在韩国历史上，以文字形式记载《天符经》的记录最早出现在高丽僧一然的《三国逸事》里。其后，因为高丽和朝鲜的事大主义的影响，民族精神被当作是低贱的，所以《天符经》也开始逐渐被人们遗忘。直到 1911 年桂延寿把《三圣记》《檀君史记》《北夫余记》和《太白逸事》合起来，以《桓檀古记》的书名出版了之后，《天符经》重新受到人们重视。"[2] 而在这一对《天符经》的发现与认知过程中，生活在中

---

[1] 鞠曦：《〈天符经〉的思想与现代意义——以哲学和生命科学为论域》，长白山书院网站，www.cbsrudao.com。

[2] 李景浩：《韩国大徐教的哲学思想初探——以〈天符经〉和〈三一神诰〉为中心》，延边大学硕士学位论文，2007 年，第 15 页。

国晚唐时期的崔致远做出了不可磨灭的文化贡献。因为"上古史载,《天符经》由檀君王俭以鹿图文字传世。三千年之后的新罗时代,由孤云崔致远刻于妙香山石壁。之后,至朝鲜王朝时代,道人桂延寿发现了由八十一字组成的《天符经》"①。崔致远作为少年入唐,长而进士及第,在唐朝居官多年,饱读诗书,经历丰富,对儒释道思想皆有研究的韩国学者,以自己的丰富学识认识到《天符经》内含高深的学理思想,故将之刻在妙香山石壁之上,并为之注解,留下《〈天符经〉解》一文,使《天符经》的经典地位与学理价值得以被后人所重视,直至当代。

站在今天的时代坐标上,我们可以发现崔致远注解《天符经》的意义不在于其如何深刻地把握了《天符经》的思想要旨,也不在于其对《天符经》的注解是否合于其所运用的儒释道之学理,而在于其以自己的注解向世人证明了《天符经》具有高深的学理,应当作为韩国文化的精华而传承下去。也许,没有崔致远将《天符经》刻于石壁之上,《天符经》经文就可能失传,起码不会有崔致远这个版本的传承;没有崔致远对《天符经》的注解,可能其后的韩国思想史就不会有人重视这仅仅八十一个字的《天符经》而深入研究它。故崔致远的《〈天符经〉解》具有极高的思想史意义,可以作为《天符经》思想发展史中承先启后的一位代表人物与著作,其历史文化地位必须得到重视。但站在当代《天符经》思想研究的理论地平之上,崔致远的《天符经》注解显然具有诸多义理不通之处,其话语表达与理论阐释更与现代人的哲学理性思维无法相通,故而以崔致远的《〈天符经〉解》为据,很难理解和把握到《天符经》的本真义理与思想精义,这也是韩国的《天符经》研究始终没有重大突破的重要原因。

而鞠曦的《〈天符经〉解要》则完全是现代人的哲学解读,其话语方式虽然是文言,但其思想理路却完全是符合现代哲学理性的逻辑表达,其思维

---

① [韩国]姜孝信:《经益檀典》,韩国一中社,1998年第2版,第3页。

方式完全是现代哲学的理性思维,其运用的概念范畴与论证逻辑完全遵从理性的逻辑规范与要求,可以为现代人理解和把握。而且鞠曦的注解以自己贯通中西哲学的"时空统一论"与从《易经》哲学中外化出来的"形而中论"为据,对《天符经》八十一字进行一以贯之的哲学解读,使《天符经》内含的哲学体系与思想逻辑外化出来,形成一套完备的《天符经》生命哲学体系,而此体系与中国传统的儒道哲学一体贯通,可以认为《天符经》是中国传统儒道生命哲学的韩国化表达。如此,鞠曦《〈天符经〉解要》的文化意义就在于其为当代中韩两国的《天符经》研究打开了通往现代理性之门,《天符经》古奥难解的八十一字可以用现代哲学的理性范畴进行一以贯之的现代哲学阐释,使现代人可以真正理解和把握《天符经》的深刻义理。

但理解鞠曦注解的《〈天符经〉解要》也存在另一种理论困难,那就是鞠曦的注解是以自己的"时空统一论"与"形而中论"哲学体系为据,受众面较小,从而造成传播障碍。虽然这两套哲学体系并不是鞠曦个人的私意独创,而是其在贯通中西哲学史的基础上总结出"时空统一论"的哲学本质,又从以《易经》为宗的儒道哲学中外化出"形而中论"的中国哲学特质,但没有深入研究过这两套哲学体系的思想者还是很难将之与中西哲学史完美贯通起来。因为呈现在世人面前的中西哲学史都是充满斗争和分歧的思想矛盾史,而"时空统一论"与"形而中论"则对中西哲学史进行了正本清源,既可贯通中西哲学史,解释哲学史中各种纷争与矛盾,又独立自足,圆融自恰,其理论高度远在通行哲学系统之上,故不进行一番深入研究,很难深入理解和把握。而不能深入理解和把握鞠曦的两套哲学体系,就不能深入理解和把握鞠曦的《〈天符经〉解要》,这是横亘在当代学人面前的一座高山,也是理解《〈天符经〉解要》的最大障碍。

总而言之,崔致远《〈天符经〉解》的文化意义属于历史,是思想史研究不能遗忘或绕过的重要环节,我们应当给予极高的尊重;而鞠曦《〈天符经〉解要》的文化意义则属于现代,是当代研究《天符经》义理的突破口,我们应当给予极大的重视。在当代中韩学术界，在既有的《天符经》研究层次上，欲突破《天符经》研究的文化瓶颈，深入挖掘《天符经》的现代意义与时代价值，只能从鞠曦的《〈天符经〉解要》入手，此为当代《天符经》研究的大道坦途，中韩学术界当正视之，重视之！

三、方晓伟《崔致远思想和作品研究》一书的治学问题

上文对崔致远《〈天符经〉解》与鞠曦《〈天符经〉解要》的比较分析意在澄清一个事实，那就是崔致远的《〈天符经〉解》与鞠曦的《〈天符经〉解要》完全是两个不同的注解版本，具有完全不同的学术理路与学术价值，在当代的《天符经》研究中，鞠曦的《〈天符经〉解要》具有更加重要的现实价值。而在当代中国的崔致远研究中却存在将二者混淆，将鞠曦的《〈天符经〉解要》标注为崔致远的《〈天符经〉解》进行出版发行的严重问题。犯下如此错误的就是方晓伟著述的《崔致远思想和作品研究》，该书自言："是一部目前国内不多见的对晚唐时代的新罗入唐诗人崔致远进行系统研究的著作。作者从大量中韩文献史料的重新整理、排列和组合入手，用自己的眼睛和心灵去感受、去解读崔致远的人生轨迹，解读其作品的文本意蕴，从而达到与崔致远进行平等对话和交流的目的。"[①] 但正是这样一本对"崔致远进行系统研究的著作"，却将鞠曦的《〈天符经〉解要》全文标注为"后裔孤云崔致远识"，以"《天符经》解"为题目，附录于其书的第六章第二节文末[②]。

"方书"第六章标题为"崔致远与晚唐'三教调和'的宗教时尚"，此标题下的第二节标题为"崔致远和中韩道教文化"。"方书"认为"崔致远

---

① 方晓伟：《崔致远思想和作品研究》"内容简介"，广陵书社，2007年版，封二。
② 方晓伟：《崔致远思想和作品研究》，广陵书社，2007年版，第175–176页。

对于韩国道教文化的重大贡献,首先在于他对《天符经》的发现和重新阐释"[1],而其行文中引用的《天符经》原文:"一始无始。一析三。极无尽本。天一一,地一二,人一三。一积十矩。无匮化三。天二三,地二三,人二三,大三合六,生七八九。运三四,成环五,七一妙衍。万往万来,用变不动。本本心,本太阳,昂明人中。天地一一,终无终一。"[2]却完全是鞠曦《〈天符经〉解要》的点校本,而前文已经论述,崔致远《〈天符经〉解》的点校本与鞠曦《〈天符经〉解要》的点校本有很大不同。也就是说,"方书"是首先将鞠曦点校的《天符经》原文当作崔致远点校的《天符经》原文,然后又依据此鞠曦点校的《天符经》原文来展开对崔致远《天符经》思想的论述。[3]而其文末的附录又将鞠曦的《〈天符经〉解要》全部当作崔致远的《〈天符经〉解》附录于后,可见其对崔致远《天符经》思想的全部解读都是以鞠曦的《〈天符经〉解要》为据展开的。也就是说,此书中对崔致远《天符经》思想的评述实质是对鞠曦《天符经》思想的评述,尽管其评述的理论高度与深度,甚至准确度都有待商榷,仅在学术道德与规范的标准上,其已经对鞠曦的学术成果构成了严重侵权。在另一方面,如此作品也是对其研究对象崔致远的不负责任,经过张冠李戴后的崔致远研究著作又有什么实质意义与价值呢?研究的文本不是崔致远的文本,研究的思想也不是崔致远的思想,又怎么能称得上"崔致远思想和作品研究"呢?当真是滑天下之大稽,如此严重的学术错误实乃当代中国学术腐败与堕落的一个典型案例。

反思"方书"发生如此错误的原因可能有二,无论哪种原因都证明其存在严重的治学问题:

一种可能是"方书"在资料收集中存在信息误读,将鞠曦的《〈天符经〉解要》误认为崔致远的《〈天符经〉解》而加以引用。如果是如此情况,则

---

[1] 方晓伟:《崔致远思想和作品研究》,广陵书社,2007年版,第171页。
[2] 方晓伟:《崔致远思想和作品研究》,广陵书社,2007年版,第171页。
[3] 方晓伟:《崔致远思想和作品研究》,广陵书社,2007年版,第171–176页。

说明该书作者治学态度不严谨,随意运用文献资料,缺乏有效考证。尤其在完全引用鞠曦的《〈天符经〉解要》的文末,又加注一个"后裔孤云崔致远识"[1],更给人加重了一种有意剽窃的感觉。同时这也说明作者学术水平低下,思想理论素养不高,将现代人的古文注解错认为古人所注,既使古人崔致远蒙羞,又使现代人鞠曦权益受侵。

另一种可能的性质将更加严重,那就是方晓伟有意将鞠曦的《〈天符经〉解要》篡改为崔致远的《〈天符经〉解》,以利于自己的理论评述,因为鞠曦的《〈天符经〉解要》相对于崔致远的《〈天符经〉解》显然更加系统完备,易于理解,与现代人的哲学理性思维相符。如果是如此情况,那就意味着这不只是作者的学术态度与学术水平问题,更是其学术道德与学术法制的问题。

但无论哪种情况,《崔致远思想和作品研究》一书的治学问题都已形成,其不良影响都已产生,其作者方晓伟都应当承担起应负的责任,减小和消除此书的不良影响。而中国学术界也应当引以为戒,不要小视民间的学术力量与学术成果,更应当尊重和推动民间学术的发展。

附录一:《天符经解》 新罗 崔致远 经解

《天符经》八十一字神诀,神诀字虽八十一,万法具备。

一始无始:

一者,太极也;无始者,无极也。太极始于无极,故曰:"一始无始。"

一析三:

---

[1] 方晓伟:《崔致远思想和作品研究》,广陵书社,2007年版,第176页。

太极分而为天、为地、为人也。故曰："一析三。"

极无尽本：

虽分三才，太极依旧自在也。故曰："极无尽本。"

天一一，地一二，人一三：

天得一而为第一，地得一而为第二，人得一而为第三也。故曰："天一一，地一二，人一三。"

一积十矩：

无极，则金刚般若真如之先天也。太极，则阿赖耶识。天地人物，皆因此识而落于后天。生生死死，四生之途，轮转不息。天一生水，地六成之，居北。地二生火，天七成之，居南。天三生木，地八成之，居东。地四生金，天九成之，居西。天五生土，地十成之，居中也。故曰："一积十矩。"

无匮化三：

已落后[天]，三才万物，生成不息，变化无穷也。故曰："无匮化三。""匮"，乏也。

天二三，地二三，人二三。大乾合坤，生七八九：

二，阴数[也]；三，阳数[也]；天地人，皆有阴阳也。故曰："天二三，地二三，人二三。"

后天乾坤配合，[化]生一白水、二黑土、三碧木、四绿木、五黄土、六白金、七赤金、八白土、九紫火；排铺九宫，运化无穷也。故曰："大乾合坤，生七八九。"气具大略，以上。三才万物，分裂之像也。

运三四，成环五，七一妙衍：

归根复命，真一之大道[也]。运三木之日，四金之月，入中结丹；五土七火一水，妙合[而]凝。无量广劫，得大自在也。千千万万世，长生不死之大道，成仙成佛之真诀。惟此一法，更无它术也。故曰："运三四，成环五，七一妙衍。"

万往万来，用变不动本，本心本太阳，昂明：

诀中秘旨，口口相传，不记于文；故，不遇真师，莫能知之。欲闻秘旨者，正心修戒，至诚发愿，心有真师，下教矣。以上（上述之道），诚意、正心、修身等事也。故曰："万往万来，用变不动本。"

"本心本太阳，昂明"以上（之道），济[齐]家、治国、平天下等事也。

人中天地一一终，无终一：

至戌亥之会，天地人物，莫不坏灭。无终者，惟此真一也。故曰："人中天地一一终，无终一。"道家之守中抱一者，此也；佛家之万法归一者，此也，犹未乃也。至于三年乳哺，九年面壁，至于无极以后，了当也。

后裔 孤云 崔致远 识

附录二：《天符经》解要 长白山书院山长 鞠曦

1.《天符经》点校：

　　一始无始。一析三。极无尽本。天一一，地一二，人一三。一积十矩。无匮化三。天二三，地二三，人二三，大三合六，生七八九。运三四，成环五，七一妙衍。万往万来，用变不动。本本心，本太阳，昂明人中。天地一一，终无终一。

2.《天符经》解要：

一始无始：

　　一始者，道之生也。无始者，生于无也。一始无始者，道生于无也。故：一始无始。

一析三：

　　一始为道，道生三才，天地人也。故曰"一析三"。

极无尽本：

无尽为极。三才之极,道也,道之所尽,无也。本体无尽,有尽于无。故曰"极无尽本"。

天一一,地一二,人一三:

一者,道之生也。道生一为天,是谓"天一一";道生二为地,是谓地一二;道生三为人,是谓人一三。道生一,一生二,二生三,三生万物。故曰:"天一一,地一二,人一三。"

一积十矩:

无中生有,由一而积。上下四方,居中者一,合而为九,积而为十。先天后天,流转不已。故曰:"一积十矩。"

无匮化三:

匮,柜也。柜之所匮,中也。中也者,天下之大本也。中无所无,道化三才。故曰:"无匮化三。"

天二三,地二三,人二三。大三合六,生七八九:

道化三才,两仪阴阳。天之三才,日月星也;地之三才,水火风也;人之三才,神气精也。"大三合六",运化之道也。道化三才而有五运六气,运五脏化六腑,神与气精中和。"大三合六",卦之数理也。天之二爻谓天,地之二爻谓地,人之二爻谓人,六爻中和而成卦也。"生七八九",三才数理也。天道四方七宿,地道七政八方,人道七损八益,三才中和,而成八卦九宫。故曰:"天二三,地二三,人二三。大三合六,生七八九。"

运三四,成环五,七一妙衍:

穷理尽性,人道形中,三才四象,五行相生。任三督四,冲任环中,道法自然,尽性知命。承泣、膻中、气海谓之任三;尾闾、命门、夹脊、玉枕谓之督四;三四所运,子午之用,练精化气,任督逆行。冲带化中,卯酉自行,练气化神,环五所成,运三四和而为七,成环五化而为一。七一妙衍而五气朝元,三花聚顶而练神还虚。故曰:"运三四,成环五,七一妙衍。"

万往万来,用变不动。本本心,本太阳,昂明人中:

时空流逝,大化流行。勤而修之,不离其中。道行所本,心主神明,阳明藏神,空时化人。形而中者谓之人,形而中主体之谓神,神而明之存乎其人。黄中通理,美在其中,练虚合道,昂明人中。故曰:"万往万来,用变不动。本本心,本太阳,昂明人中。"

天地一一,终无终一:

道化天地,中和统一。神形中和,终无终一。所为无为,中和无终。道尽一本,始一无一。故曰:"天地一一,终无终一。"

(作者为吉林师范大学马克思主义学院副教授,哲学博士)

理性与命之正本开新[①]

陈咸源[②]

摘要： 西方哲学由于其形式化所造成的主客对立从而造成了理性非命的情形，现代西方哲学与文化在其深处发出了"哲学终结"的结论，但理性仍然要持续性地进行探索。鞠曦先生认为西方哲学的理性非命的问题可以在《易经》及其外化的哲学即"形而中论"和"时空统一论"当中得到解决。原因在于《易经》以形神中和为基础达到了形式和方式的中和，从而可以摆脱形式化理性非命的疑难。而重新正本开新的哲学和文化看来，易学史上的惭枝游屈的情况将得到解决。并以此反思中医学，中医学在历史上陷入到温病学之殇。按《易经》与《内经》的范畴形式，医易本不相通，而是在更高的层面易道恒益而无以用医。若站在《易经》的六爻时空辩证层次即雷应大肠风以应肾火以应脾胃悦以应肝胆劳以应心艮以应肺而成终成始，则辩证精微而

[①] 2017年11月26日，鞠曦先生受山东社会科学院国际儒学研究与交流中心邀请参加第四届中韩儒学国际交流会议，提交了《韩国儒学"弘益人间"的主体思想与现代意义——"理性与命"之"正本开新"》，并作为中方代表首先发言。其后在山东大学哲社学院及山东大学中医学社的邀请下仍然以"'理性与命'之'正本开新'"为主要内容分别对中华主体文化——儒道和中医学做了两场正本清源的讲座。弟子们中有专门提交了中韩儒学交流大会论文的孙铁骑兄，有专程从外地赶来亲近鞠曦先生的万靖、梅寒、陈咸源，有在山东大学的彭川等，从之者五六人。且礼仪周到，令韩国学者刮目相看，俨然有长白山学派之风。正如山东社科院郭萍女士讲，长白山书院作为一个儒道传承道场，有硕博生及教授、副教授弟子者众，是学术界不可忽视的重要存在。反而一些的老师未及此也。长白山学派之所以能够逐渐形成影响，聚人曰才，原因在于鞠曦先生"理性与命"的躬耕践行的结果，所谓"知终终之""知至至之"也！

[②] 又名陈员。陈咸源系族谱名。南京大学哲学系2013级外国哲学博士研究生，南京大学中医学社创始人，南京而然青年中医促进中心创始人，研究方向为现象学、易学与中医学。

易简。在形式上，医学将达到易学一样的完善性。人类终将去掉"被存在"而达于"存在"之自在。是以在理性与命之正本开新的情形下，斯文在兹而天下化成！

关键词：理性与命；理性非命；六爻时空辩证；去被存在；斯文在兹

一、西方哲学的"理性非命"

在三场学术活动中，鞠曦先生紧扣的主题是"理性与命"，存在就其本质而言——在人的存在的角度即表现为命。哲学自产生开始就在探索一种理性与命的方式，而西方哲学并没能找到一种理性的方式去与命。以西方哲学的主流而言，相反却以理性的形式遗忘了生命。而以生命作为哲学主题的则往往呈现为非理性的方式，而生命则被主题化（thematised）为"意志"（will）。无论何种形式都表现为"理性非命"。这里的理性（reason，rational）[1]特指西方哲学传统中的形式化的理性。主要以确定根据（ground）的方式进行逻辑的推定。在哲学史上有各种变形，比如柏拉图的理念论（idea）——作为本体论存在的理性存在。[2]在古希腊理性尚作为与世界内在统一性的话，而在中世纪的哲学里表现为上帝被确定为理性全知的终极根据，即在中世纪哲学主流当中则将理性的统一性被外在化为一个终极统一的存在者——上帝。上帝兼具了内在统一性——存在本身；又同时被形式化为终极根据——存在者。两者都统一在上帝的存在方式上。[3]在近现代则表现为观念或唯心论

---

[1] 一般而言 rational 有确定根据的意思，而 reason 则指的是理性的推演过程。

[2] 柏拉图的理念论尚在理性与存在的统一性上去建构。表现为一种理性的世界观，以及世界的可认识性，以及人的理性的能力的肯定，即三者的统一性。但在柏拉图的思想中也遗留了诸如"机运"（fortune，fate），以及人的命运的被限定性及人的死亡的确定性等问题。所以柏拉图的方式则是诉之于理性的灵魂的不朽性。理念本身同时又是善的和美的，善的理念是最终的理念。参看柏拉图：《理想国》，王晓朝译，人民出版社，2003年版。

[3] 参看托马斯·阿奎那：《论存在者与本质》，段德智译，商务印书馆，2013年版。

（Idealism）①，均去除或悬置掉了存在的本体性维度，在认识论或唯心论的意义上去阐述理性及其能力。这样存在就成了外在认识的对象或在唯心论的视角上都是从自我当中产生出来的。两者共同的地方在于其逻辑之中必然存在了质料或物质（matter）的问题，这是一种主客认知方式极端的表现。从古希腊到近现代，理性都在一步一步束缚自己的能力，近代科学的产生虽是理性的结果，形成了庞大的影响力，改变了人的生活及生存方式，但在理性的形而上学的意义上，理性却退却了。最终在分析哲学、语言哲学当中，理性变成了一种纯粹分析性的"工具理性"，且拒斥形而上学。尽管理性形式摆脱了存在的重缚而变得自由起来，但也促使人类面临空前的生存危机。甚至对人自身存在的合法性的根据都无从谈起。而各门科学不断拓展自己的对象领域，但要彻底解答理性与命的问题，我们不得不从回答哲学的分化开始，即亚里士多德的哲学。

  海德格尔也正是在这一意义上对古希腊哲学展开了批判，主张回到前苏格拉底哲学。而前苏格拉底哲学是非理性的，透露着与海德格尔的存在哲学同样的非理性取向。这里所言的海德格尔哲学的非理性取向指的是其最终诉诸的存在的不可知性，人只能呼唤（Anrufen）和倾听存在，而不可认知存在，并非指海德格尔论理过程的非理性，恰恰相反，海德格尔的论述是理性的和深刻的。而并非卡尔纳普（Carnap）所批评那样，不符合语言的逻辑。但也正是海德格尔从存在论的角度来重新回到哲学的开端。哲学能否"理性与命"的问题则更加严峻地凸显出来。②在海德格尔看来如最后一位古典哲学

---

① 在西语当中，观念论和唯心论都是用 Idealism。
② "理性与命"的命题系鞠曦先生所提。悖谬的是，"命"的问题尽管被海德格尔意识到，但西方形式化的理性却对此无能为力。毋宁变成了"宗教与命"，很明显海德格尔的诸多存在领会的情绪是基督教背景下的情绪体验。

家胡塞尔那里的加强理性的能力，以属于主体的主客认知[①]理性的方式来认识的存在并非存在本身，对于存在本身的切入不能以绝然的意识为基础，这种以自我意识为基础的理性及其意向性的立义（Auffasung）模式恰恰远离了存在。海德格尔认为面向实事本身（Auf die Sachen selbst zurückgehen）在胡塞尔那里主要体现为"本身"（selbst）的这种形式化的同一性之上了，而忽略了实事（Sache）。而先于意识的存在领会的情绪（Stimmung）是真实的，而这种情绪当中所呈现的存在却是不可知的，因此对于人这个被存在者而言总是无聊、焦虑、操劳的情绪，人呈现的是一种无家可归（homeless）的状态。海德格尔所采用的方法论是形式显示（Fomal Anzeige），海德格尔否定胡塞尔的以意识的自明性为前提的现象学进路，其形式显示的方法却是以否定性去远的方式去切入存在，因而始终是一种"悬而未决"的！这毋宁构成海德格尔哲学的自我否定，即海德格尔欲回到意识判断之前的"前"存在，但前存在又不可被描述。因此只能将存在之谜思里，用诗性的语言来"游戏"。问题是能否对于之前的包括胡塞尔在内的经典哲学给出一个发生性的说明。显然是无能为力的，这样就缺乏了历史与逻辑的统一性，从而加速了哲学的终结。而在这种基础之上的海德格尔哲学尽管展开了对于技术等的反思，但实际上对于人的社会、经济存在毫无办法。尽管后期海德格尔突出"存在

[①] 主客认识模式即包含胡塞尔前期即《逻辑研究》时期的范畴代现的知觉模式，也包含胡塞尔后期的"多维流形"（Mehrfaltigkeit, Mannigfold）模式。尽管有人会否定，说胡塞尔后期的多维流形的模式已经超越了主客认识模式，而是在主体的直观之上的多维流形的绝对存在的平行对应关系。但在笔者看来，仍然是主客的认知模式。即这种在直观当中被给予的存在仍然是主客模式的，即有一个直观的主体和在主体当中被给予的存在。只不过建构模式不一样了。流形论可看作形式化建构的突破，但仍然没有脱离主客认知模式。实质上，主客认识模式本不必否定，问题在于西方过于形式化而缺少对于存在的中和的认识方式，从而不断地失却存在。这毋宁是西方文化本身（含语言）所决定的。这一问题极度复杂，笔者将辟专文讨论，非本文任务，仅在此注释当中做一个简单的揭示。当然海德格尔对于胡塞尔的批评尚属于《逻辑研究》时期的胡塞尔的观点，不能涵盖胡塞尔后期超越论现象学的观点，因此海德格尔对于胡塞尔的批评是不中肯的。毋宁说是海德格尔拿着胡塞尔的后期反对胡塞尔的前期，很明显，海德格尔是知道胡塞尔后期的时间性意识的思想及其双重意向性的构造功能的。证据在于胡塞尔的《内时间意识现象学》是由海德格尔所整理的，可以推断海德格尔对胡塞尔的转型期思想是非常了解的。

的自身运作"一面,及其此在的泰然任之(Gelassenheit),但在海德格尔的学生——烈维纳斯看来,海德格尔的存在论的存在之先乃是默然矗立的他者(l'autre),而海德格尔的存在论展现的乃是主体的绝对暴力。[1]换句话说,海德格尔的存在仍然被主体所决定。是主体的自以为是的极端情况下的"以非为是"[2],却给不出从"非"到"是"的判断逻辑与根据。这仍然是主客思维模式下的存在论立场的表现,不管是前期的存在依于此在主体性的时间性的存在绽开(Ek-stase),还是后期"时空游戏"(Zeit-Raum-Spiel)中"时空"的接受者[3]——此之在。按鞠曦先生的时空统一论进行反思表明,正是因为此在(Dasein)或此之在(Da-sein)仍然是一个被存在,即主在的被存在,未深入中和的方式之中,尤其是内时空的自觉与自控,其对于存在本身的建构遗忘了这一主在被存在的事实,仍然是在主体性的展开的维度上对于存在的一种主客建构,即永远存在着相对待者——此在对于存在者的优先性、此在对于存在本身的把握的优先性及后期的此之在对于存在的倾听、接收——仍然是主客体的模式。无论是否以存在作为思考的起点,在西方哲学当中只要展开"思"的过程,就不可避免地陷入到主客认知、思维或存在领会的模式当中。这一点是海德格尔所无法否定的。所以海德格尔后期才又重提"面向思的事情"。这一"思"该是何种形态,海德格尔却只能给出一个诗化的解答,即是"尚在到来的",或"导引"性质的。问题是,人的生命存在是真实的存在,是没法诗化的,是在严格的实践和理性上知行合一的,在理性层次不可违背矛盾律,在行为层次上需由生命本身的仁义之所发的行动以赡养之。胡塞尔和海德格尔深入到了在意识的认知自觉之前的前意识、无意识的深处,

---

[1] 参看烈维纳斯:《从存在到存在者》,吴蕙仪译,王恒校,江苏教育出版社,2006年版。
[2] "自以为是""以非为是"系鞠曦先生作为命题首次引入哲学之中,并具有独特的含义。参见鞠曦:《哲学、哲学问题与中西哲学》,http://www.cbsrudao.com/html/.
[3] 笔者之所以打引号的目的在于非仅仅表现为"引用",而是想表明海德格尔并未穷究到时空的本质。他的时空是被主体所存在的时空,毋宁是一种被主体所存在,是一种客在,并非自在的时空本身。

但对于前意识、无意识及其相应的时间性的晕圈结构的把握和研究仍然只能在形式化①当中去进行，包括情绪的领会仍然如此。②同样烈维纳斯则突出了他者（被动性的维度）的超验的存在，主体是后生成的，尽管如此，这个后生成的主体对于漠然的强大的他者毫无能力！不得不说这是一种理性的悲哀。自海德格尔及其之后的现象学及后现代哲学的兴起与发展，都表明了哲学自诞生之初，即苏格拉底以理性的自觉的方式去反思自身和存在，并给出根据的哲学走向了终结，从而尽管在"形式化"方向上有所进步，但哲学及其诞生之初的任务却未完成，且主体性也变成了存疑的。而唯有进入到儒道的中和的认识方式中，对于存在本身的把握则不会陷入或实证论或命题论或海德格尔意义上的存在领会之中去，主体以形而中的方式认识并参与到存在本身

---

① 胡塞尔的无意识、前意识是与时间晕圈同构的，在时间性晕圈当中主体虽然遗忘了但又以前意识为起点而成为意识的有效性。胡塞尔承认一种无意识在自我当中的统一性，也就是说无意识只是自我的未知觉状态，这种原自我（Ur-Ich）作为基础，包含着历史的目的论与先验单子的共同的历史与生活世界，亦包含着亲亲的原融合之中（胡塞尔对于母子关系的讨论，认为母子构成一种原融合）。在这个意义上，无意识只是一种受目的论规定的未激发状态，仍然要受到超越论自我的认知模式的再度激发，这样自我就在其中自为自在。显然这是一种先验主体论的极端表现，是形式性的。（参考：Huserliana42.Grenzprobleme der Phänomenologie. Analysen des Unbewusstseins und der Instinkte. Metaphysik. Späte Ethik.Texte aus dem Nachlass（1908–1937）. Hrsg. von Rochus Sowa und Thomas Vongehr. 2014, cxv + 665 pp. HB. ISBN 978-94-007-5813-1.）而海德格尔的前意识体现在此在的情绪领会当中，仍然陷入到一种世界的关联、到时和实行的形式化显示与关联之中，仍然是形式性的；即便如弗洛伊德的无意识理论所建构的俄狄浦斯情结仍是以因果关系的模式来建构的。综上所述，尽管西方哲学深入到自我的深处即不能为清楚的意识所通达的自我的深处，但关于其深处（无）的探讨仍然是形式性的。而不能像儒道那样，以生生为本体论。主体的信而随之屈伸往来而逆之，自我自控而最终以至于命，而不存在形式化思维之下的基础性归因等问题及其确知的疑难（体现在受意识的能力、身体的限制之上；因而只能依靠理性推导之，无法确知）的问题。但这并非说儒道排斥形式化的思维，仅仅只是将其归于形而下的存在而已；且在形而上的认知模式上，形式化可作为引导的作用，但认知与存在的统一可使主体自为而达于自在。换句话说，这种基于理性的统一性，存在的主体的表现为命的维度上的动机与目的的统一（体现在"信"上），是儒道所接受的，这也是所有理性哲学共享的前提。而这一范导的形式化作用，在存在与认知的统一之上，在形式化范畴的建构上——以阴阳、柔刚、仁义等为范畴（同时是存在论的范畴）——集中体现在形而中论的认识方式上，主体可由形而中而达于形而上（可参看本文第二部分《易经》的"理性与命"），在价值论上不选择形而下方式，最终去"形"（身体），去被存在而至命。

② 显然，海德格尔的这种存在领会的情绪深受基督教的影响，而烈维纳斯的面向他者的彻底的虚己又深受犹太教的影响，均是形式化领会模式下在情感之中的反应；而儒道之情感则以和中的方式行乎仁义，自在乐天而无忧。

的时空运作当中。时空作为自在的本质自身运作，而主体以形而中的方式穷理尽性以至于命，在不同时空情境下去损行益。

正是因为没有认识到存在、被存在及去被存在的关系①，西方哲学往往以某种哲学领域的优先性遮蔽了其他维度的问题从而失却了一贯性。也只有黑格尔式体系性的哲学敢言在我这里哲学完成了。但黑格尔混淆了主体与实体的关系，遮蔽了本真的存在问题，仅仅只是自身在先的逻辑建构。谁又说现实世界是如黑格尔所言的那般运作的？

二、《易经》的"理性与命"

而在鞠曦先生看来，《易经》解决了"理性与命"的问题，从而可以解决存在的被存在的去被存在问题。最终哲学内化而消亡自身，天下化成。在此不禁遗留了一个问题，如果西方哲学自身展现出的理性是如此的无力，为何还要首先从哲学理性的角度去切入"理性与命"呢？那是因为尽管西方哲学呈现出的穷理之未逮，但理性精神自在其中，恰恰哲学开端的问题仍深刻地贯彻在哲学史和哲学的思考中。

在鞠曦先生看来，孔子作传解经而成《易经》，将昔者圣人之易和顺以性命之理。分别以天道阴阳、地道柔刚、人道仁义，兼三才而两之，六画成卦而以"卦"的形式将"理性与命""存在的被存在的去被存在"的内容贯彻其中。首先在理性与命的角度而言，卦的形式先天承诺了天、地、人三才之道的中和统一性，即存在（天）与被存在（人）的中和统一性，用哲学的话语外化表达即为存在与被生成的存在在存在论与认识论（理性）层面的统一性，即被存在（人）为存在（天）所决定，而被存在（人）又可以——按相关范畴——穷及存在以去被存在，同时人的主体性及实践性自在其中——

---

① 这三重关系最恰当而准确的表述当属鞠曦先生。鞠曦先生在其未出版的著作《时空统一论》中有逻辑一贯的解读。

表现为柔刚、仁义及其上下之道——从而去被存在。这是一种主体论、本体论（存在论）、认识论、价值论（动机关联体与目的的统一①）的中和统一，统一为卦的形式。故鞠曦先生言，卦乃形而中，卦的形式（含方式与形式的中和）中和天地人之道，天地人三才之道自在其中。故言形而中者谓之卦。人以卦为形式来穷理自在承诺了形而中者谓之人。②而存在的被存在的去被存在之所以可能也自在于卦的形式当中，在《易经》里表现为天地—乾坤—卦（六爻）之承诺推定。先天之象中"天地定位"，中天之象"乾君坤藏"——天地藏体化理，六爻则不见乾坤，藏体化用。因此尽管人作为双重被存在，即人被地所存在，地被天所存在——人作为被存在的被存在，但因将存在（天地）及其功用"理"为乾坤——则天之乾理含地，地之坤理有天——后乾坤藏理化用而成六爻卦象。则被存在与存在中和为卦的形式，后又通过卦所揭示的损益之道而去损行益，益之无穷而去被存在，这样存在的被存在的去被存在就成为可能。这里可以看出"理性"是动态的"穷理尽性"，而这一"与"（Mit）之所以可能乃在于卦的中和性或言时空的中和性。在时空的维度讲，即时空的被时空的去被时空，最后返回时空之自在从而形而上者谓之道。

　　因此对于《易经》的理解及其孔子的韦编三绝作传解经需要严格地按照理性的逻辑一以贯之，并非易学史上的"惭枝游屈"。比如必须回答三爻即八经卦的本体论意义，八卦相错的中天损益，先天、中天、后天之象的意义，六爻成效原理以及每一卦的卦辞、象辞、系辞、象辞等的统一性，非此则不能一以贯之，恒以一德解《易经》也。③不禁感叹圣人孔子之智慧、仁爱与勇

---

① 这一点在理性主义传统尤其是胡塞尔现象学中表现如此。具体文本可参看胡塞尔的"c手稿"，即 Materialien Bd.VIII;Späte Texte über Zeitkonstitution(1929-1934).Die C-Manuskript.Hrsg. von D.Lohmar，pubished by Sringer.Dordrecht.2006。

② 关于形而中者谓之卦、形而中者谓之人可参看鞠曦：《追寻中国之科学精神》，四川人民出版社，2000年版。

③ 关于《易经》的一以贯之的解读请参看鞠曦：《易道元贞》，中国文联出版社，2001年版；及未刊的易道三书。

力，天之不丧斯文也！

《易经》既然具备了"理性与命"的形式。我们接下来看，《易经》究竟如何解决存在的被存在的去被存在的问题，即至于命的问题。

《易经》以中天之象①，"数往者顺，知来者逆，是故易逆数也"的方式将六十四卦卦序按照损益道进行排列，并得到损益六卦。数往知来，天行也，人道居中而知之，信也，逆数者，避损行益也。益道始咸。咸卦即少男少女时期，按《黄帝内经》七损八益开始进入损道，从而在少男少女时期明了咸卦之理，则可避免进入损道。泽山咸。少男少女时期因被存在的存在的去被存在而陷入被存在的存在的去被存在的被存在当中②，因有主在的青春萌动而憧憧往来，朋从尔思。贞吉悔亡。在二三子释疑中有"《易》曰：'憧憧往来，朋从尔思。'子曰：'天下何思何虑？天下同归而殊途，一致而百虑。天下何思何虑？日往则月来，月往则日来，日月相推而明生焉。寒往则暑来，暑往则寒来，寒暑相推而岁成焉。往者屈也，来者信也，屈信相感而利生焉。尺蠖之屈，以求信也；龙蛇之蛰，以存身也。精义入神，以致用也；利用安身，以崇德也。过此以往，未之或知也；穷神知化，德之盛也。'"天地之日月往来，四时寒暑乃天地之自在的生生大化流形，其中有时空之恒道往复生生，在自然界且有若龙蛇若尺蠖尚可有损益之道之避损行益而屈信求感，潜蛰存身，人则若咸卦之身体取象通过主体性的自我操作，精义入神以致用，由此

---

① 之所以从中天之象逆，乃人道可为的地方乃中天，原因在于先天而天弗违，人动不了；后天而既成万物，人道也不可动。参看鞠曦：《易道元贞》，中国文联出版社，2001年版，第150—177页。也正是在这种意义上，鞠曦先生极为反对宋儒的天人合一学说。天人合一遮蔽了存在的被存在的存在，妄图直接与存在合一，但又给不出逻辑的根据与相应的合一的方法，因此只能是一种无用的理论假设，最终又不得不在心性论上找根据，从而进一步遮蔽了存在。

② 此系鞠曦先生《时空统一论》中的主要内容，因未发表，在此稍做解释，存在的被存即主在的被抛的被存在状态，因主在总是在去被存在当中，这是一种形而上的使然，乃是天道之生生大化的必然，故有被存在的存在的去被存在。但因不明晓损益之道而重又陷入被存在当中，故称被存在的存在的去被存在的被存在的存在。损益皆道之所在，唯主在避损行益，方可其道无穷。可参见孙铁骑：《长白山书院丙申儒道研修班学习心得与综述》，http://www.cbsrudao.com.

安身而穷神知化。这是哲学内化的而进行形而上的内时空操作的结果，并非对哲学的排斥，相反恰必须是哲学的。在哲学的层次上做到存在论、主体论、价值论的统一，实现在时空层次上的统一，则自然齐物而天下何思何虑。"若有能知，此之谓天府。注焉而不满，酌焉而不竭，而不知其所由来，此之谓葆光。"① 鞠曦先生将此称之为"形而上科学"②。因为在《易经》上穷尽了"性命之理"补充了《中庸》等文本的"自天子以至庶人一是皆以修身为本"的功夫论操作层面。

《易经·说卦传》在论述完先天、中天卦象后给出了八卦的时空方位③，而后在妙万物章，给出了六爻成效的原理。即"神也者，妙万物而言者也。动万物者莫疾乎雷，挠万物者莫疾乎风，燥万物者莫熯乎火，说万物者莫说乎泽，润万物者莫润乎水，终万物始万物者莫盛乎艮。故水火相逮，雷风不相悖，山泽通气，然后能变化，既成万物也"。④ 万物者，在形式的意义上而言，以爻代之，意义（meaning significance，自在于理性的形式之中）的一致性也。因此六爻而成卦的原理，之所以能鼓之舞之则在此章之中，六爻成效也。乾坤潜藏，落为后天，但乾坤之理亦同时自在其中。六爻成效原理即为：动、齐、见、悦、劳、成终成始。万事万物莫不如此。而按此六爻成效原理排列则为益卦，是以《易经》恒益，天道生生不息也。生生而不断成终成始，故可以避损行益。故就其天地而言，天地不仁以万物为刍狗。故生生而生，生生而死，均是天地之作用。问题在于主体如何把握，按天道损益之道恒以一德，自然恒益，损损益益是也。

---

① 《庄子·齐物论》。
② 参见鞠曦：《中国之科学精神》，四川人民出版社，2000 年版。
③ 这一点非常值得注意的是在西方哲学当中，时空仅仅是方位（topos, status）或定向（orientation）而已，不同的是在《易经》里时空定位本身就具有其存在论的意义。故并非形式理性上的方位或绝对身体的具身的意义上定向而已。
④ 《易经·说卦传》。

三、去蛊开新——去被存在

鞠曦先生在山东大学哲社学院、山东大学中医学社及答二三子问的时候都提到了蛊卦。蛊卦之蛊即是一种被存在，所有被存在的形式都可以被称为"蛊"。人天生被父母所存在，被历史文化所存在，被社会所存在，而人又自一出生开始就开始寻求去被存在，从幼儿的吸食母乳、站立及其他活动开始到理性的自觉都是在追寻"去被存在"。而真正的去被存在及其道理乃在于易经《蛊》卦当中。下面且看：

蛊

蛊 第十六（下巽上艮）——天地损益卦序①

蛊：元亨。利涉大川，先甲三日，后甲三日。

初六：干父之蛊，有子，考无咎。厉终吉。

九二：干母之蛊，不可，贞。

九三：干父之蛊，小有悔，无大咎。

六四：裕父之蛊，往见吝。

六五：干父之蛊，用誉。

上九：不事王侯，高尚其事。

《彖》曰：蛊，刚上而柔下，巽而止，蛊。蛊"元亨"，而天下治也。"利涉大川"，往有事也。"先甲三日，后甲三日"，终则有始，天行也。

《系》："干父之蛊"，意承"考"也。"干母之蛊"，得中道也。"干父之蛊"，终"无咎"也。"裕父之蛊"，往未得也。"干父用誉"，

---

① 天地损益卦序系鞠氏易学根据承诺推定法、形而中论、时空统一论原理及新出土文献马王堆《帛书易》卦序，按六位成章系统重新编排而成。而按这种方法所编排的卦序则体现了天地损益之道，故又称为天地损益卦序。

承以德也。"不事王侯"，志可则也。

《象》：山下有风，蛊。君子以振民育德。

这样一种排列方式，系鞠曦先生根据六位成章原理结合司马迁《史记》言孔子在昔者圣人之易的基础上序"象、系、象、说卦、文言"而成六章书。因此与传世本《周易》体例上有所变化。即传世本《小象》属于《系辞》；传世本乾坤两卦《文言》，独立成章，而其他章节诸如说卦传全部按六章排列，《文言》亦如此。删掉了十翼系统的其他四章，如《序卦传》《杂卦传》等。

蛊，巽而止。初六爻，震爻，干父之蛊，有子，考无咎，厉终吉。干者，事也。及为父，有子之后就应去蛊，在这样一个父子关系中，孩子长大，父亲老去的过程中去蛊。虽厉但终吉。①九二，巽爻，齐也。干母之蛊，不可，贞。但因有子，顺止其夫，得中道终可巽齐而去蛊。九三，离爻，见也。已见去蛊之理，虽小有悔，但无大咎也。六四，兑爻，悦也。裕父之蛊，往见吝。原来因以知去蛊之理而悦，但父亲留给孩子财富时而成蛊，孩子终得不到，故往见吝。六五，劳爻，干父之蛊，用誉。誉，称也，扬也。上九，不事王后，高尚其事。王侯不为王侯之事，而通过为父去蛊，高尚其事，则紧扣象辞，而天下治也。这才是儒家的政治哲学。去蛊之被存在，达于存在而成终成始，元亨，天下治也。去蛊而成君子之风，蛊终而君子之风行天下，自然天下化成，化成而无蛊，亦无须相关理论形式及书籍了。所谓"鸡犬之声相闻，老死不相往来"是也。

去蛊而成君子之风，德行天下。符合中天之象的原理。中天四象，雷风居首，

---

① 注意与西方的父子关系进行区分。在烈维纳斯的《总体与无限》当中，父子关系表现为"既是又不是的关系"。是表现为生殖性，而不是表现为他者性。而在儒家（注意并非张祥龙先生所言的父子关系，张并不懂儒家的父子关系，仅仅在《孝经》的意义上去言说）乃是就于天地之正，为父去蛊，谈不上"既是又不是"的既连续又断裂的关系，父亲若天德一样是居于主导地位的，而儿子亦需要像父亲一样若天德一般，若父母有蛊，儿子又要依天德而去父母之蛊。如是而言，三代去蛊。蛊卦中所表现的父子关系也不似精神分析所认为的那样，父亲是一个客体大A，主体永远不能成为主体自身，在《易经》的观点看来，这是非常荒诞的。

鞠曦先生言中天之象的原理体现在艮、震、巽上。风行而止，艮也，成终而成始。雷风恒，风雷益也。成止而风行，元亨也。风以动，雷风恒者，天地恒久之道，中也。动以成风，风雷益也。易道恒益也。之所以中天成为可能乃在于损益之道的止，损止则益行，而重新开新，开新而重新震，重新震则重新风行，是谓返本开新。

而按时空统一论原理为：存在的被存在的去被存在——被存在的主在的本在去客在。客在者，被存在也；人具有主在和客在两重特性，即既具有主体性也具有客体性，突出表现为主体的具身化，"谓吾有身"①，而唯有形神中和于本在（即时空）之上根据损益之道原理去客在。否则永远是主体追寻自由而不得，而主体之身体永远陷在物理心理条件（Psychophysische Konditionlität）之中，处在主体的动机（Motivation）和客体因果（Kausalität）关联之中唯有死路一条。

四、中医学之去蛊——温病学派之殇与医易相通辨误

中医学之蛊表现为中医理论受到了温病学派影响而导致看病仅以外因求，而不考虑疾病之本质。在论述该问题之前，需要明确的是《黄帝内经》中的"黄帝""岐伯"在对话时并不了解《易经》之体系，因此《黄帝内经》虽与《易经》共享同一个哲学基础即"形神中和"的哲学基础，但建构方式完全不同。《内经》是以阴阳、二阴二阳、三阴三阳、五运六气（主运、客运、中运；司天在泉，主气、客气、中气、复气；标本中气）②、四时、五行、九廓八风为其理论体系。③但正如孔子在《帛书要》当中谈道：

---

① 《道德经》。
② 参看方药中：《黄帝内经素问：运气七篇讲解》，人民卫生出版社，1984年版。
③ 实际上《内经》当中存在多种建构体系。比如五输穴系统与十二正经系统，其逻辑建构就不一样。

"孔子籀《易》，至于《损》《益》二卦，未尝不废书而叹，戒门弟子曰：二三子！夫损益之道，不可不审察也，吉凶之□也。《益》之为卦也，春以授夏之时也，万物之所出也，长日之所至也，产之室也，故曰益。损者，秋以授冬之时也，万物之所老衰也，长夕之所至也，……益之始也吉，其终也凶。损之始凶，其终也吉。损益之道，足以观天地之变，而君者之事已。是以察于损益之变者，不可动以忧喜。故明君不时不宿，不日不月，不卜不筮，而知吉与凶，顺于天地之心，此谓《易》道。

故《易》有天道焉，而不可以日月星辰尽称也，故为之以阴阳；有地道焉，不可以水火金土木尽称也，故律之以柔刚。有人道焉，不可以父子君臣夫妇先后尽称也，故要之以上下。有四时之变焉，不可以万物尽称也，故为之以八卦。

故《易》之为书也，一类不足以亟之，变以备其情者也，故谓之《易》。有君道焉，五官六府不足尽称之，五政之事不足以产之，而诗书礼乐不读百遍，难以致之。不问于古法，不可顺以辞令，不可求以志善。能者籀一求之，所谓得一而群毕者，此之谓也。损益之道，足以观得失矣。①

按孔子的理解所用之概念范畴越多却越穷不了理。是以孔子言"不可以日月星辰尽称也；不可以水火金土木尽称也；不可以父子君臣夫妇先后尽称也"，仅仅主体可穷的最小的差异②来穷之，即前文所述的天道以阴阳、地道以柔刚、人道以仁义而穷之，中和为卦的形式。是以《黄帝内经》的体系建构不如《易经》洁尽精微。而后世的不断发展，尤其是宋明时期（含金元），

---

① 《帛书易·要》。
② 关于差异的理论可参考结构主义和后结构主义的相关著作。参看弗朗索瓦多斯：《结构主义史》，季广茂译，金城出版社，2012年版。

刘完素首次提出"六气皆从火化"而到温病学派吴鞠通以时疫之气（客气）论治温病，开创了三焦辨证，及叶天士时开创了"卫气营血"辨证，薛生白湿热辨证，到王孟英而集大成，但却是以异化的形式而造成的。按《内经》："今夫热病者皆伤寒之类也。"按《难经》："伤寒有五：有中风、有伤寒、有湿温，有热病，有温病。"按《内经》与《难经》及《伤寒论》的理解，其他病总是以伤寒为纲的。即总是以伤寒为根本。[1] 其他邪气在人体里面总是从伤寒而化，寒邪化为湿热之邪，而其根乃在于寒。按鞠曦先生的理解，诸种邪气最终随身体的机体循环而累积于大肠，往往最终是以寒邪的形式凝聚，所谓非寒而不能凝。因此鞠曦先生根据《易经》六爻成效原理重新对中医学做了正本开新的工作。即震大肠巽肾气离胃脾兑肝胆坎入心艮肺气。自大肠而震至肺成终成始而不断代谢生生不息。鞠曦先生亦在其理的基础上研制出了阴阳中和丹（根据六爻成效之益卦原理又称为益生丹）与人体之周天原理一致而可治疗一切疾病，时或有四法[2] 同发或根据人身体不同情况而发一法。最终可将人体入损道所积聚的毒素（尤指寒毒及其其他凝结在寒毒之上的其他毒，如湿毒等），因寒毒之化必经过湿热的阶段，是以益生丹离有牛黄、双花之属。同时按七损八益之理，鞠曦先生将中和丹之三十六味药按损益阶段之不同稍作增减对治不同时期之身体之损态。且鞠曦先生亦按六十四卦原理研制出六十四种时方，如蛊卦乃无明风病，比如身体之耳鸣等，服去蛊丸得效。

此乃鞠曦先生根据六爻成效原理配人身体周天之生理。但若明《易经》，则恒益而无以用医，是以易道绌医。原因在于："雷风恒，君子立不易方。"

---

[1] 当然这里存在不同争论。按成无己的观点，仍然是从五运六气来解读伤寒论。仲景言伤寒乃在于借伤寒而使人体之生理病理系统呈现。因此温病治法亦在其中（从阳明论治）。参看成无己《伤寒论注解》。并未若鞠曦先生所言，寒邪为最终根本。同时需要注意的是，当时温病始，医生用伤寒论的方子而无效，故在医疗实践过程中产生了温病学派。温病往往起病急速，如20世纪70年代的流行性出血热和2003年的SARS。

[2] 指汗吐泻下。

恒益互逆，恒道之中自在承诺益道，损益之理，故成终成始，艮震生生，中和时空，益道始咸，重新以咸卦之理安顿生命。按照《易经》的"其初难知，其上易知，中爻而备的二四同功而异位，二誉四惧，三五同功而异位，三凶五功"的思想原理来组织理法方药，即"六爻相益，六味相叠①，八卦相错，顺损逆益"。

试举其例：巽而止，蛊之去。入而始，以开新。

震大肠，艮以肺：大肠动——终始肺：表里。

艮震汤：其初难知，其上易知，中爻而备。

巽誉兑惧：申肾兑肝——泽肝养肾——中爻而备。

兑巽汤——中爻而备。

离凶坎功：土晦水润——见土和肾。

坎离汤——中爻而备。

去蛊丸——山下有风——振民育德——艮始巽申——理肺申肾、中爻而备。

雷风丸——清肠滋肾——其初难知。

鞠曦先生的六爻时空辩证与传统的五行辩证等并不矛盾，相反更加易简。而这六爻时空辩证亦与内丹学原理相通。故鞠曦先生之内道功夫亦从六爻时空恒益而来。

值得指出的是历史上所谓的医易相通首出张景岳，但按其所承诺的思想原理医易并不相通，除上文笔者所论述的理由外，张景岳则深受宋明理学——周敦颐、二程、邵雍、张载、朱熹、王阳明、王廷相的影响。在早年对孙思邈"不知易不足以言太医"不屑，"以为《易》之为书在开物成务，知来藏往，而医之为道，则调元赞化，起死回生。其义似殊，其用似异。且以医有《内经》何借于《易》？舍近求远，奚必其然"。② 中年以后，"乃知天地之道，以阴阳二气而造化万物；人生之理，以阴阳二气而长养百骸。易者，易也，具阴

---

① 按鞠曦先生的思想原理每一爻六味药，六味药又要与每一爻和顺而成三十六味药。故有损益六十四时方。损损时亦益益。而每一爻之药务必找到归入其经起相同作用（即二誉四惧，三凶五功）的药。

② 张景岳《医方义》。

阳动静之妙；医者，意也，合阴阳消长之机。虽阴阳已备于《内经》，而变化莫大于《周易》"，从而提出了"医易同原"与"医易相通"的观点。但引用《易经》时，张景岳仍然是"太极本无极，无极而太极"，而又将太极或归为理，或归为气。之所以造成如此局面，乃是深受宋明理学的影响。宋明理学以心性或气或理遮蔽了存在之本质。原因在于尽管《易经》以"阴阳"来穷及天道，但仍然只是形而中的形式。而形而上之道则和中之后以时空（无间，即不区分阴阳的方式，或言元气）而行之。① 因此当没有意识到存在、被存在、去被存在的区分之时则容易陷入宋明儒的错误当中。这也是《易经》里言神而不言心，心从未被当作本体性的存在，而在宋明儒那里则被作为本体性的存在，是故难以与理、气做出区分。② 因为在作为形而上的形式化推定的原因的位置上总会出现其他形式，而不能在更深的层次上做出区分。其理论的圆融性显然是有问题的。

而鞠曦先生之时空辩证则是在对内时空的本质认识之上，其理一也。即形而上之道自在其中，而药学原理亦符合形而上之道。这样看来，中医学治病非以平为期了，而是要易道恒益。前者往往由于不懂形而上之道而落入主客认识当中，耗散精神，若《五经》系统之皓首穷经而不得，中医亦不知其所归。仅仅以解决某时某身体症状为治病方法原则，而不知疾病之本质，尤其不知损益之道。若知，中医可以休矣。中医，儒者必通而不为也，非救度人命之时不得已而为之，非为稻粱谋也。

是故，天之不丧斯文也！易道将兴也！以易知丘也。蛊止而风化天下也！

（作者为南京大学博士生）

---

① 也正是在这种意义上，中医学史出现了极大的混乱。即在元气层次及阴阳二气的外化层次上未加哲学的区分来探讨人体的生理现实，故在归之形上之因的时候出现多种争论。分成攻邪派、脾胃派、滋阴派、温补派、火神派、温病学派，等等。

② 参看蒙培元：《理学范畴系统》，人民出版社，1998 年版。

「鞠曦思想应用研究」

○《道德经》中的生命修炼之道　孙铁骑

○《易经》与《庄子》中的生命修炼思想之比较　孙铁骑

《道德经》中的生命修炼之道
——以"时空哲学"与道家内丹学为据

孙铁骑

摘要：道家内丹学的基本生命修炼原理就是将外用的精、气、神收归内时空，使精、气、神由外在分裂重归内时空统一。以此原理反照《道德经》的经典文本，可以考证出《道德经》中哪些文本内含了内丹学的生命修炼原理，从而能够更好地理解《道德经》所内含的生命真谛，在《道德经》的当代解读中真正达于经典之本义。对《道德经》全部文本的义理解读都应当以老子的生命修炼之道为核心展开，不但要对《道德经》中直接言说生命修炼之道的文本进行正确解读，而且要以此生命修炼之道为终极价值追求展开对《道德经》中的其他文本的义理解读，如此才不会偏离老子创作《道德经》的原始本义与理论宗旨，才能真正走入《道德经》的义理世界。

关键词：《道德经》；生命修炼；内丹学；时空统一

长生久视之道是道家思想的核心价值诉求，实现这一诉求的具体路径集中体现在后世道家内丹学的生命修炼之道中，并在道家内丹学的发展史中形成了《道藏》中蔚为壮观的众多丹经与道书经典文本。而与卷帙浩繁的丹经道书相比，作为道家原始经典的《道德经》中却似乎缺少对生命修炼之道的直接表达。而在思想史的发展逻辑之中，既然《道德经》是道家原始经典，那后世丹经道书就不过是《道德经》思想的流衍与发挥，内丹修炼之道必然已经内含于《道德经》的理论表达之中，只是没有如后世丹经道书那样明确提出的理论表达样式而已。故站在当代的理论地平之上，我们可以先行理解后世道家内丹学的生命修炼原理，再以此原理反照《道德经》的经典文本，以考证出《道德经》中哪些文本内含了内丹学的生命修炼原理，从而能够更好地理解《道德经》所内含的生命真谛，在《道德经》的当代解读中真正达于经典之本义。

而后世丹经道书的话语系统并非符合当代哲学理性的理论表达形式，而是多以丹、砂、铅、汞、鼎、炉、龙、虎、水、火、日、月、周天等譬喻来阐释生命修炼原理，为当代人的哲学理性思维所难以理解和把握，故需要对内丹学的生命修炼原理进行符合当代哲学理性思维的理论转化。这一转化只有在长白山书院山长鞠曦先生的"时空统一论"哲学体系中得到实现，故本文将先以"时空哲学"解读道家内丹学的生命修炼原理，再以此原理考察《道德经》的经典文本，揭示出《道德经》中内含的生命修炼之道。

一、道家内丹学生命修炼原理的"时空哲学"解读

理解内丹学的核心要点在于"内丹"二字，"丹"字在道家内丹学中只是一个譬喻，并不实指某种可食用之丹药，而是具有独特的生命内涵。夏元鼎言："仙道以神明为宗，以日月为丹。"[①]一个"丹"字，内含着日月的轮转与变化之义，而日月的轮转与变化既是一种空间的变换，亦是一种时间的历程，所以日月之变化实乃时空之变化。故"丹"字用现代哲学理性思维来解读就是一个表达时间与空间流转与变幻的概念。而时间与空间都是一种人为的划分与分判，时间无始无终，从不停止，从不中断，只是人为划分出年、

---

① 夏元鼎：《黄帝阴符经讲义》。

月、日，时、分、秒，故时间的本质就是"时"，没有"间"的存在。空间也是如此，四维上下、高低长短皆是人为的划分，"空"本无"间"，"空间"的本质就是"空"，没有"间"的存在。而此"无间时空"却内含生生之力量，一切有形之物，可以被人划分为时间与空间的一切存在者都是从此"无间时空"中发育流行而出，由"无间时空"的混沌到有间时空的万事万物的存在，就是生生之道的发育流行之过程，故此"无间时空"就是生生之道的本然自在，就是"形而上者谓之道"，而有间时空就是生生之道的创造物，就是"形而下者谓之器"。故可言"时空本无间，无间时空自生生"[1]，从而"丹"字本义即为"无间时空"，内含生生不息之力量，为生命之本源，故为道家修炼生命之根本所在。

既然"丹"字以现代哲学理性解读为"无间时空"，那"内丹"就是内在于人的现实生命之中的无间时空之存在，在"时空哲学"中名之为"内时空"，"内时空"为"无间时空"，故为形而上。与此"内时空"相对的是存在于人之现实生命之外的一切有形存在，名之为"外时空"，"外时空"为"有间时空"，故为形而下。故"内时空之形而上与外时空之形而下"[2]是"时空哲学"的核心命题之一。至此可知，以现代哲学理性解读"内丹"的概念内涵，再将之转化为符合现代哲学理性话语系统的概念表达方式，传统道学的"内丹"概念就可以转化为"时空哲学"的"内时空"概念。那么修炼"内丹"也就是进行"内时空"操作，所谓的内丹修炼之法不过是人体内时空操作的具体方法而已，这就清除了内丹修炼之道中的神秘主义，使当代人可以运用当代的哲学理性思维，通过对生命"内时空"操作的理解和把握走进道家传统的内丹学生命修炼原理之中。

将"内丹"概念转换成"内时空"概念之后，就可以用"内时空"概念

---

[1] 孙铁骑：《"时空统一论"哲学之学理初探》，长白山书院网站：http://www.cbsrudao.com.
[2] 鞠曦：《易哲学之形而中与内时空之形而上》，长白山书院网站：http://www.cbsrudao.com.

来分析、理解和把握内丹学的生命修炼原理了。因为"内时空"是"无间时空"，故为形而上的生生自在，也就是人体的生命力量之源，此内时空的生命力量在传统内丹学中称为"炁"或"元气"，此元气流行、游走于人体内在的经络系统之中，支配着人体的一切生命活动。外时空的千般表现皆根源于内时空的生命能量供应，故内时空为形而上而外时空为形而下，形而上支配形而下，内时空支配外时空，就是道支配器。故人体内在看不见的经络系统就是"形而上者谓之道"的"内时空"存在，此经络系统所构成的"内时空"并不是什么也没有的绝对空无，而是内含着"无间时空自生生"的生命能量，催动着人体的一切运动与变化，支配着人体的一切外时空操作。正因为人体内时空以生生不息的生命能量催动着人体外时空的一切运动与操作，所以人体外时空的一切操作也就必然带来内时空生命能量的耗费与减少，所以人体会因之而感到劳累与疲乏，从而需要通过休息来恢复体力。

而人体内时空的能量运动、消耗与恢复具有独特的生命运作方式，只有道家以内丹学原理将之透彻认知。在内丹学原理中，内时空的生命能量被称为"元气"，此元气发用流行于外时空之时就分化而为精、气、神三种作用方式，元气为先天形而上的生生自在，为无间时空，而此精、气、神的运用已落入后天形而下的有间时空存在，沦为与器物一样的时间性与空间性分裂的存在。也就是说，内时空的生生自在一落入外时空劳作之中就分裂为精、气、神的时空间化之中，从而使内时空的形而上落入与外时空的形而下一样的时空分裂之中，由此就使内时空由形而上落入形而下，从而使生命彻底沦为器物性存在。而内丹学的生命修炼之道就是自觉到了这种生命顺行天道，由外时空劳作而至于内时空分裂，导致生命损耗与生命能量减少的问题，故而要逆而修之，停止外时空的生命盲动与劳作，回归到内时空统一的生命自在，使精、气、神由外时空运用的分裂状态重回内时空的统一。内丹学称运用于外时空的精、气、神为后天，而后天的精、气、神回归内时空的先天之后称为元精、元气、元神，而先天的元精、元气、元神并无区别，只是相同的生命能量存在，可以"元气"一词统言之，就是内时空的生生自在。所以内丹学的基本生命修炼原理就是将外用的精、气、神收归内在，使精、气、神由外在分裂重归内在统一，培育并合成先天元气，最终使此先天元气凝聚成可以为生命主体自觉感知与操控的真实存在，名之为"内丹"。其实质就是对内时空的生命能量进行自觉操控，不再随顺天道而任由生命自然地生死流行，故言"我命在我不在天"。

内时空的生生自在一经发用流行于外时空的生命操作，就分裂而为生命后天形而下的精、气、神的存在，再以精、气、神的运作实现外时空的一切生命运动与劳作。而在长期支配和操作生命外时空的分裂性运动与劳作的过程之中，作为无间时空的生命内时空也会逐渐出现实质性间化，使内时空出现实质性的时间与空间的分裂与中断，也就是人体经脉系统的堵塞与中断，从而内时空的生生力量逐渐受限、受阻而衰减，并最终影响到生命外时空的正常运动与操作，最终表现为各种实质性的生理与心理疾病。这就是现实生命顺行天道而自然耗损生命，由生而至于衰老、疾病与死亡的过程。如此过程用现代哲学话语表达就是人的物化与异化，人成为工具化存在，被外物所限而逐渐丧失其主体性的过程。针对如此问题，内丹学以周天功作为具体可操作的功夫论进路，停止外时空的一切盲动与劳碌，以精、气、神的合一培育和积攒元气，再以元气所具有的生生流行之力逐渐冲开被堵塞的经脉，最终使经脉完全畅通。因任脉与督脉分主一身的阴脉与阳脉，并通行于人身的前庭与后背形成一个循环，故任督二脉的贯通被称为"小周天"，而"任督通则脉脉通"，通过"小周天"的贯通最终带动实现周身经脉的全部贯通，称为"大周天"。这一打通大小周天的生命修炼过程也就是由外时空回归内时空，逐渐积累内时空中的生命能量，以此生命能量清除内时空的时空间化，重新实现内时空的完全统一，使内时空由后天的形而下重回先天的形而上的过程，即为由修道而至于得道。

二、《道德经》中内含的生命修炼之道

理解了道家内丹学关于生命修炼的基本原理，就可以以之为根据反观《道德经》各章的经典文本，理解和分析哪些话语是对内丹学生命修炼原理的直接理论表达，哪些话语只是间接内含了此生命修炼原理，哪些话语又只是对此原理的外在发挥与具体运用。本文于此只考察《道德经》中能够直接表达着内丹学生命修炼原理的经典文本与段落，其他则暂置之阙如。

（一）内时空与外时空的生命修炼原理

《道德经》第四章言：

> 道冲，而用之或不盈。渊兮，似万物之宗。挫其锐，解其纷，合其光，同其尘。湛兮，似或存。吾不知谁之子，象帝之先。

"道冲，而用之或不盈。"关键字在于"用"字，既然能被"用"，则此道就不是自然之道，而是属人之道，能够为人所用之道，即为"无间时空自生生"的内时空之道。故此"道冲"并不是言说自然之道的发用流行，而是言自然之道流行于人体内时空之中而发用流行的"形而上者谓之道"，此生生不息的生命能量流行于内时空之中，属于无间时空的生生自在，故绵绵不绝而持续不断，因一旦中断或穷尽，即为生命死亡之时，故对生命的存续而言，此道之流行必须"用之或不盈"。

"渊兮，似万物之宗。"内时空的生生之道是现实生命存在的根本源头，但此内时空并非有形存在，而是形而上的无间时空，无形无象可以把捉，故如深渊一样不可捉摸，故言"渊兮"。但生命的一切外在操作与对天地万物的一切认知又都根源于它，也就是外时空要以内时空为存在的逻辑前提才成其为外时空，似乎外时空万物的存在反以此内时空的存在为根据，故言"似

万物之宗"。

"挫其锐，解其纷，合其光，同其尘。湛兮，似或存。""锐、纷、光、尘"皆为外时空之无穷变化，皆为时空分裂、时空间化之结果，内时空在这种时空间化的生命盲动与外在劳作之中消耗了生命能量，使内时空分裂，使经络系统阻塞，造成各种疾病。故要"挫其锐，解其纷，合其光，同其尘"，就是要停止外时空的生命盲动与时空分裂，不对外时空进行时间与空间的间化性认知与劳作，消解生命主体性的自以为是，与外时空合而为一，在生命情怀上就是"上下与天地同流"（《孟子·尽心上》），"天地与我并生，而万物与我为一"（《庄子·齐物论》）的人生境界。而这种外时空的"挫锐，解纷，合光，同尘"，其目的是回归生命内时空的生生自在，达于内时空的统一与贯通。而内时空的生生流行只有通过有意识的生命自觉与现实操作才能真正觉知和把握，故言"湛兮，似或存"。"湛兮"言其真实、确切而不可疑，"似或存"则言其不可言传，只能实证，如庄子所言之"道可传而不可受"（《庄子·大宗师》）。

"吾不知谁之子，象帝之先。"此二句概言此内时空之生生流行莫测难言，只能操作，不能解说；只能修炼，不能言传，故言"吾不知谁之子"。但其又是现实的生命修炼所能把握与达到的生命状态与境界，实乃天之所予之能力，故言"象帝之先"。

此外，《道德经》第十二章对于外时空分裂的各种危害进行了特别揭示：

> 五色令人目盲，五音令人耳聋，五味令人口爽，驰骋畋猎，令人心发狂，难得之货，令人行妨。是以圣人为腹不为目，故去彼取此。

耳、目、口、心等感官逐于外物，必然扰乱内时空统一，造成内时空分裂。圣人知生命内外时空之分合、损益之理，而注力于内时空修炼，不在外时空奔逐，故能"为腹不为目"。因腹为内，目为外；腹守内时空，而目逐外时空，故要"去彼取此"。

（二）内时空的生命修炼方法

1."虚"以"守中"

《道德经》第五章言：

> 天地不仁，以万物为刍狗。圣人不仁，以百姓为刍狗。天地之间，其犹橐龠乎！虚而不屈，动而愈出。多言数穷，不如守中。

两个"不仁"言说圣人与天地一样，对万物与百姓"没有偏私"，此"没有偏私"有两层意涵：一是圣人之道人人可求，人人可得，非为个别人所专属；二是此圣人之道只能从自身修炼而得，而非外求而来，更不是由圣人外加于己。因圣人之道即为内时空生命修炼之道，而内时空人人固有，非为外求而得，亦非外加于己。故圣人只能传给他人自己如何修道之法，却无法直接将道授予他人，故圣人传道于可传之人不为仁慈，不传于不可传之人亦不为不仁。

"天地之间，其犹橐龠乎！"言天地之间本无时空间化，乃为时空统一之生生自在，如风箱气囊一样，内似空虚，却有鼓动万物，生生无穷之力量。因"时空本无间，无间时空自生生"，天地之间以其"时空本无间"而能生生不息，长养万物。于人身言，则只有内时空为无间时空，内具生生无穷的生命力量，支配着外时空的一切运动。

"虚而不屈，动而愈出。""虚"是中国哲学的重要概念，《列子》书又名《冲虚真经》，即以"虚"为宗；儒家的荀子也以"虚一而静"为修身之法。"虚"即为中无一物，没有间化，没有隔阂，没有分判，在生命而言就是持守内时空统一，积蓄生生无穷之生命能量，周流全身经络，积蓄蓬勃之生命力。故"虚"并不是绝对地空无，而是内含生生无穷的力量，故言"虚而不屈"。此生生无穷之力量周流全身经脉，使身心舒泰，生命康健，故言"动而愈出"。

《道德经》第十六章言"致虚极,守静笃"亦是此义,"虚"之极致即为内时空完全统一,使生生之力于体内充沛流行,而表现于外时空却是完全地静止,停止外时空的一切盲动,故为"守静笃"。

"多言数穷,不如守中。"这是对生命修炼方法的具体指导,"多言数穷"指明生命修炼不是言说之事,而是现实的生命操作;"不如守中"则揭示生命修炼的关键与入手之处即为"守中"之法。此"中"大而言之,指人在天地之"中";小而言之,指人体内时空之"中",具体而言之,在丹田气海之"中"。心神不外驰,守于内时空,则元气渐充渐聚,日久则于丹田气海之中凝聚成形而为"丹",即可为主体自觉操控和把握之生命能量之源。

此被称为"内丹"的生命能量之源因其具有生生不息的力量而又称为"玄牝",故《道德经》第六章又有"谷神不死,是谓玄牝;玄牝之门,是谓天地根;绵绵若存,用之不勤"之论。此"玄牝之门"就是人之心神可以操作与推动内时空生命能量自主流转运行的始点,精、气、神于此凝聚而成生生不息的生命能量,最终打通全身经脉,实现内时空完全统一,故言"谷神不死",为神凝气聚而生生不息之义。以我观世界,我为世界之中心,而此"玄牝之门"又为吾身之中,从而天地万物皆可视为由此"玄牝之门"向外生发而成、而存,故言"玄牝之门,是谓天地根"。吾之生生由此"玄牝之门"而通于天地万物之生生,形成宇宙大生命之生生不息,故言"绵绵若存,用之不勤"。

2. "抱一"以"专气"

前文已述,《道德经》第五章给出了"守中"的生命修炼方法,第六章则给出了此"中"的核心标的为"玄牝之门"。那么又该如何守住此"中"呢?又该如何操作此"玄牝之门"呢?《道德经》第十章给出了"抱一以专气"的操作指引:

载营魄抱一,能无离乎?专气致柔,能如婴儿乎?

"营魄"不仅指魂魄而已,而是概言内时空外用之时分裂而成之精、神、魂、魄、意等各要素,内丹学以"精、神、魂、魄"分属于"北、南、东、西"四方,以言生命内时空分裂之理,又以"意"为"中"而凝聚四方,使"精、神、魂、魄"合而为一,以言如何回归内时空统一之理。"抱一"就是将此分裂于外的精、神、魂、魄、意等收归一处,回归内时空统一。此"抱一"以意念的精诚纯粹为始点,与《大学》的"诚意正心"实有功夫论上的相通之处。而此"抱一"并非易事,日常生命已经习惯于追逐外物,忙忙碌碌,难得清闲,"精、神、魂、魄、意"皆易散而难聚,纵得一时之安定与凝聚,亦难以持久与永恒,故老子于此慨叹:"载营魄抱一,能无离乎?"第二十二章更言"圣人抱一以为天下式",圣人只有以"抱一"为根本,修炼自身生命,先行解决自身生命问题,方可以为天下人立准则,为天下人所尊崇和效法。

而"守中"与"抱一"之目的是为培育内时空之生命能量,即内丹学所言之"元气",故下言"专气致柔"。"专气"即为培育、积攒元气,孟子亦言"我善养吾浩然之气",其义与此"专气"之说实相贯通。"致柔"即为随顺自然,不可强求,与孟子的"勿忘勿助"之说同样贯通。因任何以意强求都是对精、气、神的另一种乱用,同样会造成内时空的分裂,与修炼之本义相背离。婴儿无知无识,一切作为皆本于自然,从而能精神内守,较少外时空损耗而精力自足,故言"专气致柔,能如婴儿乎"?

(三)内时空修炼之生命体验

内时空之生命修炼,完全是个体之事,他者无法参与其中,自然无从感知和领受其生命体验,但老子仍然强为之言,在《道德经》第二十一章描述了内时空修炼的生命体验:

> 孔德之容,惟道是从。道之为物,惟恍惟惚。惚兮恍兮,其中有象;恍兮惚兮,其中有物。窈兮冥兮,其中有精;其精甚真,其中有信。

"孔德之容，惟道是从"，意指人生最大的德行就是言行合道，合于生命之道。下面"恍兮惚兮""窈兮冥兮"之语皆是对内时空贯通、统一之时，体内真气运行，生命能量升腾涌动之感的形象化描述，故不可做抽象化、理论化理解。而"有象""有物""有精""有信"皆是指此种生命感受真实不虚，虽不可为外人道，却是现实的生命修炼所呈现的真实感受，故言"其精甚真"。

（四）内时空修炼之外在表现与改变

生命内时空为外时空之本源，从而内时空修炼必然引起人体外时空形象、面貌与气质之变化，故老子对得道者进行了外在形象之描摹。《道德经》第十五章言：

> 古之善为道者，微妙玄通，深不可识。夫唯不可识，故强为之容：豫兮若冬涉川；犹兮若畏四邻；俨兮其若客；涣兮其若凌释；敦兮其若朴；旷兮其若谷；混兮其若浊；澹兮其若海；飘兮若无止。

因为内时空的生命修炼与操作无论达于何种境地，都只能为自己所独知，而无法被他人从外在直接看到或感知到，故言"古之善为道者，微妙玄通，深不可识"。但正因为深不可识，才要勉强描述其外在形象，给人留下访道寻仙的基本线索，故言"夫唯不可识，故强为之容"。"豫兮""犹兮""俨兮""涣兮""敦兮""旷兮""混兮""澹兮""飘兮"，都是对内时空修炼有成之人的外在形象描摹，要在于谨慎、庄严、素朴、豁达与自然。

《道德经》第二十章又在与俗人的对比中对得道之人的外在形象进行了描摹：

> 荒兮，其未央哉！众人熙熙，如享太牢，如春登台；我独泊兮，

其未兆；沌沌兮，如婴儿之未孩。儽儽兮，若无所归。众人皆有余，而我独若遗。我愚人之心也哉，沌沌兮！俗人昭昭，我独昏昏；俗人察察，我独闷闷。澹兮其若海，飂兮若无止。众人皆有以，而我独顽且鄙。独异于人，而贵食母。

外时空纷繁错乱，没有止境，故言"荒兮，其未央哉"！而众人皆奔逐于外物，迷恋于外时空的各种诱惑，认假为真，以苦为乐，故言"众人熙熙，如享太牢，如春登台"。而圣人以内时空修炼为真，以外时空追逐为假，故能"泊兮""沌沌兮""儽儽兮"。众人皆于外时空求物欲，故能"有余"，而圣人则于内时空修炼而于外时空若有所失，故"若遗"。圣人心神在内而不用心机于外，故"我愚人之心也哉"。俗人昭昭察察，却是为一己私利，而圣人却昏昏闷闷，而毫无一己私意，故能"若海""若无止"。众人皆有待而生，有欲而求，故言"众人皆有以"，而圣人则独立不改，无待于外，故"而我独顽且鄙"。圣人正因为异于众人，才得以"独与天地精神相往来"，得天道性命之正，故言"独异于人，而贵食母"。

三、生命修炼之道在《道德经》中的核心学理地位

《道德经》仅仅五千言，却含弘光大，言简而义深，直指至理大道。正因其言简，故难以仅仅通过文字本身就完全透彻理解《道德经》原始文本的精义；正因其义深，故可以让解读者从不同视角、不同层面展开不同的解读；所以历来对《道德经》的解读纷乱复杂，各言其理，争论不一。如何弥合这种分歧？怎样才能解读出《道德经》的真正本义？对文本的解读不能离开对文本作者的考察，从文本作者的创作本意出发去理解文本才会更加准确地理解文本的真正内涵。所以解读《道德经》就要回到老子的生命之中，知道老子是一个什么样的人？他创作《道德经》的目的是什么？其以什么样的价值

宗旨形成了后世的道家学派？以对这些基础问题的解答为理论地平，才能真正走入《道德经》的义理世界。

因为《道德经》既然是老子一生唯一的作品，必然是老子全部学术生命的真实表达。读其书必先知其人，解读《道德经》的前提首先是要明确它的作者是一位得道之人，而《道德经》又是一部言道之书，则此书必然内含老子的生命之道。而老子作为得道之人必深晓生命修炼之理，必有其生命修炼之法，必有其生命修炼的深刻体验。而《道德经》虽言简而意赅，必然应当内含着这些内容，故对《道德经》的解读就应当以老子的生命之道为核心展开，而生命之道是现实的生命运动，而不是抽象的理论表达，故如何修炼生命以合于道必然是《道德经》最核心的思想。故在《道德经》的义理解读之中应当先行确立生命修炼之道的核心学理地位，将《道德经》的全部文本解读建立在生命修炼的价值宗旨之上，如此才能合乎逻辑地对前文引证的诸多文本进行合理解读，并能以之指导现实生命的修炼与操作。这才是《道德经》活的灵魂与跨越历史时空的文化价值所在，也是《道德经》切入每个人的现实生命与当下现实生活的切实入口。也只有将生命的修炼之道确立为《道德经》的核心理论宗旨，才能在思想史的维度中合乎逻辑地解释为何后世丹经道书能够在《道德经》的基础上发展出系统完备的内丹学生命修炼体系，从而不会将《道德经》与后世的丹经道书当作不同的理论体系来解读。

在当代的《道德经》解读中，存在的最大问题就是离开老子的生命修炼之道，从解读者本人的学术背景、理解能力与兴趣爱好出发进行自以为是的理论解读，从而这种解读只是解读者自己的思想，而不是老子写作《道德经》所要表达的本义。虽然站在思想史流衍的任何一个时代结点上，每个解读者对经典文本的解读都只能是一种"自以为是"，但此"自以为是"如果能与老子的生命相贯通，就会更加走近《道德经》的本义。相反，背离老子的生命修炼之道，无论解读多么合乎理性的逻辑，都是在《道德经》以外的另一套义理逻辑，而不是《道德经》所要真正传达的东西。而且，离开生命的修炼之道解读《道德经》，如前文所引证的那些文本根本就无法得到合理解读，而其他文本纵使能够得到合理解读，如果离开了生命本身，与生命的安顿无关，又有何实际意义呢？所以对《道德经》全部文本的义理解读都应当以老子的生命修炼之道为核心展开，不但要对《道德经》中直接言说生命修炼之道的文本进行正确解读，而且要以此生命修炼之道为终极价值追求展开对《道德经》中的其他文本的义理解读，如此才不会偏离老子创作《道德经》的原始本义与理论宗旨，才能真正走入《道德经》的义理世界。

（作者为吉林师范大学马克思主义学院副教授，哲学博士）

《易经》与《庄子》中的生命修炼思想之比较

孙铁骑

摘要：《易经》与《庄子》具有本质一致的生命修炼原理。《易经》的生命修炼原理内含在"咸""艮"二卦中，二卦都以身体取象，通过内时空的"感"与"止"实现精、气、神的统一以修炼生命。《庄子》则以大鹏"逍遥"之喻，并通过"缘督""心斋""坐忘""纯素"等方法实现内时空精、神、气的操作来修炼生命，可证儒道会通。

关键词：《易经》；《庄子》；生命修炼；内时空

中国传统文化的本质是生命文化，从而具有丰富的生命修炼思想与具体的操作方法与路径。在保养生命的实践操作层面上，既有形而上的道家内丹修炼之道，又有形而下的中医学对疾病的治疗和养生理论与实践。而中国文化的最高追求是道而不是术，从而中医只能属于治病救人之术，而内含在传统儒释道之中的生命修炼之道才是中国传统文化的最高追求。本文以作为传统经典的《易经》与《庄子》进行对比，提炼出两个文本之中内含的生命修炼之道，以见中国文化之生命本质，及贯通于各家之中的生命修炼之道。

一、《易经》中的生命修炼原理

儒家自古以来被认为没有如道家内丹学一样的生命修炼之道，认为孔子只有仁义之术而无"性与天道"之学。虽然《大学》也讲"自天子以至于庶人，一是皆以修身为本"，但此"修身"通常被理解为伦理道德的培育，宋明诸儒虽然也打坐习静，但培养的仍然是心性的纯净，注重的是伦理道德品质的提升。故在中国思想史的历史进路中，儒家与道家截然分判，道家只注重身心性命的修炼，儒家只注重人伦日用的安顿，成为中国人两种不同的生命存在样态与生活方式，造成儒道殊途，甚至儒道相绌。而鞠曦先生通过对易学的正本清源，通过自身的生命实证，揭示出《易经》承载着孔子的"性与天道"之学，"咸""艮"二卦内含着儒家的生命修炼原理，可以与道家的内丹修炼原理相互贯通，从而可证儒道会通，在庄子所言之"道术将为天下裂"之前，本无儒道之分别，中华文化具有本质为一的道统传承。

1."咸"卦的生命修炼原理

按照鞠曦先生正本清源，重新编订后的《易正疏》，"咸"卦的卦爻辞、彖辞、系辞、象辞系统如下：

咸：亨，利贞，取女吉。

《彖》曰：咸，感也。柔上而刚下，二气感应以相与。止而悦，男下女，是以亨利贞，取女吉也。天地感而万物化生，圣人感人心而天下和平。观其所感，而天地万物之情可见矣！

初六，咸其拇。

《系》曰：咸其拇，志在外也。

六二，咸其腓，凶，居吉。

《系》曰：虽凶，居吉，顺不害也。

九三，咸其股，执其随，往吝。

《系》曰：咸其股，亦不处也；志在随人，所执下也。

九四：贞吉，悔亡。憧憧往来，朋从尔思。

《系》曰：贞吉悔亡，未感害也；憧憧往来，未光大也。

九五，咸其脢，无悔。

《系》曰：咸其脢，志末也。

上六，咸其辅颊舌。

《系》曰：咸其辅颊舌，滕口说也。

《象》曰：山上有泽，咸，君子以虚受人。

咸者，感也。"咸"卦的生命修炼之道核心在于一个"感"字，此"感"非仅指人之所独具之感应能力，而是具有一种本体论意义，贯通于天、地、人之万有共通之感，故《彖》言："观其所感，而天地万物之情可见矣！"在《彖》辞中，"柔上而刚下"言地道之"柔刚"；"二气感应以相与"，言天道之"阴阳"；"止而悦，男下女"，言人道之"仁义"；可见此"感"通于天、地、人三才之道。"天地感而万物化生"，言天地以相互感通的方式化生万物，使万物生生不息，故"感"实乃给出天地万物生生流行之化生方式，唯有感通，方能生生。故"圣人感人心而天下和平"，言圣人以一己之道心与众人之心相感通，引之入道，达于生生，自然天下和平。无奈"中人以上可以语上也，中人以下不可以语上也"（《论语·雍也》），故吕祖云"天涯尽说人寻我，走遍天涯不见人"，此为"道不远人，人之为道而远人"（《中庸》）。

而"天道远，人道迩"，儒乃人之需，"咸"卦六爻展开者，唯在人道之感通也。而人道之感通，已经内含天道之阴阳与地道之柔刚在其中。那么人道如何感通才能有利于生生，合于天地之道呢？人之感通有向外与向内两个路向，西方哲学与文化只有向外一个路向，也就是在外时空思维和感通，而中国哲学则注重向内的路向，也就是在内时空[①]思维和感通。而"内时空"为"形而上"，"外时空"为"形而下"，从而西方哲学只能发展出形而下之自然科学，而中国哲学则发展出形而上之生命科学。但中国哲学从来都不是大众哲学，而是圣人之学，目的是培养圣贤，再由圣人制礼作乐，教化民众，化民成俗，使个体安顿，社会安定。故由"咸""艮"二卦所揭示的"内时空"生命修炼原理就是孔子的"性与天道"之学的核心，却非常人所能理解，使子贡言"夫子之言性与天道，不可得而闻也"（《论语·公冶长》），而孔子最聪明的弟子颜渊早死，使孔子痛呼"天丧予"（《论语·先进》），孔子之性与天道再无人能解。从而中国上古圣人的生命修炼之道就由道家一脉传承下来，发展成为后世的内丹修炼之学，而儒家则只注重于日用伦常与政治领域，彻底遗失了自己的生命修炼之道。鞠曦先生以对《易经》的正本清源揭示出了"咸""艮"二卦的生命修炼原理，使儒家的生命修炼之道大明于天下，其理论与实践意义必将显见之于思想史之未来。

"咸"卦以人身取象，上卦"泽"为"少女"，下卦"山"为少男，揭示出少男少女时期的生命存在特征与修炼之理。首先以初爻、二爻、三爻揭示人生于知识初开而至于青春时期日益感通于外时空之生命历程，故言"志在外也"，在这一感通于外时空的过程中会产生各种生命的盲动，故警告以"居吉""往吝"。四爻则指出感于外时空，产生"憧憧往来，朋从尔思"生命问题的根本原因："未感害也"，"未光大也"。不知外时空追逐之危害，未能光大自己之生命才会产生"憧憧往来，朋从尔思"的生命问题。故五爻、上爻给出具体的解决之道，由外时空思维和感通转向内时空思维和感通。而内时空为形而上，又如何感通呢？五爻示以的路径为"咸其脢"，即感于后背督脉所在，即庄子"缘督以为经"的易理化表达。"咸其脢"的道理在于

[①] 内时空是由鞠曦先生的"时空统一论"哲学体系提出的哲学概念，内时空思维与操作是中国哲学所独有的生命哲学维度，而西方哲学只能在外时空思维与操作，从而远离内时空的生命本质，解决不了生命问题，最终走向终结。

通过前四爻的生命指引，已经绝弃了外时空的生命盲动，将心神集中于内时空，此时已经是精、气、神合一的状态，生命之能量（即阳气）开始积聚，此时需要将之引导到益生的方向，就要"咸其脢"，使真气沿督脉上升，即为"精义入神，以致用也"，逐渐打通任督二脉，使真气运化入口而有津液满口，吞咽入腑，以益于生，从而有上爻"滕口说也"的生命感受。如此使生命能量运化于内时空，而不是浪费于外时空，从而滋养生命，祛病强身，并因消除外时空的生命盲动而提升生命内在的性德培育，即为"利用安身，以崇德也"。

《象》辞最后示以"咸"卦的内时空生命修炼原理的关键点是一个"虚"字，取象于"山上有泽"，故而"咸，君子以虚受人"。何以强调一个"虚"字？因内时空为形而上，本无形无象，故为"虚"，但内时空又是现实的生命存在，故此"虚"非空无所有的"顽空"，此"虚"为"虚灵不昧"之"虚"，相当于佛家的"真空妙有"。故此虚实乃精、气、神相统一，元炁充盈的内时空状态，恰如山上之泽，氤氲迷漫，滋养生命。《庄子》借孔子之口曰："气也者，虚而待物者也。唯道集虚，虚者，心斋也。"（《庄子·人间世》）心斋也就是守住内时空之虚灵，以招先天一气而与道合一。

2."艮"卦的生命修炼之道

按照鞠曦先生正本清源，重新编订后的《易正疏》，"艮"卦的卦爻辞、象辞、系辞、象辞系统如下：

艮：艮其背不获其身，行其庭不见其人。无咎。

《象》曰：艮，止也。时止则止，时行则行，动静不失其时，其道光明。艮其止，止其所也。上下敌应，不相与也。是以不获其身，行其庭不见其人，无咎也。

初六：艮其趾。无咎，利永贞。

《系》曰：艮其趾，未失正也。

六二：艮其腓，不拯其随，其心不快。

《系》曰：不拯其随，未退听也。

九三：艮其限，列其夤，厉薰心。

《系》曰：艮其限，危薰心也。

六四：艮其身，无咎。

《系》曰：艮其身，止诸躬也。

六五：艮其辅，言有序，悔亡。

《系》曰：艮其辅，以中正也。

上九：敦艮，吉。

《系》曰：敦艮之吉，以厚终也。

《象》曰：兼山，艮。君子以思不出其位。

艮者，止也。"艮"卦的生命修炼之道核心在于一个"止"字。在"咸"卦的生命修炼原理之中，已经内含了一个"止"的维度，即止住外时空的生命盲动，以感于内时空的生生之流，以之冲开经脉，达于内时空统一。故"咸"卦是止其外而感于内，而"艮"卦则不仅是感于内，而且止于内，故为兼山艮，止而又止，不仅止住外时空的生命盲动，而且要使生命完全止于内时空的生命操作之中，使生命的内时空操作完全不受外时空的限制，以达于"我命在我不在天"。内时空为形而上之生生流行，故"艮"卦之"止"就是止于生生。《大学》言"大学之道，在明明德，在亲民，在止于至善"，何为"至善"？超善恶之生生本体也，"止于至善"即止于生生也，与"艮"卦之"止"同一义理。而止于内时空之生生乃是一生生大化的流行过程，非一动不动之谓也，故《象》言"时止则止，时行则行，动静不失其时，其道光明"。"艮其止，止其所也"，即止其所当止，同样是"动静不失其时"之义，《大学》言："'缗蛮黄鸟，止于丘隅'。子曰：于止，知其所止，可以人而不如鸟乎？"黄鸟虽不知生命修炼之道，尚且出于生命本能而知道止于其所当止之处而保其生，人难道还不如鸟吗？自然应当"居善地，心善渊"（《道德经·第八章》），"危邦不入，乱邦不居"(《论语·泰伯》)，更应当觉解内时空的形而上生命原理，以止于内时空操作，修炼生命。

"艮"卦具体的内时空操作之法就是"艮其背不获其身，行其庭不见其人"，最终达于上爻的"敦艮之吉，以厚终也"。"艮其背"即心神止于后背，操作真气沿督脉上行，运行至前庭沿任脉而下，即"行其庭"，如此任督二脉往来贯通，真炁沿周天运行，自然内景不出，外景不入，内"不获其身"，外"不见其人"，物我两忘，只有一炁流行，达于"敦艮之吉"。之所以如此操作内时空，是因为"上下敌应，不相与也"：就一身而言，上身为内时空精、气、神直接操作之所，下身则与之为敌而不相与也，需要打通任督二脉之后才可打通下身经脉。就内外时空而言，内时空才是人人可操作之生命本在，外时空则与之为敌而不相与也，只有打通内时空才能解决好外时空的问题，只有内道在身才能行外儒之事业。而现实人生多不解内时空生命原理，只在外时空中谋生活，结果是一生困惑，一身问题，最终抱撼而终。

"艮"卦初爻、二爻、三爻与"咸"卦前三爻一样直言生命存在与修炼中存在的问题，"咸"卦前三爻言感于外时空的危害，而警告以停止外时空之盲动，"艮"卦前三爻则直言停止外时空盲动所必经之"其心不快"，"厉薰心"等矛盾、困难与问题。四爻则指明解决问题的根本方法在于"止诸躬也"，也就是心诚求之，为自己的生命负责，自然会认识到外时空存在的无常变幻与各种凶险，自觉求取内时空的恒定与生生，通于《大学》之"诚意"，《中庸》之"诚者，天之道也，诚之者，人之道也"。五爻以"艮其辅，言有序，悔亡"揭示生命修炼之要在于"言有序"，言起于思，思与言为生命运作之始点，思不得其正，则言不及义，行不合道，精、气、神乱用，内时空分裂，必然于外时空落入生命盲动之中。故必以内时空之统一，得生命流行之中正，方可于外时空中措置得当，进退合宜，与时偕行，如孔子为"圣之时者"(《孟子·万章下》)，"用之则行，舍之则藏"(《论语·述而》)，"无可无不可"(《论语·微子》)，"七十而从心所欲，不逾矩"(《论语·为政》)，必然以内时空修为为根源，故《系》言"艮其辅，以中正也"。以此反思，现代人终日在外时空中奔逐忙碌，才小志大，却终日大言不惭，言不及义，空耗精气，伤损性命而不自知，实可悲也。也可以理解何以"子欲无言"，何以老子骑青牛出函谷关而欲不留一言，实乃不为无益之言，也正因为圣人能够做到"言有序"，才有孔子编订"六经"，老子留下道德五千言，成就中华道统之一贯。如孔子与老子，才能做到"吾道一以贯之"（《论语·里仁》），至诚无息而止于生生之至善，方为上爻之"敦艮之吉，以厚终也"，达于生命之极致，"穷理尽性以至于命"，超越内外时空一切限制，达于生命之大自由、大自在，方为"穷神知化，德之盛也"，即为庄子之"逍遥游"。

《象》辞以"兼山"取象，强调生命修炼的另一个关键点是"思"字，与五爻之"言有序"贯通，思在于人，为最平常不过之事，睡梦之中亦有思之所在，正因其"须臾不可离也"，才为入道与离道之关键点。如思不得其正，则言而无序，行而无当，甚至伤生害性，故君子观兼山艮之象，止而又止，思止于内时空而不出其位，自然得生命之益而达于至道。

二、《庄子》中的生命修炼原理

在中国学术思想史中，庄子被认为是继老子之后的道家代表，故而老庄并称。虽然也有人（例如钟泰先生）认为庄子是儒家人物，本文无意于辨析庄子的学术身份问题，而是注意于《庄子》一书内含的丰富的生命修炼思想与操作原理。因庄子一书"寓言十九，重言十七，卮言日出"，虽言辞有大美，却汪洋恣肆，难以把捉，而内含于其中的丰富而深刻的生命修炼原理更是被人所不解。因不懂生命修炼原理，没有实际修证之人根本无法从庄子的"寓言、重言、卮言"中领悟具体的生命修炼原理，故需细辨析之。

1.《庄子·逍遥游》暗喻之生命修炼原理

《庄子》开篇即为《逍遥游》，逍遥人生为《庄子》全书之核心价值宗旨。

而何以达于逍遥,却似乎难以定论。按中国哲学的生命本质,只有从生命修炼与安顿的层面才能真正把握住人生何以逍遥的核心。而《逍遥游》开篇之大鹏隐喻也只有从生命修炼角度思考才能得到真正的理解:

> 北冥有鱼,其名为鲲。鲲之大,不知其几千里也。化而为鸟,其名为鹏。鹏之背,不知其几千里也,怒而飞,其翼若垂天之云。是鸟也,海运则将徙于南冥。南冥者,天池也。

此段引喻如果只以人生逍遥之生命境界解之,则只是一种外在之生命存在状态之描述,但如以生命修炼之道解之,则可以暗通于道家内丹学的生命修炼之道。在道家内丹修炼原理之中,先天之精气神为一,称为元精、元气、元神,可以元气一词统称之,落入后天则分裂为淫欲之精、呼吸之气、思虑之神,外展出精、气、神之不同功用。而内丹学之生命修炼就是要使此后天之精、气、神之分裂回归先天的元精、元气、元神合一的生命存在状态,故要逆而修之,"炼精化气,炼气化神,炼神还虚,炼虚合道",回归先天统一的元精、元气、元神合一的生命存在状态。

而在传统道家的生命修炼原理的文本表达之中自有其一套话语系统,不可以现代理性哲学的思辨概念与思想范畴对等之。在内丹修炼原理的文本表达中,精属北方坎中水,神属南方离中火,从而《庄子》书表达的"北冥有鱼,其名为鲲"即喻指人身中下方之精,"鲲之大,不知其几千里也"即喻指此精为一身之根本,对于生命而言,千里不足以称其大。"化而为鸟,其名为鹏"即为"炼精化气",鹏为气之隐喻也。鲲化而为鹏,即为精化而为气。"鹏之背,不知其几千里也",喻指此气为生命发用流行之根本,与精一样,千里不足以称其大。"怒而飞,其翼若垂天之云"喻指由"炼精化气"而升腾运化之气已经是先天之元气,充满生命之能量,故能"怒而飞",而以"翼若垂天之云"喻之。"南冥者,天池也"喻指人身中上方之神,"是鸟也,海运则将徙于南冥"即为元气沿督脉上升而入脑养神,是为"炼气化神"之隐喻也。

故由《庄子·逍遥游》中的鲲鹏之喻可知其所隐喻者暗通于后世道家内丹学之"炼精化气,炼气化神"之生命修炼原理。也只有如此理解,才能理解此鲲鹏之喻不仅仅是对生命逍遥状态的一种比喻,而且可以使此比喻与现实生命的真实存在贯通起来,使之成为一种可以操作的生命指引。

在《逍遥游》所揭示的最基本的生命修炼原理之下,《庄子》在其后的文本之中又揭示出各种不同的具体生命修炼方法,分见于不同篇章之中。

2. 缘督的生命修炼方法

在《庄子·养生主》中提出了"缘督"的生命修炼方法。《养生主》一篇的精髓全在第一段文辞:

> 吾生也有涯,而知也无涯。以有涯随无涯,殆已。已而为知者,殆而已矣。为善无近名,为恶无近刑,缘督以为经,可以保身,可以全生,可以养亲,可以尽年。

此段文辞首先强调生命之有限——"吾生也有涯",而外在的世界与知识却是无限的——"而知也无涯",如果将有限之生命投入对外在世界的奔逐之中,"憧憧往来,朋从尔思"(《易经·咸卦》),将内时空的生命能量耗费在对外时空的操作与忙碌之中,结果必然是对生命的浪费与损害,使生命走在《易经》所揭示的损道①之中。而世俗所追求和分辨的善与恶也并非生命存在之本质,只能带来名之累与刑之害,仍然远离生命之本真。

《养生主》在指明生命的外在世界与外时空运动的损害之后,进而转入全文的最核心理念,那就是最后一句"缘督以为经,可以保身,可以全生,

---

① 长白山书院山长鞠曦先生通过自己的易学研究揭示出《易经》哲学内含着生命自在的"损益之道",在《易经》的整个文理章法之中内含由益道三卦:"咸—未济—益"与损道三卦:"恒—既济—损"来揭示的生命自在的损益之理。

可以养亲，可以尽年"。"缘督以为经"一句就是让生命回到内时空修炼的层面，使精气神统一在内时空之中，炼精化气，使元气升腾，沿后背督脉而起，上升入脑，实现《易经》所言的"精义入神，以致用也"（《易经·系辞传》），通于道家内丹修炼的"炼气化神"。督脉乃一身之阳脉之主，如此督脉通则可带动一身阳脉通。元气沿督脉上升入脑，再向下运行则可继而打通任脉，任脉为一身阴脉之主，可带动一身阴脉贯通。如此任督二脉贯通则可带动一身经脉系统全部打通，从而祛病强身，养生延年，故言"可以保身，可以全生，可以养亲，可以尽年"。

3. 心斋的生命修炼方法

《庄子·人间世》中孔子与颜回的对话揭示了"心斋"的生命修炼方法：

> 回问："敢问心斋。"仲尼曰："若一志，无听之以耳而听之以心，无听之以心而听之以气！听止于耳，心止于符。气也者，虚而待物者也。唯道集虚。虚者，心斋也。"

"虚者，心斋也"，揭示出"心斋"的核心就是一个"虚"字。外时空的有形存在是不可否认的，从而此心斋之虚显然不是说外时空虚而无物，而是指生命内时空的生命存在本质，也就是生命内时空的精气神相统一的无形无质之存在状态。此时只是一气流行，使生命浑然一体，物我两忘，无形可划，无状可分，故言"气也者，虚而待物者也"。神守于内，达于内时空统一，外境不入于内，内境自然虚而无物，故言"虚而待物"。

而如何达于此"虚而待物"之生命境界呢？此段文辞给出的具体方法就是"一志"，即使心志专一。孟子曾言"夫志，气之帅也，体之充也"，又言"志一则动气，气一则动志"（《孟子·公孙丑上》）。心志专一则可炼精化气，使精气上行，入脑以养元神，使精气神统一而合道。如何使心志专一呢？《人间世》下文言"无听之以耳而听之以心"，即将心志集中于心中，而不是耗用于外时空之中，"无听之以心而听之以气"，即以心御气而使元气充盈而上行。"听止于耳"即使外境不入于内，"心止于符"即使心不外用而合于道。

如此心斋之虚通于"咸"卦的"泽山咸，君子以虚受人"。而"咸"卦是通过"咸其脢"与"咸其辅颊舌"具体感知于督脉与精气入脑之感觉而达于"以虚受人"，而心斋则是以"一志"来达于以虚以待物。

4. 坐忘的生命修炼方法

《庄子·大宗师》亦以孔子和颜回的对话揭示了坐忘的生命修炼方法：

> 颜回曰："回益矣。"
> 仲尼曰："何谓也？"
> 曰："回忘仁义矣。"
> 曰："可矣，犹未也。"
> 他日，复见，曰："回益矣。"
> 曰："何谓也？"
> 曰："回忘礼乐矣。"
> 曰："可矣，犹未也。"
> 他日，复见，曰"回益矣。"
> 曰："何谓也？"
> 曰："回坐忘矣。"
> 仲尼蹴然曰："何谓坐忘？"
> 颜回曰："堕肢体，黜聪明，离形去知，同于大通，此谓坐忘。"
> 仲尼曰："同则无好也，化则无常也。而果其贤乎！丘也请从而后也。"

颜回由先忘仁义到后忘礼乐，孔子的回答都是"犹未也"，也就是生命修炼层次还不够，因为无论是忘仁义还是忘礼乐，都还是在外时空中思维，还没有达于内时空的生命本质,故孔子两次评论说"犹未也"。只有当颜回说"回坐忘矣"时,孔子知颜回已经由外时空回到了内时空,故蹴然而问曰:"何谓坐忘?"颜回所答之"堕肢体,黜聪明,离形去知,同于大通"就是具体达于坐忘的方法。"堕肢体"就是身不动,止住外时空之一切盲动,使生命回归内时空存在,与"艮"卦之"敦艮之吉,以厚终也"(《易经·艮卦》)同一内蕴。"黜聪明"就是停止内时空一切思虑,使神守于内而使内时空精气神达于统一。"离形去知"就是由内时空统一而必然达至之生命存在状态,忘掉一身形骸,去掉一切智识,物我两忘而与道合一。此种"离形去知"的生命存在状态恰是生命与道合一的纯粹自然状态,故言"同于大通,此谓坐忘"。

5. 纯素的生命修炼方法

《庄子·刻意》揭示了"纯素"的生命修炼方法。《刻意篇》有对真人之描述,可作为对生命修炼之道的另一种辅证:

> 纯素之道,唯神是守,守而勿失,与神为一;一之精通,合于天伦。……故素也者,谓其无所与杂也,纯也者,谓其不亏其神也。能体纯素,谓之真人。

真人即得道之人,而真人之标志是"能体纯素"。素即纯粹无杂,也就是《尚书》所言之"惟精惟一",老子所言之"见素抱朴",皆为生命修炼之方法与所达之境界之统一。纯即"不亏其神",也就是养神之道,而如何养神呢?此段文辞给出的具体方法就是"唯神是守,守而勿失,与神为一;一之精通,合于天伦"。也就是养神的方法就是"守神",神守于何处?显然不能守之于外,只能守于内时空之中。"守而勿失",勿失于何处?既然要守于内时空,则自然要勿失于外时空之奔逐。这样神守于内,达于内时空统一,使生命内时空达于《易经》所言的"形而上者谓之道",是为得道。而生命修炼之道并非人为的任意创制,而是天命之生命之道本来如此,故言"一之精通,合于天伦"。

三、由《易经》与《庄子》的生命修炼原理看儒道会通

由前文论述可知，无论是《易经》中的"咸""艮"二卦的生命修炼原理，还是《庄子》中"逍遥游"的生命修炼原理及"缘督""心斋""坐忘""纯素"等生命修炼方法，都与后世道家的内丹生命修炼原理相通，从而证明《易经》与《庄子》都有本质为一的生命修炼之道，正符合庄子所说的"道通为一"的中国上古思想的内在逻辑，而后世对《易经》与《庄子》所内含的生命修炼原理的误读也符合庄子所说的"道术将为天下裂"（《庄子·天下》）的中国思想史的历史发展逻辑。

《易经》是儒家"六经"之首，但在后世儒学发展史中，《易经》却没有在事实上发挥"群经之首"的作用，相反是朱熹所推崇的"四书"在事实上成为"五经"之上的儒学核心。《易经》则被朱熹认定为卜筮之书，"易只是为卜筮而作"[①]，并言"易非学者急务也，某平生也费了些精神理会易与诗，然得力则未若语、孟之多也。易与诗中，所得似鸡肋焉"。[②]朱熹之所以以《易经》为卜筮之书，以之为鸡肋，就是因为其不知《易经》中所内含之生命修炼原理，更无法以之安顿自己的身心性命及实现儒家齐家、治国、平天下的文化担当，从而不得不发挥"四书"之学而另创理学体系，实已偏离孔子儒学原始生命宗旨，更遗失了孔子儒学的生命修炼之道。

《易经》与《庄子》都是道家"三玄"之一，但《易经》作为儒家经典何以在学理上又成了道家经典却是一个没有清晰答案的问题。虽然魏伯阳援易入道，但并不是以易解易，更不是对易理的系统解读，只是以"坎""离"

---

① 《朱子语类》卷第一百五，中华书局，1986年版，第2625页。
② 《朱子语类》卷第一百四，中华书局，1986年版，第2614页。

二卦的卦象来说明内丹修炼的基本原理，从而其所著之《周易参同契》与《易经》并无本质联系。

《庄子》作为"三玄"之一被认为是道家正宗经典，虽然也有人认为庄子是儒家颜渊一派的传人[①]，并有自己的论证，但这并不影响本文将要得出的儒道会通的结论。从《庄子·天下篇》可知，在庄子之时，并没有儒、道、墨、法等百家之学的分派，所谓儒道之分只是后世学术思想史的分裂所致。从而可以推知，先秦时代的孔老之学都有本质为一的生命修炼之道，只是在后世的学术发展史中，在"道术为天下裂"的学术进路上，孔子之学由于"儒分为八"而使后世儒家学派完全失去了孔子的生命修炼之道。而老子之学则很好地保留了生命修炼的具体方法，并在后世发展为道家内丹修炼的系统理论体系。而庄子无论是正宗的道家人物还是儒家的传人，其《庄子》一书所载之生命修炼之道仍然是与孔子于《易经》中所载之生命修炼之道相一致的。而《易经》与《庄子》所载之生命修炼之道与后世道家的内丹修炼之道相贯通，从而可以证明儒学和道学、儒家和道家是本质为一的，儒道本来会通，只是后世才产生了分裂。从而鞠曦先生的长白山书院以"内道外儒"立教，在学术理路上实现了儒道会通，真正实现了中国传统文化的正本清源。

（作者为吉林师范大学马克思主义学院副教授，哲学博士）

[①] 钟泰先生认为庄子是儒家颜渊一派，独得孔子"性与天道"之学的儒家传人，具体见钟泰著《庄子发微》。

「鞠曦思想研修」

○ 丙戌研修班综述　林桂榛　隋洪波　翟奎凤
○ 庚寅研修班综述　孙铁骑
○ 壬辰研修班综述　孙铁骑
○ 癸巳研修班综述　孙铁骑
○ 甲午研修班综述　孙铁骑
○ 乙未研修班综述　孙铁骑
○ 丙申研修班综述　孙铁骑

丙戌研修班综述

林桂榛　隋洪波　翟奎凤

长白山书院由鞠曦先生2005年创办于长白山。长白山书院以"正本清源，承续传统；中和贯通，重塑传统；中学西渐，开新传统"的"新传统主义"为思想理念，致力于承续华夏历史文脉、复兴儒学及中国传统文化。鞠曦先生历经坎坷，淑世情深，忧患天下，勤奋治学，数十年如一日，藏书数万余册。他对西方哲学、中国哲学的形态与历史有充分的了解与理解，他以"六经"为本，以《周易》《道德经》《黄帝内经·素问》三部经典为中国哲学基点，对传统之学的儒、道、医及西学广博会通，精通物理、电子学等科学领域。

为增进身心的修持与性命的通达，为探讨中国哲学与儒学的学术理路及发展前景，丙戌年七月一日—七月十八日（2006年7月25日—8月11日），长白山书院举办了主题为"易学、儒学与中西哲学"的夏季会讲，为期十八天，来自北京大学等全国多所重点大学哲学系的二十余位硕、博研究生及长白山当地人士向山长鞠曦先生多方请益。鞠曦先生胸怀若谷，诲人不倦，解经传道，重开当世中国民间书院讲学风气之先。参加本届会讲的主要学者有：北京大学翟奎凤、周艳萍（女），北京师范大学王素丽（女），北京邮电大学路振召，北京京海学院周莉萍（女），东北师大米继军、隋洪波、杨洋、李斯思（女），武汉大学林桂榛，南京大学杨艳香（女），长沙理工大学钟武强、朱敏（女），常州机电职业学院黄晓兵、林毅，中国文史出版社郭丽卿（女），中央电视台李静（女）、吉林省通化市学者张予（女）、长白山管委会任平、露水河镇律师于学泳等。8月7—9日，台湾籍上海儒商、学者赖鸿标先生与珠海平和英语学校校长、平和书院院长洪秀平先生,亦远道来长白山书院参加了会讲。

会讲活动每周讲习五天(周六、周日休息或旅行,期间共四天),每天四个时段。早课、上午课、下午课、晚课时间分别为4:30—6:30、8:30—11:30、14:00—17:00、19:00—21:00,早餐、午餐、晚餐时间为7:00、12:00、5:30;早上的功课为静坐,上午课为鞠先生主讲,下午课为专题讨论,晚上课为学员主讲与讨论。会讲教室面对龙头山,下临松江河,景色优美,空气清新,桌上的水瓶插满了每日从窗外采撷来的鲜花……

会讲主要围绕"易学的正本清源""儒学的中和贯通""中西哲学会通与中学西渐"三大专题展开。鞠曦先生着重阐发了他以易学为核心的时空论、形而中论以及对"自以为是"的哲学批判,并带领大家精心研读《帛书周易》的《说卦传》《系辞传》以及"乾""坤"两卦的卦爻辞、象、彖、文言;对"咸"、"艮"两卦所蕴含的儒家养生之学亦多阐发,把《易经》"生生"哲学推定到了以"恒—既济—损—否"与"咸—未济—益—泰"为基本演绎模式的损益之道上。

在鞠曦先生的主讲与学员的热烈讨论下,长白山书院丙戌夏季会讲获得圆满成功。兹将本届会讲的主要内容综述如下。

一、儒学复兴的背景、使命与途径

通过本届会讲,深化了对儒学复兴的背景、使命与途径的理解。以儒学为主体的中国传统文化在今天不但面临着中国的问题,而且更面临着人类的问题。随着世界历史的一体化,中国的问题也越来越在其深度和广度上表现为世界性的问题。当今世界现代文明的发展也越来越暴露出种种足以导致整个人类文明陷于毁灭的尖锐矛盾,比如目前为人类所普遍关注的物种灭绝、生态失衡、环境污染、全球变暖、核武竞争、种族歧视、局部战争、道德沦丧和宗教冲突,等等,上述任何一个问题的不断扩大,都足以危及整个人类的生存。以儒学为主体的中国传统文化能否回应这些挑战，引领中国和世界文明走向新的更高级的发展阶段，这是我们每一个以弘扬中国传统文化为己任的中国学者所必须思考的问题。就是说，在现代中国，弘扬中国传统文化绝不是一种民族自恋和一厢情愿的纯主体性的价值论承诺，而是植根于深沉的历史本体论承诺之中。人类从来没有像今天这样自以为是。儒学和传统文化的复兴是一种历史的必然，这不但是中国的需要，也是世界的需要，是人类社会走向世界大同的需要。这个历史过程也是中华民族实现其伟大复兴的历史进程。

近代以来，在西方强势文化的冲击下，中国传统文化可谓花果飘零，奄奄一息。特别是中国传统文化的主体即儒家思想，从新文化运动的"打倒孔家店"，到文化大革命的"批林批孔"，孔子的形象和儒家思想在中国的主流社会成为"封建""落后""陈旧""迂腐"，甚至"反动"的标志。20世纪80年代以来，在改革开放的春风下，在解放思想、实事求是的理论路线指导下，逐步摆脱了"左"的条条框框的思想束缚，在健康和从容的心态下，得以重新审视我们的传统文化，从老祖宗那里重新发现了很多珍贵的东西。在冰冻多年之后，一度出现了发现传统、重温传统和学习传统文化的热潮。由中华民族的伟大复兴和构建和谐社会的需要所决定，传统文化学习和研究的社会氛围出现了空前的好转，国学热和读经热的出现标示着人民群众对以儒家为主体的传统文化的热爱和需求。社会需要儒学，人民需要儒家。儒学、儒家和儒家的君子人格精神对增强民族的凝聚力和向心力，对安顿人心、净化心灵、增进道德和促进社会和谐，对培养有担当意识、有责任意识、自强不息、厚德载物的崇高人格，都具有非常积极的作用。但是，由于历史的歧解和价值判释之误，到底什么是真正的儒家和儒学？在当今中国，儒家和儒学应该是什么样子？我们需要的是什么样的儒学？孔子和儒家到底有着怎样不可分割的关系？我们该怎样理解孔子？我们该怎样尊崇孔子？等等一系列问题急需学术上的正本清源。儒家传统是个非常复杂的体系，有先秦儒、有两汉儒、有宋明儒、等等，我们该怎样承接？怎样连续？而且当今已不是两汉时的中国，不是唐宋时的中国，也不是明清时的中国，当今中国是世界性的中国，中国已经深深地融入了世界。文艺复兴以来，资本主义的兴起就已经拉开了世界历史的帷幕，世界的一体化是历史的必然进程。任何一个民族都要主动或被动、自觉或不自觉地融入这个进程。而近代中国是在不自觉地被动中痛苦地融进了这个历史。现代中国是在主动地自觉地努力地去融进这个世界。然而这还远远不够，这不是我们应该满足的，也是我们不能满足的，因为历史和现实的理性都不能允许中国仅仅满足于此。我们应该走在时代和历史的前列，去开创未来的光明之路。因为西方的理性已经走到了末路，已经给人类带来了无穷的灾难和无尽的隐患。历史的理性已经在寻求东方，在寻求中国。

　　中国文化有儒、道、佛三家，宋明以来三家不断走向融合。不管历史如何沧桑变幻，在传统中国，儒学一直是中华文明的主体。可是在近代，儒学退出了中国历史的舞台，虽然有种种外部历史的原因，但首先应肯定的是儒学内部出现了问题，这是值得我们每一个以复兴儒学为己任的思想者所认真反思的问题。鞠曦先生认为根本原因在于不管是汉儒还是宋儒，都没有真正继承好和发挥好孔子的思想，都在一定程度上误解和曲解了孔子。我们今天的正本清源工作要从先秦开始，从孔子开始，从《周易》开始。在对孔子易学正本清源的基础上去承续传统文化的精华。这个承续在当今必然是承诺着对传统的重塑，因为中国已经深深地融入了这个世界，这个重塑也必然要求我们对中西方的哲学理性进行中和贯通。因此本届会讲的主题和新传统主义的理念是一以贯之的。当下儒学复兴的形式五花八门，应该说这也体现了儒学体系的多样性与其思想的博大性。鞠曦先生认为目前儒学复兴最为重要的奠基性工作是把儒学思想从历史的扭曲和西化的误区中解脱出来，建构真正有中国特色和中国气派并具有人类性的儒家暨中国哲学体系。

二、易学的正本清源

会讲主题"易学、儒学与中西哲学"反映了鞠曦先生整个思想体系的内在逻辑,与其"新传统主义"的"正本清源"理路一以贯之。只有对六经之首的孔子易学进行正本清源,才能真正认识孔子和儒学,才能于源头活水处承续真正的传统。只有在正确解读孔子易学思想的基础上,才能对中西方的哲学理性予以中和贯通,才能重塑新的文化传统,进而中学西渐,开创出人类文化历史的新传统。可见,对孔子易学的正本清源是开创新传统主义首先要做好的工作。

(一)孔子与《周易》的关系。

汉唐以来,《周易》作为群经之首,大道之源,一直备受中国学术界的推崇,但"两派六宗、互相攻驳"的易学史表明了易学思想的统续无宗。如何理解孔子作传解经的本义,如何在整体上把握《周易》的思想体系,从而正确推定《周易》的性质,使《周易》真正成为中国哲学和文化的"源头活水",这是会讲中大家着重关注的问题。

问题表明,后儒都没有很好解读孔子的易学思想,误于易学的卜筮性而淹没孔子"穷理尽性以至于命"的思想核心,"后世之疑丘者,或以易乎!"后世对孔子的怀疑与误解早为孔子所预见。晚年孔子"韦编三绝"投入了极大的精力对易进行了转化工作,使其由原来纷繁复杂的卜筮性之易书变成修德养道、开智成慧以化成天下的圣经。鞠曦先生认为《说卦传》是解读整个孔子易学思想的总纲领,"穷理尽性以至于命"是孔子易学思想的核心。《说卦传》的思想体系和《帛书易》卦序是一以贯之的。鞠曦先生以损益六卦推定了孔子的易学思想。"天地定位,山泽通气,雷风相薄,水火不相射。"这是先天成始之象。"水火[不]相逮,雷风不相悖,山泽通气。"这是后天成终之象。先、后天的中和即成中天之象,即是《说卦传》所说"雷以动之,风以散之，雨以润之，日以烜之，艮以止之，兑以说之，乾以君之，坤以藏之。"先天而天弗违，后天而奉天时，中天而知损益。先天和后天都不是主体所能把握的，主体所能把握的是中天。根据"八卦相错，数往者顺，知来者逆，是故易逆数也"的原理，对中天之象进行顺损逆益的推定可知，"数往者顺"对中天八卦可以顺出"恒""既济""损""否"四卦，"知来者逆"对中天八卦可以逆出"泰""咸""未济""益"四卦，由此可知《易》的"损益之道"和"天地损益卦序"，而这个卦序与《帛书易》的卦序相吻合。

从"子贡三疑"和"后世之疑"入手，可分析出孔子与《周易》的真实关系。"子贡三疑"之说来源于20世纪70年代新出土的《帛书周易》，据《要》篇记载：子贡"一疑"是孔子为什么到了老年对《周易》产生浓厚的兴趣（所谓"晚而喜易"）？"二疑"是孔子不以卜筮为用，却去研究卦爻、系辞的理论形式，此是何原因？"三疑"是孔子对《周易》卜筮性的态度到底是什么？

鞠曦先生通过解读《要》篇，认为"子贡三疑"非常有代表性地表明了孔子重视《周易》的原因，对《周易》卜筮性质的扬弃以及其对"后世之士疑丘者，或以易乎"的正确预见。孔子针对"子贡三疑"明确阐释了他作传解经的基本目的有三：一、研究《周易》言之有方、论之成理的逻辑关系和思想形式；二、如何使《周易》成为人们遵循的能普遍运用的思想方法；三、不能利用《周易》的卜筮原理，而要掌握"吾求其德而已"的道德原理。

由"子贡三疑"显示了孔子一以贯之的易学思想体系当时的确无人能理解，由此而引发的是中国学术史上的"后世之疑"——失落了孔子一以贯之的思想体系，也失落了中国文化的根基和命脉。

（二）《说卦传》的承诺与推定

如何澄清"子贡三疑"和"后世之疑"？如何通过孔子的易学思想正确推定《周易》的性质与思想体系？鞠曦先生认为"遍览道儒释，尽在《说卦》中"，只有《说卦传》"穷理尽性以至于命"的思想形式承诺了易道"穷理于形而下，尽性于形而中，知命于形而上"的价值关怀；以《说卦传》为纲，运用"承诺推定法"，在逻辑、形式、范畴与本体、主体和价值的"承诺与推定"相统一的前提下，才能在整体上重新认识《周易》。

因此，首先要对《说卦传》的主体论承诺与形式进行推定，也就是反思《说卦传》的"说卦"者及由"说卦"者"说卦"所运用的范畴及逻辑关系是什么。通过对《说卦传》思想形式和内容的解读，鞠曦先生得出三点结论：

1. 昔者作易与今者作易是一个历史过程，今者作易在理论形式上实现了由卜筮之易到"穷理尽性以至于命"之《周易》的转化。

2. "穷理尽性以至于命"是由所谓"六位成章""八卦相错""数往者顺，知来者逆，是故易逆数也"及其"乾坤三索"等具体以"数"为形式的文理章法所推定的，"穷理尽性以至于命"是作《说卦传》的目的。

3. 孔子将"昔者圣人"作易的原理与他自己对"生生之谓易""圣人之大宝曰位"的易理之推定，形成了《说卦传》的"天地定位，山泽通气，雷风相薄，水火不相射，八卦相错，数往者顺，知来者逆，是故《易》逆数也；雷以动之，风以散之，雨以润之，日以烜之，艮以止之，兑以说之，乾以君之，坤以藏之"的思想形式。

所以，应该在思想形式与基本前提上把"圣人作易"与"孔子作易"区别开来，此乃"同途而殊归"与"同归而殊途"之谓也。

（三）易道的终极关怀

只有承诺生命的终极关怀并正确推定生命的存在形式，才是哲学、科学与宗教的终极目的。也正是由于哲学、科学与宗教具有这样的承诺，才奠定了它们在人类知识系统中的主体性地位。鞠曦先生通过推定《周易》的思想形式，并由《说卦传》"穷理尽性以至于命"的内容推定了"天地损益、人道损益"之"损益之道"的逻辑关系和思想内涵，并重新校正了通行本《周易》的卦序，以在终极关切的意义上理解易理和易道。

鞠曦先生认为，对于主体的"以至于命"而言，益之道始于"咸"卦。因此，正确推定"咸"卦的意义，对于理解《周易》的思想体系具有举足轻重的作用。正因为"咸"卦的重要性，孔子不但对"咸"卦以《彖》《象》进行推定，还以《系辞传》对"咸"进行整体统一性的推定，以形成终极关怀的理论架构。易之"咸"表明，天、地、人三才之道融"咸"卦于一体；"咸"卦取象于人体以承诺生命的主体性价值，由此形成了令人惊叹的《周易》生命科学思想体系。

针对历史上形成的对于"咸"卦的种种误解，鞠曦先生以孔子的"尽性知命"的思想体系，阐明了"天地人"三才之道与"咸"卦融于一体。鞠曦先生在对"咸"卦性命之理的论证中，征引了《黄帝内经·素问》与《说卦传》的损益之理，从而推定了"咸"卦性命之理所具有的医学理论基础。"七损八益"是中医学以时空为坐标推定人的性命之理的重要理论范畴。"七损"是对女子生命运动规律的推定。女子以七年为期，推定生命由年少到年老的过程。女子二七而天癸至，任脉通，到三七，肾气平均。"八益"是对男子生命运动规律的推定。男子二八肾气盛，到三八肾气平均，筋骨劲强。这就是说，女子在十四岁到二十一岁，男子在十六岁到二十四岁时，生理处于发育期至成熟期的阶段，因生理逐渐成熟，也就出现了"憧憧往来，朋从尔思"的问题，"咸"卦以少年时期为推定形式，正是承诺解决这一时期的问题。先生在这里又指出了"咸"卦的性命之理与中医学的七损八益的性命之理及道家的丹道之学基本相同。"精义入神，以致用也；利用安身，以崇德也"与道学"炼精化气，炼气化神"的承诺统一，"穷神知化，德之盛也"与道学"炼神还虚，炼虚合道"的承诺统一。由此证明了"咸"卦的原始含义与《说卦传》的"尽性至命"的理论是相通的。

对于"咸"卦，鞠曦先生本着以易解易的理路，反复强调一定要以《咸·彖》所云："咸，感也。……天地感而万物化生，圣人感人心而天下和平。观其所感，而天地万物之情可见矣！"以及大《象》曰"山上有泽，咸，君子以虚受人"

来把握"咸"的卦理。虚而感,止而悦,是"咸"卦实现"穷神知化"的根本原理。天道损,地道益,由顺损逆益的推定可知,人欲走益道必须从少男少女的"咸"卦开始。

在六十四卦中,"艮"卦则具体地推定了主体的"以至于命"有为的操作形式:艮者,《象》曰:"艮,止也。时止则止,时行则行,动静不失其时,其道光明。艮其止,止其所也。上下敌应,不相与也。是以不获其身,行其庭不见其人,无咎也。"对"艮"的推定,是为练功的方法,《说文》:"艮:很也,从目。目,犹目相。""艮其背,不获其身,行其庭,不见其人,无咎"者,小周天之用也。以丹田之真气,经会阴到尾闾,经命门、夹脊、玉枕而督脉通,经百会而下行承浆、膻中而归丹田,是为小周天之用。"艮其背",《象》曰:"艮,止也",是为命门与丹田之采药练丹之用也。"行其庭不见其人,无咎"者,温养之用也。"初六:艮其趾。无咎,利永贞。六二:艮其腓,不拯其随,其心不快。九三:艮其限,列其夤,厉薰心。六四:艮其身,无咎。六五:艮其辅,言有序,悔亡。上九:敦艮,吉。"是为大周天之用也,故奇经八脉、百脉畅通,而有温养之功也。故《象》曰:"敦艮之吉,以厚终也。"结合《艮》卦的生命科学原理,鞠曦先生还简单介绍了儒家修身的小功法——"敦艮",并总结了儒家的养生口诀:尽性至命恒中为,顺损逆益虚一归;上下鹊桥连任督,阴阳双分在两会。(注:两会为百会穴和会阴穴。)

鞠曦先生对"乾""坤"两卦做了独特的分析,对"乾"卦重点阐释了用九的见群龙无首,乃无为而治的思想,这和老子的思想是统一的;对"坤"卦则重点阐释了文言"君子黄中通理,正位居体,美在其中,而畅于四支,发于事业,美之至也"的道学意义,认为黄中通理已达到中脉通的境界。此外,还从易理的角度对"天人合一"的传统提法进行了辨误,认为《周易》的内在思想是"天人和中"而不是"天人合一"。

鞠曦先生指出:中国生命科学的形上性原理与具体的操作方法和形而中论的哲学思维方式,证明了现代易学的研究进路应以推定《周易》"穷理尽性"

的哲学原理、实现"以至于命"的终极关怀相互整体统一为基本旨趣,达致《系辞传》所谓"精义入神,以致用也;利用安身,以崇德也;过此以往,未知或知也;穷神知化,德之盛也"的人生至境,解决"憧憧往来,朋从尔思""天下何思何虑?天下同归而殊途,一致而百虑,天下何思何虑"的问题。

三、中西哲学的中和贯通与中学西渐

百年来,中国引进西方科学,使国家可以站立于列强之列,但我们在哲学上一直是非常虚弱,用西方的哲学来研究中国哲学,企图在和西方哲学的比附中获得自己的合法性。西方哲学最大的成就是促进了科学技术的发展,但是,科学于现代陷于困境,现代科学已不再发展了,只有技术还在不断翻新。西方科学因存在的问题不再进步,西方哲学不但不能解决科学的哲学问题,而且更糟糕的是,西方哲学本身也陷入了空前的困境之中,在无奈和尴尬中提出了哲学的终结。而荒唐的是,中国哲学却还在被迷惘中的西方哲学一步步所异化。哲学问题表明,是该用自己的腿走路、走自己的路、也让别人走我们的路的时候了!因为我们的路是希望之路,是光明之路,是永远生生不息的路!

中西哲学的理性如何贯通融合,首先要重新定义哲学。今天,我们中国人有能力来定义自己的哲学,有能力用自己的理性来定义何谓哲学与哲学何为。这个定义不仅源自中国的文化理性,而且还能统摄西方哲学发展的理性。西方哲学的终结意味着西方文明的终结,意味着西方理性的终结。西方哲学和理性已经出了问题,出了大问题,西方现代文明的发展模式已经给人类的生存带来种种危机。中国人可否有智慧来为西方的理性"把把脉",为人类文明的新突破探探路?在当今中国,这个条件已经慢慢成熟起来,因为百年来我们一直在毕恭毕敬地跟着西方学习,学习他们的科学,学习他们的哲学,研究他们各方面的文化,包括政治与宗教,而且在各个领域都达到了很高的

深度。而西方对中国呢？虽不乏一些开明之士表示过中华文化博大精深的惊讶与赞叹，但总体上来讲，西方对中国的态度是傲慢的，对中国的了解是浅薄的。尤其是在"知识之王"的哲学上，黑格尔不承认中国有哲学，否定《易经》、否定孔子，说中国有思想无哲学。黑格尔的这个判释在当今的西方主流思想界还一直在延续着。而且在中国思想界也一直延续着这个话题，对黑格尔的这个判断一直也没有做出非常有力的反击。而百年来我们对西方哲学的研究已经深入到其每一个学派，甚至每一个细节。历史又行进在一个新的转折点上，在这个转折点上，中华民族是自觉的、主动的，因为我们凝聚着新的历史的整体信息，我们知己知彼，我们知道过去的所有，自觉到未来的可能，自觉到那已经发生的和将要发生的。

在这个新的历史转折点上，鞠曦先生以中国人的智慧对哲学进行了全新的判释和定义，这个定义既贯通着西方哲学理性发展的内在逻辑，也外化了中国哲学思想的内在本质。他认为："哲学是对自以为是的自觉与反思的理论学说。"如果仅从这个定义的概念范畴的字面上看，"自以为是"这个定义不但有过于武断之嫌，而且疏于浅薄，人类以最高理性展现出来的哲学怎么能是一句简单的生活俗语——"自以为是"呢？可是只要把"自以为是"进行"是"的"being"本体论还原，就会发现，"being"乃西方哲学的逻辑起点，正是对"being"的是其所是的形式化中，主体的"自以"使"是"成为"是"，所以，因为把主体之"是"作为逻辑起点，其"是"乃"自以为是"。正是因为走不出"being"的是其所是，走不出自以为是，因此海德格尔要求哲学返回到巴门尼德的"being"的问题，以寻求新的哲学方略。所以，"自以为是"不但是对西方哲学理路也是对其进路的概括。至于中国的《易》《老》哲学，在其所"承诺与推定"中，由于本体论不是以"是"作为逻辑起点，而是以恒常之道为"所是"，把恒常之道的呈现方式即"其是"推定为"生生"，由"生生"作为主体与本体、主体与客体的"中和"，因此避免了"自以为是"。可见，把"自以为是"推定为哲学的根本问题是由哲学的"承诺与推定"

所决定的。人类的"自以为是"如超限越界，即为以非为是，孔子提出中庸，以礼为规范，克己复礼，就是要自觉地克服自己的"自以为是"，达成"和中为是"。

鞠曦先生认为中国哲学和西方哲学不同之处有以下三点，其一，中西哲学的不同理式，中国哲学形神中和，用中道理；西方哲学形神相分，离中理道。其二，西方哲学推定是其所是，中国哲学推定所是其是。其三，西方哲学因自以为是而形式化，自以为是的哲学"厮杀"产生了外化的门类众多的哲学体系，终因自以为是而终结；中国哲学因和中为是而方式化，和中为是的中国哲学内化于思想方式之中，贯通了"和中"的思想原理，终不出儒道之学。但是，中国哲学的理式和思想原理，因现代中国思想界的西化和自以为是而不被理解，不但愧对祖先，而且贻误后人。这不能不是中国哲学思想界的悲哀，中华民族的悲哀！

在西方哲学史上，对"自以为是"最初的自觉与反思的思想家是苏格拉底，他提出"认识你自己"，使哲学回归到人的主体性上来。西方哲学之所以不能解决自以为是的问题以及哲学成为自以为是的问题本身，是因为时间和空间问题没有得到解决，因此，时间和空间是哲学的基本问题。问题表明，时间和空间的主体性产生了自以为是，对自以为是的自觉与反思产生了哲学，哲学因自以为是而终结。所以，解决哲学的自以为是问题首先要从时间和空间的基本问题上着手。哲学的终结表明了其乃理性自以为是之集成，自以为是表明时间和空间的主在性是哲学问题之集成，哲学从逻辑起点到问题的集成而终结，表明了时间和空间问题的基本性和集成性，由此决定了哲学自以为是问题的根本性和集成性。

时间和空间是人类认识的生成方式，无间时空是主体所无法把握和思维的本在，人类一思维，无间时空就从本在走向了有间的主在和客在的存在，时间和空间也就产生了。或者说时空有间成时间和空间是人类思维得以产生的前提条件。时间和空间问题不但贯穿在哲学领域，也同时贯穿在科学甚至宗教领域。

人类目前的一切科学成就都表明了主在时空对客在时空的能动性与有效性，而所有科学的困境也表明了人类主体时空的局限性。量子力学对牛顿力学的突破体现了主在时空观的重大转变，而目前物理学四种力即"强相互作用、弱相互作用、电磁相互作用和引力相互作用"的难以统一则从根本上挑战着主体的时空限定性。

由于哲学是以本体论为根本形式的，所以人类自身的许多本在性困惑，则源于哲学本体论上的谬误或歧途。因此，首先必须对"哲学是什么"或"哲学应该是什么"进行合理的推定；而"哲学是什么"关系到以往的哲学形态，"哲学应该是什么"则关系会开出什么样的新哲学。

会讲期间，大家共同讨论了中西哲学史上关于"哲学"的若干经典性定义，诸如：哲学就是爱智慧；哲学是反思批判性的理论学说；哲学是关于人的自我意识的理论自觉；哲学是对人生有系统的反思；哲学是世界观与方法论；哲学是本体论、认识论与价值论……大家认为，研究哲学究竟是一种什么样的学问必须与哲学的起源，哲学的基本问题和根本问题，以及哲学史的进路一以贯之。

鞠曦先生运用"承诺推定法"对哲学的定义进行重新反思，发现"本体论承诺与逻辑推定的统一""主体论承诺与形式推定的统一""价值论承诺与范畴推定的统一"以及这三者的中和贯通，才能称为成熟的而非"自以为是"的哲学体系，并且这一定义应是中西哲学的中和贯通。由三个"承诺与推定"的统一性所决定，哲学是主体性的理论建构，哲学是对自以为是的自觉与反思的思想理论学说。由此进而认为"时空"是哲学的基本问题，"自以为是"是哲学的根本问题，"穷理尽性以至于命"是哲学的核心问题。他说：时间和空间是人类认识的生成方式，时空的主体效应性使主体具有时间能动性，能动性生成了主体的自以为是；使"人"成其为人，人才具有了主体能动性。发端于古希腊的西方哲学史进路表明，对前期哲学家的"自以为是"的自觉与反思并给出是其所"是",是西方哲学的理性动力。但是,后期哲学家反思批判前期哲学家的"自以为是"之后,在给出新的是其所"是"的哲学建构中,又走向了自以为是,使自以为是—是其所是—自以为是的哲学走向了自身的终结。

鞠先生认为这一关于"哲学"的定义和对哲学问题的判释,同样适合于中国哲学的理论形式。中国哲学给出的不是"是其所是",而是"所是其是",即"和中为是";"和中为是"的哲学理式主要以《易》和《道德经》为代表。他认为中国的形而中论哲学,不但避免了自以为是,而且给出外化了的"和中为是"之思想体系和内化了的"形神中和"的思维方式,从而达到了"穷理尽性以至于命"的理论目的,此是西方哲学力所不逮的哲学成果。

哲学史是新哲学的重要历史前提,每一次新哲学的创造性发展,都得回顾历史上已有哲学的路程与得失,故了解哲学史就是了解和把握哲学的未来。会讲期间,大家还对西方哲学的理性路程进行了相关的总结与反思,并对中国哲学的发展进行了展望。从古希腊开始的西方哲学,一直是沿着两条基本逻辑思路发展的:一条是从泰勒斯开始的以寻求万事万物"始基"和"本原"为线索的自然哲学,他们承诺自然界存在着某一实存的"物"为世界的本原,他们的使命是要追寻作为认识对象存在的"实在"到底是什么并给出证明。另一条线索发端于巴门尼德,他以"逻辑化"和"形式化"的方式对"存在"本身进行探讨,注重概念、范畴和逻辑演绎。前者,由苏格拉底进行了主体论的转化,他提出"认识你自己"的命题,把哲学从天国还回人间。后者,从柏拉图到亚里士多德完成了对"是其所是""在者之在"进行的逻辑化、体系化和学科化的任务,并由此决定了西方哲学两千年来的思想进路,并敞开了批判与反思"自以为是"的理路。

近代以来的笛卡尔哲学、休谟哲学、康德哲学和黑格尔哲学,都从批判或限定"自以为是"入手,以承诺正确的"是其所是"为目标,但最后又都陷入了"自以为是"的哲学史怪圈,以至于现代哲学家宣告这是一个"哲学终结"的时代。现代哲学是以英美分析哲学和欧陆现象学及后现代主义为主流的哲学时代,胡塞尔的现象学、海德格尔的存在主义哲学大行其道。但如何在哲学的根本问题上走出"自以为是",他们并没有给出令人满意的解答;反而在"思"与"在"的关系问题上,使哲学"诗化"或成为"厮杀的战场"。

以易为代表的儒道哲学,通过"生生"的时空方式,内化为"穷理尽性以至于命"的思想体系,使中国哲学成为自恰的理论体系,并从根本上解决了人类"自以为是"的问题。在易学的"和中为是"看来,中西哲学都是对"自以为是"的自觉与反思,但各自的哲学理路和历史进路却存在着重要差异。

西方哲学在主体与本体是否具有同一性的理路进行思辨,从而陷在"穷理"的层次不能自拔,更弗论"尽性";而对于"以至于命"则只能望而兴叹。而中国哲人只要掌握"穷理尽性以至于命"的思想原理,以"内道外儒"的修为方式进行学理守护,则可走向去遮、去执的"和中为是"之大道。

四、儒必通医

会讲期间,很多同学对中医与养生流露出很大兴趣。针对同学们的问题,鞠曦先生随即谈了中医学方面的知识,并从时空统一论的哲学角度对其进行了一以贯之的阐发。

鞠曦先生首先谈到了《黄帝内经·上古天真大论》所提出的人有四种存在境界,即真人、至人、圣人和贤人。《内经》对这四种人的生命境界的界定不论从中医学的角度还是从养生学的角度来讲都是非常有意义的。

> 上古有真人者:提挈天地,把握阴阳,呼吸精气,独立守神,肌肉若一,故能寿敝天地,无有终时,此其道生。
> 中古之时,有至人者:淳德全道,和于阴阳,调于四时,去世离俗,积精全神,游行天地之间,视听八达之外,此盖益其寿命而强者也,

亦归于真人。

其次有圣人者：处天地之和，从八风之理，适嗜欲于世俗之间，无恚嗔之心，行不欲离于世，被服章，举不欲观于俗，外不劳形于事，内无思想之患，以恬愉为务，以自得为功，形体不敝，精神不散，亦可以百数。

其次有贤人者，法则天地，象似日月，辨列星辰，逆从阴阳，分别四时，将从上古合同于道，亦可使益寿而有极时。

在中国文化中，一个人的思想境界与其生命境界是统一的，可以说是真正达到了思与在、知与行的统一。《内经》不仅是中国中医和生命科学的经典，同时也应该是中国哲学和思想的经典，理应与《易》和《老子》享有同样的哲学经典之尊崇而写进中国哲学史。我们看到，在中国哲学界，对《内经》哲学思想的研究还是非常的落后。鞠曦先生多次在会讲期间谈到了中国文化和文明最为重要的三部元典，即《周易》《老子》与《黄帝内经》。

《上古天真论》还说："上古之人，其知道者，法于阴阳，和于术数，食饮有节，起居有常，不妄作劳，故能形与神俱，而尽终其天年，度百岁乃去。今时之人不然也，以酒为浆，以妄为常，醉以入房，以欲竭其精，以耗散其真，不知持满，不时御神，务快其心，逆于生乐，起居无节，故半百而衰也。夫上古圣人之教下也，皆谓之虚邪贼风，避之有时，恬淡虚无，真气从之，精神内守，病安从来。是以志闲而少欲，心安而不惧，形劳而不倦，气从以顺，各从其欲，皆得所愿。故美其食，任其服，乐其俗，高下不相慕，其民故曰朴。是以嗜欲不能劳其目，淫邪不能惑其心，愚智贤不肖不惧于物，故合于道，所以能年皆度百岁而动作不衰者，以其德全不危也。"这里更可以看到，《内经》不是只讲病理病因的书，更重要的是讲人如何不生病，讲生命运动的规律，讲如何超凡脱俗而成真的圣书。

"恬淡虚无，真气从之，精神内守，病安从来。"但是常人却做不到这一点，总是要生病的，人在吸纳外时空能量的同时，要受六淫之气（风、寒、暑、湿、燥、火）的浸袭及内在的七情（喜、怒、忧、思、悲、恐、惊）的影响。这是人会生病的主要原因。中医看病，以辨证论治为核心，在辨证论治中又以四诊八纲为要目，四诊八纲中又以四诊为前提，由四诊才能识八纲。四诊是指望、闻、问、切四种诊察疾病的基本方法。八纲，是指阴阳、表里、寒热、虚实，这些是中医用来归纳辨别疾病性质的方法。诊病之后就要讲求治法，常用的治疗大法有汗、吐、下、和、温、清、补、消八法。下药要懂得"君臣佐使"的配伍原则。鞠曦先生认为，对应于儒家的性与天道，中医学是"术"，易是道。"咸""艮"两卦表明的生命科学是形而上性，是形神中和，以此修学，其对人体健康效用远胜于中医学，对人类的生命具有终极关怀的重要意义，应当成为当代儒者的修身方式之一，因为只有达到了"以至于命"，才能有所为而无不为。

五、儒学复兴问题

本届会讲对复兴儒学的有关问题进行了讨论，主要集中于以下几个方面：

（一）儒教、工商儒学、君子儒学

21世纪初，复兴中国传统文化的呼声再次引起人们的关注。2005年以来，重建儒教、政治儒学、工商儒学、少儿读经等成为学界争论的焦点。在本次会讲中，珠海平和书院院长洪秀平先生介绍了中国儒教复兴的背景和现状；由台湾籍上海儒商赖鸿标先生主讲了工商儒学的构想；由长沙理工大学钟武强先生介绍了全球少儿诵经运动的开展和传播情况；鞠曦先生则谈了他的"君子儒学"思想与上述问题的关系。

洪秀平先生认为：儒教的"教"既有中国文化中"礼乐教化"与"道德教育"之义，又有西方文化中"神人交通"的"宗教"之义；既有信奉"天道性理""良知心体"的超越信仰之义,又有实现"神道设教"的治世功能之义。儒教是一种与西方宗教不同的独特教式,它能够确立国家的文化自主性,可以形成当代中国人共同的文化共识和精神信仰。洪先生谈吐幽默,娓娓道来,把复兴儒学与儒教的当前思想力量款款讲述给听众。

赖鸿标先生认为:应从民主社会和工商企业界的现实层面出发,对传统儒学进行改革。而改革则要直接承继孔子,并主张援法入儒、援墨入儒、援西入儒,重构传统儒学体系。他不欣赏孟子、宋明至现代新儒家一系列的心性儒学之理路,他从数十年的商业经历中观察到传统心性儒学与现代工商社会有许多冲突乃至"悖论",而恰恰"王霸并用""理法并称"才是现代社会亟须的儒家模式。赖先生关于工商儒学的构想令人耳目一新,仿佛18、19世纪日本儒学的改革、转型在这里得到了某种回响。

鞠曦先生"君子儒学"理路与上述不同,他强调只有达到了君子的修为,才能避免"小人"的自以为是,从而自在、自为地走向"和中为是"的应然人生。他说:"君子儒学"首先是对《论语》《周易》等经典文本的哲学化和学术化处理,在"正本清源、中和贯通"的前提下,明晰天地人生的损益之道,以"益道"匡正自己的言行,才有可能真正发扬儒学的善义理、真精神。

(二)"儒道相绌"与"内道外儒"

传统儒家与传统道家有何种渊源与联系?当代儒学、道学及其文化形式应如何中和贯通?儒学当怎样来推动中国文化的复兴?这些是会讲期间大家多次讨论与辩难的话题。

鞠曦先生认为,孔子对作传解经所进行的儒学转化,形成了中国的哲学思想体系,但由于"尽性知命"的"性与天道"之理在孔子之后的失落,加之两汉儒学独尊和以象数解易形成的误区,儒学从此失去了对终极关怀的承诺。因此,在孔子之后,中国文化对终极关怀的承诺是由道学来推定的。就道学终极关怀的进路而言,是由"无为"到"有为",由"先命后性"到"先性后命",最后整合于"性命双修"——道学的这一过程是历经汉、魏、晋、南北朝、隋、唐,直至宋元之际才最后成熟为"内丹"的理论形式。作为对"自以为'是'"的自觉,《道德经》和《周易》两部原初的儒道经典著作,以其特有的理论形式共同承诺了对"自以为'是'"的自觉,并给出了"和中为'是'"思想推定,由此表明儒道显然是同源、同归的。鞠曦先生认为,产生"儒道相绌"的错误理解,根本原因是没有把握孔子儒学和老子道学的内在逻辑和理论体系。所以,他提出"内道外儒"的观念:知"精义入神,以致用也"之理,行"利用安身,以崇德也"之道,达"穷神知化,德之盛也"之生命境地,即"形而上者谓之道",此谓内,道也;以"为天地立心,为生民立命,为往圣继绝学,为万世开太平"为职志,此谓外,儒也。

可见,"内道外儒"乃首先要做到"知命",使生命和中成道。内道已成,学贯中西而形上形下,厚德载物而通今博古,生生不息而兼善天下。不言而喻,若要在当代全面复兴儒学,首先应培养"内道外儒"式的优秀人才,这也正是本届会讲以青年学子为主之缘由所在。

庚寅研修班综述

孙铁骑

岁在庚寅，七月之末；于长白之巅，龙头山下，松江河畔，全国各地学子二十余人同聚长白山书院，共向鞠曦先生访学问道。时有清风飘荡，阴雨相伴，青山围拱，绿树叠嶂。每日里，三五同仁，劈柴担水，谈儒论道，但觉斯文在兹，其乐融融。"人能弘道，非道弘人"；学而成思，思而成文，文以载道，遂做长白山书院庚寅研修班之学记。

本次研修班主题为"儒道会通与终极关怀"，此主题内含了两个次级主题：一为儒道会通，此主题内在承诺了儒道可以会通、应当会通、本然会通；二为儒道会通与终极关怀之关联，此主题内在承诺了儒道会通可以解决终极关怀问题，甚至只有儒道会通才能解决终极关怀问题。儒道会通为前提性问题，儒道会通对终极关怀之解决则是本次研修班之核心问题，此二问题又实乃一个问题，即终极关怀问题。围绕此二问题，本次研修班展开相关问题系列研讨，由鞠曦先生主讲；继以学者提问，先生解答；辅以分组讨论，总结交流；课下自由讨论；与先生面谈等多种方式，探讨了如下问题。

一、儒道会通问题

鞠曦先生以其独创之"承诺推定法"梳理中西哲学，分析西方哲学的思想进路、问题所在与走向终结的原因，在中西对比中推定中国哲学之内在理路及其价值所在。于此西方哲学终结之际，鞠曦先生并没有简单承认中国哲学之合法性，而是首先追问中国哲学何以退出历史舞台，此退出已证明中国哲学存在问题，从而要"正本清源，开新传统"。在与西方哲学对话之前，要对中国哲学的千年发展做出自我检讨，发现中国哲学之歧出之处，找到中国哲学之本根。如果不能正本清源，急于向社会推出传统，必然误人误己。

鞠曦先生指出，自孔子后，儒道相绌就成为中国哲学之主流。庄子早就有言："道术将为天下裂，后来者将不见天地之纯，古人之大体。"儒道会通问题的提出，其前提就是事实中的儒道不通与儒道相绌，不仅儒道不通，儒亦不通，道亦不通，儒分为八，道立各派，"道术为天下裂"，各家各派各言其说而自以为是，相互攻驳，执大道之一端而以之为全体大用，无以为中国人提供安身立命之基。儒道会通的主题，内在承诺了儒道本然会通，应当会通与可以会通。

儒道会通之理据首先是理论根源之会通，其会通的理论根源即为《易经》。《易经》为儒家"六经"之首，亦为道家"三玄"之一，即儒道在思想文化根源上同尊《易经》。《易经》为中国文化之源头活水，自古解《易》之书最多，各家各派都从《易经》中获取营养。鞠曦先生正是通过对《易经》之解读，揭示出儒道会通之理据。《易经》与《道德经》本然贯通，此问题为本次研讨班之核心主题。孔子解《易》乃为"穷理尽性以至于命"，《论语》有言"不知命无以为君子"，知命即知道，即知"道之所命"，命之所在即为道之所在，至命即为达道。《老子》五千言也不过是对此至命之道的直接言说；《易经》则以"阐微显幽"的逻辑体系，以卦的方式言此生命之道。

儒道会通的理据之二表现为二者具有共同的终极关怀。由孔子作传解经后的《易经》展开的是"阐微显幽"的严谨体系，对人类生命承诺了"穷理尽性以至于命"的终极关怀，这正是孔子与老子共同的价值论承诺，只是理论表达方式不同。鞠曦先生指出孔子以作传解经的方式对易理进行发挥，使原本卜筮之《易》"和顺于道德而理于义"，实现了《易经》"穷理尽性以至于命"的对生命的终极关怀。而此"穷理尽性以至于命"根源于生生之道,故"生生之谓易"。"生生"为中国哲学之本体论承诺,此本体既贯穿于《易经》哲学之中,亦贯穿于《老子》哲学之中。《老子》五千言只是对此生生之道的直接言说,其对生命之道的直接关注贯通《易经》之"穷理尽性以至于命"的价值论承诺。鞠曦先生亦指出,西方哲学之所以走向终结,就是因其思维理路只在穷理之中,没有尽性,更不会知命了。西方文明从未放弃对终极关怀的追寻,主要有三种方式:哲学、科学、宗教。哲学是思辨,科学是实证,只有宗教能安顿人心,但现代以来,西方的"上帝死了",哲学终结了,科学也终结了,西方人的心灵已无处安顿,失落了生命的终极关怀。中国哲学本具有自己对生命的终极关怀,但因为儒道相绌,各得一偏而为言,故不得中国哲学"穷理尽性以至于命"之根本,使后来的儒道之学在终极关怀的维度上迷失。故今日需"正本清源",回归中华文化之本根,使儒道会通,实现对人类自我生命的终极关怀。

儒道会通的理据之三表现在贯通于孔子《易经》与老子《道德经》中的"恒道生生"。鞠曦先生以自己的承诺推定法解读孔子易传,推定出《说卦传》为孔子对《易》"和顺"之总纲领。《说卦传》给出了孔子解《易》的原则、方式及价值论承诺。为了实现"穷理尽性以至于命",孔子给出了天地损益之理,鞠曦先生据之解读出作为《易经》纲要的"损益之道",提出了关切生命的"损益六卦"。天道以"恒"卦开始,经"既济"卦、"损"卦而行其损道,地道以"咸"卦开始,经"未济"卦、"益"卦而行其益道。"雷风恒"为损道之始,但逆之则成"风雷益",故人当避损行益,故应在生命关怀上逆天而行,行益道而避损道,实现"我命在我不在天"。"恒"居六十四卦之中,蕴含恒道生生损益之理。《系辞传》说:"夫乾,天下之至健也。德行恒,易以知险。夫坤,天下之至顺也。德行恒,简以知阻。能说诸心,能研诸侯之虑,定天下之吉凶,成天下之亹亹者。"乾坤乃易之门户,其德乃"恒",非"恒"不久。而老子之道亦为"恒道",恒即为道,道即为恒,非恒即为无道。于此,恒道生生贯通孔子与老子。

儒道会通的理据之四表现为鞠曦先生个人的生命体验。此点非鞠曦先生所论述，却为鞠曦先生所实证。鞠曦先生自我生命之安顿即为"内道外儒"，以内道修炼自我之身心性命，以外儒济世助人，化成天下，承诺着中国哲学修齐治平的价值论追求。内道以安己，外儒以安天下，也就成为长白山书院的学术宗旨。

在随后的系列研讨中，鞠曦先生运用"承诺推定法"集中讲解了自己对《易经》体系，以及六十四卦序的理解，着重分析与讲解了作为《易经》纲领的《说卦传》，揭示出《易经》内含着决定生命存在的"损益之道"，并以之为纲领展开对"乾""坤""恒""咸""艮"五卦的讲解。从而以提纲挈领的方式揭示出《易经》"穷理尽性以至于命"的内在逻辑理路。接下来，以《易经》解读为背景，鞠曦先生对《道德经》的"恒道"宗旨进行讲解，揭示出《道德经》原理与《易经》原理在终极关怀上的本质一致性，从而揭示出儒家与道家本然会通。故儒道会通并不是鞠曦先生个人之主观意愿与人为设计，而是中国哲学内在理路之真理性自在。

二、时空观问题

鞠曦先生通过对中西方哲学的深入研究，于20世纪80年代初创立了自己的哲学体系——时空统一论。这一哲学体系虽一直未正式出版，但已散见于鞠曦先生的各种文章之中。之所以不出版这一哲学体系，是因为鞠曦先生认为当代无几人能读懂它，而不能读懂它的原因不是认识论问题，而是价值论问题，是因为这一时空理论对当代各种哲学体系构成了冲击，故已经自满于现有哲学体系之内的人不可能承认鞠曦先生这一哲学体系之价值所在。

虽然西方哲学已经宣布了自我终结，但中国哲人的当代思维仍在西方哲学的轨道上求索，悬置各种无法解决的哲学问题，自欺欺人地做着虚假的哲学思考。当代是一个没有哲人的时代，一切的思想都是旧的，都在反刍着前人嚼过的东西，也就无人相信哲学还会在既有的轨道上实现突破，更不会相信这个时代会有一个改变传统哲学观念的哲学体系出现。故鞠曦先生的这一体系只能藏之深山，等待时代真正需要这一体系时再出版。

鞠曦先生的时空统一论是贯通中西哲学而为言，提出了一切哲学的基本问题只能是时空问题，把中西哲学的问题焦点集中于一处而展开思维对话。运用时空统一论既可以对西方哲学进行时空解读，亦可对中国哲学进行时空解读，从而以现代理性的语言贯通中西哲学。自古以来，中西哲学都在不同的轨道上前进，中国哲学的体悟式思维与西方哲学的理性思维没有交汇，中国哲学话语表达的隐性逻辑与西方哲学话语表达的显性逻辑也无法直接沟通。鞠曦先生的时空观则把中西哲学不同的思维方式与话语体系转换成共同的时空思维与表达方式，从而实现二者的交流与会通，第一次为中西哲学的真正对话提供了一把钥匙。

通过时空统一论，很容易理解与判定西方哲学何以走向终结。鞠曦先生对哲学给出了"哲学是对自以为是的自觉与反思的学问"的定义。通过对中西哲学的研究，鞠曦先生认为西方哲学因走不出"自以为是"的时空限定，最终走出一条"是其所是—自以为是—以非为是—哲学终结"之路。而中国哲学则从老子的《道德经》与孔子的《易经》开始就走出了自以为是，走向了"所是其是""和中为是"，从而避免了西方哲学的思维进路。但由于后代误读，造成儒道不通，儒道相绌，丧失了中国哲学"穷理尽性以至于命"的价值论承诺，使中国哲学在时代发展中也陷入"自以为是"，故急需"正本清源，重塑传统"。

时空何以成为哲学的基本问题？简单来说，时空是最基本的哲学概念，是一切概念的起点，任何概念与观念都根源于时空。时空是人类思维的背景，人类认识的起点，人类的一切思维观念都可还原为时空问题，故时空为哲学之基本问题。以人的认知为坐标，鞠曦先生创立了时空本在、主在、客在的表达方式，时空本在即本体之时空存在，主在即主体之时空存在，客在即客体之时空存在，以之解释西方哲学问题无往而不通。西方哲学的问题就是时空主在陷入时空客在的思维进路之中，在对象化的客体中展开思维，从而发展出科技理性，却从未达之于时空本在，故西方哲学的本体论问题从未解决。而没有本体论支撑的哲学与科学必然走向终结，人也找不到安身立命之本。

同样，以此时空理论也可进入中国哲学问题。中国哲学从未陷入时空客在，而是以主在"和中"于本在，时空本在即"形而上者谓之道"，时空客在则为"形而下者谓之器"，人在道器之中，故为"形而中者谓之人"。而易经哲学对道器关系及其运动的思考则以卦的方式来表达，故"形而中者谓之卦"，卦是中国哲学独特的表达方式，避免了西方哲学的"自以为是"。鞠曦先生以其时空理论及自我独创的哲学方法论——承诺推定法——将易经哲学外化为自己的另一哲学体系——形而中论。形而中论就是基于时空统一论而形成的，以西方哲学的理性语言对易经哲学的现代解读，形而中论与时空统一论共同形成了贯通中西方，走出哲学的"自以为是"误区的当代人类性哲学体系。

三、方法论问题：承诺推定法

欲解儒道会通之思想进路，必以一定方法论得之，儒道相绌的根本原因就在于背离孔子"吾道一以贯之"的原则。鞠曦先生通过对中西方哲学的研究，在构建自己的"时空统一论"的过程中，形成了自己的哲学方法论——承诺推定法，从而保证了自我哲学体系的"一以贯之"，又以之考察、发现了其他哲学存在的问题，并用现代理性思维与语言表达方式给出了中国哲学的思想进路。

承诺推定法包含"本体论承诺与逻辑推定的统一；主体论承诺与形式推定的统一；价值论承诺与范畴推定的统一"。任何真理性的理论系统必须是本体论、主体论与价值论三者的统一，必须做到逻辑、形式与范畴的统一，否则人类思维就是"自以为是"的自我言说，必然被后来的思想所否定，人类的思维则必然继续寻找终极的可靠性。因为任何理论体系的构建，包括任何话语的言说，首先都是一种主体的表达，而且此主体必然承诺了自我话语的真理性或对此话语的主观认同，否则主体不会言说和表达出来；而主体的言说或理论构建必以一定形式表达出来，此表达形式与主体必然自在统一，因为此形式是主体的自我选择，主体既然选择此形式，则必然承诺了此形式最能充分地表达出自我真意，故此形式与主体内在统一，是为"主体论承诺与形式推定的统一"。

人作为主体，任何话语的言说都必然是有意而为，必含有一目的，此目的必含有主体之价值判断，即主体必然认为"我说的是对的"，我所言的结果会有益于我，或有益于他人，或有益于社会；或者说，主体有选择说与不说的权利，既然主体已经言说，就承诺了主体必然认为自己有言说之必要，这是主体的一种价值判定。所以任何话语表达与理论构建都必然是一种价值论的表达，而任何价值论的表达都必须以一定范畴来标注，主体运用此价值范畴来表达自我的价值选择与价值判断，实现的是主体的价值论承诺与范畴运用的统一，故通过对一套话语系统或理论体系的范畴推定可以推出主体的价值论承诺，是为"价值论承诺与范畴推定的统一"。

主体之价值论承诺必有所以，必找到一终极根据，才可以使话语或理论为他人所信服，才可以传之万世而为教。通常言之，任何主体之话语表达都会有所理据，从而据此以支撑我之言说，但真正的哲学思考会继续追问此理据又以何为根据，从而形成一个追问的逻辑系列，直到问无可问的最终根据，即为哲学的本体论根据。也就是说，人的任何言说或理论体系，无论说者是否意识到，都必然承诺了某种本体以支撑自己的话语逻辑。任何话语系统与理论体系要获得最坚强的真理性与说服力，必有一终极的本体支撑，在此本体的支撑之下，展开具体的话语逻辑，否则就是无根的话语游戏，成为思想的垃圾。此本体虽不必然出现在主体的话语系统之中，但必贯穿于话语逻辑之内，形成本体论承诺与逻辑推定的内在统一，只要追根溯源，必揭示出此本体论之存在，是为"本体论承诺与逻辑推定的统一"。

此三个承诺与推定又不是各自统一而彼此相互割裂的，本体论、主体论与价值论相互之间又必然统一，逻辑、形式、范畴之间又必然统一，才会给话语系统以最充分的说服力与最完善的证明力。

鞠曦先生运用"承诺推定法"对许多常识性命题进行了辨伪，特别对中国哲学史中颇有影响的"天人合一"的命题进行了推定，证明此命题的不合理性。"天人合一"的命题乃由张载给出，此命题的给出是由主体面对天人相分的现实而承诺了天与人的关系是合一而不是相分。而主体之所以给出天人合一而不相分的判定是因为此命题包含了主体的价值判断，即主体必然承诺了天与人不应当相分，而是天与人应当合一，或天与人本然合一。那么，此价值判断的依据是什么？此依据的依据又是什么？如此，就会由一个追问系列抵达一个不可再问的本体论依据。如果找不到一个这样的本体，那此命题判断就是无根的，就是必然会被推翻的，西方哲学的进路就是因为找不到终极的本体论依据而走向终结。那么，主体判定天与人合一的本体论依据是什么？此本体论依据能否贯穿于天人合一这一命题之中？以张载的个人哲学而言，其以气本体论构建自我体系，而气又何来？仍需一本体论支撑。如果以气为本体，则天与人皆由气而来，天与人合一于气，而气何以存在？气之本体又需一证明，故此气本体论依据为假，只是张载个人之主体论设定，则此命题因缺少本体论支撑而必为假。

如果把这一命题的主体论承诺归之于张载之前的古人，而张载只是取其意而用之，则相应的本体论承诺也就要发生转换，因为古人承诺的本体与张载不同。以古人尚天而言，天人合一这一命题内在承诺的是天为本体，人与天这一本体合一，意味着人成了本体，而人如何可能成为本体？这是一种狂想。既使按中国哲学内在理路，再把此天本体论回溯到道本体论，仍然无法解决这一矛盾。虽然道通为一，但正是道使天为天，使人为人，也就是说正是道使天与人相区分，故道只能肯定天是天，人是人，而不能肯定天人合一，故天与人在逻辑表达中无论如何不能合一。

但否定天人合一并不是肯定天人相分，天与人之间是何种关系？鞠曦先生给出了自己的理论判定，天自是天，不是人，却与人相关，以易理言之，天地定位，人生天地之间，天决定着人之存在；人自是人，不是天，却可仰观俯察，知天达天，故天与人有一交会，此交会之处，既不是天，亦不是人，只能是二者之"中"。此"中"不消弥彼此，而是二者之交会与互通，实乃一"和"，故此中为"和中"，而不是"合"于"中"。所以天与人之关系只能是天人和中，而不能是天人合一。

四、《说卦传》与《易经》的损益之道

接下来，鞠曦先生用自己的时空观与承诺推定法分析讲解了《说卦传》，并以《说卦传》为纲对作为《易经》生命科学核心的损益之道进行了讲解。

古往今来的解易者本质上多是《易经》的翻译者，只是对《易经》的卦爻辞及《说卦》《系辞》等进行当下的语言转换，并加入自我的理解与发挥，并没有把《易经》作为一个完整的理论体系而对其内在理路进行一以贯之的理解。故所有解《易》者都只能支离地解释与理解《易经》，而对何以如此理解与解释，没有给出方法论依据；对于内在理路之不通，则以《易经》乃古之遗言，多有错简，故自然有不可解之处为由解释之。那么，究竟是《易经》本身存在着理路不通的问题，还是后人解《易》存在问题呢？鞠曦先生的研究得出的结论是《易经》本为一部具有严密体系的中国哲学经典，只是后人的误读才导致《易经》解释的歧义百出。

鞠曦先生解易的方法论仍然是"承诺推定法"，而解《易》之纲要则是《说卦传》，故鞠曦先生在本次研修班上着重讲解了《说卦传》。

据考证，《说卦传》为孔子所作，则在主体论上，《说卦传》一文的内

容与形式的统一及其内涵的价值论承诺实为孔子所承诺,即《说卦传》表达的是孔子本人对《易经》性质的判定。《说卦传》首先言明了《易经》的主体论及价值论承诺:

> 昔者圣人之作易也,幽赞于神明而生蓍,参天两地而倚数,观变于阴阳而立卦;发挥于刚柔而生爻,和顺于道德而理于义,穷理尽性以至于命。

此段文字虽以"昔者圣人"开篇言圣人如何作易,以及圣人作易所为何事,似乎此段文字之主体乃"昔者圣人",但此段文字并非"昔者圣人"本人所作,而是由孔子所作,故此段文字实乃孔子对《易经》之判释,而非"昔者圣人"之本意,故这里事实上已经发生了评述主体之转换,由"昔者圣人"转换成了今之圣人——孔子。而孔子对这段话的表述又可分为两部分,"昔者圣人之作易也,幽赞于神明而生蓍,参天两地而倚数,观变于阴阳而立卦",此句可理解为孔子代"昔者圣人"而为言,是一种以文献为根据的事实描述,"昔者圣人"是通过"幽赞""参两""观变",以"生蓍""倚数""立卦"的方式而作易。而"昔者圣人"作此易所给出的价值论承诺主要是利用《易经》进行卜筮之用,以定吉凶。接下来则是孔子借"昔者圣人"而为言,说明自己对易的转换与利用,即"发挥于刚柔而生爻,和顺于道德而理于义,穷理尽性以至于命"。孔子给出的价值论承诺则是"穷理尽性以至于命"。由此段文字,孔子已表达了自己对易理的解读是不同于"昔者圣人"的,孔子为《易》作传解经的目的是为了使易理"和顺于道德而理于义",最终达到"穷理尽性以至于命"。

那么,如何才能达到"穷理尽性以至于命"?鞠曦先生通过对《说卦传》及易理的解读揭示出孔子和顺易理之后所给出的人之生命的损益之道。《说卦传》给出:

天地定位，山泽通气，雷风相薄，水火不相射；八卦相错，数往者顺，知来者逆，是故《易》逆数也。雷以动之，风以散之，雨以润之，日以烜之，艮以止之，兑以悦之，乾以君之，坤以藏之。

……神也者，妙万物而为言者也。动万物者，莫疾乎雷。挠万物者，莫疾乎风。燥万物者，莫熯乎火。说万物者，莫说乎泽。润万物者，莫润乎水。终万物始万物者，莫盛乎艮。故水火相逮，雷风不相悖，山泽通气，然后能变化，既成万物也。"

"天地定位，山泽通气，雷风相薄，水火不相射"为天地自然之象，鞠曦先生称之为"先天四象"，亦为"成始之象"。天地定之以上下，而山泽、雷风、水火运行于天地之中，此为自然现象。先天之象自然运行，消磨万物于"成始成终"之中，故天道于万物而言为一"损道"。"八卦相错，数往者顺，知来者逆，是故《易》逆数也。"则是孔子解易的原则，即天道顺行，万物无驻，皆往而不返，人亦于其中损而不已，人于天地之中对已逝之物事无从把捉，所可能把捉者唯未来之事，故人于天道流行中当逆天道之流而立，方能知来者为何，知命而为君子，故需逆天道而行，才能免于天道之损。《易》乃为人所作，乃通天道而行人道，故《易》不是顺天道为言，而是"《易》逆数也"。

山泽、雷风、水火于天地定位之中成其变化，行其"动、挠、燥、说、润、终始"之功，"既成万物"而变为"水火相逮，雷风不相悖，山泽通气"，此为后天之象，亦为"成终之象"；在易理中，则是以"知来者逆，是故《易》逆数也"而得之。

以此成终与成始、先天与后天之象的变化之中，人居其中而考量之，"雷风"于先天到后天之变化中保持不动，以其为"恒"而被置于后天之象之前，"乾坤定位"亦化体为用而成"乾君坤藏"，置于后天之象之后，故有"雷以动之，风以散之，雨以润之，日以烜之，艮以止之，兑以悦之，乾以君之，坤以藏之"，此为"中天之象"，亦称为"中和之象"。此"中天之象"即为圣人仰观俯察天地之道而对先天与后天之象所做之中和。故为"天道损，地道益，而人道中"，人能行损道，亦能行益道，全在人之自择。按"数往者顺"之易理，将中天之象两两相叠，即成"雷风恒""水火既济""山泽损""天地否"四卦，"否卦"为价值判定，"恒、既济、损"则为顺行天道所成之"损道"之卦，鞠曦先生称之为"损道三卦"。按"知来者逆"之易理，将中天之象两两相叠，即成"地天泰""泽山咸""火水未济""风雷益"四卦，"泰卦"仍为价值判断，而"咸、未济、益"逆行天道而成"益道"之卦，鞠曦先生称之为"益道三卦"。损益之道共六卦而成"损益六卦"。损益之道即为生命之理，整部《易经》的价值论承诺不过是教人如何避损行益，最终"穷理尽性以至于命"。

在避损行益的生命修为中，鞠曦先生最重"乾、坤、咸、艮、恒"五卦。乾坤乃易之门户，乾坤之道贯于六十四卦体系之中，亦为历来解易者所重，此理易解。而鞠曦先生尤重"咸、艮"二卦的原因则是此两卦是生命修炼之卦，此理为鞠曦先生通过自己的内道功夫所揭示，也是证明儒道会通之理据。

咸为"感"，咸卦由初爻至上爻，实乃少男少女时期生命修炼之过程。"泽山咸"，上兑下艮，"止而悦"。由"乾坤三索"而知，兑为少女，艮为少男，少男少女时期正是"憧憧往来，朋从尔思"的时期，心志在外，心浮气燥，故需及时安顿身心，以免空耗生命。从"咸"卦爻辞与象辞可观之：

初六，咸其拇。

《象》曰：咸其拇，志在外也。

六二，咸其腓，凶，居吉。

《象》曰：虽凶居吉，顺不害也。

九三，咸其股，执其随，往吝。

《象》曰：咸其股，亦不处也。志在随人，所执下也。

九四，贞吉悔亡，憧憧往来，朋从尔思。

《象》曰：贞吉悔亡，未感害也。憧憧往来，未光大也。

九五，咸其脢，无悔。

《象》曰：咸其脢，志末也。

上六，咸其辅颊舌。

《象》曰：咸其辅颊舌，滕口说也。

由初六到九四，都是在警告"憧憧往来，朋从尔思"的少男少女莫妄动、"止而悦"的道理，因为他们还"未感害也"，还"未光大也"。而九五与上六则进入生命修为的内时空操作，通过少年时期的生命修炼与内时空操作由"志末也"进之"滕口说也"，从而可以安顿身心性命，最终在成熟的年龄"取女"才会"吉"。

"艮"卦则是成人生命修炼之卦。"象曰：艮，止也。时止则止，时行则行，动静不失其时，其道光明。艮其止，止其所也。"鞠曦先生指出，艮为止，六爻皆为对"止"之思，思"止"为学，而生命真达于"止"之境界就为道了。由初六"艮其趾"，经六二"艮其腓"，九三"艮其限"，六四"艮其身"，六五"艮其辅"，至上九"敦艮"，六爻变化以象人之生命如何止住外时空之生命盲动，归于生命内时空之"止"，但此止非静止之谓，而是"时止"，包含着"时行"之义。最终达于"敦艮之吉，以厚终也"的生命修为境界。具体到生命修炼，就是用意念由脚趾感起，上而至"辅"，至"敦艮"，使"精义入神，以至用也"。

"恒"卦则是贯通孔子易经哲学与老子道家哲学的重要切入点。"恒"是损道三卦之首，天道顺行而损，成"恒、既济、益"之损道，天道恒损而不已；地道逆之而成"咸、未济、益"三益卦，"雷风恒"逆而为"风雷益"，此益道亦为不息之"恒"也。人自出生而入死，乃由先天而入后天，即落入损道之中，如后天无所改变，则恒损无已也。而人有生命自觉，人道处损益之中，可行损道，易可行益道，在人自择也。而人如何能择于益道而避损道？人之避损行益要在有"恒"也，人必有"恒"才可能恒于益道而避损道。人稍有不恒，当止不止，就可能落入损道之中，故孔子有言，"人而无恒，不可作巫医"。由此可见，此"恒"既为天之道，又为地之道，又为人之道；恒即为道，故为"恒道"。此"恒道"与老子五千言所讲之"恒道"自然贯通，足证儒道会通，本然一体。

五、老子恒道问题与《易经》

传统对老子《道德经》的理解都是基于通行本的理解，也是歧义迭出，对何为道，何为德亦众说纷纭，基于"道可道，非常道"的理解，通常认为道不可言说，也就无法再对其进行定义。鞠曦先生对《道德经》的解读则是根据帛本《道德经》，对老子哲学的许多问题亦进行了"正本清源"。通行本是《道经》在前，《德经》在后，而帛本《道德经》是《德经》在前，《道经》在后。"德者，得也"；得道之谓德，故《德经》在前有得道而后言之意味，更符合老子《道德经》中言道之理路。而《道经》在前、《德经》在后则有道已前定而后生德之意味，而此《道德经》中之道已是言说之道，已非大道之本体，又何以保证所生之德是得道之德呢？故《德经》在前更为合理。

鞠曦先生又以自己的学术理路，运用承诺推定法，分析了老子"恒道"的本质及后世对之的误读。通行本《道德经》的"道可道，非常道；名可名，非常名"在帛本《道德经》中为"道可道也，非恒道也；名可名也，非恒名也"。"恒"虽可解释为常，但内涵却不只是常，正因为此一字之差，使后人对老子"恒道"的理解发生了巨大的偏差。

"道可道也，非恒道也。"意为言说出来的道并不是永恒的真道，运用承诺推定法可知，此言说中的非恒之道的背后必然承诺了还有一永恒之道为其支撑，而老子提示给我们的并不是言说中的这一非恒之道，而是此言说背后所承诺的永恒之道。故老子在此语中给出的"道"只是一虚指，是指向此言说之道背后的永恒之道的思想之路；而"恒"则是实指，是道的本质，恒才是道，非恒不是道。道不可言，但恒可言，道不可指，但恒可指。如此，由恒就可入道，由恒就可言道，恒即是道，道即是恒，故为"恒道"。此恒不可以常代之，此"恒道"不可以"常道"代之。老子所言皆为一"道"路，皆指向此言说背后之"恒道"，老子五千言，既说出了恒道，又说出了此言说中之"恒道"非恒，故真得"恒道"者，必无以言说。

此"恒道"与《易经》"恒"卦所揭示的恒道本质为一，只是思维进路与言说方式不同。何为恒？恒即生生，生生之道即恒道生生，生生之谓易，易道生生。老子之道为生生之恒道，易之道亦为生生之恒道，恒为贯通儒道之学的本真之道。

"名可名也，非恒名也。"名为人所命，即非由恒道所命，故"非恒名。"但老子还在提示我们，在此"非恒名"的背后，仍有一"恒"存在，此乃大道本体。接下来，"无，名天地之始，有，名万物之母"。无与有皆是人之命名，非恒道之本，即此言说，已是人之所为，非大道无为之本。但人之认知，必有一始，万物于人之认知中必有一来源，故以"有、无"名之，而恒道无言，并没有如此命名，故为"非恒名"。

"故恒无欲，以观其妙；恒有欲，以观其徼；此两者，同出而异名。"有欲与无欲，皆人之主体所为，其所观之"妙"与"徼"皆是主体之言说，都不是本然之有与无。但有欲与无欲同根源于恒，故为"恒无欲""恒有欲"。言说中的"无欲"也是一种欲，欲得恒道，只能损去此欲，"损之又损，以至于无为"，无欲即无为，无为即恒。由此进入老子之"为道"；老子之"为道"又贯通《易经》之"损益之道"。

"为学日益，为道日损，损之又损，以至于无为，无为而无不为。"鞠曦先生提出，《易经》与老子本质为一，说的是一个事情，只是语言不同。老子为道，以日损为宗，人出生后即由先天而入后天，也就开始"为学日益"

的过程,而此种日益实乃生命顺天道而行之自然过程,也就是进入《易经》损益之道所揭示之损道之中,如此之"为学日益",实是顺天道之损而行之过程,使人落入后天生命之损耗之中。"为道日损"则是损去所学,实是将所学内化为无,由后天返先天,也就是逆损道而行益道。"损之又损,以至于无为",无为即为逆天之顺行,天道使人入后天而有为,老子则让人逆天道而无为,即为"益道"。鞠曦先生指出,"无为"是连道都没有了,只要人心中还有道之意识,就还没有达到道;真正的得道之人就不会再提问了,没有任何问题了;只要还有学术存在,就说明世间还有问题存在,就说明还没有达到道。真正的得道者会知道老子什么也没说,老子说的都是废话。无为即由有为存在之有限,返回大道无为之恒,而恒道生生不息,实乃无不为。人应当返回生命之生生不息之中,而不是任意而为,故应当避损行益,避后天之损,行先天之益,此为终极之生命关怀之道。

(作者为吉林师范大学马克思主义学院副教授,哲学博士)

壬辰研修班综述

孙铁骑

子曰:"君子进德修业。忠信所以进德也,修辞立其诚,所以居业也。知至至之,可以言几也,知终终之,可与存义也。是故居上位而不骄,在下位而不忧。"(《周易·乾卦·象辞》)此乃君子进行自我生命安顿之过程,故君子进德修业,非为生命外求之过程,而是君子内求生命之本质,忠信以进德,修辞立诚以居业,实现生命之安顿,亦即西哲所求之"诗意的栖居"。而此生命之安顿必然外显为人类的文化与文明,故真正的人类性文化与文明必须承诺对生命的现实安顿。而现实的人类文化与文明创制却不是必然能实现生命的安顿,故需要对现实的文化与文明与进行哲学反思。能否实现对生命的现实安顿也就成为判断文化与文明合法性的终极依据。值是之故,长白山书院以"生命与文化的合法性"为主题,于2012年7月28日至8月8日举行"长白山书院壬辰儒道研修班"。

长白山书院为当代中国著名民间学者鞠曦先生创建于2005年,书院具有自己独立的学术理路与理论体系,以"正本清源,承续传统;中和贯通,重塑传统;中学西渐,开新传统"为宗旨,在学理上会通儒道,培养"内道外儒"之人才。鞠曦先生以"时空统一论"贯通中西哲学,以"形而中论"外化出《易经》哲学的理论体系,从而贯通儒道哲学,实现对传统文化的正本清源。长白山书院自创办以来每年面向社会定期举办儒道研修班,继承传统书院的会讲传统,传道育人,风化社会,以鞠曦先生与长白山书院的学术理路为中心正在形成一个影响日深的"长白山学派"。

"长白山学派"学风纯朴，扎根民间，为生命而学术，思想理路清晰，学术体系完备，以"我注六经"的精神实现对传统文化的正本清源，实现对中西文化与儒道哲学的中和贯通，真正回归中国传统书院于民间办学，在野传播，传道授业，风化社会的道统与学统，其存在已具有历史性与普世性的双重意义与价值。本届研修班为期十二天，每日早课为静坐内修，上、下午为鞠曦先生授课，学员问学讨论，晚上学员自由研讨。本次研修班重点探讨了如下问题：

一、生命与文化的合法性

人之生命区别于万物之生命的所在就是人之生命与文化的共生性，人之生命以文化的方式存在，或言人之生命外显为文化的存在方式，而文化也必然自在承诺着对人之生命的安顿，从而文化就应当是生命的文化，就应当是实现生命安顿的文化。当文化远离人类的生命本身，无法实现生命的安顿，也就失去了其作为文化的合法性，也就不再成其为属于人的文化。

鞠曦先生对传统文化的解读是回到先秦经典文本，以现代理性重新解读传统经典，实现对传统文化的"正本清源"，尤其以《易经》为中心重新解读传统文化的整体脉络与理路，从而贯通老子道家与孔子儒家，实现"儒道会通"。因此，鞠曦先生以"内道外儒"立教，形成长白山书院独特的思想特质。而儒道之所以能够会通，内道与外儒之所以能够合一，就是因为儒与道都是言说生命本身的文化，而《易经》就是这一生命文化的理论核心。故鞠曦先生以《易经》为依据解读文化与文明，给出其对文化与文明的中国式理解。

《易经》以"贲"卦阐释了文化与文明，"贲"卦上艮下离，上山下火，"山下有火，贲"（《象辞》）。"贲"乃"饰"之义，此"饰"乃人之所为，是人对自我生命存在的自觉与自为，即以文饰的方式使自我之生命"明"起来，故此文饰之明乃为生命内在本质之自觉地外在开显。此文饰并非是对生命本质的背离，而是对生命本质的升华与弘扬，故为"明"。经此"文饰"而"明"之的生命使天道的自在变为人道的自为，从而人可以"为天地立心"，使人可以成为超越于万物的存在。但如果此文饰之明无限发展，必然文饰过度，反而使其明离人渐远而渐暗，从而使此文饰最终离开生命太远而失其存在之意义，甚至可能背离生命的存在本身而成戕害生命之罪魁，从而丧失此文明存在的合法性。故文饰之明不能溢出生命的本质之外，应当止于生命的存在本身，"出入以度"而"知止"。诗云："缗蛮黄鸟，止于丘隅。"子曰："于止，止其所止，可以人而不如鸟乎？"（《大学》）故"贲"卦下离明，上艮止，"文明以止，人文也，观乎天文，以察时变，观乎人文，以化成天下"（《彖辞》）。文明必须以生命为中心而止其所当止，"知至至之，知终终之"，如此之文明才可能化成天下，才是真正的人类性文化。故鞠曦先生将文化定义为"以文明化成天下的形式"。

如果一种文化不能文明以止，不能化成天下，就不是真正的人类性文化，就不具有文化的合法性。以此为标准考察当代世界性的人类文化与文明，就可以知道没有任何一种文化真正能够实现文明以止，化成天下的责任，从而可以证明当今世界以西方文化为主流的文化与文明都没有存在的合法性，所以当今世界的文化与文明以西方文化为代表已经进入了全面终结的时代，"上帝死了""哲学终结了""科学终结了""人也死了"，人类文化似乎丧失了一切既定的价值标准，进入了"怎么都行"的虚无主义时代。而人们在这种"怎么都行"的自由之中感到的却是生命的迷茫与空虚，感受着"生命的不可承受之轻"，如此的文化现实表明当今世界的文化已经丧失了自身存在的合法性。

而人类所创造的文化何以会远离生命存在本身？何以会丧失自身存在的合法性呢？源于文化自身发展的无根性，当一种文化缺少根源于生命内在的本体论支撑，必然成为飘浮于生命之外的附属品，甚至是生命的戕害者。而文化何以会陷入本体论的无根性之中呢？因为文化作为"以文明化成天下的形式"，在其直接性上是以生命存在本身为本体，而生命存在本身又需要自己的本体支撑，故文化虽直接根源于生命，却不能以生命本身为终极本体，而应当以生命的本体为本体。故《易经》给出生命及万物的本体为"生生"，生命由"生生"给出，而文化由"生命"给出，那么，文化就应当以"生生"为终极本体。文化只有合于"生生"才具有自己的合法性，偏离"生生"就丧失了存在的合法性。所以文化自诞生以来就陷入了一个难以摆脱的困境，那就是文化虽然由人之生命本身所创造，但由人之生命所创造的文化却可能因远离"生生"本体而远离生命。故文化发展到现代已经远离了"生生"本体，从而远离了生命本身，从而无法安顿现实之人的身心性命，失去了文化的合法性。

"生生之谓易"（《系辞传》），"生生"给出易的存在，而"易以道阴阳"（《庄子·天下篇》），"一阴一阳之谓道"（《系辞传》），一阴一阳给出道的存在，故可说"生生之谓道"，故中国哲学与文化的本体就是生生不息的生命之道，中国哲学的本质就是生命哲学。但庄子早就指出："后世之学者，不幸不见天地之纯，古人之大体，道术将为天下裂。"（《庄子·天下篇》）中国哲学在老子与孔子之后就走向了由道到术、技、法、势等的分裂过程，诸子百家各言其说，将老子之道与孔子之道对立起来，造成儒道相绌，使中国哲学迷失了共同的大本大源。在这一由道到术的分裂过程中，《易经》虽然一直被公认为儒家"六经"之首与道家"三玄"之一，但《易经》何以获得如此地位并没有获得清晰的理解，亦没有在学理上获得明确阐释与说明，故《易经》一直被视为卜筮之书，带有很强的神秘色彩。

鞠曦先生对中国哲学与文化的解读就从对《易经》的正本清源开始，通过对《说卦传》的"正本清源"及"形而中论"的哲学阐释，揭示出孔子作传解经后的《易经》已经转变了传统的卜筮性质，成为孔子的"性与天道"

之学，即孔子通过作传解经的方式使《易经》承载了其对"性与天道"的理解，《易经》因此才有资格成为中国文化的大本大源，故对《易经》的解读是本次研修班的重点内容。

二、当代哲学存在的问题

哲学是文化的核心与灵魂，任何人类性的文化与文明都必须有内在的哲学体系支撑，这是文化获得自身合法性的理论硬核。现代文化正是因为哲学的失落而造成了自身合法性的危机，哲学的没落与终结是当今世界性的文化虚无主义问题产生的本质原因。故反思文化问题必须首先反思哲学问题。

反思当代哲学发展现状，人类的思想似乎进入了发展的瓶颈时期，人类的思维能力似乎走到了穷途末路，哲学似乎已经没有了可以继续思考的空间。当西方哲学发生语言学转向，就已经意味哲学的思考已经没有了实质的内容，所以当代的哲学研究更多的是对"哲学史"的研究，只是重复思考着前人的思想，或是以固有的哲学视角展开对某些社会问题的研究，已经类似于社会学、政治学等实证主义的研究。这样的哲学研究已经失去了苏格拉底"认识你自己"的生命追问维度，当哲学远离了生命，文化就陷入了更大的迷失之中，故当代的一切文化问题在本质上都根源于哲学问题。反观当代哲学，无论是中国哲学还是西方哲学都已经陷入了自身无法解决的问题泥潭之中，厘清与认识当代哲学存在的问题是解决问题的前提，故鞠曦先生通过对中西哲学的深入研究，揭示出中西哲学存在的根本问题、基本问题与核心问题，并给出了走出问题困境的具体理路。

（一）哲学存在的问题

鞠曦先生以"时空"作为贯通中西哲学的核心范畴，形成自己的"时空统一论"哲学体系，通过对主体之人的时空有限性分析去思考人类哲学问题产生的原因及解决问题的可能进路，从而揭示出哲学的根本问题、基本问题与核心问题。"时空统一论"的理论核心是揭示出"时空是人类认识的生成方式"，"时空本无间，而无间时空自生生"。人类只能以时空的方式去认识世界，否则就无法认知与描摹这个世界的存在，但时空意识一落入人类的理性自觉就成为"时间"与"空间"，而不再是本在（本然而在）的时空统一态，不再是无间时空的生生自在。但无论是时间还是空间，都不是自然的存在，而是人类主体认知、认定与把握世界的结果，只是人类认知世界的思想工具，在这个世界上并不存在独立于人的意识之外的时间与空间。故"时空"在本质上是统一的，时就是空，空就是时，只是人为"间"之而为"时间"与"空间"，故"时空本无间"。而无间的时空在其本在上就是天地万物的生生不息的自在状态，故"无间时空自生生"。从而"时空"就是"生生"，就是宇宙本体，就是万物存在之源。

当人类以时间与空间意识去认识世界之时，就已经首先把自己限定为有限的时空存在，从而从自己的时空有限性出发去认知外在世界，从而把外在世界也认知为与己相对的时间性与空间性存在（时空客在）。这样的人类认知虽然可以认知有限的时空客体，却不能认知整全的时空整体，从而割断了时空的生生之链，使有限的个体时空无法与无间的时空本体统一，也就是无法与"生生"合一，从而远离了生生之道而无法安顿生命。以"时空统一论"审视中西哲学史，可以理解哲学发展史中存在的根本问题、基本问题与核心问题。

1. "自以为是"是哲学的根本问题

恩格斯说"全部哲学，尤其是近代以来的哲学基本问题是思维与存在的关系问题"。[①] 这句话道出了西方哲学的特质，全部西方哲学在其思想理路上都在努力解决思维与存在的同一性问题，思维如何可以达于存在，思维如何

---

① 《马克思恩格斯选集》第4卷，人民出版社，1995年版，第223页．

可以言说存在的本然状态，这是西方哲学始终无法解决的核心问题。其根本原因在于西方哲学受困于其二元对立的对象性思维方式，在主体与客体二元对立的思维方式下，主体的视域范围永远受制于主体自身存在的时空局限，思想者只能在自己有限的时空范围内是其所是，言说有限的存在，而无法言说存在的整体，当思想一触及存在的整体，就只能僭越思想的局限而给出自己的猜测，而这种猜测只能是思想的自己认为如此，而不是存在事实如此，故无法真正达于存在的自在。但每位思想者都真诚地认为自己的思想已经达到了存在本身，已经完成了哲学的使命，从而只是思想者自己的"自以为是"，所以鞠曦先生认为"自以为是"是哲学的根本问题。①

纵观西方哲学史，从前苏格拉底哲学的本体论追问到苏格拉底的"认识你自己"，再到柏拉图的理念论、亚里士多德的形式，从中世纪的神学思想到近代哲学的认识论转向，再到现代哲学的存在论与语言学转向，都是思想家在自己的时空限定性之中言说自己对世界的认知，只是哲学家自己认为世界如此，而世界并非真正如此，故只是思想家自己的"自以为是"。所有哲学家都认识到前代哲学思想只是一种"自以为是"，故批判前代思想并努力提出新的思想以走出前人的"自以为是"，却由于当下的时空限定性而无法真正走出"自以为是"，仍然只能在其时空局限中"是其所是"，并最终又成为新的"自以为是"。所以鞠曦先生将哲学定义为"哲学是对自以为是的自觉与反思的思想理论学说"。②

2. 时空是哲学的基本问题

哲学的根本问题表现为思想者的"自以为是"，而思想者之所以会产生"自以为是"的根本原因在于思想者个体是有限的时空存在者，思想者只能在其有限的时空域界内做有限的哲学思考，故思想者的任何思想都只能是有限定

---

① 鞠曦：《哲学、哲学问题与中西哲学》，长白山书院网站：http://www.cbsrudao.com.
② 鞠曦：《哲学、哲学问题与中西哲学》，长白山书院网站：http://www.cbsrudao.com.

的思考,当思想者试图去言说某种无限定的终极存在——如神、上帝、存在自身、终极本体、宇宙整体等——之时,思维作为有限者的思维自然无法达于、把握无限者(假如无限者存在),如水中之鱼无法得见水之全体,身上之蚤无法得见吾身之全形一样,必然陷入思维的无能与无力之中,成为片面的言说,成为"自以为是"。这是苏格拉底说自己无知的根本原因,亦是康德为理性划界的根本原因。在人类思维追问的无限面前,任何对象性的言说都是一种"自以为是"。所以西语有言:"人类一思考,上帝就发笑。"佛家言:"不可说,不可说,一说便是错。"孔子说"予欲无言"。老子说"道可道也,非恒道也"。维特根斯坦说:"对于不可说的东西,我们应当保持沉默。"千圣一言,皆在表达人类思维的时空限定性。

既然是人类思维的时空限定性导致了思想者的"自以为是",导致了哲学根本问题的发生,那么如何走出思维的时空限定性就成为哲学必须研究的主题。事实上,整个哲学史的发展主线无不是在努力走出思想者当下的时空限定性,努力在自身有限的时空存在性之中达于对存在本身的理解和把握。故人类思维的起点无不是从时空概念开始,从人这一有限的时空存在开始,努力达于作为时空自在的存在本身,这一思想与思维的努力就形成了整个哲学史的千年追问。所以鞠曦先生通过对中西哲学史的研究给出了"时空是哲学的基本问题"[①]的哲学命题,并将哲学定义为"哲学是对自以为是的自觉与反思的思想理论学说"。

3."穷理尽性以至于命"是哲学的核心问题

"自以为是"是哲学的根本问题,"时空"是哲学的基本问题,而思想者之所以陷入当下的时空限定性之中,面向世界做无尽的追问,并因此使思想陷入"自以为是"的陷阱之中,从而产生哲学的根本问题与基本问题,根源在于人要在世界之中寻找自己的位置,要在这个对象化的世界之中安顿自

---

① 翟奎凤:《长白山书院问学记》,长白山书院网站:http//www.cbsrudao.com.

己的身心性命,这是哲学追问发生的本质原因。亚里士多德说哲学产生于惊异,但亚氏没有反思人何以会惊异于这个世界的存在,深层的本质不过是人类的理性自觉发现了外在的世界异于自己的存在,人类必须以某种方式生存于这个世界之中,而无法像万物的自然存在那样"自然"去"存在"。哲学的"惊异"在于这个世界的不确定性,以及由此世界的不确定性而导致人类自身命运的不确定性。故哲学本质上不是起源于"惊异",而是起源于人类对自身命运的不定与不安的自觉之中,故理性要为人类命运寻找到一个终极的安放之处,从而才产生了哲学。故一切哲学都必须回答人类的命运问题,即"以(哲学而)至于命";以及在这一人类性的命运之中如何实现人之为人的本质,即"尽(人之)性";揭示这一"至命尽性""尽性至命"的道理就是哲学的使命,即"穷(尽性与至命之)理"。是故,鞠曦先生提出"穷理尽性以至于命是哲学的核心问题"[①]的哲学命题。这是任何人类性哲学都必须给出的价值论承诺,也是哲学获得自身理论合法性的依据,从而又是以哲学为核心的整个人类性文化的合法性依据。但反观中西哲学史,现代哲学之所以会走向终结,现代文化之所以会失去其合法性,就是因为现代哲学与文化失去了"穷理尽性以至于命"的价值追求,无法实现"穷理尽性以至于命"的哲学使命。

在中西哲学的思想体系之中,只有孔子作传解经之后的《易经》哲学明确提出了"穷理尽性以至于命"的价值追求,并以六十四卦系统给出了实现"穷理尽性以至于命"的思想进路,只有《易经》哲学真正走出了"自以为是",以"卦"的范畴超越了人类思维的时空有限性,给出了生命存在的理论指引,实现了哲学安顿人类身心性命的哲学使命。故鞠曦先生从《易经》哲学之中外化出"形而中论"的哲学体系,以之展开对中国传统哲学的现代解读,并以之贯通道家哲学,证明儒道本然会通,君子之学必然是"内道外儒",从而真正回答了西方哲学对中国哲学的质疑,证明了中国哲学与中国文化的合

---

① 鞠曦:《易经及哲学核心问题论纲》,长白山书院网站:http://www.cbsrudao.com。

法性，揭示出中国哲学与文化才是人类文化的未来。

（二）儒学存在的问题

中国哲学与文化的核心就是儒学，而儒学以孔子为宗，真正的儒学只能是孔子之学。而孔子身后，儒分为八，真正在历史中发挥重大影响的乃是汉儒与宋儒之学，尤其是宋明儒学成为影响直到当代的儒学主流思想，亦因此成为近代以来中国人反传统思潮的主要攻击对象。而汉儒及宋明诸儒之学已非孔子儒学的本来面目，被新文化运动所批判的儒学并非真正的孔子儒学，故今日儒学复兴的首要任务就是要实现儒学的"正本清源"，反思儒学发展史中存在的问题，真正回归孔子儒学的宗旨。

而孔子自言"述而不作"，没有"创作"过仅仅属于孔子自己的理论体系，但"述而不作"的实质乃为"以述为作"，即以"六经"载道，不必再另行著述。故孔子并不是简单以"六经"为用，而是删定、编撰"六经"，使"六经"之文有所损益，以承载自己的"性与天道"之学。故传统认为孔子没有"性与天道"之学是错误的，孔子非不言"性与天道"，而是因为"中人以上可以语上也，中人以下不可以语上也"（《论语·雍也》），孔子并不是真的不言"性与天道"，而是不得其人则不言，故"中人以下"不可得闻。故子贡叹"夫子之文章可闻也，夫子之言性与天道不可得而闻也"（《论语·公冶长》），只是孔子罕言罢了。但孔子的"性与天道"之学已尽在"六经"之中，又人人可闻，只是千古以来少有"中人以上"能从"六经"之中解出孔子的"性与天道"之学是什么。而孔子的"性与天道"之学究竟如何承载于"六经"之中呢？鞠曦先生通过对《易经》的研究，揭示出《易经》之所以为"六经"之首，就是因为《易经》承载了孔子的"性与天道"之学，而《易经》所载之"性与天道"贯通其他五经，才使《易经》成为"六经"之首。但此结论当然需要系统的学理证明，故鞠曦先生的"形而中论"就是对这一问题的系统解答。

儒学自孔子身后就有"儒分为八"的问题，而自汉代独尊儒术以来，儒学更是走上了政治异化的道路，董仲舒以《春秋》经为核心使儒学进入政统之中，实现了"罢黜百家，独尊儒术"，却同时迷失了孔子儒学以《易经》为核心的道统。虽然《易经》被尊为"六经"之首，似为千古公认之定论，但《易经》何以为"六经"之首却缺少内在的学理证明，以至于集宋明理学之大成的朱熹仍然将之定位为"卜筮之书"，而将"四书"定位为儒学的理论核心，又断定"人心惟危，道心惟微，惟精惟一，允执厥中"十六字为尧、舜、禹、汤、文、武、周公以至孔子的道统心传。从而遗失了孔子儒学以《易》为宗的"性与天道"之学，使儒学在异化的道路上越走越远。鞠曦先生通过对中国哲学的深入研究，对儒学进行"正本清源"，揭示出儒学的根本问题、基本问题与核心问题。

1. "知丘罪丘"是儒学的根本问题

孔子以"六经"载道，承载其全部儒学思想体系，而《易经》为之首，独以《易经》承载其"性与天道"之学，故孔子儒学以《易经》为宗而贯通其他诸经。从而理解儒学的关键即在于对《易经》的正确解读，而孔子身后对儒学的理解已经偏离了以《易》为宗的儒学宗旨，至汉代独尊儒术之时已经是以《春秋》为宗，因春秋大一统的思想有利于政统的稳固。这种割裂儒学，偏离孔子儒学宗旨的思想进路早已经为孔子所预见，故孔子曾言"知我者其惟春秋乎？罪我者其惟春秋乎？"（《孟子·滕文公下》）因为"《春秋》，天子之事也"，以其对政统所具的宗旨意义而为后世所重，但失去道统规制的政统必然走向混乱，而后儒又不解孔子作传解经后所形成的以《易》为宗的道统，故不得不重立某种道统以规制政统，董仲舒以天人感应规制政统，宋明儒则以"人心惟危，道心惟微，惟精惟一，允执厥中"为道统心传，虽可在一定程度上规制政统与学统，却与孔子儒学真正的道统宗旨不符，无法真正使儒学实现化成天下的使命。故孔子早已预见儒学后世发展的可能进路，故有"知丘罪丘"之叹，亦使"知丘罪丘"成为儒学的根本问题。故鞠曦先生给出"知丘罪丘是儒学的根本问题"[①]这一儒学命题。

全部儒学发展史正是在"知丘罪丘"的根本问题上生发出不同的思想进路，使后世儒学偏离了孔子儒学以《易》为宗的思想宗旨，造成了千百年来对孔子与儒学宗旨的误解与偏离。故鞠曦先生认为，如果说孔子儒学才是真正的儒学，孔子儒家才是真正的儒家，那么就可以说孔子之后无真儒。

2."以易疑丘"是儒学的基本问题

"知丘罪丘"是儒学的根本问题，而此问题的发生则根源于后儒皆以为孔子只有"仁义"之学，而没有"性与天道"之学，从而将作为"六经"之首的《易经》仅仅作为卜筮之书，而没有将之与孔子的"性与天道"联系起来，更不能从《易经》之中解读出孔子的"性与天道"。从而自汉代董仲舒以《春秋》为宗以后，儒学进入政统之中却遗失了以《易经》为宗的道统。宋儒又将"四书"作为儒学核心，使《大学》之道的"治国平天下"成了儒学的核心价值追求，使儒学"内圣"的修身体系成了为"外王"目的服务的准备过程，从而使本末倒置，遗失了儒学"穷理尽性以至于命"的理论宗旨。而孔子对后世儒学的这种偏离亦早有预见，因"中人以上可以语上也，中人以下不可以语上也"，"性与天道"之学非"中人以下"可以理解，故子贡言"夫子之言性与天道不可得而闻也"。但孔子总要以某种方式将自己的"性与天道"之学传之后世，故孔子"老而喜易，韦编三绝"，以作传解经的方式将自己对"性与天道"的理解承载于《易经》之中。但《易经》本为卜筮之书，孔子深知后世之人可能无法理解自己承载于《易经》之中的"性与天道"之学，仍然将自己作传解经之后的《易经》当作卜筮之用。故《帛书要》记载："子曰：《易》，我复其祝卜矣，我观其德义耳也。幽赞而达乎数，明数而达于德，则其为之史。史巫之筮，乡之而未也，好之而非也。后世之士疑丘者，或以《易》乎？吾求其德而已，吾与史巫同途而殊归者也。君子德行焉求福，故祭祀而寡也；

[①] 鞠曦：《论儒学的根本、基本与核心问题》，长白山书院网站：http//www.cbsrudao.com.

仁义焉求吉,故卜筮而希也。祝巫卜筮其后乎?"此段记载表明三个重要问题:一是孔子对卜筮的否定,"史巫之筮,乡之而未也,好之而非也";二是孔子利用《易经》的目的不是卜筮,而是"求其德而已","求其德"而承载自己的"性与天道";三是孔子知道后世之人可能无法理解自己利用《易经》承载自己的"性与天道"之学的思想进路,故言"后世之士疑丘者,或以《易》乎"?

而后世儒学的发展也正如孔子所预料,在"以易疑丘"的进路上越走越远。由于"以易疑丘"问题的存在,使后世儒学遗失了孔子以《易经》承载的"性与天道"之学,使后世之人皆以为孔子没有"性与天道"之学,只有仁义之道,从而以《春秋》治世,以《论语》治人,以《大学》《中庸》作为儒学的最高宗旨,从而使整部儒学史都是在"以易疑丘"的进路上展开,故鞠曦先生给出"以易疑丘是儒学的基本问题"[①]这一儒学命题。

3. "以易知丘"是儒学的核心问题

"知丘罪丘"是儒学的根本问题,导致儒学发展的千年歧路;"以易疑丘"是儒学的基本问题,导致儒学发展陷入难解的误区之中。要解决这两个问题,必须重拾孔子"信而好古"的精神,回归先秦儒家思想的经典文本,回归儒学以《易经》为宗的"性与天道"之学,才能上接孔子儒学宗旨,下开孔子儒学之未来。故当代儒学发展的核心问题是解开孔子易学承载的"性与天道",以《易经》为宗理解孔子儒学的整个思想体系,故鞠曦先生给出"以易知丘是儒学的核心问题"[②]这一儒学命题。

而要达于"以易知丘",就必须理解孔子的易学宗旨与思想进路,对易学史进行"正本清源",揭示出孔子如何以《易经》承载其"性与天道"之学,并用现代哲学的话语方式言说出孔子的"性与天道"之学。为此,鞠曦先生

[①] 鞠曦:《论儒学的根本、基本与核心问题》,长白山书院网站:http://www.cbsrudao.com.
[②] 鞠曦:《论儒学的根本、基本与核心问题》,长白山书院网站:http://www.cbsrudao.com.

通过对易学史的研究揭示出易学存在的根本问题、基本问题与核心问题。

（三）易学存在的问题

《易经》本为卜筮之书，但孔子作传解经之后的《易经》却转变了其卜筮的性质，成为孔子借用来承载自己的"性与天道"之学的理论体系。但由于"性与天道"之学无法被"中人以下"所理解，故孔子易学中承载的"性与天道"之学在后世儒学发展中一直暗而不彰。后儒皆以《易经》为卜筮之用，王弼扫象之后的易学发展虽重视义理之用，却仍然未得易学"穷理尽性以至于命"的思想宗旨，不知孔子易学中承载的"性与天道"是什么。鞠曦先生通过对易学史与《易经》经、传系统的哲学研究，参考并贯通《帛本周易》，解读出孔子易学承载的生命自在的"损益之道"，并通过对"咸""艮"二卦的生命解读，使《易经》的"损益之道"贯通道家的内丹修炼之道，证明儒道本然会通，故长白山书院以"内道外儒"立教。

1. "惭枝游屈"是易学的根本问题

自古以来，解易之书最多，"二派六宗，相互攻驳"，何以一本《易经》竟然产生如此多的解释？首先就是因为《易经》本为卜筮之书，其全部卦爻系统都具有理论解释上的开放性，故"易道广大，无所不包"，从而"易有圣人之道四焉，以言者尚其辞，以动者尚其变，以制器者尚其象，以卜筮者尚其占"（《系辞传》）。其次就是孔子以《易经》承载自己的"性与天道"之学，而"性与天道"非"中人以下"可以理解，故使后世解易者无法从《易经》之中解得孔子的"性与天道"，只能对《易经》加以曲解，从而成为解释者自己的主观臆断，偏离了孔子的解易宗旨，造成"惭枝游屈"的易学根本问题。

孔子对后世易学根本问题的出现也早有预见，故《系辞传》有言："凡《易》之情，近而不相得则凶，或害之，悔且吝。将叛者其辞惭，中心疑者其辞枝，吉人之辞寡，躁人之辞多，诬善之人其辞游，失其守者其辞屈。"孔子深知自己于《易经》之中承载的"性与天道"之学过于精微难解，恐怕后世之人会误解自己对《易经》的解读，故言："凡《易》之情，近而不相得则凶，或害之，悔且吝。"《帛书要》亦载孔子早有"后世之士疑丘者，或以《易》乎？"之叹。故孔子预见，当后世之人无法正确解读《易经》之时，就可能会有"将叛者其辞惭，中心疑者其辞枝，……诬善之人其辞游，失其守者其辞屈"的问题出现。故鞠曦先生给出"惭枝游屈是易学的根本问题"[①]这一易学命题。

2."恒以一德"是易学的基本问题

"惭枝游屈"是易学的根本问题，即后世解易者对孔子易学进行"自以为是"的理论解读，以"惭、枝、游、屈"的方式强解《易经》，从而造成"两派六宗，相互攻驳"的易学史的混乱局面。而孔子自言"吾道一以贯之"（《论语·里仁》），其"性与天道"之学及全部思想体系既然承载于"六经"之中，就必须对《易经》进行"一以贯之"的理论解读，并能使易理贯通其他诸经，使《易经》作为"六经"之首的地位获得学理的证明。而后世儒者没有坚持孔子"吾道一以贯之"的理论与学术宗旨，不能对《易经》体系进行"一以贯之"的系统解读，从而更不能将易理贯通于整个"六经"系统进行整体性解读，结果不但无法明白孔子于《易经》之中承载的"性与天道"之学，而且对《易经》曲为解说，造成"惭枝游屈"的易学根本问题。

而如何才能对《易经》进行"一以贯之"的解读呢？这就要明白孔子解易的理论宗旨与原则，孔子解易是为了"穷理尽性以至于命"，以《易经》承载自己的"性与天道"之学，实现文以载道，安顿世人生命以化成天下的儒学使命。孔子在《易经》之中注入的是自己的一贯之道，而此道非是变幻无常之道，非是"惭枝游屈"之道，而是天地恒常之道，是孔子终身行之而由之的至理大道，故此道为"恒道"。故孔子于《系辞传》中言："夫乾，天下之至健也，德行恒易以知险。夫坤，天下之至顺也，德行恒简以知

[①] 鞠曦：《论易学之基本、根本与核心问题》，长白山书院网站：http://www.cbsrudao.com.

阻。""乾""坤"二卦为易之门户,而孔子皆以"恒"言其德,"恒"卦《象辞》又言:"观其所恒,而天地万物之情可见矣!"《象辞》言:"雷风恒,君子以立不易方!"孔子正是观"天地万物之恒德"而"立不易方",将自己对"性与天道"的理解载于《易经》之中,故《系辞传》言"恒以一德",即整个《易经》体系皆以"恒"为唯一之德行,任何"惭枝游屈"的解释都偏离了孔子解易的宗旨。

故要理解孔子解易的宗旨,必须"恒以一德",使整个《易经》体系与整个"六经"体系及《论语》都一以贯之,才能正确理解和把握孔子易学所承载的"性与天道"之学。故鞠曦先生给出"恒以一德是易学的基本问题"[1]这一易学命题。

3. "以丘知易"是易学的核心问题

"惭枝游屈"是易学的根本问题。此问题导致孔子身后的易学研究皆背离了孔子的一贯之道,不解孔子的"性与天道"之学,根本原因在于后世对《易经》的解读不能"恒以一德",结果必然"惭枝游屈"。故"恒以一德"是易学的基本问题,此问题决定着未来易学发展的方向。而如何才能在《易经》研究中做到"恒以一德"呢?问题的切入点就在于"以丘知易"。

因为"易道广大,无所不包",不同的解易者可以对之进行不同的解读,而孔子作传解经后的《易经》已经承载了孔子的"性与天道",实现了"穷理尽性以至于命"的价值论承诺。如果把《易经》作为儒学的"六经"之首,就必须按照孔子的解易宗旨将《易经》中所承载的"性与天道"之学解读出来,以之贯通整个"六经"系统,使儒学经典形成完整的理论体系,贯彻孔子"吾道一以贯之"的理论宗旨。否则,任何对《易经》进行的"惭枝游屈"的解读都只能是对孔子儒学宗旨的背离,从而不能称为孔子的易学解读。故当代的易学解读如果不承诺孔子儒学的宗旨,当然可以对《易经》进行"以言者尚其辞,以动者尚其变,以制器者尚其象,以卜筮者尚其占",等等的解读,

---

[1] 鞠曦:《论易学之基本、根本与核心问题》,长白山书院网站:http//www.cbsrudao.com.

但一旦将《易经》作为孔子儒学的经典，且为"六经"之首，那就必须对《易经》"恒以一德"，贯彻孔子儒学的宗旨，承载孔子的"性与天道"之学。故对孔子易学的当代解读必须从对孔子的理解入手，"吾道一以贯之"，深入孔子思想的核心，才能通过走进孔子而走进《易经》。故鞠曦先生给出"以丘知易是易学的核心问题"[①]这一易学命题。

三、生命与时空统一性问题

无论是哲学的问题、儒学的问题，还是易学的问题，其理论的核心都是生命的问题。事实上，人生面对的一切问题，都可以归结为生命问题，包括所谓的客观世界的科学问题，无不是以人的生命存在本身为前提而存在的，一切问题都是因为人之生命的存在而成其为问题。这不仅是哲学理论上的逻辑论证，也是生命存在论层面上的事实论证，所以把握到生命存在本身的问题，也就把握到了一切问题的核心。故本次研修班的主题为"生命与文化的合法性"问题。中国的文化，及作为中国文化核心的儒学和道学都是关于生命的安顿与修炼的学问。西方文化则是在人的生命之外对象性追寻生命存在的意义和价值，将人的生命存在寄托给外在的世界，所以西方文化与其哲学是向外追逐的文化，虽其起源之处仍然是生命的自我追问，但其追问的结果却远离了生命，所以西方文化在现代走向了终结。

中国儒道文化的合法性在于其是生命存在的自在与自为相结合的表达方式，这种表达在儒家是以《易经》为文献载体，以"损益六卦"揭示生命自在与自为的"损益之道"。"损益六卦"包括生命自在的顺行天道而成的损道三卦："恒—既济—损"；及生命自为的逆行天道而成的益道三卦："咸—未济—益"。益道开始于"咸"卦，因为"咸"为少男少女的生命修炼之卦，

---

① 鞠曦：《论易学之基本、根本与核心问题》，孔子 2000 网站：《鞠曦文集》，www.confucius 2000.com。

而"艮"卦则为成人的生命修炼之卦。这样,由"损益六卦"揭示的生命自在与自为的"损益之道"与"咸""艮"二卦指引的生命修炼之道就构成了孔子承载于《易经》之中的"性与天道"之学。道家对生命之道的表达则又不同于孔子易学的表达方式,老子的《道德经》是以无为的方式言说生命的自在无为之道,而《道藏》文献中记载的后世道家的内丹修炼之道则是以有为的方式言说生命修炼的有为之道。而道家的内丹修炼与"咸""艮"二卦揭示的生命修炼之道本质相通,故鞠曦先生认为儒道本然会通,真正的儒家必然要有"内道",真正的道家也必然有儒家的济世情怀,故长白山书院以"内道外儒"立教。

而鞠曦先生揭示的孔子易学内在的生命自在与自为的"损益之道"及具体的生命修炼之道是与鞠曦先生的两个元哲学体系——"时空统一论"与"形而中论"——一体贯通的。故理解鞠曦先生的两个元哲学体系,尤其是关于"内时空"的理论,对于理解儒家和道家的生命修炼之道具有直接的思想启迪意义,在理论上则具有哲学本体论的意义。

(一)时空统一论核心:生命与存在的时空统一性

鞠曦先生的"时空统一论"虽然是在对中西哲学深入研究基础上的理论建树,但这一建树却不是简单地对旧有理论的创新,而是对存在的自在与生命的自为的理论表达,现实的生命与存在只是生生的流行,无所谓创新,故真正表达这一生命与存在的流行的理论也就无所谓创新。这一理论的思维起点就是"时空"概念,"时空"是人类思维的起点,其指向就是现实的时空存在,包括存在(者)的自在与生命(之人)的自为。如何使思维中的时空概念与存在中的时空现实相符合就是整个西方哲学的发展进路。恩格斯说"全部西方哲学,尤其是近代哲学的基本问题是思维和存在关系问题",本质上就内在隐含着这一时空概念与时空存在的张力问题。而如何运用此时空概念,通过主体内在的时空操作由生命的自为而达于存在的自在就是儒道二家的生命修炼之道。故儒道二家的生命修炼之道都可以在时空哲学上找到本体论支持,并能够现实地转化为生命修炼的实践。

前文已述,在本在(本然而在)的层面上,"时空本无间,无间时空自生生","时就是空,空就是时",时空就是万有不分的混沌,就是宇宙生生的开始,就是生生不息的本体。同时,时空作为表达本体的概念又是人类思维的起点,人类思维赖以展开的本质方式,任何概念范畴都内在蕴含着时空概念的内在支撑,时空概念内在贯穿于人类一切概念范畴与思维进程之中。因为"时空"本身的无"间"性,从而使人类的思维也具有一种由"无间"而趋向无限的本性。而现实中的人类思维却不得不受限于人类自身存在的时空有限性,因为人是受限的具体时空存在,从而是"有间"的时空存在,从而使人类的思维具有了来自于外在的时空限定性。如果我们的思维及其运用的概念、范畴所内含的时空概念在外在的时空限定性之中运行,就会使内在思维蕴含的时空概念与外在存在的时空限定之间保持统一性,从而保证思维的正确性。而当思维及其运用的概念、范畴内含的时空概念突破了外在的时空限定性,就造成了思维内含的时空概念与外在存在的时空限定性不符,从而造成思维与存在的非统一性,也就使思维走向谬误,这是西方哲学史中不断出现问题的根本原因。

如何使人类的思维能尊重外在的时空限定性,从而使思维内在的时空无间性不突破外在存在的时空限定性就是西方哲学一直无法解决的问题。苏格拉底以"吾自知吾无知"来解决这一问题,只是不断追问问题,但绝不下一个结论,自然避免了思维对外在时空限定性的僭越,但事实上这是在回避问题,而没有解决问题。康德是通过给理性划界来解决这一问题,虽然此种划界已经具有哲人的自觉与解决问题的智慧,但他仍然没有解决如何划界与这种划界的可靠性问题,从而使康德的划界只具有理论的意义,而缺少实践的意义,从而康德对问题的解决是不彻底的。黑格尔的"绝对精神"本质上就是超越于思维与存在的时空限定性问题之上的时空统一的本体,以之可以确保思维与存在的时空统一性,但这一本体只能停留于纯粹精神的领域,成为马克思所说的"头脚倒置"，只能在理论的层面，在精神的领域"形而上学"地解决问题，而不是现实地解决问题，并无法解决现实的生命安顿问题。所以综观西方哲学史，可以发现西方哲学的特点就是在不断地提出问题、分析问题，最多是在理论上解决问题，但从未在实践上真正解决问题。

为什么西方哲学会产生思维与存在的时空非统一性问题呢？根本原因在于西方哲学的思维方式是二元对立的对象性思维。西方哲学的对象性思维以主客体的二元对立为前提，主体以时空概念为基本范畴表达、描述、分析、把握客体，从而使话语逻辑之中的世界成为一个抽象的形式化的平面，鞠曦先生称之"形式化思维"。这种形式化思维是将本来"无间"的时空概念分割而"间"之为"时间"与"空间"，从而使万物分裂为两种存在样态，一种是"时间"性的流动状态，一种是"空间"性的凝固状态，这两种状态成为对立的矛盾体，而这一矛盾体又存在于同一形式化的客体之中，必然造成思维对存在的撕裂，而存在在事实上都是时空统一的存在，时间与空间本不可分，只是同一存在的阴阳两面，而在对象化的二元对立思维中，时间与空间必然分裂，从而使思维无法把握存在本身，造成西方哲学史上的"思想与存在的同一性"问题。

这一问题之所以在当代中国成为无法回避的哲学问题，是因为当代中国哲学的思维已经完全是西方化的思维，中国传统哲学及其思维方式已经退出了历史舞台，而中国传统哲学的思维方式自在地具有解决时空统一性问题的内在机制，但传统文化的退出使中国人的思维完全陷入西方哲学的思维局限之中。故对传统文化进行"正本清源"是解决这一问题的前提，而中国哲学何以能解决思维与存在的时空限定性（同一性）问题呢？

（二）中国哲学的时空统一：内外时空与"形而中者谓之人"

中国哲学在其思维方式上就具有解决时空限定性问题的内在机制，从而"思维与存在的关系"问题从来就没有成为困扰中国哲学的问题。因为在思维方式上，中国哲学不是对象性的二元对立思维，而是"形而中"的"中道"思维，从而中国哲学本来就在时空统一的一体存在中思维，从来就没有把时间与空间分割开来。故在中国哲学体系中，我们可以看到"时"的概念、"空"的概念，却没有"时间"或"空间"的概念，因为在中国哲学的思维方式中，时空是不分的，时空是无间的，从而时空是生生的。所以《易经》讲"生生之谓易"，"易以道阴阳"，"一阴一阳之谓道"，从而可知"生生之谓道"，而道就是生生不息的时空统一态。所以中国哲学不说"时间"与"空间"，而说"宇宙"，"上下四方曰宇，往古来今曰宙"。宇括"上下四方"，从而就是无"间"的大全存在，而此无间的大全存在就包含了所有存在的过去与未来，从而包含了"往古来今"之"宙"，也就是包含了无间的"时"的全部，从而"宇"作为"无间之空"就是"无间之时"。宙为"往古来今"，就是"无间之时"的流行态，而此"无间"的流行必然通达"上下四方"，也就是必然流经全体的（无间的）"空"，从而"宙"作为无间之时就是无间之空。所以"宇宙"概念就是时空本无间的时空统一态，就是生生本体的存在样态。故中国哲学从来都不是在时间与空间割裂的状态中思维，而是在时空统一的生生流行中思维，也就是在生命的本然状态中思维。

而中国哲学何以能在时空统一的生生不息的生命本然状态中思维，而没有走上西方哲学主客二元对立的思维方式呢？因为中国哲学是以"形而中"的"中道"的思维方式在思维，鞠曦先生称之为"方式化"思维，从而区别于西方哲学的"形式化"思维。中国哲学的这种方式化的"中道"思维是一种关系性思维，而不是西方哲学那种形式化的对象性思维。《易经》给出的一个重要命题就是"形而上者谓之道，形而下者谓之器"，而区分此形而上与形而下的就是位于其"中"的人，故鞠曦先生给出"形而中者谓之人"[1]的哲学命题，此为"形而中论"的核心命题。人以"形而中"的方式存在并思维，

---

[1] 鞠曦：《易哲学之形而中与内时空之形而上》，长白山书院网站：http://www.cbsrudao.com.

上有"形而上"之道，下有"形而下"之器，人以"形而中"的方式去思考如何找到自己"中"的位置，解决的是上、中、下之间的关系问题，而不是西方哲学那种对象性认知、分析、理解、把握形而上或形而下，从而形成"形式化"的所谓"形而上学"与"形而下学"。所以中国哲学永远在人与万物之间的关系之中思维，而不思考万物作为对象性存在的"是什么"。从而古代中国只重技艺而轻知识，在自然科学上也只重应用而轻理论，从而开不出现代知识化的科学，就是因为知识化的科学理论只能产生于对象性的形式化思维，而中国哲学是方式化的关系性思维，只能知其然，而不知其所以然。

从"形而中者谓之人"出发，"形而中"之人思考的是我与他者的关系，而不是以主体的时空限定性去裁量外在的时空存在，从而不会造成时空统一性问题。所以这种"中道"思维天然避免了西方哲学那种"思维与存在的关系"问题，避免了主体的"自以为是"，困扰西方哲学的"基本问题"根本就不是中国哲学的问题。但中国哲学的这种"中道"思维还只是如苏格拉底一样智慧地（自在地）回避了思维与存在的时空统一性问题，并没有真正去解决时空的统一性问题。如果只到这里，中国哲学就还是不完备的。中国哲学的伟大之处就在于其不是回避时空统一性问题，而是通过对生命自在的"内时空"领域的思考与操作达到生命内在的时空统一，即为内丹修炼，最终达到内时空与外时空的统一，实现"我命在我不在天"。

生命自在的"内时空"领域是西方哲学从未思考过的领域，因为西方哲学的对象性思维只能考察外物，从而只能在外时空中思维，而无法进入内时空。虽然西方哲学也有对生命的反思，但这种反思仍然是对象性的外时空思维，仍然是以思维的时空限定性去裁量生命的时空存在，从而将生命"间"之为时间与空间的存在，而无法达于生命自在的时空统一。内外时空的划分是鞠曦先生的哲学创见，但这一哲学创见却不是理论上的标新立异，而是有其道家内丹修道的实践为证明，只是生命之道自在的理论表达。

"时空本无间，无间时空自生生。"时空本然统一，只是人类思维将之

"间"之为"时间"与"空间"，使时空分裂，造成"思维与存在的关系"问题。而人类思维之所以会有时间与空间意识，其本体论依据就在于人之生命本身与万物一样都是时空存在，都流行于"时空统一"的"生生"不息之中。也就是说，在自然的层面上，人与天地万物都是自然的时空统一态，都在生生流行之中，但人类思维的时空自觉使主体之人从时空自在的统一态中自觉到"流行"的"时"与"存在"的"空"，从而在"时"与"空"的双重维度上都使主体之人从时空自在的统一态中分离出来，从而产生外在的"时间"与"空间"意识。所以外在的"时间"与"空间"意识根源于生命内在的时空自觉，故在哲学存在论上，人类的"外时空"意识以人类的"内时空"存在为本体论依据。"外时空"是时间与空间分裂的时空意识，而"内时空"是生命自在的时空统一态。故鞠曦先生认为"外时空是形而下的存在，而内时空是形而上的存在"，而西方哲学只是在对象性的"外时空"中思维，而没有进入生命内在的"内时空"思维，从而只有"形而下"而没有"形而上"，故用"形而上学"翻译西方哲学在学理上是存在问题的。

　　人的"内时空"存在是自在的时空统一态，也就是生生不息的生命自在状态，但这一自在的时空统一态却可能因为"内时空"的精、气、神的乱用而发生分裂，从而使生命自在的"内时空"存在从"形而上"的存在样态下降为时空分裂的"形而下"的存在样态。所以人作为"形而中"的时空存在既可以通过时空统一而向上进入"形而上"，与道合一，亦可以因为时空分裂而下降为"形而下"，离道而行，沦为器物存在。故孔子言"君子不器"，即是君子求道而远器。道家的内丹修炼就是回归"内时空"的时空统一，也就是回归"生生"本体的自在状态，所谓的"炼精化气，炼气还神，炼神还虚，炼虚合道"，就是人的"内时空"存在由分裂回归统一，最终达到内时空与外时空的统一，从而"粉碎虚空"而得道，实现"我命在我不在天"。而《易经》的"咸""艮"二卦以人身取象，表明的是与道家内丹修炼同样的生命修炼之道，可证儒道本然会通。

（三）"咸""艮"二卦的生命修炼之道

《易经》哲学内含的生命内在的修炼之道集中表达于"咸""艮"二卦之中，将"咸""艮"二卦的爻、彖、象辞贯通于《易经》哲学的"生生"本体与"穷理尽性以至于命"的价值宗旨，就可以发现《易经》哲学以"咸""艮"二卦的象、数、理、义揭示出生命内在的修炼原理与方法，可以贯通道家哲学的内丹修道。

"咸"卦的生命修炼之道：

咸：亨，利贞，取女吉。

《彖》曰：咸，感也。柔上而刚下，二气感应以相与，止而悦，男下女，是以亨利贞，取女吉也。天地感而万物化生，圣人感人心而天下和平。观其所感，而天地万物之情可见矣！

《象》曰：山上有泽，咸。君子以虚受人。

初六，咸其拇。

《象》曰：咸其拇，志在外也。

六二，咸其腓，凶，居吉。

《象》曰：虽凶居吉，顺不害也。

九三，咸其股，执其随，往吝。

《象》曰：咸其股，亦不处也。志在随人，所执下也。

九四，贞吉，悔亡。憧憧往来，朋从尔思。

《象》曰：贞吉悔亡，未感害也。憧憧往来，未光大也。

九五，咸其脢，无悔。

《象》曰：咸其脢，志末也。

上六，咸其辅颊舌。

《象》曰：咸其辅颊舌，滕口说也。

"泽山咸",上卦"兑"为"悦",下卦"艮"为"止",卦理为"止而悦"的生命之道;"兑"为少女,"艮"为少男,指示此卦为少男少女的生命修炼之卦。而传统解易之说都将此卦解为婚姻之卦,对此鞠曦先生都有具体的反驳性论证。[①]本文想另外指出,如以婚姻之卦解之,将从初爻之"咸其拇"到上爻之"咸其辅颊舌"都理解为夫妇之事,就无法在义理上与《象》辞的"天地感而万物化生,圣人感人心而天下和平。观其所感,而天地万物之情可见矣",及《象》辞的"君子以虚受人"相贯通。而将此卦解为少男少女的生命修炼之卦,就可以理解个体之人如何于少男少女的青春时期修炼生命,从"咸其拇"到"咸其辅颊舌",实现生命修炼的"止而悦",控制生命的自我盲动,使自我生命的感通止于内而达于外,做到"君子以虚受人",最终能达于"天地感而万物化生,圣人感人心而天下和平"的人生境界。尤其是"观其所感,而天地万物之情可见矣"一句,如果是婚姻之卦,夫妇之感如何可以见"天地万物之情"呢?只有生命的修炼才能使个体之生命、一身之阴阳通达于天地万物的大生命,通达于"一阴一阴之谓道"。故以生命修炼之道解之,可以对"咸"卦六爻做出"一以贯之"的合理性解读:

初爻"咸其拇",感于脚趾,少男少女感于生命的律动,诱惑于外面的世界,故"志在外也",此为言说青春时期的生命自在之理。

二爻"咸其腓",感于小腿,由初爻感于外物,"志在外"而有二爻之妄动,故为"凶",如果能自觉而止,就会"居吉"而"顺不害也"。此为言说青春时期生命发展的可能状态。

三爻"咸其股,执其随",感于大腿,由二爻之妄动而未止,"志在随人"而无法安处,故"往吝"。此言青春时期生命妄动所造成的结果必然是"往吝",因其"所执下也"。

四爻"贞吉,悔亡"是生命存在的本质追求,而青春时期的生命还"未

---

① 刘中:《咸卦的历史性误区及其正本清源——鞠曦生命易学思想研究》,长白山书院网站:http://www.cbsrudao.com。

感害也"，故而会"憧憧往来，朋从尔思"，"志在随人"，"志在外也"，原因是其生命还"未光大也"。

五爻"咸其脢，无悔"，感于后背，为内丹修道的督脉所在，进入道家内丹修炼的初始之道，从而使青春时期的生命盲动止于生命内在，将青春时期的生命活力转化为对生命的修炼，而不是浪费于对外物的追逐，故"无悔"。但止于此还未到生命的极致，故"志末也"，还应当继续转向上六的生命修炼之道。

六爻"咸其辅颊舌"，感至"辅颊舌"，意味着督脉通，即为内丹修道的"小周天"贯通，唾液涌流而吞下，甜美愉悦，故为"滕口说也"。

"艮"卦的生命修炼之道：

艮：艮其背不获其身，行其庭不见其人。无咎。

《彖》曰：艮，止也。时止则止，时行则行，动静不失其时，其道光明。艮其止，止其所也。上下敌应，不相与也。是以不获其身，行其庭不见其人，无咎也。

《象》曰：兼山，艮。君子以思不出其位。

初六：艮其趾。无咎，利永贞。

《象》曰：艮其趾，未失正也。

六二：艮其腓，不拯其随，其心不快。

《象》曰：不拯其随，未退听也。

九三：艮其限，列其夤，厉薰心。

《象》曰：艮其限，危薰心也。

六四：艮其身，无咎。

《象》曰：艮其身，止诸躬也。

六五：艮其辅，言有序，悔亡。

《象》曰：艮其辅，以中正也。

上九：敦艮，吉。

《象》曰：敦艮之吉，以厚终也。

"兼山艮"，"艮"为止，即由咸卦的"止而悦"进之为"止而又止"。达于生命修为的极致，实现"敦艮之吉，以厚终也"，即为道家内丹修道的"大周天"功夫。

"艮其背不获其身，行其庭不见其人"，续言"咸"卦知止的"小周天"功夫。"艮其背"即为元气由下丹田升起，沿督脉而上行"进阳火"而忘我，故"不获其身"。"行其庭"即为任督二脉通而元气经胸前任脉下行而"退阴符"，物我两忘而"不见其人"。"时止则止，时行则行"即言内丹修道之火候步骤要"动静不失其时"，从而才能"其道光明"。《象》曰"君子以思不出其位"，即为君子由思生命之道而至于修炼此生命之道，从而才能使自我生命"不出其位"，消灭生命盲动，实现"贞吉悔亡"而"厚终"。

初爻"艮其趾"，贯通于咸卦初爻的"咸其拇"，咸卦初爻感于脚趾而"志在外"，艮卦初爻则告之以止于脚趾，因其"未失正也"而"无咎"，故告之以"利永贞"。

二爻"艮其腓"，亦贯通于"咸"卦二爻的"咸其腓"，"咸"卦二爻感于小腿，妄动而凶，"艮卦"二爻则告之以止于小腿，实有"咸"卦二爻"居吉"之义，但如"不拯其随"，就会有"咸"卦三爻"志在随人"之患，故会"其心不快"。而之所以"不拯其随"，是因为"未退听也"，即为警告修道之时会有视听之扰，使"其心不快"而障道。

三爻"艮其限"，止于身体上下之际，亦为生命修炼之关键之时，可能由"列其夤"而至"厉薰心"，生命修炼之关键在心，《大学》讲"诚意正心"，孟子讲"尽心知性"，"我善养吾浩然之气"，宋儒讲"敬以直内，义以方外"，"主一无适"，皆为此意。此心守而不失，就能进至下爻的生命修炼境界。

四爻"艮其身"，此心守而不失，故能"止诸躬也"，使身心合一而"无答"，可以相比于内丹修道的"炼精化气"，精、气、神"三家相见"而丹成。

五爻"艮其辅"，止于上丹田，可比于内丹修道的"炼气化神"，元精化为元气，元气反补元神，使精、气、神合而为一，滋养生命，故能得"中正"而获"悔亡"。

上爻"敦艮之吉"可比于内丹修道的"炼神还虚"而得道，实现"我命在我不在天"，故能"以厚终也"。

（四）《海上钢琴师》与生命的时空统一性

为进一步揭示生命存在的时空统一之理，鞠曦先生为学员放映了电影《海上钢琴师》，各位学员从不同立场对这部电影揭示的生命时空统一原理进行了讨论和解读。

《海上钢琴师》讲述了主人公1900自幼被遗弃在一艘豪华轮船上的钢琴边，被烧锅炉的黑人工人抚养长大，成为在轮船上演奏钢琴的一名著名琴师。这艘轮船往返于欧洲大陆与美洲大陆之间，一批又一批到美国谋生的各色人等倾听着1900的演奏，使1900声名雀起，但1900从未下过船，即使为了自己心爱的女孩，他也没有下船，最后与轮船一起被炸毁沉没。

这部电影充分展现了生命存在的时空统一原理，1900生于大海之上，生于钢琴旁边，他与大海、与轮船、与钢琴形成了一个时空统一体，他的生命已经与大海、轮船、钢琴融为一体，达到了生命存在的永"恒"，所以他不愿离开大海，离开轮船。当无数的人，包括他心爱的女孩，离开轮船奔向陆地之时，1900仍坚守在大海与轮船之上，最终与轮船一起沉入大海，因为这是他的生命存在的时空统一态，当现代文明以炸药打破了这一时空统一之时，1900选择了死亡。

电影之中有许多细节在强调着这一生命存在的时空统一性。当1900的小号手朋友初次登船之时，被摇晃的船弦摇荡得东倒西歪，而1900则闲庭信步地带领他走到钢琴旁边，伴随着轮船的摇荡而弹奏起具有共震性的琴声，琴声伴随着轮船的摇荡与钢琴的滑动而一起回旋，1900、小号手、钢琴、轮船、大海伴着琴声一起在摇荡回旋，形成了一个完美的时空统一体，所以小号手很快就统一到这一时空情境之中，开始沉浸并享受于这一音乐与人，与物，与海共生的时空统一状态之中，也就是"恒道"生生的流行状态之中。

当代表现代文明的爵士乐钢琴师向1900挑战之时，1900却没有任何敌意，竟被挑战者的琴声感动得泪如雨下。但爵士乐钢琴师是带着愤怒而来，虽然弹得完美，但只是技艺娴熟而已，却无法与钢琴，与轮船，与大海形成时空统一。1900最后应战之时，将自我与钢琴，与轮船，与大海，与音乐，与听众，完全统一于一体，形成一个时空统一体，于是，世界静止了，听众忘记了世界的存在，手中的物品纷纷跌落，连挑战者也茫然若失。在生命存在的时空统一之中，在恒道生生的流行状态之中，外在的一切都不在了，"天地与我共生，万物与我为一"，只有生命的存在自身永恒地流行着。

1900在演奏钢琴之时，可以通过琴声表达听众的心声，可以看穿听众的心思与身世，所以他在伴随乐队演奏之时经常从合奏之中脱离而出，变成一个人的独奏，而众人总能在他的独奏之中感到最大的和谐，伴随他的乐曲悲、欢、离、合，舞之，蹈之。这是因1900与他的琴声，与他的钢琴，与他的听众，与轮船，与大海之间形成了共同的时空统一体，从而他可以知晓听众的心声与心理，可以演奏他们的悲欢离合。

而在电影的另一个层面上，则揭示了现代文明对这种生命存在的时空统一性的破坏。1900最终与船共沉的命运就是一种标志，现代文明已经打碎了生命自在的时空统一性，使现代人的生命存在破碎为"时间"与"空间"分裂的形而下存在，远离了"时空统一"的生生恒道。而在电影的许多细节之中，同样有对这一现代文明恶果的揭示。

当1900与小号手伴随着摇荡的轮船与滑动的钢琴自由地弹奏，享受着那乐曲与人，与琴，与物，与船，与海共生而成的时空统一之时，钢琴撞进了经理室的大门，意味着生命的时空统一性与现代文明的对撞发生了，结果

1900 与小号手被发配去烧锅炉,生命的时空统一被现代文明打碎了。

  1900 在为众人演奏,所有的听众都被 1900 带入由琴声营造而成的时空统一性之中,那是生命的本然存在状态,故而能产生如此的收摄力量,使众人忘记面向异国他乡的漂泊,享受着生命存在本身的无穷魅力。但就在此时,一个声音响起:"Amarica!"代表现代文明的美国到了,短暂的生命自在的时空统一态又遭遇了现代文明的挑战,于是听众从生命的时空统一态中跌落,伴随着兴奋的喊叫声奔下轮船,奔向陆地,只留下 1900 一个人若有所思地坐在船上,远离着现代文明。

  1900 面对着弦窗外他心仪的女孩,弹奏出女孩深藏的心事。这时,他与他的琴声,与女孩的心声,与周围的世界,形成了一个生命存在的时空统一体。而代表现代文明的录音师正在为他刻制一张唱片,当演奏完毕,录音师告诉他这张唱片会在陆地上发行,会大受欢迎。此时,1900 以琴声营造的时空统一体被现代文明打破了,于是,1900 毅然抢下这张唱片,拒绝发行。因为他的琴声是与他整个的生命存在相统一的时空存在,而由唱片带到大陆发行的琴声已打破了这种时空统一,已经没有了生命,故他拒绝发行。而他又想将这张唱片送给那个心仪的女孩,因为这是为她演奏的琴声,表达的是她的无限心事与心声,但终没有成功,1900 最终将唱片掰碎。这里的寓意同样深长,1900 之所以没有将唱片成功送给女孩,本质上是因为那女孩已经走下了船舷,已经走向了陆地,奔向了现代文明,而这张唱片记录的是她在大海之上,在轮船之上的无限心事,这一心声的音乐记录只属于大海和轮船之上的她与 1900 共同营造起来的时空统一态,当她奔向大陆,奔向现代文明,这一时空统一态已经打破了,从而这段音乐已经不属于她,所以 1900 掰碎了唱片,也意味着他与现代文明的又一次决裂。

四、《道德经》的"恒道"与《易经》的"恒以一德"

"内道外儒"是长白山书院的立教宗旨,而其内在学理依据则是儒道之学的本然贯通。道家的内丹修道贯通于《易经》的损益之道及"咸""艮"二卦的生命修炼之道,这是从学理的实践层面来证明儒道本然会通。此外,鞠曦先生还从道家的经典文本《道德经》与儒家的经典文本《易经》共同具有的"恒道"宗旨来证明儒道本然会通。

前文已述,"恒以一德"是易学的基本问题,"恒"者,生生也,故"生生之谓易",《易经》整部经典都是对生生之道的存在论演示,以"形而中之卦"演示"形而中之人"的生命存在的可能性。"生生之谓易","生生"给出易的存在,而"易以道阴阳",易言说一阴一阳之变化,"一阴一阳之谓道",一阴一阳的变化之中给出道的存在,故可知"一阴一阳之道"亦由"生生"给出,从而可言"生生之谓道"。故《易》以"恒"为德,即以生生之道为德。鞠曦先生通过对《帛本老子》的研究认为老子《道德经》所言之道亦为生生之恒道,从而使《道德经》与《易经》由"恒道"而一体贯通,使两部儒道经典会通为一。《帛本老子》的文本依据如下:

> 道可道也,非恒道也。名可名也,非恒名也。无名,万物之始也;有名,万物之母也。故恒无欲也,以观其眇;恒有欲也,以观其所徼。两者同出,异名同谓。玄之又玄,众眇之门。

此段文字关键在"恒道"二字,通行本将"恒"改为"常",虽从语意的直接性上可以相通,但却失去了老子"恒道"的宗旨,亦使老子"恒道"与《易经》的"恒以一德"失去了联系,从而使儒道经典失去了文本相通的依据,此当为学术史中至关重要的问题。

"道可道也,非恒道也"一句,意为人们话语言说之中的道都不是"恒道"本身,也就是说"恒道"本身不是言说与理论的事情,而是存在的事情,是实践的事情,是生命修炼的事情。故老子此语"道可道也,非恒道也",并不是通常理解的"道不可言说",而是道可言说,但非言说之事,而是生命修炼之事。而在此语之中,老子明示了"恒"之一字,以示道之德为"恒",从而与《易经》的"恒以一德"相贯通,说明《易经》与《道德经》都是以"恒道"为宗。

以"时空统一论"解之,"恒道"为时空统一的自在,即生生不息的本然状态,而"可道也"之道已经落入"形而中之人"的时空自觉性的判定之中,从而将时空自在的统一分裂为"时间"与"空间"的存在,成为"非恒"之道,亦即由形而上之"恒道"下降为形而下之器物,故器物终有毁坏而"非恒"。将"恒"定位为道之生生之德,就可对下文做出统一之解释了。

"名可名也,非恒名也","恒"本身就是道之生生之德,"恒"只是生生不已,不会给任何存在命名,故任何名称的给出都是主体之人的命名,而不是"恒"道本身的命名。

故下文言"无名,万物之始也",即言"无名"乃为恒道生生不息的自在状态,万物皆从此恒道生生中开始,故可言万物始于无名,从而言"无名,万物之始也"。

"有名,万物之母也","有名"是人之命名,是人以时空自觉分割、划定万物之区分,并为之命名,万物皆以"有名"才成其为万物,否则万物无法称其为万物,只是恒道生生之流行中的自在,故言"有名,万物之母也"。

"故恒无欲也,以观其眇;恒有欲也,以观其所徼"。"观"只能是人之观,也就是老子要指点我们如何去观察此生生之恒道。上文已言"道可道也,非恒道也。名可名也,非恒名也",故此"恒道"不可以言说求之,只能在恒道生生的存在流行之中去"观"之。那么如何"观"呢?老子告诉我们"恒无欲也,以观其眇;恒有欲也,以观其所徼"。"欲"只能为人所有,"恒道"本是自然的生生之道,本无所谓"有欲"与"无欲",故无论"有欲也",

还是"无欲也",都是主体之人的赋予,都是主体之人为了"观"此"恒"而铺设的道路。

"恒无欲也,以观其眇"即从无欲的角度观"恒",将此"恒道生生"视为无知无识、无欲无求的自然存在,而此无知无欲之"恒道"却生生不息,流行不止,也就是时空统一的生生自在,从而得此恒道生生之妙。这与孔子"天何言哉!四时行焉,百物生焉,天何言哉!"之叹同一宗旨。

"恒有欲也,以观其所徼"。即以有欲观"恒",将此"恒"视为有欲以成就万物的存在,观此"恒道"如何化生万物,使万物由无名而有名,从而使万物生长消亡,也就是主体以时空自觉为此恒道生生的自然状态进行时空划界,命名万物,从而使万物"有名"而成"万物之始也",而万物有始就必然有终,故要"观其所徼","知至至之,可与言几也,知终终之,可与存义也"。

"两者同出,异名同谓。"无论"有名"还是"无名",无论"有欲"还是"无欲",都是由此"恒道生生"而来,故言"两者同出",同出于"恒","异名同谓",命名不同,所指却都是生生之恒道。

"玄之又玄,众眇之门。"恒道生生,玄矣!妙矣!可观之,可得之,可守之。既已观之、得之、守之,又何必言说?既得"众眇之门"而人又何言哉?生命至此只是一修证、修炼、修行之过程,一切言说论证皆已没有意义。故老子当年骑青牛出关本不想留一言,《道德经》五千言也只是对如何走进恒道生生的"众眇之门"的一种指引,而非西方哲学那种纯粹的思想与理论言说。故在中国哲学面前,理论永远是苍白的,只有生命的修证与践行才是最终的宗旨。故鞠曦先生说真正的哲学必须是内化的,内化后的哲学已经不必再言说,只要去践行就可以了,如此也可以说真正的哲学最终是要内化为生命的实修与实证而消亡其理论形式的。

五、《内经》的生命之道

《道德经》与《易经》由恒道而贯通，鞠曦先生又从学理上将此两部经典与《内经》相贯通。《内经》自古为中国医家必读经典，其理论宗旨不是简单的祛疾治病而已，而是从恒道生生的本体论出发，揭示生命自在的损益之理，男女有别的"七损八益"直接贯通孔子《易经》哲学的"损益之道"，而其对生命修养的指引亦直接贯通道家的内丹修炼与《易经》的"咸""艮"二卦内含的生命修炼之理。从而可以从学理上使《道德经》《易经》《内经》三部经典相贯通，更加证明儒道之学本然会通，故君子之学必须"内道外儒"，方为真正得传统文化之宗旨。鞠曦先生认为《内经》虽然是传统医学著作，但本质上更具有哲学性，揭示出生命之道与生命之理。《上古天真论》言：

> 上古之人，其知道者，法于阴阳，和于术数，食饮有节，起居有常，不妄作劳，故能形与神俱，而尽终其天年，度百岁乃去。
>
> 今时之人不然也，以酒为浆，以妄为常，醉以入房，以欲竭其精，以耗散其真，不知持满，不时御神，务快其心，逆于生乐，起居无节，故半百而衰也。
>
> 夫上古圣人之教下也，皆谓之虚邪贼风，避之有时，恬淡虚无，真气从之，精神内守，病安从来。

"天真"就是天道，天道自然流行也即时空统一的生生不息状态，而"上古之人，法于阴阳，和于术数，形与神俱"，也就是保持生命自在的自然无为状态，实现"内时空"的自在统一，从而能"终其天年，度百岁乃去"。而"今时之人以酒为浆，以妄为常，……逆于生乐，起居无节"，即已打破生命自在的时空统一态，从而离开"天真之道"，以至"半百而衰"。下文接下来指点"古圣人"如何"教下"，"虚邪贼风，避之有时，恬淡虚无，真气从之，精神内守，病安从来"，也就是告诉世人应当如何修炼生命，已经直通道家的内丹修炼之道。"精神内守，真气从之，恬淡虚无"，与内丹修炼的"炼精化气，炼气化神"相贯通，即使精、气、神合一，实现"内时空"的统一，从而自然合于生生之恒道，故能实现"病安从来"。

《内经》所论之"七损八益"亦直接贯通于《易经》的"损益之道"：

> 女子七岁。肾气盛，齿更发长；二七而天癸至，任脉通，太冲脉盛，月事以时下，故有子；三七，肾气平均，故真牙生而长极；四七，筋骨坚，发长极，身体盛壮；五七，阳明脉衰，面始焦，发始堕；六七，三阳脉衰于上，面皆焦，发始白；七七，任脉虚，太冲脉衰少，天癸竭，地道不通，故形坏而无子也。丈夫八岁，肾气实，发长齿更；二八，肾气盛，天癸至，精气溢泻，阴阳和，故能有子；三八，肾气平均，筋骨劲强，故真牙生而长极；四八，筋骨隆盛，肌肉满壮；五八，肾气衰，发堕齿槁；六八，阳气衰竭于上，面焦，发鬓颁白；七八，肝气衰，筋不能动，天癸竭，精少，肾藏衰，形体皆极；八八，则齿发去。肾者主水，受五藏六府之精而藏之，故五藏盛，乃能泻。今五藏皆衰，筋骨解堕，天癸尽矣。故发鬓白，身体重，行步不正，而无子耳。

女子以七岁为周期，生、长、衰、老，男子以八岁为周期，生、长、衰、老，此为生命顺行天道自然的发展历程，而这一过程显然是对生命之"损道"，而"益道"何在呢？下文言"夫道者能却老而全形，身年虽寿，能生子也"，只有修道才能"却老而全形"，"寿而能生"，是为"益道"。故下文借黄帝之语而言之：

> 上古有真人者，提挈天地，把握阴阳，呼吸精气，独立守神，

肌肉若一，故能寿敝天地，无有终时，此其道生。中古之时，有至人者，淳德全道，和于阴阳，调于四时，去世离俗，积精全神，游行天地之间，视听八达之外，此盖益其寿命而强者也，亦归于真人。其次有圣人者，处天地之和，从八风之理，适嗜欲于世俗之间。无恚嗔之心，行不欲离于世，被服章，举不欲观于俗，外不劳形于事，内无思想之患，以恬愉为务，以自得为功，形体不敝，精神不散，亦可以百数。其次有贤人者，法则天地，象似日月，辨列星辰，逆从阴阳，分别四时，将从上古合同于道，亦可使益寿而有极时。

无论是"真人""圣人""贤人"，都是修道之人，故而能得生命之"益道"。从"七损八益"到"真人""圣人""贤人"的生命修炼都与道家的内丹修炼相贯通，又与《易经》的"损益之道"及"咸""艮"二卦的生命修炼之理相贯通。人之生命就应当是一个"避损行益"的过程，即生命修炼的过程，即修道的过程。如此，《易经》《道德经》《内经》已经一体贯通，中国哲学的经典著作皆一体贯通，皆为生命之道的自我言说，足证儒道本然会通。故"君子儒学"必然是"内道外儒"。

（作者为吉林师范大学马克思主义学院副教授，哲学博士）

癸巳研修班综述

孙铁骑

长白山书院为当代中国著名民间学者鞠曦先生创建于2005年，位于吉林省抚松县松江河镇松山林场，背靠龙头山，面临松江河，山水相连，风景怡人。长白山书院具有自己独立的学术理路与完备的思想体系，以"时空统一论"贯通中西哲学，以"形而中论"外化出《周易》哲学的理论体系，回归孔子儒学以《易》为宗的思想进路，揭示出西方哲学因走不出"自以为是"的哲学根本问题而走向终结，而中国哲学则以"和中为是"走出了"自以为是"的哲学误区。以《周易》哲学的"损益之道"贯通道家的"内丹修炼"，实现儒道会通，并开新道医学理论，以经络辨证、时空辨证治病救人。长白山书院以"正本清源，承续传统；中和贯通，重塑传统；中学西渐，开新传统"为宗旨，以"内道外儒"立教，形成"长白山学派"的独特理路。遵循书院的暑期会讲惯例，"长白山书院癸巳儒道研修班"于2013年7月28日—2013年8月6日如期举行，全国各地学子近二十人参与会讲，会讲主题为"穷理尽性以至于命"。

一、书院会讲的当代文化意义

书院教育是中国传统社会的经典教育方式，直至清末打开国门之前，中国的传统文化一直依赖于书院教育得以传播。而自清末取消书院制度，将书院转为西方式的学校教育，使中国的教育体制发生根本转变。学校教育乃是面向大众的普及性教育，是按照社会发展的现实需要，为了服务于社会的需求而培养"有用"于社会的人才，而无暇顾及生命的本质与人性的需求。尽管也存在以大学为建制的所谓精英教育（且不言随着大学教育的普及化，现代大学教育已经失去其精英教育的性质），但这种精英教育仍然是以适应社会的发展需求而人为设计的教育模式，其培养方式并不是以满足人的生命需要为核心，而是以满足社会的现实需要为核心，而社会的需要完全可能背离生命与人性的需要。而社会的发展并没有自在的意义，无人之存在，社会只是一个虚幻概念。如果社会的发展偏离了人的生命自身的发展，甚至以戕害生命，丧失人性为代价去换取所谓的社会发展，那这种社会发展就是恶的发展，而不是"以人为本"的发展。社会发展的终极标准只能是人性的发现与生命本质的自我成长。而现代学校教育存在的问题就是普遍强调社会的要求，而忽视生命本身与人性本质的需求，故从小学到大学的现代学校教育体制中普遍缺少服务于生命关怀的教育，普遍缺少符合人性的人文教化，学校的教育宗旨普遍是工具化地服务于社会，服务于人民，却不是服务于生命自身，服务于人性自在。在这种实用性、应用型的教育模式中，人事实上成为按照一定社会发展要求而塑造出来的工具，人被工具化了，也就是马克思所批判的人的"物化"与人的"异化"，所以马克思批判现代社会是一个庸人的世界，这个"世界上充满了庸人及其伙伴，正如尸体充满了蛆虫一样"；"庸人社会所需要的只是奴隶，而这些奴隶的主人并不需要自由。虽然，人们认为土地和奴隶的主人优越于其他一切人而称他们为主人，但是他们和他们的奴仆一样，都是庸人"。[①]无独有偶，雅斯贝斯亦批判"时代的精神状况"说："一个人在今天所能有的作为只能是目光短浅的人的作为；的确，他有职业，但是他的生活缺乏连续性；他所做的事固然有其意义，但一旦完毕便烟消云散；

---

① 《马克思恩格斯全集》第1卷上，人民出版社，1995年版，第409页。

任务能以相同的形式重复多次,可是却不能以一种同个人相关的方式来重复,也可以说,不能成为那任务完成者的个性的一部分,因此它并不导致个体自我的发展,已经完成的事情不再具有什么意义,唯有实际上正在做的事才是重要的。"[1]这种庸人的境况就是现代学校教育的产物,而丧失生命本质,远离人性,使人物化与异化的教育,最终也无法真正服务于社会,服务于人民。

  传统中国人的文化认同是"今生有幸生于中华","人身难得,中土难生,大道难逢",而当代中国文化教育的结果却是"今生有幸能够出国",以远离中土为荣,更不知何为生命之道,何为人性之本,从而不知珍惜生命,没有人性底线,自然可以无所不为。而国人日益西化的生活方式及遍布城乡的基督教堂,已经突显出当代中国文化正面临着文化认同的主体性危机,及人们精神世界的极度空虚与生命的无所安顿。中华民族在文化的层面已经到了危亡的时候,也是中国文化该当警醒的时候了。

  传统的书院教育虽与历代政权及社会体制总有千丝万缕的联系,但书院教育本身,尤其是书院教育的宗旨永远高于社会的要求,并以引导社会为价值取向,而不是服务于社会的需要,并在政治体制之外保持着自身的独立性。因为书院教育本身以道为尊,以传道为使命,而不是以服务于社会要求为目的,从而不屈服于社会的限制。道可行,则以身行道,以道引领天下人,引领社会的发展;道不可行,则抱道而居,以身守道,退藏于密,以待来者,这是传统中国士人及书院教育的核心理念。而传统书院教育与士人之所以能抱道而居,"穷则独善其身,达则兼善天下",乃是因为中国传统文化本于生命自在的生生之道。此生生之道乃为生命自在之本,从而超越具体历史时空限制而非受制于社会发展与生存境遇的规制。故而无论中国社会如何动荡,书院教育都能在民间自在发展,自觉传承中华文化于乱世,最终使中国传统文化薪火相传,生生不息,根源在于其承诺着生命自在的本质需求,只要人还

---

[1] [德]卡尔·雅斯贝斯:《时代的精神状况》,上海译文出版社,1998年版,第43页。

活着，就需要此道的存在。在此意义上，传统书院教育的废止就不仅意味着传统教育方式的终结，更意味着对传统文化所承担的生命之道的遗弃，从而使现代的学校教育无法承担起安顿现代人生命的文化使命，故而可见中学以至大学校园中时常出现的师生自杀现象就不足为奇了，皆为文化的病痛使然，而此文化病痛还没有被当代的社会化与体制化的教育机构与教育者所认知。故书院教育实乃中国传统文化传播与教育方式的大智慧，书院教育实乃道在民间的标志。而自近现代而来的学校教育已然遗失这种传统文化传承的大智慧，亦使传统文化彻底消失在现代化的教育体制之中，造成古今隔绝，中国人读不懂古文，更读不懂传统的文化，简单将传统视为落后，将古代经典视为封建糟粕，并以此为理由拒斥传统文化，醉生梦死于现代文化的"现代性"困境之中，这是当代中国人与当代中国文化应当警醒之处。

时至当下，有鉴于对当代中国文化的反思及对中国传统文化的自省，各类以复兴传统文化为目的的书院又在中国大地上兴起，但真正具有传统书院性质，承担传统书院使命，即实现道统与学统担当的当代书院还少而又少，而真正能以明确的学术思想进路承担道统，且具有完整的思想理论体系，能够论证并践行此道统的书院则只有长白山书院一家。因传统书院的核心使命就是传承道统，而孔子所立道统早已不明，孔子身后就有"儒分为八"，子贡明言"夫子之言性与天道不可得而闻也"（《论语·公冶长》）。而后世宋明诸儒所立的道统则已不是孔子所立儒家道统的本然，而此偏离孔子儒学宗旨的道统传承又在近代以来的反传统浪潮中被现代文化所抛弃，故当代众多书院只能是传统文化复兴的提倡者与经典诵读的启蒙者，还远远谈不上道统的传承者或重建者。长白山书院则具有完整的贯通古今与中西的思想体系与具体的学术理路，就传统文化的道统担当而言，长白山书院以"内道外儒"立教，在思想理路上回溯到先秦中国学术分而未裂，孔子尚能以"六经"载道的学术发展期；在文献依据上，回归孔子儒学"以易为宗"的思想学术宗旨，实现对传统文化的正本清源，使中国传统文化以"易道生生"为核心的道统大明于天下。而"易道生生"作为易学命题为诸多研《易》者所熟知，却无人将之体认为中国文化的道统，因无人真正理解《易经》。《易》学史的发展表明，自古解《易》之书虽多，却是"两派六宗，相互攻驳"，无人真正将易理贯通，更无人能给出"易道生生"的具体理路，故而无人能理解孔子何以将"易道生生"确立为中国文化的道统。

鞠曦先生之所以能揭示出"易道生生"为中华文化之道统，因其以《说卦传》为核心，对《周易》六十四卦体系进行了一以贯之的易理解读，真正将易理贯通起来，揭示出孔子如何通过作传解经的方式将上承尧、舜、汤、文、武、周公而来的"生生之道"贯通于易道、易理之中，通过内含在易理之中的"损益之道"指导现实的生命如何避损行益，并通过"中道"的认识论与方法论及"咸""艮"二卦的生命修炼之道实现对生命实践的具体指导。而且，为了使现代人的哲学理性思维能够理解《周易》哲学的卦爻系统内含的哲学原理，鞠曦先生将《周易》哲学的卦爻系统内含的哲学原理外化为"形而中论"哲学体系，使现代人的哲学理性思维可以直接理解《周易》的哲学原理。这样一个系统周备的易理解读为千古以来解《易》者所未有，形成了"尽扫群易"的"鞠氏易学"。如此之成就似乎不可思议，让人怀疑作为现代人的鞠曦如何可能达于如此高度，但其学理依据完全不离《易经》，以《易》解《易》是"鞠氏易学"最大说服力，而其解《易》而出的思想宗旨又分毫不离孔子，其终极价值取向时刻不离生命，故又不得不让人信服而乐从之。此为长白山书院对中国文化最根本的正本清源，仅此一点，鞠曦先生及其长白山书院对于中国文化的未来发展，尤其是中国传统文化的复兴就具有了难以估量的历史意义。

再从当代学术与学问的发展来看，学校内的教学仍然是以教授为主，师者以真理占有者自居，真理以课本为依据，学生以获得学历与学位为直接目的，从而缺少思想之间发于生命本真的真诚交流与反思。书院会讲则完全是出于参与者自身的生命需求而自由学问，以思想直接碰撞与真诚交流为主，以师者授课为助缘，以问道、求道为目的，没有学历、学位等功利性，从而使学问与生命统一，真正达于学问与学术的生命本质，这是学校的教育机制无法企及的教育优势。故而长白山书院每年一度的暑期会讲能够吸引全国各地的学子不远千里万里而来，可见"德不孤，必有邻"（《论语·里仁》），真学问自有真知音。尤其在当代中国传统文化处于"学绝道丧"的时代，长白山书院能正本清源，回归中国文化之正统大道，使孔子之道得长白山之福地而星火不熄，可见是"天之未丧斯文也"（《论语·八佾》），而能于此学绝道丧之时代而来长白山书院参与会讲者，亦必为有天赋之使命与文化自觉者，其文化意义与思想史意义必然在未来的中国文化进程中彰显出来。

二、哲学与文化之使命

哲学作为人类文化的核心反映着一个时代的精神状况，当今时代，哲学的落没与终结已经意味着人类文化的堕落与迷失，现代人的文化生命正投入到无尽的物质追求与肉体享乐之中，以代替人类精神世界对生命意义与人性崇高的追问，以掩盖人类精神世界的空虚。而当代的哲学与文化何以沦落至此？必须对中西哲学与文化的发展史进行彻底的反思，长白山书院癸巳儒道研修班对此问题进行了中西哲学与文化对比视域下的思想反思与理论探讨。

（一）哲学的使命即为生命之安顿

哲学何为？哲学何用？普遍的观点都从世界观与方法论的角度来解释哲学的用处，而人类文化的诸多学科无不内含自己的世界观与方法论，且比哲学更具有现实的可操作性。与诸多具体学科相比，哲学的用处显得如此空疏与玄虚。赵林认为："哲学作为一门'无用之学'所蕴涵的大用，即通过改变自身的视野来改变对环境的看法，从而在一种怀疑精神和批判意识的基础上不断地提升自身的智慧和教养。"①而人类的一切知识，人类思维的各个维度的发展，都无时不在改变着人类自身的视野，改变着人类对环境的看法，难道只有哲学才具有这种功能吗？"怀疑的精神和批判的意识"也非哲学的专利，怀疑与批判毋宁说是人类的本性，哲学的怀疑与批判只是这一本性的表现形式，其他的学科就没有"怀疑的精神和批判的意识"吗？而"提升智慧和教养"更是文化的普遍属性，一个没有受过哲学训练的人就没有"智慧和教养"吗？显然不是。由此可见，如此定义的哲学用处并不是哲学的专利，完全可以被其他学科取代，所以现代哲学已经没有了自己的独立空间与位置，唯一可以思考的只剩下语言问题。现代西方哲学的"语言学"转向已经标示着西方哲学的没落，哲学研究的对象已经转向了思想的空壳——语言，意味着哲学本身已经没有了思想，没有了生命。

亚里士多德认为哲学起源于"惊异"与"闲暇"，而这并不是哲学反思与追问的终极。哲学的起源必须追问到终极，哲学产生于"惊异"，而"惊异"又从何而来呢？"惊异"只是哲学产生的前提或机缘，而不是哲学产生的根本原因，追问哲学的起源必须反思人何以会"惊异"。人有惊异之心是因为人认识到了自我的生命存在不同于他者的存在，惊异于我是与他者如此不同的存在者，以至于我必须在与他者的相对中找到适合我自己的位置，其本质是追问者要将自我的生命安顿于这个立于我的主体性之外的世界之中。于是人要追问这个世界，追问这个世界的本原是什么，追问人生的意义是什么，追问思维与存在的关系是什么，而这种追问的本质无非是要找到人在这个世界中的恰当位置，给生命以安顿。而"闲暇"只是对构建哲学体系的人来说才是必要条件，而面对茫茫宇宙之中人类的渺小，无尽时空之中人生的短暂，每个奔波于生死之途的忙碌者都会有人生虚无之感，这种感觉已经是一种哲学追问，哲学追问是普世生活的常态，而不是某些哲人的专利。回答人生存

---

① 赵林：《哲学的用处与哲学的灵魂》，《中国大学教学》，2007年11期，第4页。

在的意义，安顿主体之人的身心性命，这是哲学应当承担的使命，也是哲学研究的意义所在。

西方哲学在其起源之处是包容所有学科于一体的大全的学问，这一大全的学问就是人面对世界展开的追问，其本质就是确证人的位置，安顿人的生命。直到亚里士多德将各门实用科学进行分类，使之与哲学分离，并将哲学作为对物理现象背后本质的追问而排于各学科之后，并因而定名为"物理学之后"，哲学才与各门实用科学相分离，而各门科学在本质的意义上仍然具有哲学的本性，就是要在具体的研究领域中创造出可以安顿人之生命存在的实用成果。而在这种分离中，哲学似乎被日益细化的具体科学的分类研究所取代，以至抽干了内容，使现代西方哲学只剩下了语言学的研究领域。而任何脱离哲学母体的科学都只能安顿人的实体性生命，而不能安顿人的精神性生命，既使真接研究精神科学的心理学或精神病理学也无法真正安顿人的精神生命，而这恰是留给哲学研究的最核心领地，是他者无法取代的哲学王国。哲学是纯粹的精神生命，此精神生命超越人生的有限性，收取人生的全部意义与价值，给人生有限的实体性生命以终极的（或称无限的）安顿。这是哲学的使命，亦是哲学的本性，亦是哲学的"大用"。

中国哲学从来就是生命的学问，而不是西方哲学那种面向世界所做出的"存在是什么"的追问，而是反向生命自身而思考生命"如何去存在"。从而中国哲学不回答"存在是什么"的问题，却能现实地解决人生"如何去存在"的问题，而西方哲学不断地给出"存在是什么"的判定，却无法给出现实人生"如何去存在"的指导，这是中西哲学的本质区别。儒释道三教合流的根源就在于三者都是以生命的终极安顿为核心，其区别只在生命安顿的具体方法与路径不同，故三者虽殊途而同归，终可合流于对生命的终极安顿之中。

（二）西方哲学何以无法实现生命之安顿

西方哲学何以无法实现生命之安顿呢？就事实的层面而言，西方哲学是将生命终极的安顿问题交给了宗教的上帝,而就学理的层面而言,则是西方哲学二元对立的对象性思维方式无法透彻地认知生命,从而无法完成生命安顿的任务。这也是文艺复兴之后的西方哲学虽然摆脱了神学的压迫,甚至发展到理性至上的"理性主义",却仍然解决不了西方人的生命安顿问题的根本原因。故"上帝(虽然)死了",但西方的宗教仍然在形式上保有对生命终极的解释权,从而获得自身存在的合法性。反观西方哲学史,其不同时期的哲学都力图以某种方式安顿人之生命,但最终都受限于西方哲学自身的视域局限之中。

1. 古希腊的本体论哲学无法安顿世人之生命

以苏格拉底为代表的古希腊哲学是一种彻上彻下、包举万有的整体性哲学,内在承诺着对生命的终极安顿。因其哲学追问完全出于生命自在的本质需求,而不是现代哲学家那种出于职业的需要而做出的哲学思考,故以苏格拉底为核心的古希腊哲学都具有一种终极的神圣性,并以此神圣性在一定程度上安顿着哲学家个人的生命,但其思想却受限于西方哲学狭隘的思维方式及其语言局限而无法普世性安顿他人生命。正如苏格拉底临终时所言:"现在我该走了,我去赴死;你们去继续生活;谁也不知道我们之中谁更幸福,只有神才知道。"[①] 这是古希腊哲学所能达到的对生命的终极安顿所在,其哲学中充满了神性。但古希腊哲学这种包举万有的大全学问都是建立在某种人为设定的本体论依据之上,无论是把水、气、火、原子等实体作为本体;或者把无定、存在、理念、形式等非实体作为本体,都具有猜测与设计的性质,思想者都把自我承诺的本体视为世界的本原,似乎世界在自我的本体论承诺中获得了清晰的理解和解释。但这种理解和解释只能是思者个人的独特理解与刻意的理论建构,并不是世界本来如此,故这种本体论设定或可安顿思想者个人的生命,却无法安顿他人的生命,更无法普世性地安顿世人的生命。

[①] 吕陈君主编:《智慧简史》,中国言实出版社,2008年版,第5页。

因为这些人为的本体论设定恰恰需要真正的本体论为其支撑,人类的现实生命不可能建立在一个由思想设定的本体论基础之上,从而西方思想史上从来没有一种本体论能够真正安顿世人的身心性命。

西方哲学史之所以给不出真正的本体,就是因为思想者无法超越自身主体性的视域局限,面对外在于主体的客体世界,主体无法全然地把握客体,无论其给出的本体是什么,都只能是主体自身的"自以为是",而不是本体的自在。如何突破主体自身的视域局限,实现思维与存在的统一,是西方哲学永远无法解决的问题。所以鞠曦先生给出的哲学定义是"哲学是对自以为是的自觉与反思的思想理论学说"[①]。"自以为是"成为哲学的根本问题,西方哲学正因为走不出"自以为是"的思维怪圈而不得不宣布终结。

2. 中世纪的经院哲学无法安顿世人的生命

正因为西方的古代哲学无法安顿世人的身心性命,才会有中世纪宗教神学的兴起。宗教神学以上帝的临在安顿世人的生命,哲学则成为论证上帝存在的工具,即所谓的"哲学沦为神学的婢女"。这是西方哲学史研究中的普遍性观点,似乎欧洲封建时代的神学压迫了哲学的理性。而在真正的哲学反思中,我们需要追问属于彼岸世界的神学上帝何以能够压迫此岸世界的哲学理性?属人的理性何以甘心于承受属于上帝的神性的压迫?在世俗教会的现实压迫之外,在属于哲学领域的精神世界之中,上帝一定是给予了哲学的理性以某种好处,从而换得了哲学的理性心甘情愿地接受上帝的压迫。而上帝能给予哲学的理性什么好处呢?那就是对生命安顿的承诺,上帝承诺给哲学的理性以生命的救赎与解脱,从而使哲学的理性心甘情愿地去证明上帝的存在,只有证明上帝的存在,才能证明生命的存在有意义、有价值。这就是宗教的上帝存在的理由,这一理由至今仍然存在,从而宗教在哲学理性发展到理性主义的今天仍然存在,虽然尼采说"上帝死了",但人类的生命本性需

[①] 鞠曦:《哲学、哲学问题与中西哲学》,载鞠曦主编《恒道》第4辑,吉林文史出版社,2006年版,第1-41页。

要某种存在的根据，人生的价值需要某种存在的证明，而西方哲学无法给出此根据与证明，从而生命的意义仍然要交给已死的上帝。所以海德格尔晚年接受《明镜》周刊采访时无望地说："哲学将不能引起世界现状的任何直接变化。不仅哲学不能，而且所有一切只要是人的思索和图谋都不能做到。只还有一个上帝能够救渡我们。"这是一个现代最著名的哲学家对于哲学最后的否定，西方哲学已经无能为力，唯一的希望还只能寄托在一个早已被宣布死亡的上帝存在之中，而上帝存在吗？上帝会降临吗？海德格尔指出最后的可能是"我们瞻望着不出现的上帝而没落"。[1]

而在本质的层面上，上帝从来未曾压迫过哲学的理性，理性是主体自为的思维工具，理性自在于人的生命存在之中，用与不用，如何运用，用于何处，皆取决于主体生命存在的自我需求，而非受制于外力。理性被利用来证明上帝的存在，说明中世纪的西方人需要上帝的存在，从而利用理性作为思维工具来证明上帝的存在，从而不是上帝压迫了理性，相反，上帝的存在需要理性的证明，反证上帝受制于理性的运用，理性决定着上帝的存在。近代哲学所谓的理性觉醒以及对上帝的抛弃，实质是理性在上帝与宗教的统治中已经无法再获得生命存在的意义，无法再从宗教世界中获得生命存在的合法性，从而要到现实的世界之中寻找生命存在的根据，所以要抛弃上帝。故以西方的文艺复兴为标志，被现代文化大加歌颂的所谓人的发现，实质只是人的生命安顿方式的转换，只是生命意义与价值认知取向的转变。因为上帝的存在本质上是生命自我安顿的人为设计，仍然是生命存在的自为，而非生命存在的自在，从而并非生命的必须。人之生命安顿就是要实现生命的自为与自在的统一，任何远离生命自在的单纯的自为设计，都只能具有局部与暂时的有效性，而不可能具有普世性与永恒性。故西方的宗教与上帝不可能真正安顿世人的现实生命，从而必然被历史所抛弃，而西方哲学的无能仍然给宗教与

---

[1] 海德格尔：《只还有一个上帝能救渡我们》，《智慧简史》，中国言实出版社，2008年版，第69页。

上帝留下了延展的空间，所以现代西方的宗教死而不亡，西方人知道上帝是不存在的，宗教是虚假的，但在其精神世界中，生命存在的空虚仍然需要他们相信上帝是存在的，宗教是生活的必要构成，这就是西方宗教存在的合法性所在。而西方的宗教能够进入中国，则表明中国人已经获得了与西方人同样的精神病痛，当代的中国哲学与西方哲学一样无能安顿当代中国人的身心性命，中国人不得不到西方的宗教世界中寻找精神的安慰。虽然马克思说"宗教是被压迫生灵的叹息，是无情世界的感情，正像它是没有精神的制度的精神一样；宗教是人民的鸦片"[①]，但这种鸦片可以暂缓当下中国人的精神病痛，可以暂缓中国人的精神空虚，所以基督教堂已经由中国的城市漫延至乡村，明清传教士曾经的梦想正在变成当代中国的现实。这恐怕是中国文化的真正危机，而且是一种饮鸩止渴式的精神危机，因为基督教文化在西方已然没落，又如何可能拯救当代中国人的精神危机呢？而当代中国的一些所谓专家学者却将中国人的道德沦丧归结为没有宗教信仰，从而为基督教的传播摇旗呐喊，真不知是其学识有限还是居心不良，其人实乃非我族类，其思想实乃中国文化之"寇仇"。

3. 近现代哲学的理性主义无法安顿世人的生命

西方近代哲学自笛卡尔提出"我思故我在"，似乎高扬起了主体主义的大旗，追求人之为人的主体性的现世价值，否定上帝之神的彼岸价值。正如彼脱拉克所说："我不想变成上帝，或者居住在永恒之中，或者把天地抱在怀抱里。属于人的那种光荣对我就足够了。这是我所祈求的一切，我自己是凡人，我只要求凡人的幸福。"[②] 这样一种面向生命本身的价值追求与对人性自觉的呼唤本是符合哲学的生命本性的正确路向，但由西方哲学那种二元对立的对象性思维特质所决定，其哲学思考所追求的纯粹理性无法突破主体性

[①] 《马克思恩格斯选集》第 1 卷，人民出版社，1972 年版，第 2 页。
[②] 《从文艺复兴到十九世纪资产阶级文学家艺术家有关人道主义人性论言论选辑》，商务印书馆，1971 年版，第 11 页。

的视域局限,主体的理性思维无法真正地把握客体,却又盲目相信理性的力量,从而难以避免地陷入理性主义的怪圈。其问题根源在于西方哲学因其视域局限而直接将理性等同于主体性,最终使理性取代了主体性,甚至压迫了主体性,使人的主体性由上帝的压迫中解放出来后,又陷入理性压迫的魔咒之中。虽然后现代主义提出非理性主义以反对理性主义,但其本质上只是以一种变形的理性主义反对原本的理性主义。而理性与主体性的区别何在?理性与主体性之间是什么样的关系?这是西方哲学至今仍不自知,更没有解决的问题。

理性是人的理性,而且是"在生存""去生存"之人的理性,即理性只能是处于"生活"之中的人的理性。故寻找理性的存在根据,必到人之生存之中去寻找。人之生存如何会发展出理性?在于人之生存面临各种自觉选择,人必须自觉选择自己生存的样法,这种选择过程就是运用理性之过程,亦是理性发展之过程。人就是在不断的人生自觉选择之中发展出自己的理性。

人有自觉选择,这是人的理性标志,因为只有理性才会有自觉,但理性的自觉选择并不否定人类思维的其他方式的存在。因为人的理性自觉选择过程必然处于思维过程之中,理性选择的过程也就是理性思维的运用过程,而人类的思维方式并非只有理性一种。就人类思维发展的历史进路与对之进行的哲学反思而言,可以归纳为三种不同思维方式:一是停留在耳目感官的直接感受性上的感性思维,任凭外物引导感官的欲望随处所之,此时我虽在思维,但此思维并不为我所用,而是我为思维所用,我随顺着感官欲望追逐着外物,欲望支配着我,我则沦为欲望的奴隶,这就是感性思维,本质上是一种"非我之思"。二是在我自知为我的警觉(前提)下,由自我认知而知晓我应当如何,"应当如何"也就是一种价值选择,也就要承担自我选择的责任,从而对进入我感官之内的一切进行价值评判与取舍,并当然地承担起这种评判取舍的后果,这就是理性思维,本质上是一种"有我之思"。此外还有一种更高层次的非常态思维,就是思维完全进入对象之中,与对象达成一体,从而彻悟对象,这就是悟性思维,本质上是一种"无我之思"或"忘我之思"。

而这种划分不是截然有别的，三种思维形式是彼此渗透，动态流行的。但毫无疑问，理性思维是人类根本性的常态思维，向下指导着感性思维，向上可以提升为悟性思维，所以说人只是在归根结底的意义上是理性的存在，而并非绝对的理性存在。所以人的理性思维往往是不纯粹的，也不是万能的，而是受限的。"人类的心智，正如其肉体一样，是被拘禁于肌肤之内的。"[1]康德的《纯粹理性批判》就是对人类理性进行划界，理性只能在现象界进行思维，而不能对本体界进行思维，否则就会出现"二律背反"。

而主体之为主体，在其具有主体性，主体性主要体现在认知外在客体的能力；而这种认知能力主要体现在理性的对象性认知之中，故理性被错认为主体性本身。而人之主体性不只表现于理性，还有上文已述之感性与悟性。如果主体无视或蔑视感性与悟性，就会只见树木，不见森林，把理性误当为主体性的全部，从而丧失了人类思维的丰富性，也会使理性最终走上歧途。在西方哲学史的思维进路中，理性就被等同于主体性，从而伴随着人类主体性的觉醒，理性也随之膨胀，最终发展成所谓的"理性主义"。而事实上，理性只是主体的一种思维工具，只是主体性的一个方面，只是片面的主体性，而非整全的主体性，如果以理性取代主体性，就是以局部而代整体，以士兵而代帅位，使真正的、整全的主体性丧失。而主体丧失了主体性，也就不成其为主体，理性就在事实上掩盖了主体，遗忘了主体。主体只有理性，而没有了真正的整全主体性，理性也就失去了整全主体性的监督，就可能犯错。因为理性有自身内在的逻辑，没有真正的、整全的主体性控制，理性就可能走向主体生命的反面，而理性的这种犯错，是以主体性的名义犯下的，故理性与主体性共同遭到诅咒。故当现代与后现代的哲学家开始反思理性主义的病痛，提出"哲学的终结"，以"非理性主义"批判和反对理性主义之时，"主体性"也同样被判以"终结"的命运。

---

[1] 威尔·杜兰：《信仰的时代》致读者，幼狮文化公司译，东方出版社，1998年版，第1页。

尼采说:"对一个生存者来说,'生命'从来都不是评判的客体,而始终是主体,生命借助它自身的特性规定评判者,肯定或者否定生命。"① "生命始终是主体",而理性却取代并压迫了主体,也就是取代并压迫了生命,从而可以理解尼采"疯狂"的反理性主义的原因,这是西方理性主义的病症所在。理性不应当有自己的目的,理性的目的就应当是安顿生命,理性只应以服务于生命为唯一目的。但西方哲学的理性在事实上已经遗忘了自己应当承担的使命,已经突破了服务于生命的界限,不但远离了生命自身,而且反转过来使生命从属于理性自身的需要,理性成为绝对的上帝。故始自近代,延展至于当代的理性主义无法真正安顿世人的身心性命。

(三)中国哲学直接承诺着对生命的安顿

中国哲学具有完全不同于西方哲学的思维方式、问题意识、思维进路、表达方式与实践方式,从而黑格尔站在西方哲学的本位上,认为中国没有哲学。他评价孔子说:

> 孔子只是一个实际的世间智者,在他那里思辨的哲学是一点也没有的……我们根据他的原著可以断言:为了保持孔子的名声,假使他的书从来不曾有过翻译,那倒是更好的事。②

但按照哲学的本性,其终极使命就是如何实现生命的安顿,而不是为了思辨而思辨。以此为标准,哲学可以有各种表现形式,思辨是哲学的形式,孔子的非思辨仍然可以是哲学的形式,所谓"天下殊途而同归,一致而百虑",既然泰勒斯的抑天而思是哲学,苏格拉底的"灵魂助产术"是哲学,那么佛

---

① 尼采:《偶像的黄昏》,卫茂平译,华东师范大学出版社,2007年版,第11页。
② 黑格尔:《哲学史讲演录》第一卷,贺麟、王太庆译,商务印书馆,1983年版,第119-120页。

祖的拈花微笑何尝不是一种无形而有质的哲学？老子的道德五千言更是一种有形有质的哲学，而孔子作传解经后的易学更是一种哲学中的哲学。黑格尔只是因为中国人没有西方人的思辨就认定中国没有哲学，实乃本末倒置的问题认知，亦是由西方哲学的狭隘视域所决定的无知和自大。思辨乃为哲学思考之工具，而非哲学思考之目的，黑格尔显然将作为工具的思辨当作了哲学思考的目的，而将作为思维目的的生命当作了工具，从而使生命成为服务于思辨的工具。黑格尔自己也就成为一部思辨的机器，这部机器建立起一个庞大的思想体系与思维帝国，而在此庞大的思想体系与思维帝国之中，其生命又于何处安顿呢？其生命已经耗费在此思维帝国的构建之中，而倾其一生建立起来的思维帝国又曾支撑起了谁人的现实生命呢？没有。思想史中只看到黑格尔的批判者，却没有看到黑格尔的继承者，故马克思批判黑格尔是一个头脚倒置的思想家。

思辨无法带来西方哲学对生命的安顿，无法实现哲学应当承担的使命，黑格尔却将思辨作为哲学的最高标志，实乃愚蠢；以之为标准判定中国没有哲学，更是其无知。导致黑格尔如此愚蠢、无知的原因在于其不知哲学之使命，远离人之生命而单纯在思辨中创造某种思想体系，而不知生命自在的逻辑不等同于思维的逻辑，更不会服从于思维的逻辑，相反，思维的逻辑应当服从于生命的逻辑，思维的逻辑只有符合生命的自在逻辑才能安顿生命。

中国哲学只是生命安顿的学问，从而只是生命自在的表达，故不会固执于思维的逻辑，而是让思维的逻辑延着生命的展开而展开，随着生命的跳跃而跳跃，从而中国哲学似乎是无逻辑的，似乎是不符合逻辑的，而逻辑是什么？逻辑不是生命的创造吗？逻辑怎么可以凌驾于生命之上而成为独立存在，并成为黑格尔及全部西方哲学崇拜的对象呢？只因其哲学脱离了生命，从而成为思维自身的语言游戏，沉浸在思维的逻辑中回避了现实的人生，当然无法实现真正的生命安顿。故西方哲学家几乎无不带着自己的人生问题离开人世，并为人世留下他终生无法解决的问题作为自己的哲学遗产，使西方哲学史成为一部问题堆积的历史,而后世的哲学家又自以为是地解决着前人的问题,结果是又创造出更多的问题与困惑留给愚蠢的后人作为哲学遗产。而中国哲学从其起源之处就没有陷入西方哲学的思维困惑与困境之中,因为中国哲学本来就不是思辨的学问,当然不会陷入思辨带来的人生困惑之中。而中国哲学却是生命的学问,直接面对着人生问题进行思考,直接解决着现实人生的各种问题,直接安顿着现实的人生如何去存在与如何去生活,故中国人全然地享受着自己的生命,享受着自己的生活,他知道自己应当如何去生活,当然不用去思辨。思辨即意味着人生问题的存在,思辨总是面对人生问题的思辨,没有人生问题,当然没有思辨。黑格尔生活在其哲学前辈们积累起来的问题世界之中,当然无法清晰地认知这一点,从而自以为是地认为中国没有哲学。

故遵循哲学的本性,承担哲学的使命,中国不但有哲学,而且只有中国哲学才符合哲学的本性,实现了哲学的使命,安顿了中国人的身心性命。而中国哲学以怎样的方式实现了生命的安顿?为何只有中国哲学才能够实现生命的安顿呢?根源在于中国哲学具有不同于西方哲学的"形而中"的"中道"思维方式,在此思维方式下形成的中国哲学理论形态就是由六十四卦卦爻系统表达的与西方哲学的概念逻辑完全不同的《周易》哲学。鞠曦先生正是从《周易》哲学的卦爻与经传系统的经典表达方式中外化出其"形而中论"哲学体系,以使现代哲学的理性思维可以直接理解《周易》的哲学原理。

中国哲学经典而独特的中道思维方式有别于西方哲学的对象性的二元对立思维,这里蕴藏着中国哲学的智慧所在。中国哲学的思维智慧在于其不是把人作为绝对主体而与外在客体对立起来。在中国哲学的视域中,天道才是绝对主体,人与外在器物都是天道自然支配下的存在,故"万物与我为一"(《庄子·齐物论》),但人又不是与器物同样的绝对客体性存在,而是具有生命自觉,能体道、达道的灵性生命存在,故能"上下与天地同流"(《孟子·尽心上》)。故人是处于绝对主体(道)与绝对客体(器)之"中"的存在,处于道器之中的灵性存在。故《周易》言"形而上者谓之道,形而下者谓之器",

内在蕴含着"形而中者谓之人"①的哲学判定，从而把人从西方哲学主客体二元对立的思维局限中拯救出来，形成了中国哲学独特的"中道"思维。

此"中道"思维集中体现在作为中国哲学大道之源的《周易》哲学之中，《周易》哲学正是从人作为"形而中者"的中道思维出发，形成了综合"象、数、理、义"于一体的卦爻系统，以揭示生命运行的"生生"之道。整个由八卦而至六十四卦的推演都是在"中道"的认识论进路中演示天道如何下贯于地道，而人道应当如何"中行"于此天地之道之"中"。故卦之演变即为人道中行之演示与代表，故亦可说"形而中者谓之卦"。②《周易》哲学以"形而中"的认识论方式，将人带入对世界的观察之中，这种中道思维不是横向的主客二元对立的对象性思维，而是纵向的天、地、人相贯通的立体性思维，上有形而上，下有形而下，中有"形而中"；上有道，下有器，中行者为人。从而人可上求天道，即"修道"，合于形而上者，获取生命的终极安顿。但人亦可能纵欲而行，下降为形而下者，沉沦为物，即"人化物"（《礼记·乐记》）。故孔子讲"君子不器"（《论语·为政》），即君子求道而非器，历代学者皆以"仁"为孔子儒学的思想核心，实已丧失儒学根本。孔子讲"志于道，据于德，依于仁，游于艺"（《论语·述而》），显然"道"为孔子所"志"，为其最高追求，亦为孔子生命的终极安顿之处。

而何为孔子之道呢？孔子自言"述而不作"，子贡亦言"夫子之文章可得而闻也，夫子之言性与天道不可得而闻也"（《论语·公冶长》）。但亦早有人阐释，孔子非真"不作"，而是"以述为作"。而孔子所"述"者，"六经"也。也就是说，孔子之所以"述而不作"，乃因"六经"已经足以承载自己的"性与天道"之学，多言无益。后儒与百家之学正是在"六经"之外妄臆天道，曲为解说，自以为是，才造成"道术将为天下裂"（《庄子·天下篇》）

---

① 鞠曦：《中国之科学精神》，四川人民出版社，2000年版，第162页。
② 同上。

的历史事实。既然道在"六经"之中，只要习得"六经"之旨，自然得"性与天道"之学，故孔子授其弟子以"六经"之学，而自己则不轻言"性与天道"，故有子贡之叹。故孔子之道自在于"六经"之中，孔子之生命就安顿于"六经"义理之中。而"六经"之首即为《易经》，《周易》哲学为整个"六经"系统及后世中国文化之大本大源。但因"易道广大，无所不包"，后世解易之书不解孔子宗旨，从而使孔子的"性与天道之学"埋没于后人"无端涯"的解释之中，孔子曾预言："后世之士疑丘者，或以易乎？"（《帛书易·要》）结果如合符契。

既然孔子之道就在易中，那么何为易？《周易·系辞传》言"生生之谓易"，"生生"给出易的存在，即易之本体为"生生"，又"易以道阴阳"（《庄子·天下篇》），而"一阴一阳之谓道"（《周易·系辞传》），也就是说《易》为言说"一阴一阳之谓道"的学说，而《易》本于生生，故道亦本于生生。由此可见，孔子之道即为生生之道。"生生"给出《易》，《易》给出道，从而生生由《易》给出道之流行。

易道以生生为本体，以中道为认识方式，最终要实现怎样的价值呢？《说卦传》言："昔者圣人之作易也，幽赞于神明而生蓍，参天两地而倚数。观变于阴阳而立卦；发挥于刚柔而生爻；和顺于道德而理于义；穷理尽性以至于命。"《周易》哲学的"生蓍""倚数""立卦""生爻"等一系列操作，都是为"和顺于道德而理于义"服务，最终要实现"穷理尽性以至于命"的价值论承诺。由此可见，《周易》哲学最终承诺的是对现实之人的身心性命的安顿，而这一安顿是从生生本体出发，以中道的认识论来实现的。

将儒学对比于道学与佛学，老子讲"道生一，一生二，二生三，三生万物"（《道德经·第一章》），即为生生之道的展开过程，此观察亦是由中道观察而来，故老子言"多言数穷，不如守中"（《道德经·第九章》）。而佛学亦讲中观，如如不动。"如来"即为无所从来，亦无所从去，实是生命的守中状态，任生生之道的不息之流不知从何处而来，不知向何处而去，故为如如不动。如如乃生生之流，不动乃生生之无穷充溢于全部时空之中。

由此可见，中国哲学在本质上就是生命的终极安顿之道。在本体论上是生生之道，价值论上是"穷理尽性以至于命"，认识论上是"形而中"的中道认识方式，以此完成了中国哲学对生命存在的终极安顿。同时这也是中国哲学区别于西方哲学的本质所在。

三、穷理尽性以至于命

中国哲学的核心价值诉求就是生命的安顿，从而作为中国哲学核心思想的《周易》哲学直接给出的价值论承诺就是"穷理尽性以至于命"，并以一套周密的卦爻符号系统为基础，通过圣人系辞，孔子作传，以象、数、理、义的方式综合表达出一套完备的生命哲学体系，既可使圣人以之教化天下，亦可使百姓日用而不知，真正使上下各得其所，各安其位，各正性命。理、性、命三个中国哲学的核心概念统一于现实生命的安顿之中。而西方哲学中的诸多对立观念、概念冲突亦无不统一于现实生命之中，理论与实践统一于生命，思维与存在统一于生命，现实与超越统一于生命，一切的矛盾与冲突都将终结于生命的安顿之中，可谓一安百安，一了百了，但西方哲学的视域局限无法理解生命，更无法"觉解"生命，从而无法达于这些观念、概念的统一，只能在思维与存在的分裂中斗争，思维永远无法实现与存在的同一，永远亢奋地言说着"存在是什么"，却不知道"如何去存在"。

《周易》哲学不言"存在是什么"，却告诉你"如何去存在"，从而将哲学的使命完成于、完满于人的现实生命的安顿之中。此生命之安顿表达为生命的自为与自在的统一，生命的自为即为"生活"，生命的自在即为"生生"。"生生之谓易"，《周易》哲学承诺给人生与世界的本体即为"生生"本体论，"生生"既为生命之自在，亦为支撑生命及天地万物"存"与"在"的共同本体，无"生"即无"物"，无"生生"即无万物之大化流行。故"生生"为生命之自在,"生活"为生命之自为,生命之安顿即为以自为之"生活"合于自在之"生生",使生命的主体合于生命的本体,则生命自得安顿。故《周易》哲学以"生生"本体论为全部中国哲学开启了生命安顿之道,从而使中国哲学的价值诉求不离生命,思想宗旨不离"生生"。

(一)《易》外无书

人类的知识起源于生命的追问,生命追问的目的即为实现生命的安顿,故可知人类一切知识的根本目的都是生命的安顿,无法实现生命安顿的学问最终都是虚假的学问,最终都会被人类的智慧所抛弃。大浪淘沙之后,任何能够流传于世的经典都是在不同的层次与层面上言说着生命,能够或远或近、或大或小地解决着生命存在的问题。

而有没有一本书能够彻底解决生命存在的问题,实现生命的终极安顿,从而消除思想史的纷争,使人类的智慧能够去享受生命,而不是浪费于人生的困惑与观念的论争之中呢?在西方文化的视域所及之处,这似乎是不可能实现的理想,亦是当代西方化的中国人无能企及的高标,而中国先人的智慧实是超出西方人与现代人的想象,《周易》哲学早已达到了这一高度。《周易》哲学不仅承诺了对生命的安顿,而且以其独特的卦爻系统现实地指导着生命如何去穷生生之理,尽生生之性,至生生之命,从而使生命的自为合于生命的自在,使生命的安顿实现于易道的生生之中,实现主体与本体的统一,这是西方哲学始终在渴望却无法达到的终极目标。当主体之生命能够得此生命安顿之真理,达于生命自在之本性,实现生命天赋之使命,生命已得一圆满,人生尚有何求?故得易道生生之理,天下之理皆不外此矣!读《周易》一书,天下之书尽在其中矣!故就任何人类性知识都以安顿生命为终极价值而言,《周易》哲学方为真正的生命之学,《周易》一书已遍扫群书矣!故鞠曦先生放言:"《易》外无书!"

"《易》外无书",乍闻之,实有石破天惊、难以信服之感。而此一近乎崇拜与独尊的断言实有扎实而完备的学理依据，实乃为具有系统论证根据的哲学命题。鞠曦先生给出的每一个哲学命题，乍听之都似乎武断而自大，但细审之下，又无不言之有据，每一命题皆自古文献中析出，经系统论证得来，而非其主观独创，且论证周密，系统完备，让人不得不尊信。反思之下可以理解，真理既然是真理，那就必然是断然的，必然是毫不含糊的，只是在举世皆迷，不再寻求真理的时代，真理的断然自然会被理解为武断，真理的毫不含糊也会被理解为自大。

"《易》外无书"并不是对人类知识海洋的否定，而是人类知识之海的源头尽在《周易》一书之中，由易道生生之中可以开出人类知识的诸种门类，并规制知识的正确走向。当今人类的文化危机、科技危机、经济危机、生存危机等皆表现为知识的滥用，人类的知识由人所创造，却已经脱离了人类的掌控范围，知识已经具有了自我繁殖的能力，操控着人类的智慧盲目地生产着各种有用与无用，甚至是有害的知识。人类的精神、思想与智慧被淹没在暗流汹涌的知识海洋之中，完整的人被撕裂成遍地的专家、学者，而所谓的专家、学者无不是马尔库塞所批判的"单向度的人"，有知识而无人性，有能力而无生命。庄子言："吾生也有涯，而知也无涯，以有涯随无涯，殆已；已而为知者，殆而已矣！（《庄子·养生主》）实为历史所证成之真理。人成为被知识所决定的工具，人就成为马克思所批判的物化与异化的人，因为至今以西方文化为主流的一切人类知识都没有自己的本体论依据，只是人类的思维世界，或称知识自身的盲目发展而已。在盲人骑瞎马的知识发展之下，人类的生存境遇已经走到了危险的边缘。庄子言："知止乎其所不能知，至矣！若有不即是者，天钧败之。"（《庄子·庚桑楚》）人类的知识应当有个发展的界限，人类的智慧应当止于生命的本质之处，《大学》言"止于至善"，此"至善"非善恶之"善"，而是"生生"之善。《易》有"生生之谓易，继之者，善也，成之者，性也"，继此"生生"为善，成此"生生"为性。整个《周易》的六十四卦卦爻系统描绘的是整个世界生生不息的微缩图像，其中"有天道焉，有地道焉，有人道焉"，具体地指导着人道如何在天道与地道之"中"行走，达于生生而安顿生命，易道生生规范着人类知识应当行走的边界。

故"《易》外无书"的另一层含义可以理解为"除却《周易》以外，无任何一本书可以作为人类知识存在的根据与边界"。而《周易》何以能穷尽人类一切知识的根本，可以为人类一切知识奠基而具有"《易》外无书"的统治力呢？因《周易》具有不同于其他知识与学问的易理表达形式——卦。《周易》的六十四卦系统包含了象、数、理、义等综合性的表意方式，突破了单一语言表达的话语局限，用卦"象"描绘世界的图像，用"数"揭示世界图像内含的规律，用"理"言说规律呈现于外的纹理，用"义"指导君子如何根据象、数、理的生命内涵去实现生命的生生不息。如此周密、翔实、可行的生存智慧只有中国古代先圣才可以达到，实乃中华文化所创之人间奇迹，非西方文化及现代文化所能望其项背。但易道乃君子之道，只有向道之君子才能理解之、体悟之，《易》言"小人不耻不仁，不畏不义，不见利不劝"，当然不知"生生"，不解易道，故《大象传》多以"君子以……"作为言说方式，表明只有君子才可以做到如此如此，小人则因"不知命"而任意而为，当然无以至此易道生生之生命之本。

（二）卦外无理

"《易》外无书"的统治力在于易理已经穷尽了生命与存在的道理，从而可以一书扫尽天下书，而易理就表达在《周易》的六十四卦系统之中，故鞠曦先生又给出"卦外无理"的哲学命题。虽然有了上面对"《易》外无书"的理解，对"卦外无理"的命题就不会觉得武断或自大了，但仍然要证明卦如何言尽了天下之理，从而可以称之为"卦外无理"。

1. 卦言天地自然之理

《周易·系辞下》言："古者包羲氏之王天下也，仰则观象于天，俯则观法于地，观鸟兽之文与地之宜，近取诸身，远取诸物，于是始作八卦，以通神明之德，以类万物之情。"八卦是由仰观、俯察，观文、观宜，近取、远取，通神明、类万物而得，故"卦"是以人为中心观察天地万物自然的存在而给出的一种存在论的生命指引，而不是与西方哲学类比意义上的理论构建。卦就是对存在的描摹，而不是语言表达的思维逻辑，天地自然之理已经内含于八个卦象之中。由八个经卦相错而成的六十四卦则是对此天地自然之理的生生演化的具体描摹，将人之生命存在带入由六十四卦所演示的生存情境之中，并通过象、数、理、义的综合运用告诉主体之人如何去选择，如何去生存，以达于生生的自在。

而八卦怎样表达并揭示天地自然之理呢？《说卦传》第三章言：

> 天地定位，山泽通气，雷风相薄，水火不相射，八卦相错，数往者顺，知来者逆；是故《易》逆数也。

此中的"天地定位，山泽通气，雷风相薄，水火不相射"完全取象于自然，天地自然就是如此，不以人之意志为改变，故鞠曦先生名之为"先天四象"。而在生生之道的推动之下，天地自然永远在大化流行之中，无物常住，故此"先天之象"必然要发生由先天向后天的变化。《周易》又以八卦演化的方式揭示此天地自然由先天到后天的演化过程，《说卦传》接下来第四章言：

> 雷以动之，风以散之，雨以润之，日以烜之，艮以止之，兑以说之，乾以君之，坤以藏之。

此八个卦象已经由"先天四象"的"天地定位，山泽通气，雷风相薄，水火不相射"发动而散为八，演示着天地自然的大化流行，但此八个卦象还处于由先天到后天的运行过程之"中"，还没有达于存在的终结，故鞠曦先生名之为"中天之象"。此"中天之象"在生生之道的推动之下不会停止，仍然要向前运化而达于后天的终结，从而有始而有终，完成万物自身的生生过程。故《说卦传》第六章言：

> 神也者，妙万物而为言者也。动万物者，莫急乎雷；挠万物者，莫急乎风；燥万物者，莫熯乎火；说万物者，莫说乎泽；润万物者，莫润乎水；终万物，始万物者，莫盛乎艮。水火相逮，雷风不相悖，山泽通气，然后能变化，既成万物也。

"先天四象"经过"中天之象"的发展而达到的终结点是"水火相逮，雷风不相悖，山泽通气"，鞠曦先生名之为"后天之象"，而"后天之象"之所以没有天地或乾坤，是因为后天已经是万物的完结，也就没有了天地的定位之功与乾坤的健顺之理。这样，八卦通过由先天之象到中天之象，再由中天之象到后天之象的演示过程揭示了天地万物的自然流行过程与生生之理。

而以此八个卦象何以能够揭示天地自然的生生之理，能够代言天地万物的流行历程呢？其存在论依据就在于前文的"神也者，妙万物而为言者也。动万物者，莫急乎雷；挠万物者，莫急乎风；燥万物者，莫熯乎火；说万物者，莫说乎泽；润万物者，莫润乎水；终万物，始万物者，莫盛乎艮"，此中虽未言天地，而天地作为万物运行的时空背景已经暗含于其中。"神也者，妙万物而为言者也"，而"阴阳不测之谓神"，在万物负阴而抱阳的生生演化之中才昭示出神的存在，故言神妙万物，而万物之流行演化呈现于外的纹理之极致莫过于"雷之动、风之挠、火之燥、泽之说、水之润、山之止（艮之终始）"，故可执一以御万，以此八个卦象之理贯通于万物自然之理，因万物皆本于生生，固必有相通之理，而神妙万物，主体之神可通于万物之神，从而可使人与物相通。故主体之人可由此八个卦象之理通于天地万物之理，可以直接以之作为穷万物之理的本体论依据（其终极本体为"生生"）。而生命的自在与自为之理并不能外于天地自然之理，故生命之理也要以此八卦之理作为直接的本体论依据，每一卦六爻的解读仍然要以此八卦之理作为直接的本体论依据，此为易理解读之关键。

2. 卦言生命自在之理

既然卦理通自然万物之理，自然亦通生命自在之理。而卦如何言说生命自在之理？《周易》哲学自有其系统周密的理论表达，只是其表达方式不是西方哲学的理论形式，从而需要符合现代哲学理性的思想解读，此为鞠曦先生的"形而中论"哲学的主要任务。

天道生生，而生中含死，万物莫不始生而终死，庄子言"故善吾生者，乃所以善吾死也"（《庄子·大宗师》），此为天道之无情。天道流行于万物有生生之益，亦有死死之损，损益之道遍行于天地万物，而人生于天地之间，亦不能脱此命运而有生有死。但人作为具有主体自觉性的生命存在总在寻找避损而行益之道，孔子作传解经后的《周易》以六十四卦系统具体揭示了生命自在的损益之理，并现实地指引君子人生如何实现避损行益，以达于穷理尽性以至于命。故《说卦传》第一章言：

> 昔者圣人之作易也，幽赞于神明而生蓍，参天两地而倚数。观变于阴阳而立卦；发挥于刚柔而生爻；和顺于道德而理于义；穷理尽性以至于命。

此段文字说明，《周易》之作是通过"生蓍"—"倚数"—"立卦"—"生爻"的方式，建立起一套阴阳变易的卦爻系统，并使这套系统"和顺于道德而理于义"，最终达到"穷理尽性以至于命"的目的。此为《周易》哲学最为伟大之处。而此生命自在的损益之道何在呢？又如何表达在《周易》的卦爻系统之中呢？《说卦传》第三章言：

> 天地定位，山泽通气，雷风相薄，水火不相射，八卦相错，数往者顺，知来者逆；是故《易》逆数也。

意为《周易》的六十四卦系统是按照"数往者顺，知来者逆"的规则来对八卦进行互错，叠成六十四卦卦序，以之揭示生命自在的损益之理，而叠卦的根本目的不是"数往"，而是要"知来"，以安顿生命，从而《易》承诺了"《易》逆数也"的价值取向。而生命的损益之理自在于天地自然的演化之理中，从而上文所述之八个卦象由先天经中天，再到后天的演化过程同样制约着生命的演化过程，此天地自然演化之理构成人之生命自然演化之理的本体论依据，即生命同样要经历一个由先天到中天，再到后天的演化过程。主体生命因其生命自觉而在这一过程中寻找避损行益的可能之道，而先天作为先在于生命自觉的前提决定性，主体生命已经无从干预，而当后天成终之时，则意味着生命已经终结，生命自觉已经消失，更无从改变，故主体生命自觉能够有所作为的只有中天。故"中天之象"及相应的"中天八卦"才是孔子揭示生命损益之理的核心卦象与卦序。按照"数往者顺，知来者逆"的"八卦相错"规则，对此"中天八卦"进行顺逆互错，顺而成"恒—既济—损—否"四卦，揭示了生命顺行天道的结果就是由天道之"恒"所决定，生命必然发展至极致而达"既济"，继之而来的必然则是生命之"损"道，损道最终承诺给生命的是"否"的价值终点；相反，对"中天八卦"进行逆错而成"泰—咸—未济—益"四卦，揭示出生命逆行天道之"损"而自然成"益"道，故对中天之象"逆数也"的结果首先承诺的是"泰"的价值终点，生命由"咸"而成益道之始，在生命时空还有回旋余地的"未济"之时，及早逆天道之损而为"益"，使生命得到终极的安顿。而此逆行天道之损而成的"益道"已经不是理论的事情，完全是生命的实践与修炼的过程，故"咸"卦不是《易》学史上所理解的婚姻之卦，而是生命的修炼之卦，可以直通道家内丹周天功的修炼之道。故长白山书院以"内道外儒"立教，内道安身，外儒以化成天下，没有内道，就无法安身立命，就不是真正的"穷理尽性以至于命"。

3. 卦言人道中行之理

同样一套卦爻系统，何以既能言天地自然之理，又能言生命自在之理，并能指导现实生命的修炼与安顿呢？因为卦是中国文化所独有的不同于语言文字的表意系统，语言文字总是有具体的语意指向，话语一出就已经被限定在某种固定的存在指向之中，当言说天道时就绝不是在言说地道与人道，同样，当言说人道时就绝不是言说天道与地道。而卦的符号形式突破了这种语言的局限性，卦本身什么都不是，但其能够表达的意蕴却可以包罗一切，从而可以"弥沦天地之道"，卦理之中同时包含象、数、理、义，同时表达天道、地道、人道，且天、地、人三才之道于卦理之中一体贯通，这是任何语言系统都无法完成的任务，实乃古圣先贤的伟大智慧。故卦既可以言天地自然之理，亦可言生命自在之理。

卦本无言，而卦却能够揭示天地自然与生命自在之理，其实质乃为古代圣人以自己的大智慧让卦来代人言道，即古代圣贤将自我对生命的安顿之理以卦的方式演示出来，以突破"言语道断"的表达障碍，故卦即为圣人生命智慧的表达形式，承载着圣人对生命安顿的高妙道理。"形而上者谓之道，形而下者谓之器"，内在承诺着"形而中者谓之人"。人之所以能体道、达道，在于人是处于道、器之"中"的存在，故人为"形而中"，鞠曦先生据此给出"形而中者谓之人"的哲学命题，而卦既然是代人而言道，故又可言"形而中者谓之卦"，卦与人一样皆为形而中的存在，中行于道、器之间，卦代言人道中行之理，故亦可上达道，下达器，此为鞠曦先生的"形而中论"的又一核心命题。

（三）爻外无性

"穷理尽性以至于命。"理为性之外显，性为理之内在；理为性之纹理，性为纹理之本原。既然"卦外无理"，天下之理尽在卦中，而理本于性，则卦中自有性。而卦由六爻合成，则每一爻皆有其性，或言每一爻皆为性之展开，而每爻之性又无不外显为理，从而可由卦而穷理，由爻而尽性。故鞠曦先生又给出"爻外无性"的哲学命题。

卦外无理，八卦皆有自在之理，而此自在之理无不有自在之性。上文引《说卦传》第六章言："神也者，妙万物而为言者也。动万物者，莫急乎雷；挠万物者，莫急乎风；燥万物者，莫熯乎火；说万物者，莫说乎泽；润万物者，莫润乎水；终万物，始万物者，莫盛乎艮。"此为八卦之理贯通天地万物之理的本体论依据，此八卦之理外显于天地之间，自然如此，事实如此，无须论证，亦无从否定，而此外显之理却是本于八卦内在之性，故《说卦传》第五章早已为此八卦之理定"性"，并给出具体的解释：

> 帝出乎震，齐乎巽，相见乎离，致役乎坤，说言乎兑，战乎乾，劳乎坎，成言乎艮。万物出乎震，震东方也。齐乎巽，巽东南也，齐也者，言万物之洁齐也。离也者，明也，万物皆相见，南方之卦也，圣人南面而听天下，向明而治，盖取诸此也。坤也者，地也，万物皆致养焉，故曰致役乎坤。兑正秋也，万物之所说也，故曰说言乎兑。战乎乾，乾西北之卦也，言阴阳相薄也。坎者水也，正北方之卦也，劳卦也，万物之所归也，故曰劳乎坎，艮东北之卦也，万物之所成终而所成始也，故曰成言乎艮。

就学理依据而言，此八卦内在之性决定了八卦外在之理，性本理末，性内理外，而就认识论的发展逻辑而言，则是穷理而尽性，穷外显之理而尽内在之性。但就生命的具体修炼、修养、修为而言，完全可以反其道而行之，由尽性而穷理。佛道的生命修炼都倾向于由尽性而穷理，儒家则倾向于由穷理而尽性。但本质上，穷理尽性本是一事，只是下手功夫不同，最终达于生命的安顿则一。

将此八卦之性对应于《说卦传》第六章的八个卦象之理，与贯通万物之理的"雷之动—风之挠—火之燥—泽之说—水之润—艮之终始"相对应，能够贯通万物之性的八卦之性就是"震之出—巽之齐—离之见—兑之说—坎之劳－艮之成"。既然八卦之理已经贯通天地万物之理，则此八卦之性已经贯通天地万物之性，"动（出）—齐—见—说—劳—终始（成）"为万物皆备之性，从而与八卦之理一样具有本体论意义。而此八卦之性亦必然贯通于六十四卦的每一卦之中，而六十四卦的每一卦皆由六爻组成，六爻之变代表的是万物演化之历程，则六爻之变必然要遵循万物演化之本性，从而六爻之变内含了"动—齐—见—说—劳—终始"之性，初爻为动，二爻为齐，三爻为见，四爻为说，五爻为劳，上爻为成终成始，鞠曦先生名之为"六爻成效"。"六爻成效"原理贯通全部六十四卦体系，每一卦的解读都要以"六爻成效"作为本体论依据，此为解卦之关键，亦是解决易学史中诸多难题的突破口。

（四）命以至命

"穷理尽性以至于命"，穷理尽性即为命之达成。卦外无理，爻外无性，则穷卦之理，尽爻之性，命已自在其中，穷理尽性以至于命一时具了，此为易道之广大悉备，故可言"《易》外无书"。命为"口令"，口令有主体之口令，有天道之口令，主体之口令合于天道之口令，方为"知命"，而只有君子才能"知命"，故孔子言"不知命，无以为君子也"。故君子出其口令，必合于天命，而《中庸》言"天命之谓性"，君子之言辞必皆为尽性之言辞，方能合于天命，故鞠曦先生给出"命以至命"的哲学命题。"命以至命"，前一个命是主体之所命，后一个命是君子所至之天命，君子所命因其穷理尽性而能够合于天命，以至于命，故为"命以至命"。能够实现"命以至命"，则君子所思即所言，所言即所行，知行合一，言行一致，故子曰："言行，君子之枢机，枢机之发，荣辱之主也。言行，君子之所以动天地也，可不慎乎？"是故，君子当慎言慎行，修身养性，进德修业。而君子何以进德修业？子曰：

"君子进德修业。忠信,所以进德也。修辞立其诚,所以居业也。知至至之,可与几也。知终终之,可与存义也。是故,居上位而不骄,在下位而不忧。"到此境地,君子可安身立命,无所忧亦无所悔矣!

(作者为吉林师范大学马克思主义学院副教授,哲学博士)

甲午研修班综述

孙铁骑

公元 2014 年 7 月 28 日—8 月 6 日，长白山书院甲午年暑期儒道研修班如期举行。全国各地学子二十余人会聚于长白山书院，"君子学以聚之，问以辨之，宽以居之，仁以行之"（《周易·乾·文言》），砥砺学问，辨难思想，真正承传统书院会讲问学之风，追索传统文化之道统与学统，探索当代儒学复兴之进路。本次研修班主题为"内道外儒与儒学复兴"，为期十天，早晨打坐练功，上下午为鞠曦先生授课与学员问学辨难时间，晚间为学员自由讨论与交流时间。现将参加本次研修班心得总结如下：

中国传统文化向来以儒学和道学为宗，佛学作为外来文化虽有广泛影响，并历来有三教合流之称，但在中国文化史的现实发展中并不能真正与儒道文化相比肩。而儒家文化与道家文化在现实的历史发展中亦存在着相互抵牾，儒道相绌的问题。长白山书院的学术理路则在追溯孔子儒学与老子道学的思想根源的基础上提出儒家与道家本质为一，真正的儒家必然要具有内道的修为，真正的道家亦必然具有济世的情怀，从而以"内道外儒"作为自己的立教宗旨。而"内道外儒"的学理依据何在？"内道外儒"的生命实践道路又何以可能？长白山书院的学术理路都给出了具体的理论论述与实践指引。

一、内道外儒的思想史依据

按照历史与逻辑相统一的原则,对儒学与道学的反思必须回溯到二者的思想史发源之处,追根究源,以辨源流。作为最早的中国学术发展简史的《庄子·天下篇》中并没有儒家与道家的分别,也就说明其时并没有儒道的分别与对立,儒、墨、道、法、名等学派分别只是到了汉代以后才做出了思想史回顾性的区分。《庄子·天下篇》记中国学术发展史云:

> 天下之治方术者多矣,皆以其有为不可加矣!古之所谓道术者,果恶乎在?曰:"无乎不在。"曰:神何由降?明何由出?圣有所生,王有所成,皆原于一。不离于宗,谓之天人;不离于精,谓之神人;不离于真,谓之至人。以天为宗,以德为本,以道为门,兆于变化,谓之圣人;以仁为恩,以义为理,以礼为行,以乐为和,熏然慈仁,谓之君子;以法为分,以名为表,以参为验,以稽为决,其数一二三四是也,百官以此相齿;以事为常,以衣食为主,蕃息畜藏,老弱孤寡为意,皆有以养,民之理也。古之人其备乎!配神明,醇天地,育万物,和天下,泽及百姓,明于本数,系于末度,六通四辟,小大精粗,其运无乎不在。其明而在数度者,旧法、世传之史尚多有之;其在于《诗》《书》《礼》《乐》者,邹鲁之士、缙绅先生多能明之。《诗》以道志,《书》以道事,《礼》以道行,《乐》以道和,《易》以道阴阳,《春秋》以道名分。其数散于天下而设于中国者,百家之学时或称而道之。

在上段引文中,可以看出两种信息:一是从学术与生命的关系来看,中国学术就是生命的学问,其所成就者是天人、神人、至人、圣人等不同的生命存在样态。而在庄子看来,其时的学术已经是"道术将为天下裂"之后的方术而已，已经不是古之所谓道术。也就是其时之人的生命已经逐渐离道而行，已经不能直接承载道体。但方术亦根源于道术，故言"圣有所生，王有所成，皆原于一"，圣王之源皆为同一之道术，而所谓之天人、神人、至人、圣人、君子、百官与民皆是此同一道术统摄之下的不同生命存在状态。而天人、神人、至人正是后世道家所追求之最高生命境界，而圣人则是儒家所追求之最高生命境界。孔子则认为"圣人吾不得而见之矣；得见君子，斯可矣"（《论语·述而》）。故孔子主要授以弟子君子之学。由此可见，儒家与道家皆本于同一之道术，只是两家在生命修为的具体追求上设定了不同的价值目标，道家以超越于众人之上的天人、神人、至人等作为直接的价值追求，而儒家则以入世与济世的情怀而关注普通民众的生命状态，故只强调君子之学。而君子之学的极致必然直通道家的天人、神人、至人，故儒道实乃一体相通。

　　二是从学术与文献的关系来看，中国学术根源于"古之人其备乎"的生命存在状态之中，其时的学术样态是"人以载道"而不是"文以载道"，故而不依赖于文献的记载。而后世之人在"道术将为天下裂"的发展逻辑上使生命日益离道而行，从而"人之为道而远人"（《中庸》），使现实之人的生命已不能直接承载道体，沦落为以言语论道，以文字载道，使中国学术由原初的"人以载道"发展为后世的"文以载道"。而"文以载道"必然产生的问题就是缺少了生命的实证，从而容易落入坐而论道，空言玄虚，支离分裂的理论表达之中，造成"道术将为天下裂"的学术发展史。庄子总结其时的学术分裂状况，列为三种状况：（1）"其明而在数度者"记载在"旧法、世传之史"中；（2）记载在《诗》《书》《礼》《乐》之中的学术则主要掌握在邹鲁之士、缙绅先生的手中；而邹鲁之士、缙绅先生当为其时所谓的儒生，而其时的儒生还不能等同于孔子所开创的儒家学派的儒者；（3）由《诗》《书》《礼》《乐》《易》《春秋》承载的学术则被分散于天下的百家之学中。

　　而在"《诗》以道志，《书》以道事，《礼》以道行，《乐》以道和，《易》以道阴阳，《春秋》以道名分"的语意表达中，可以领悟到《诗》《书》《礼》

《乐》《易》《春秋》是庄子所承诺的中国学术的完备体系,从而下文才能言"其数散于天下而设于中国者,百家之学时或称而道之"。而《诗》《书》《礼》《乐》《易》《春秋》正是孔子所编撰的"六经"系统,也就是说,作为道家人物的庄子在文献上以孔子的"六经"系统作为中国学术的完备体系,这就是表明儒道二家的学术思想在文献依据上是一致的。虽然《庄子·天下篇》没有明言孔子与"六经"的关系,但"六经"为孔子编撰无疑,而依庄子之意,百家之学都由"六经"而来,由此可见,孔子为中国学术的集大成者,而掌握此"六经"完备体系之人只有孔子一人,故孔子才为至圣先师,"为往圣继绝学"而为万世师表,后人言"天不生仲尼,万古如长夜",此语不为过。而六经之中的《诗》《书》《礼》《乐》为传统儒生所业,故言"邹鲁之士、缙绅先生多能明之",而孔子开创的儒家学派则在此《诗》《书》《礼》《乐》之外又加入了《易》与《春秋》,足见《易》与《春秋》对于孔子儒学所具有的重要意义。而后世儒学发生的问题亦主要在于对这两部经典的误用与误解之中。

《春秋》为孔子的政治儒学,并不是孔子儒学的核心,但由于其可以为政治所用,从而在汉代被推崇到核心位置,董仲书的"罢黜百家,独尊儒术"就是以《春秋》为宗而推出的儒学歧路。孔子对此种歧路亦早有预见,故曾言"知我者,其唯春秋乎!罪我者,其唯春秋乎"!故鞠曦先生认为"知丘罪丘是儒学的根本问题",后世儒学发生的一切问题都根源于对孔子的误读。《易经》则为孔子对原始《周易》文本作传解经之后而形成的儒家哲学,孔子的"性与天道"之学尽在《易》中,故《易》为群经之首。而《易经》所言之性与天道精奥难懂,颜渊死后,孔子弟子及后世儒家已经无人能解孔子的性与天道之学,子贡曾言"夫子之文章可得而闻也,夫子之言性与天道不可得而闻也"。孔子亦曾预见:"后世之士疑丘者,或以《易》乎?"故鞠曦先生认为"以易疑丘是儒学的基本问题"。而要解决此儒学根本问题与基本问题,就要通过"以易知丘"的理路来解决,故鞠曦先生又给出"以易知丘是儒学的核心问题"。故长白山书院对儒学的"正本清源"就是回归到"以易为宗"的孔子儒学进路上来，鞠曦先生的"形而中论"就是对《易经》哲学的现代哲学话语方式的理性解读。

二、内道外儒的学理依据

长白山书院以内道外儒立教的学理依据在于将《易经》《道德经》《内经》三部经典打通，将《易经》所内含的生命修炼之道与道家的内丹修炼之道打通。《易经》作为儒家的六经之首，亦是道家的三玄之一，可见儒道二家在文献依据上本自相通，而《易经》所言之"形而上者谓之道"又与《道德经》所言之"道可道也，非恒道也"义理相通，《易经》中"咸""艮"二卦的生命修炼原理与道家的内丹修炼原理又是一体相通，从而在学理上可证儒道本然会通。《内经》作为传统医学经典文献本没有儒道之别，但所言之医理却通于儒道二家的生命之道，从而可以作为儒道会通的佐证。

（一）"形而上者谓之道"与"道可道也，非恒道也"

"道可道也，非恒道也"是《道德经》对道的定义，意为落入言说之中的道就已经不是道的自在，这本质上是对道的一种存在论指引，而不是认识论上的认知，是让人在言说此道之时，不要停止于对道的言说，而是要以身证道，与道合一。以"时空统一论"言之，道是时空统一（无间时空）的生生自在，而落入言说之中的道已经被言说所间化而落入时间与空间的限定性之中，成为时空分裂的有间时空，从而已经打破了生生之道的时空统一（无间时空）状态，不再是恒道生生的自在状态，故已经成为"非恒道也"。而此"道可道也，非恒道也"却内在承诺着"恒道"的存在，说明老子所求之道就是"恒道"，而此恒道就是未被人的认知与言语所间化的时空统一（无间时空）的生生自在。

"形而上者谓之道"是《易经》对道的定义，与"形而下者谓之器"相对，凡一切有形质之存在皆是器物，而超出一切形质限制而给出一切有形存在的才是道。此道以阴阳变化的方式显现出来，故又言"一阴一阳之谓道"，而《易经》就是言说此"一阴一阳之谓道"的学问，故庄子言"易以道阴阳"（《庄子·天下篇》），而"生生之谓易"，易又本于生生，故可知《易经》所言之"形而上者谓之道"实乃生生之道。以时空统一论言之，可以将之与老子的"恒道"相贯通。"形"即为"间"，"形而上者"即为"无间时空"，即为"时空统一"，即为生生自在，即为"恒道"；"形而下者"即为"有间时空"，即为时空分裂，即为"非恒道"。故《易》之"形而上者谓之道"实与《道德经》之"恒道"相通。

（二）《易经》的"咸""艮"二卦与道家的内丹修炼

　　"咸"卦上兑下艮，上卦"兑"为"悦"，下卦"艮"为"止"，卦理为"止而悦"的生命之道；"兑"为少女，"艮"为少男，指示此卦为指引少男少女通过"止而悦"的方式实现生命修养的功夫论。故而"咸"卦《彖》辞曰：

> 咸，感也。柔上而刚下，二气感应以相与。止而悦，男下女，是以"亨利贞，取女吉"也。天地感而万物化生，圣人感人心而天下和平。观其所感，而天地万物之情可见矣！

　　"柔上而刚下"言说的是"形而下者谓之器"的地道，因《说卦传》言"立地之道曰柔与刚"，故"柔上而刚下"就是对地道的表达。"二气感应以相与"则言说的是"形而上者谓之道"的天道，因"二气"定是指阴阳二气，而《说卦传》言"立天之道曰阴与阳"，"一阴一阳之谓道"，故阴阳二气表达的就是天道。而"止而悦，男下女，是以'亨利贞，取女吉'也"则是说"形而中"的人道，只有人才能自觉自为地实现"止而说"的生命之理，最终达到"亨利贞，取女吉"的目的。"天地感而万物化生"是天道与地道自然流行的过程，而圣人立于天地之中，"感人心而天下和平"，这是人道的自为。"观其所感，而天地万物之情可见矣"，即圣人的"感人心"已经内含了天道阴阳、地道柔刚的自在流行，又超越天道与地道的自在而实现生命修养的自觉与自为。故"咸"卦《象》辞说：

山上有泽，咸。君子以虚受人。

就卦象而言，山本高耸之物，而泽为易流之物，高耸之山上何以能有易流之泽以润生万物呢？因为高耸之山上有中虚之处，才可以容下易流之泽而不动，且欲容此泽，山上不仅要有虚，且山必岿然不动，方能容此易流之泽，从而使山与泽阴阳相感，刚柔相交而生万物。君子正是观此阴阳、刚柔、天地、山泽之象而效法之，故能"以虚受人"。由山之静止中虚，涵摄易流易动之泽而生育万物，生生不息，正可见易道生生的本体支配下的生命流行过程，君子穷此生生之理，而尽自我生生之性，故有"咸"卦六爻所具体展开的生命内在之理与具体的修炼之道。

"咸"卦六爻之中从初爻的"咸其拇"到二爻的"咸其腓"，再到三爻的"咸其股"，都是在言说少男少女的青春时期如何感于外在世界的诱惑而"志在外也"，因追逐欲望而消耗并损害生命，故警告曰"居吉"而"往吝"。九四进一步解释说，虽然人之青少年时期也知"贞吉悔亡"，但由于还"未感害也"，故而"憧憧往来，朋从尔思"，奔逐于外而"未光大也"，无法光大自己的生命。那么怎么才能解决"憧憧往来"的问题，光大自己的生命呢？就要效法咸卦"山上有泽"所表达的"止而悦"的天地生生之理，使生命的盲动静止下来，排除外物干扰，"以虚受人"，以之增益自己的生命，光大自己的生命。

而如何使自己生命的盲动静止下来呢？"咸"卦九五爻言"咸其脢，无悔"，即指导少男少女将所感所知反身集中于后背，即人体的督脉之处，使生命能量在自己的体内运行，而不会浪费奔逐于外，增益自己的生命。庄子言"缘督以为经，可以长生，可以延年"，亦是此意，此处已经与道家的修道相通。而人之生命的自我修养不能停止于"无悔"而已，故为"志末也"，故还要继续增益自己的生命，最终要达到上六爻的"咸其辅颊舌，滕口说也"，即使身体内部的能量上下自由流动，身心通畅，疾病自然难侵，从而身心康健，"滕口说也"。

"咸"卦揭示的是少男少女的修身功夫，而"艮"卦则继言成人的修身功夫。"咸"卦卦象为"山上有泽"，卦理则为上兑下艮，揭示"止而悦"的生命修养之理。"艮"卦在卦象上则是"兼山艮"，山上有山，卦理则是"止而又止"，由"咸"卦的"止而悦"进而到"艮"卦的"止而又止"，最终实现"艮"卦上九爻的"敦艮之吉，以厚终也"，显然在功夫论的层次上又进一层，生命的盲动已经完全清除，身心合一，也就是中国哲学所追求的"天人合一"境界，达于生命修为的极致。中国哲学的儒、释、道三家都有各自静坐修心的功夫论实践方式，其本质都是为了实现"咸""艮"二卦"止而悦"与"止而又止"的生命修养原理，最终达于"艮"卦上九的"敦艮之吉，以厚终也"，也就是《大学》所言的"止于至善"，而至善者，生生也，止于至善，止于生生之至善也。

而问题的关键是如何止于生生，"艮"卦的卦辞揭示说："艮其背，不获其身，行其庭不见其人。无咎。""咸"卦的功夫是"咸其脢"，即感于后背，而"艮"卦的功夫是"艮其背"，即止于后背，在功夫论的层次上又进一步，使生命能量不盲动于外，完全在体内运行，故能增益生命，忘我而"不获其身"，进而"止而又止"，由"不获其身"的忘我再进一步达于忘情、忘物，即"行其庭不见其人"，不为外物所限，身心自在合一，故"无咎"。这也就是孟子的"求其放心"与"我善养吾浩然之气"，心止于内而忘我忘物，方能达于"富贵不能淫，贫贱不能移，威武不能屈，此之谓大丈夫也"的生命修养境界。再看"艮"卦的《象》辞：

> 艮，止也。时止则止，时行则行，动静不失其时，其道光明。艮其止，止其所也。上下敌应，不相与也。是以不获其身，行其庭不见其人，无咎也。

"艮"卦的功夫论是"止而又止"，已经完全克服了"咸"卦揭示的"憧憧而来，朋从尔思"的生命盲动性，从而完全身心合一，故而能自如、自在地展开生命活动，即"时止则止，时行则行，动静不失其时，其道光明"。"艮其止，止其所也"，即止于生生也，此生生为自我生命内在的生生，而不是外物的生生，故只能内求而得，而不可向外求取，内外不相与，故言"上下敌应，不相与也"。"是以不获其身，行其庭不见其人，无咎也"的意思是说，只要我们明白了这一生命修养之理，就可以据以展开生命修养的具体功夫实践，最终会达于忘我忘物而与道合一，生生不息而"无咎"。是以"艮"卦的《象》辞又言：

> 兼山，艮。君子以思不出其位。

君子观"兼山艮"之象，而体会生命运行的自在与自为之理，止而又止，止于生生之道，故而能"思不出其位"，自然合于天道，实现生命修养的功夫境界。也就是孔子的"七十而从心所欲不逾矩"，亦是老子的自然"无为"，亦是庄子的"逍遥"自在，亦是佛家的"觉"与"悟"。《大学》有言："诗云：'缗蛮黄鸟，止于丘隅。'子曰：'于止，知其所止，可以人而不如鸟乎？'""知其所止"即止于生生之道，让生命的能量流行于自己的身心之中，而不是浪费于外物的追逐，自然"思不出其位"而"无咎也"。

三、内道外儒的时代合法性

儒学自近代以来退出了历史舞台，其外在的历史原因当然是西方列强的入侵与西方文化的侵入，但在文化自觉与自醒的进路上，更需要反思二千年儒学发展中出现的问题，实现儒学的自新、自立与自强。而上文的论述已经证明，儒学本来具有一个内道的生命修炼维度，虽然千古儒学都以"内圣外王"为终极的价值追求，但对于如何实现"内圣"却没有给出具体的实践道路。汉儒在秦始皇"焚书坑儒"之后整理国故，已经不理解儒学"穷理尽性以至于命"的价值宗旨，董仲舒只是以《春秋》经的政治儒学实现了所谓的"罢黜百家，独尊儒术"，只是为政治服务，而没有实现儒学安顿世人身心性命的文化使命，这是佛学在汉代进入中国的根本原因。以宋儒为代表的后世儒家主要将《大学》的"三纲领、八条目"作为具体的修身之道的实践指引，但对"三纲领、八条目"的具体理解却各有不同，从而纷争不断，亦给不出具体有效的修身实践方法。从而有了程朱理学与陆王心学的纷争，朱熹以"格物致知"为修身起点，实已开启了生命外求的逻辑进路，已经落入与西方哲学的对象性思维相近的视域局限之中，而陆王心学以"吾心"与"良知"为修身起点，同样缺少具体的修炼生命的方法与路径，从而落入空谈心性的弊病之中。虽然宋儒在客观上对中国文化与中国人的生命安顿有千年影响，并在不同程度上践行了儒学的某些价值标准，但却是偏离孔子儒学"以易为宗"的儒学宗旨的歧出之路。这些儒学发展史中的硬伤决定了儒学无法真正解决现实之人的生命安顿问题，从而为儒学在近代以后的失败与退出历史舞台埋下了内在根源。

站在当代的历史与文化结点上，我们要复兴传统文化，当然不能复兴汉宋诸儒所留传下来的问题丛生的儒学，而是要回归孔子儒学的本真宗旨，以真正可以安顿现代人身心性命的儒家文化来回答时代发展中的现代性问题，证明儒学在当代复兴的理论与实践的合法性。故长白山书院的儒学复兴之路首先是对儒学的"正本清源"，指出千年儒学发展史的根本问题是对孔子的误解，表现为"知丘罪丘"的问题形式。在"六经"之中，只有《春秋》一经为孔子原创，其他诸经皆为孔子对古之遗言的编撰与删定，而孔子深知《春秋》作为政治儒学可能被后世统治者利用而使儒学宗旨发生偏离，故言"知我者，其唯春秋乎！罪我者，其唯春秋乎！"（《孟子·滕文公下》）汉儒正是在此进路上误读孔子，以《春秋》为宗，以政治儒学实现"罢黜百家，独尊儒术"，却远离了孔子儒学的生命宗旨，无法安顿世人的身心性命，外来的佛学正是乘此空隙进入。宋儒虽不再以《春秋》为宗，却没有回到"以易为宗"的儒学正途上来，而是以"四书"为宗，从而开启了作为孔子儒学歧出的"新儒学"。故近代以来儒学的失败与退出并不是对孔子儒学的否定，而是对偏离了孔子儒学宗旨的歧出之路的否定，故当代的儒学复兴必然要回归到孔子儒学"以易为宗"的生命儒学进路上来。而"以易为宗"的孔子儒学之所以能安顿现实人生的身心性命，就是因为其具有现实可行的生命修行、修为、修炼的方式和方法，此方式和方法与道家的内丹修炼相互贯通，故长白山书院以"内道外儒"立教，强调真正的儒家必然要具有内道的功夫，修炼生命，先行安顿自己的身心性命，然后才可能化成天下，安顿天下人的身心性命，实现真正的"内圣外王"。

当代中国人的文化生命已经是西化的生命，而西方文化给中国人带来的是与西方人同样的现代性问题，各种资源、能源、环境危机及人性与人伦危机已经使现代西方文化笼罩下的世界失去了前进的方向，整个人类社会都陷入价值迷茫与生命意义的虚无之中。如此的人类生存境遇已经是马克思所批判的异化生存，而作为当代中国主流意识形态的马克思主义文化并没有坚定执行马克思对现代西方文化的批判精神，相反是任由西方文化占领中国人的精神世界，一些专家学者言必称西方如何，美国如何，完全是以文化侏儒的姿态推崇着以美国为首的西方文化，而对于西方文化的问题缺少基本的反思精神，对于传统文化又缺少基本的认知与了解，从而盲目继承着五四以来的反传统精神，抓住传统文化的只言片语进行恶意解读和攻击。某些所谓专家学者只是对西方某个思想家或某种思潮有所研究，就自以为已经掌握了宇宙真理，反过来对自己毫无研究，更毫无同情地对传统文化进行西方文化价值在先的批判和攻击。如邓小芒对"父为子隐，子为父隐"的批判，如李零对孔子是"丧家狗"的贬损，他们没有反思自己的生命境界与学识积累是否有能力理解圣人的言语，从而是否有资格仅仅从字面去展开对孔子与儒家思想的批判甚至是攻击，真是"无知者无畏"。孔子曰："君子有三畏，畏天命，畏大人，畏圣人之言。小人不知天命而不畏也，狎大人，侮圣人之言。"（《论语·季氏》）以此标准衡量之，举天下之学者皆小人也，更让人想起《易经》中的一句话："小人不耻不仁，不畏不义，不见利不劝，不威不惩。小惩而大戒，小人之福也。"

故当代文化是一个思想极度混乱，是非不分，善恶不明，价值错乱，虚无主义盛行的迷乱状态，急须正邪说，辟淫辞，正本清源，拨乱反正。而一些学者及其学术研究囿于功名利禄的诱惑，课题研究与话语边界的限定，只能在学术话语圈内进行随波逐流的研究，而少有真正切入生活，切入实践，切入人性之本，切入现实生命安顿之中的学术研究。如此远离生命的学术研究只是一种人力与物力资源的浪费与学者生命的无意义损耗，此乃当代学术研究之最大堕落与悲哀。造成如此问题的根本原因就在于今人之学问皆是谋取功名利禄的"为人之学"，而不是安顿身心性命的"为己之学"，孔子曰："古之学者为己，今之学者为人。"（《论语·宪问》）斯言在今犹为确切。故当代学术急需一个回归生命本身的价值转向，不能安顿生命的学问就是虚假无用的学问。当代学人应当自醒，不要把生命浪费在无意义的虚假科研之中，而是应当反观生命，对自我及他人的生命负责，真正做生命的学问。

故长白山书院以"内道外儒"立教，就是要以"内道"安己，以"外儒"而安天下，不能安己，必不能安人，更不能安天下，故"内道"实乃"外儒"之前提。没有"内道"之"外儒"只能是空言无用，华辞以欺人之"贼儒"。

四、儒学复兴的历史必然性

在当代中国历史发展的时空结点上,儒学的复兴已经是一种正在到来的历史趋势,这种趋势的历史必然性不在于当代社会文化之中已经表现出来的从民间到官方兴起的儒学复兴运动,儒学的复兴是当代中国社会,乃至整个世界未来发展的必然需要和必然要求。如果中国要有未来,世界要有未来,就必须复兴儒学。从而长白山书院对儒学复兴使命的担当就不只是一种对中华民族文化精神传统的自觉担当,更是对中华民族的历史命运,对人类大生命未来命运的自觉担当。这既是一种民族道义的担当,更是一种人类道义的担当。故当代的儒学复兴运动不能仅仅停留在民族文化复兴的狭隘视域之中,而是要在对人类文明与文化的审视与反思中达于对儒学复兴的觉醒,儒学复兴不仅仅是中华民族之事,亦是关涉人类未来与人类命运之大事。

因为人类社会经历数千年的发展历程,在向外征服和占有的维度上已经达到了一个历史性的结点,引用莎士比亚笔下哈姆雷特的一句经典台词,就是人类已经到了"存在或不存在"的历史选择期,人类社会对自然的开发和占有已经达到了自然所能承载的极限,有限的地球资源已经不能允许人类社会继续以如此奢侈的方式生存下去。而仅就人类自身的生命存在状态而言,人类社会的人文精神与伦理世界亦到达了脆弱的危机边缘,以美国为代表的西方文化并没有给人类社会带来真正的和平与幸福,无论是阿富汗问题、伊拉克问题、前南联盟问题,还是当下正在进行的乌克兰内战,都可以看到西方文化的自私自利,为一己之私而忍心让他国人民生灵涂炭。无论其如何宣扬自由、平等、博爱等普世价值,皆因其所宣扬的这些普世价值没有真正的本体论支撑,从而只能是一种骗人的口号而已。而当代中国步西方文化之后尘,在快步实现现代化的过程中几乎全面移植了西方文化的问题和病痛,当代中国的专家学者面对中国社会的文化问题往往站在反传统的立场上以民族的劣根性解释之,而无视中国社会与传统的断裂和西方文化的渗透。

几乎可以断言地说，当代中国社会的文化问题就是西方文化的问题，因为当代中国文化已经西化了，而很多中国人已经不知传统为何物，又有什么资格谈论传统的"劣根性"问题呢？

而问题的关键是，全面移植的西方文化能够带给中国，带给中国人民以未来吗？西方文化早已宣布了"哲学的终结"，"上帝死了"，"科学终结了"，西方文化已经迷失了前进的方向，西方社会带给世界与全人类的除了财富的掠夺，并没有恩泽天下的福祉。所以马克思对资本主义的批判仍然是有效的，在人类文明史上，马克思与孔子是真正具有天下情怀的，无论是解放全人类的共产主义还是天下一家的大同社会，都是以人类的生命存在为核心，以人为本，以安顿世人的身心性命而设定的价值理想。故美国人福山所言之"历史的终结"实乃毫无人性考量的、冷冰冰的政治哲学的产物。而当代中国的马克思主义文化显然没有领悟到，更没有承担起马克思的济世情怀，更没有认识到孔子儒学对支撑与发展马克思主义文化所具有的重要价值。而马克思主义在当代中国的最大敌人显然是西方文化，而不是传统文化。虽然中国的官方意识形态是马克思主义文化，但在社会文化领域流行的却有不少是西方文化，而一些学者、教授们亦无不以西方文化为崇，既使是马克思主义哲学与理论的研究者亦无不大量吸收与运用着西方哲学的话语与理论观点，大有"挂羊头，卖狗肉"的意味。故作为当代中国官方意识形态的马克思主义已经到了应该觉醒的时刻，应当认识到无所不在的西方文化已经对中国社会的文化机体造成了本质性改变，以至西方文化的病痛已经全面感染中国，而以当代中国马克思主义文化的现实力量已经无力阻止西方文化的入侵，而中国的传统文化，尤其是儒学作为传统中国人安身立命的文化根本具有抵抗西方文化的天然合法性与充分自足的理论资源。故当代中国的马克思主义急需与儒学进行融通，马克思主义中国化就应当具有儒化的内涵，从而才能真正解决马克思主义在中国的合法性问题，才能真正解决中国由西方文化带来的现代性问题，才能真正使马克思主义进入中国人的日用伦常与现实生命和生活之中，从而实现真正的中国化。

以上仅仅是从意识形态的角度反思儒学复兴的历史必然性，下面再从儒学的自身品质反思儒学复兴的历史必然性。

儒学复兴的历史必然性最根本的理论依据并不在于社会发展的外在需要，而在于人之生命自在的内在本质需要。儒乃人之需，儒学的本质就是生命的本质需求。《易经》给出的儒家价值是"穷理尽性以至于命"（《说卦传》），儒学就是生命安顿之学。只要生命存在，就有实现生命安顿的本质需求。而现实人类社会的一切发展，在本质的层面上亦无不是为了实现生命的安顿，只是在现有的西方文化进路上，其对生命的思考只有对象性的外在思维一个向度，从而以对物的占有及对外在世界的支配作为实现生命安顿的唯一方式与手段。而现实的社会发展已经证明，无论人类社会占有多少财富，具有多少支配外在世界的能力，都不能真正带给生命以终极的安顿。所以现代人在物质的创造之外都在寻找着心灵的皈依，所以虽然尼采说上帝死了，但宗教并没有灭亡，因为西方人的精神与灵魂除了上帝之外还找不到另外一个可以依靠的皈依之处。而中国人在传统文化的精神信仰几近毁灭之后，亦处于游魂无根的状态，顾炎武说："国家兴亡，肉食者谋之；天下兴亡，匹夫有责。"传统中国人之天下观实乃一文化概念，而非一地理概念，亦非一政治概念，文化亡，则天下亡，故天下兴亡实乃指文化兴亡。而更为关键的问题是，西方的文化及其宗教并不能真正解决中国人的生命问题，当代中国人的生命世界仍然处于盲目的寻求与迷失之中。

而儒学以《易经》为宗，给出了安顿世人身心性命的系统理路与具体方式，儒学这一"穷理尽性以至于命"的生命哲学理路由孔子开创，但在后世发展中却被后儒所异化，遗失了易道生生的尽性至命之路，在歧出的道路上先后开创出两汉经学、宋明理学及清代的考据之学，直至近代西方列强侵略中国开始，经五四新文化运动以至文化大革命，使儒学最终退出历史舞台。长白山书院正是基于对儒学发展史的清醒认知，才对传统文化"正本清源"，回归"以易为宗"的儒学宗旨。经过鞠曦先生正本清源之后的《易经》给出的是以生命修炼为基础的生命安顿之道,而《易经》给出的生命修炼原理完全贯通于道家的内丹修炼,故长白山书院才有理由以"内道外儒"立教。而《易经》六十四卦的卦序排列,内含的文理章法,内化的哲学原理等,都紧紧围绕着生命现实存在的"损益之道"而展开,《易经》哲学整体就是一部指导现实人生如何实现避损行益,安顿自我及世人身心性命的生命哲学体系。而且《易经》的六十四卦、三百八十四爻体系,是对现实生命如何去存在的全方位人生指导,从而是一种理论与实践完全统一的生存论哲学,而不是西方哲学那种仅仅是理性逻辑与言说的学问。故就人类文化发展的各种样态及其具体的思想理路而言,只有儒学的《易经》哲学真正可以安顿世人的身心性命,真正具有现实可行的生命修炼之路,及可以推己及人以化成天下的可行进路。

小结

儒学复兴的内涵不仅是理论上的"正本清源",更是实践上的学以致用,知行合一。故对儒学的"正本清源"还只是儒学复兴的初始工作,或称前提工作,真正的实践工作是使儒学走入百姓的日用伦常之中,真正成为中国人安身立命的文化根本。故真正的儒学复兴必须是可践行的,必须是真正切入个体生命与社会生活之中的。

按照如此标准,当代的儒者在实现对儒学的正本清源的同时,还要真正践行儒学的修身理路,修炼自己的生命,培育自己的生命,在实现自我生命圆满的前提下,推己及人,以"己欲立而立人,己欲达而达人"的精神担当起化成天下的儒学使命。故当代的儒学复兴的逻辑起点是对儒学的正本清源,而其现实起点则是真正儒者的修身自立,为世人立范。故长白山书院以"内道外儒"立教,不仅注重思想与理论的传播,更注重儒者君子人格的培育与生命修为的锤炼。二千年儒学发展的歧途就在于儒者的生命修为缺少现实可行的功夫论进路，从而落入"袖手谈心性"的弊端之中。而在长白山书院的儒学复兴进路中，真正的儒者必先有内道修为，在安顿自我身心性命的基础之上才可能安顿他人之生命，最终化成天下。故长白山书院的每次研修班必强调打坐练功，静坐修身的实践功夫。

但就当下中国传统文化发展的现实而言，儒道相绌的千载歧途已经根深蒂固，真正要做到"内道外儒"绝非易事，部分绝顶聪明者，只奔内道而来，只求解决自我生命安顿问题，而对外儒之事业则无意承担或不愿承担；而一部分具有儒家济世情怀者，虽心怀远大，以救天下苍生为己任，却又对自我生命修炼与安顿缺少现实切入，结果是无能安顿自我生命，自然无能安顿他人生命，从而空言济世，却不能真正实现儒者的担当。故鞠曦先生深知长白山书院"内道外儒"的事业尚任重而道远，从而强调"潜龙勿用"，不要急于用世，当下的主要任务是培养"内道外儒"的君子人才，以为往圣继绝学，以人载道，以人行道，以人弘道，以备天下之用。此为真正儒者的济世情怀，"用之则行，舍之则藏"，"人不知而不愠"，修身自正，乐亦在其中矣。

期望天下有道君子，会聚长白山，谈儒论道，以身证道，以使身心安定，天下太平。斯期已逝，以待来年！

（作者为吉林师范大学马克思主义学院副教授，哲学博士）

乙未研修班综述

孙铁骑

长白山书院为当代中国著名民间学者鞠曦先生创建于 2005 年，位于吉林省抚松县松江河镇卧龙山，面临松花江，山水相连，风景怡人。长白山书院具有自己独立的学术理路与完备的思想体系，以"时空统一论"贯通中西哲学，以"形而中论"外化出《周易》哲学暨中国哲学的理论体系，回归孔子儒学以《易》为宗的思想进路，揭示出西方哲学因走不出"自以为是"的哲学根本问题而走向终结，而中国哲学则以"和中为是"走出了"自以为是"的哲学误区。以《易》之"损益之道"贯通道学"内丹修炼"，实现儒道会通，并开新道医学理论，以经络辨证、时空辨证开新中医学。长白山书院以"正本清源，承续传统；中和贯通，重塑传统；中学西渐，开新传统"为宗旨，以"内道外儒"立教，形成"长白山学派"的独特理路。

公元 2015 年 7 月 28 日—8 月 6 日，长白山书院乙未年儒道研修班如期举行。本次研修班主题为"全生文化与人类文明"，来自全国各地学人近三十人参加了研修，学员身份有大学教师、在读博士、在读硕士、民间学者、企业老板、法律人士及当地文化学者。研修全程共历十天，每天早晨打坐练功，上午与下午为鞠曦先生主讲，学员问辩，晚间学员自由交流讨论。

一、全生文化与人类文明

《易》之"贲"卦有言:"观乎天文,以察时变,观乎人文,以化成天下。"人文化成实乃文化之本义,化成天下实乃文化之使命。而何为化成?不过使人类大群之生命永葆生生不息,繁荣昌盛而已。故孔子在《帛书易》中言"万物莫不欲长生而恶死",文化只是人类于万物之中所独具之自保我族群生生不息之方式而已,故凡不能保人类大群生命生生不息之文化皆非真正之文化。纵览人类诞生以来,已有无数所谓之文化生而又灭,其生有自焉,即在维护此文化族群之生生不息,而其灭则最终证明此文化不足以维持此族群之生生不息,可证此文化非真正可以化成天下之文化。故评判某一文化优劣之直接标准就是此文化滋养之人类族群是否能够生生不息,历久恒存。以此标准衡量之,当今世界能够自古以存,绵延至今,历难不毁者唯有中国文化滋养之下之中国人,能够守其土,保其种,护其国,以至今日。如此可见,在有史可证之世界范围内,中国文化可称是最符合文化本质的文化。

但自近代以来,中国人开始引进西方文化,以期以西方文化拯救民族危亡并滋养民族生命。就客观的历史考量而言,似乎西方文化的进入挽救了中华民族的生存危机,但在此表象的背后,在中华民族救国图存的过程中,仍然没有从民族生命中完全消退的传统文化到底发挥了多大作用已经无法考量。但可以肯定的是,西方文化的进入只带给了中国人器物层面的进步,而在民族精神与道德伦理方面则是无底线地退步。故站在当代回望历史,可以肯定地说,中华民族救国图强的历程借力于西方的器物文化,而其根本的精神动力之源则仍然是中国传统的民族文化精神,而不是外来的西方文化精神。此点可求证于当下,当代中国的器物文化已经与西方相差无几,但中国人的精神生命与文化慧命却几近断绝,中国人除了在生产力与经济总量上取得不断进步外,在属于人性的精神文化素质方面却沦入不断地衰退之中,许多不可思议的畸形文化现象横行于社会而被视为正常,而许多传统文化所推崇之人性之善良与美好却被污之以封建、落后、保守、腐朽而大肆批判。故当代中国人的精神文化生命是西化的，却又只学来西方文化肤浅的表层，而没有西方文化源于两希（希腊与希伯来）文明的文化根基，此肤浅的表层必然裹挟着西方文化的全部劣根性与衰朽性，而中国人却将此劣根性与衰朽性一并视为西方文化的先进之处而加以学习。从而整个中国当代文化就呈现出一个完全与西方接轨的欲望张扬的面相，而西方文化在其欲望张扬的表象之下，始终有来自希腊的理性精神与来自希伯来的宗教精神的支撑与制约，从而使西方文化可以在终极的层面有所约束和限制，不至于沦入无底线的人性倒退之中。而中国当代文化学到西方文化所有的不良表象，却没有西方文化的理性精神与宗教精神的限制，更没有任何来自传统文化的约束与限制，尼采曾经提出"重估一切价值"，"重估"意味着"重建"，而当代中国的西化学者却是"摧毁"一切价值，而不是"重估"一切价值，从而使中国人的文化生命真正进入"怎么都行"的绝对自由状况之中。于是在行为表象之中，中国人就似乎成为没有文化的人，成为没有道德底线的人，成为不负责任的人。

面对此情此景，许多无良学者仍然在大肆污蔑传统文化，将当代中国的文化乱象归咎于传统文化的遗毒影响，仍然在拼命宣扬西方文化的优越，宣扬继续引入西方文化来改造中国社会与国民性。这种扬汤止沸的无良话语充斥在某些顶着专家学者头衔的学术明星与社会公知的理论宣传之中，在从来都缺少判断力的社会舆论之中，在涉世未深，乐于追捧专家、明星的无知青少年之中产生了恶劣而难以预知其极的影响。如在当代中国社会已经有泛滥之势的性解放问题，少数不学无术的所谓学者以"性学专家"的名义大肆宣扬性解放，宣称中国人承受着仅次于朝鲜的性压抑，鼓吹解放自己的身体，为同性恋摇旗呐喊，个别无良媒体为谋取社会关注亦为之开辟宣传阵地，助纣为虐，使当代青少年性观念混乱，不要说传统的婚恋观已经崩溃，青少年的身心健康也直接受到了极大损害，所带来的一系列社会问题已经见诸每个人的身边实事，充斥于各种网络媒体之中，而这些所谓的专家学者却从未反思过自己所应承担的社会责任与学术良心，仍然以思想引领者的身份扰乱着社会，污染着文化。还有一些所谓的专家学者以西方文化为圣经，仍然抱着中国文化百事不如人的奴才心理，唯西方文化是崇，唯中国文化是贬，如网络上知名教授对孔子的污辱与谩骂，对儒家人文精神的宗教化曲解，将属于人性维度的"父子相隐"之情错置于功利维度之中，攻击儒家没有法制精神，等等。这些早已经成见在胸，绝对拒绝走入传统文化世界之中的文化流浪者自愿沦为西方文化的乞儿，并在其中成为某种既得利益者，其所坚守的已经不是自己笃信不疑的文化生命，而是自己得以扬名立万的学术资本。因为真正为自己的文化生命负责的西方文化学者已经在批判西方文化，已经开始考察西方文化存在的问题，而不是站在西方文化本位的立场上宣扬西方文化的优越。这是一个吊诡的现象，当具有反思精神的西方人开始审视并批判西方文化的种种问题之时，中国的一些西化派学者却貌似真诚地宣扬着西方文化的优越，当西方文化的有识之士正在转向中国的传统文化寻找出路之时，当代中国的一些西化学者却仍在一厢情愿地为西方文化招魂和守灵，如何能够让人相信其文化生命的真诚性呢？

　　西方文化的终结已经是一个不争的事实，当代中国学人仍然死抱着西方文化大腿的原因并不是真正发现了西方文化的可贵之处，而是出于对西方文化的无知及对自我与民族生命的不负责任，以安乐于当下，得过且过地混世与沉沦精神追逐当下的欲望满足，面对人类的未来与随处可见的生存危机自我麻醉，以盲人骑瞎马的方式盲目引领人类的发展方向，而这正是传统的人文精神与价值情怀所不能容忍的沉沦与堕落。故而这些中国文化的逆子才要不遗余力地以西方文化消解一切中国传统的人文精神与价值情怀，从而沦为西方文化的奴隶。而在西方文化内部的有识之士却早已经开始反思西方文化的问题所在与未来出路问题。美国正在兴起的"新经济运动"就是这样一种批判西方传统经济、社会、文化发展模式的当代思潮，深刻地批判西方文化以"神明化金钱与市场"的叙事方式，使人们在这种"有缺陷的人文叙事引导下，把金钱看得比生命还重要。受利益蛊惑，人类肆意妄为地欺压大自然而走上错误的道路。我们的行径其实是在竭尽全力地让最优秀的头脑和最先进的技术用于加速提取那些被埋藏在地球深处的毒害物质，并把它们再次放回大气、水域和土壤之中。我们变得日趋狭隘，只关注和投入那些被看作是有趣的或是有利可图的少数事情，而无视对更大的整体生命社群所造成的损害"[1]。并警告"人类造成气候变化之巨大影响，以及人类催生新型的、致命的传染疾病之迅速传播，暗示着人类变异且正在终结自身"[2]。如此振聋发聩的警告来自西方文化内部，而当代的中国社会仍然追赶着西方文化的后尘，却对其问题视而不见。事实上，美国"新经济运动"所批判的西方问题已经全部在中国以不同的程度和方式呈现着，故任何真诚的思想者在阅读美国"新经济运动"对其社会现实的批判时都会有感同身受之同情，因为这些问题正发生在中国当下的社会现实之中，在面对现代性问题的困扰面前，中国早已经与西方国家比肩了。

而美国"新经济运动"虽然发现了当代西方文化的问题，却没有切实给出可以现实解决问题的可行路径。虽然其在理论进路上也给出了"多元政治体制""可持续社区经济""共生民主"等解决方法，但其解决路径还是头痛医头、脚痛医脚式的片面性社会改造，没有一个基础同一的系统化文化理念作为支撑，无法形成原生性的持续长久的社会成长动力，从而仅仅停留于理论的构建，缺少现实可行的具体操作可能性。而其理论本身的合法性亦值得质疑，因其理论缺少坚实的哲学本体论支撑与系统的生命哲学理念的理论指导。故本次长白山书院的暑期会讲将美国"新经济运动"作为思考人类文化问题与人类文明未来走向的重要理论参照系，通知参加会讲学员先行阅读了关于美国"新经济运动"的学习资料，鞠曦先生以两万余字长文《美国新

---

[1] DavidKorten：《新经济，新人文——求索"生命宇宙"人文叙事之下的人之安顿》，温铁军、游小建主编：《美国新经济运动核心思想文集》，PDF电子版，第21页。

[2] 同上，第19页。

经济运动与学理评略》①指出了"新经济运动"的思想原理存在的本体论困境与二律背反，并给出了应然的理论出路。基于美国"新经济运动"所面对的问题已经不只是美国的问题，在世界经济一体化，全球文化西方化的现实之下，美国的问题已经同时亦是中国的问题，亦是全球性的问题，故解决当代全球性问题的文化必然是一种人类性文化，而不只是某一民族、某一种族的地域性文化。那么什么样的文化才能承担起这一引领人类大群生命走向生生不息的文化使命呢？在思想与理论资源上，就只能是中国传统的儒道文化，因为只有儒道文化才真正以生命为核心，并真正具有现实可行的修养生命的具体路径，真正能做到个体与社群及人类大群的生生不息。以儒道文化为根基与理据，鞠曦先生具体提出了"全生文化"的文化理念，以应对当代世界性的文化难题，引导以美国"新经济运动"为代表的当代社会与文化运动的发展方向。

"全生文化"作为一种文化理念虽为鞠曦先生首次提出，但"全生"概念却是中国文化固有之内容，《庄子·养生主》有言："缘督以为经，可以保身，可以全生，可以养亲，可以尽年。""缘督以为经"即是道家内丹修炼周天之法，实现生命内时空的形而上操作，以身合道，从而"可以保身，可以全生"，可见此"全生"概念既是现实界之人为可操作之实践过程，又是达于形而上之超现实界之生命境界之极致。故此"全生"非只全此形而下之形体之生，而且全此形体赖以存在之形而上之生，故中国哲学以"生生"为本体。

而在中西文化交汇的当下，要以"全生文化"引领人类文化的未来走向，必然要回答西方文化留下的各种问题，论证"全生文化"如何可以解决西方文化的问题，并能够引领人类文化的未来走向。故"全生文化"首先要完成人类性文化的正本清源工作，从而要开辟两个属于元文化的学术研究领域：一个是"哲学学"，一个是"科学学"。"哲学学"就是要对以中西哲学史

---

① 鞠曦：《美国新经济运动与学理评略》，长白山书院网站，http://www.cbsrudao.com.

为代表的整个人类哲学思想的发展历程进行清理，揭示其问题所在，何以时代发展到现代，人类的哲思却走入了绝境，现实人类的一切行为与思考都陷入了"怎么都行"的无标准状态，使缺少哲学理念支撑的人类社会正在走向危险的深渊。故"哲学学"就是要为人类的哲学思考重新奠基，引领人类的哲学思维如何正确地思考，最终将人类的哲思统一到以生命安顿为核心宗旨的"全生文化"之下。"科学学"则是要对人类的自然科学发展史进行深刻反思与本质拷问，科学发展的终极标准是什么？科学发展的终极目的是什么？科学发展内含的根本问题是什么？科学发展造成的终极影响是什么？这些问题都是现实的科学发展所没有认真思考的视域盲区。正是这些问题的漠视与悬搁造成了现代科学发展的诸多乱象，在"上帝死亡""哲学终结"的文化背景下，现代科学已经如脱缰的野马，溢出了人性自然的管制，脱离了万物生生的自然轨迹，以一种科学共同体内生的原动力向远离人性管制的方向无限度发展。在原发机制上，科学已经不再以人为目的，不再为人所用，而是以自身为目的，使人为科学所用。在哲学存在论上，如此机制下的科学人都已经不是主体，而是被科学及其产品支配下的客体，科学本身则上升为支配人的主体。这就是现代科学理性带给人类社会的异化存在状态，故"科学学"的目的就是要为科学奠基，引领科学发展的正确方向与规制科学发展的适度空间领域及必要的发展边界。

　　要实现所有生命的"全生"，首先要实现个体生命的"自全"，每个个体生命的"自全"也就意味着全体生命的"全生"。故《大学》讲"自天子以至于庶民，壹是皆以修身为本"，《道德经》讲"甘其食，美其服，安其居，乐其俗，邻国相望，鸡犬之声相闻，民至老死不相往来"(《道德经·第八十章》)，《庄子》讲"泉涸，鱼相与处于陆，相呴以湿，相濡以沫，不若相忘于江湖"(《庄子·大宗师》)，谚语讲"个人自扫门前雪，莫管他人瓦上霜"，都是在强调生命的自全之道。而中国传统的儒道之学具有本质同一的生命自全之道，此为庄子所言之"道术将为天下裂"(《庄子·天下》)之前的中华先圣所共有同用之生命自全方法，但在道术为天下裂后，老子将这一生命自全之道承载在《道德经》之中，并在后世发展中逐渐演化为道家的内丹修炼之学，而孔子则将这一生命自全之道承载在《易经》之中，以六十四卦体系内含的"损益之道"与"咸""艮"二卦的生命修炼原理承载了他的"性与天道"之学。但后世儒家无人能解得《易经》内含的"性与天道"，误以为孔子没有"性与天道"之学，从而使儒家没有可以比肩于道家内丹修炼的生命自全方法。鞠曦先生通过自己的易学研究与切身的生命修炼实践，证明《易经》揭示的损益之道与"咸""艮"二卦的生命修炼原理就是儒家的生命自全之道，可以贯通于道家的内丹修炼之道，可证儒道本来会通，故长白山书院才以"内道外儒"立教。

二、道家的生命自全之道：内丹学的生命修炼原理

以"全生文化"引领人类文明的未来走向是此次长白山书院会讲的主题，故本次研修的重要内容就是讲解儒道之学的生命修炼原理。鞠曦先生以自己的内丹修炼实践经验，运用"时空统一论"与"形而中论"哲学体系，以符合现代哲学理性思维的话语方式，结合道家的《修真图》与《内经图》讲解了道家内丹学的生命修炼原理。

道家的内丹学自古以来被认为是道家生命修炼的不传之秘，强调师徒之间的私相授受，不是仅做字面功夫所能得，故言"纵尔聪明赛颜闵，未遇明师莫强求"。故而历来丹经无数，而真正能以之修炼成功者如凤毛麟角，必得明师指点，方得其中三昧。个中原因在于，生命修炼乃为形而上之事，非有外在形质可以观察、可以把握、可以操作，从而无法将之实证于我们的眼、耳、鼻、舌、身的直接感受与把捉之中。故而生命修炼的每一阶段感受与方法只能通过师父的切身体证给予指证，而这就要求徒弟对师父的指证先行绝对信服，然后才可能通过自己的修证达于师父所指证的境界。但如果遇到盲

师或伪师，就会反受其害，故修道者明师难遇，此为第一难关。

而自古丹经之话语系统亦完全不同于现代人的理性思维与概念系统的话语逻辑，故以现代哲学理性读丹经会觉得不知所云，甚至是不可理喻。其原因有三：一是丹经本身纯为一种功夫论阐述，只是告知世人如何去具体操作，而对为何如此操作生命的内在原理却论之有限，即使有所论述，也是玄而又玄，让人难以捉摸，尤其让现代人的哲学理性难以相信和理解。因为此生命修炼的内在原理属于形而上的生命内时空运动，不可见之于形而下的外时空世界，故而丹经亦少谈玄虚，只是告以如何操作内时空，使自我生命修炼达于形而上之境界，则此生命原理不言自明。二是丹经文本表达的话语系统多以阴阳、五行、八卦及各种形象化譬喻的经典表达方式来阐释生命修炼之道与方法，如"取坎填离""水火既济""金木交并""金童姹女""黄婆勾引"，等等话语，如以字面义作解，必然荒诞不经，必须回归中国传统文化的历史语境及其话语逻辑之中，才能真正理解这些似乎荒诞的话语表达背后内含的生命哲学原理与生生不息的生命逻辑。三是现代人已经习惯了西方化的哲学理性思维方式，而理性思维只能对象性观察世界，从而只能认知和把握生命外在的形而下世界，而对生命内在的形而上世界不能理解，更不能把握。基于以上三个原因，对于现代人的哲学理性而言，急需一种能够为现代哲学理性所能理解的概念、范畴系统所建构起来的生命哲学体系将中国人传统的生命修炼原理表达出来，或者说，用符合现代哲学理性要求的话语逻辑将内含在中国传统经典话语表达之中的生命哲学原理外化出来，使现代人可以在当下的时代文化背景之下理解和把握传统经典所阐释的生命修炼之道。鞠曦先生对内丹修炼原理的阐释就是运用"时空统一论"与"形而中论"的哲学原理，以符合现代哲学理性的话语方式表达出来的当代化的生命修炼之道。使现代人可以不必回归传统中国人的话语系统，直接理解传统中国人的生命修炼原理与方法。

具体说来，道之所指即存在之本然，实乃时空不分，万有一如之时空统一态。此时空统一与常言之"时间"与"空间"相比，是指无"间"之"时"与无"间"之"空"尚未区分，无有差别的状态。也可言时就是空，空就是时，时空不分，此存在状态即为海德格尔所追问的"存在者"背后的"存在"，即为"形而上者谓之道"。而一当时空分判，就意味着对"时空统一"的"间"化，无"间"之"时空"割裂而为"时间"和"空间"，此时空间化之存在状态即为海德格尔所言之遮蔽了"存在"的"存在者"，即为"形而下者谓之器"。故修道就是要从形而下的器物存在状态修炼到形而上的与道合一的存在状态，也就是消除生命存在的时空分裂状态，回归到"时空统一"，或言"时空未分"，或言"无间时空"的存在状态。如此的理论进路在西方哲学理性的推理逻辑中没有任何问题，而关键是如何将此推理逻辑落实为可操作、可践行的生命逻辑。西方由于只有一个绝对超越的上帝，而没有现实修炼生命而得道的成仙作圣之人，故而西方哲学理性可以推论出"物自体"，可以推论出"绝对精神"，却不可能推论出生命的修炼之道。而中国从来都不缺少修道与得道之人，只是这些人隐而不显，鲜为人知而已，鞠曦先生更是以自己的生命修炼实践亲证了道家内丹学之实效性。故而鞠曦先生可以用西方哲学的理性话语，用现代哲学的概念范畴揭示道家内丹学的生命修炼原理与修炼方法。

人作为有形体的存在者，从出生始已经落入时间与空间之中，已经处于时空分裂的形而下状态，如何可能消除自己的时空分裂，回到时空统一状态呢？鞠曦先生的"时空统一论"回答了这一问题，人作为被"存在"所决定的"存在者"，已经是一种"被存在"了，也就是被"时空"所间化而处于时间与空间，受制于时间与空间的限制了，从而人是生而受限，生而不自由的存在者。但人并不是完全被动的器物性存在者，而是具有自觉意识，可以自我选择、自我操作的主体性存在者（主在），从而人并不完全是形而下的器物存在，而是处于形而上与形而下之间的"形而中者"，也就是说人可自主抉择下落而成器，还是上达而得道，故孔子言"下学而上达"，即为"谋道不谋食"之意。如何上达而得道呢？人之形体乃生命之载体，虽为被时空间化之存在者，却是生命在世修行、修炼之必要载体，故道家修炼生命首要修命养生，保此形体完好，才可修炼生命而成真。而人之形体之外的一切存在者皆为时空间化的形而下者，处于时间与空间的分裂状态之中，在此时空分裂的形而下世界，不可能人为消除万物的时空分裂，回归时空统一。西方哲学就是陷入在此外时空的局限之中去追问存在而不得，最终无法突破外时空的限制而不得不宣布哲学的终结。而中国哲学则早已认识到外时空认知与求道（追问存在）的局限性，庄子言"六合之外，圣人存而不论"，"知止其所不知，至矣"（《庄子·齐物论》），转而反向生命的内在维度，转向内时空体证，由内时空的统一而达于形而上，这是西方哲学从来没有，也不可思议的一个智慧维度。

"内时空"概念是由鞠曦先生在其贯通中西的哲学思想体系——时空统一论——中提出的一个核心概念，亦是中西哲学分判的标志，西方哲学只能在外时空中思维，只能把握时间和空间分裂的存在者，从而发展出形而下的自然科学，而中国哲学则回到内时空体证，使人之生命在内时空实现统一而回到存在的自在，也就是得道，从而中国哲学发展出来的是形而上的生命科学。[①]"内时空"即生命之内在，无形无象，无法以感官认知和把握，故"内时空"的存在不是认识论问题，而是纯粹的存在论问题，只有通过生命的修炼，在现实的内时空操作过程之中才会体证到，而不是认识到"内时空"的存在感。

在存在论上，"内时空"是本然统一的无间时空状态，但内时空面对生命的外在世界要给出外时空操作才能展开具体的生命实践活动，故生命的外时空操作要通过生命的内时空运化才能实现生命能量的传输，驱动形体以展开现实的生命活动，而内时空在运化生命能量的过程中自然分裂为精、气、神，以神认知世界，以气操作生命运动，而神由气生，气由精生，故内时空运化生命以实现外时空操作之过程即为精、气、神相分之过程，亦是内时空分裂

[①] 关于中国传统的形上性生命科学的论述，可参看鞠曦先生著作：《中国之科学精神》，四川人民出版社，1999年版。

之过程，而内时空的分裂则意味着内时空已经被间化，已经落入时间与空间之中，意味着内时空已经由形而上落入形而下，从而使人从形而中的存在下降而为形而下的存在。而"君子不器"的价值追求则意味着生命的终极应当是形而上而不是形而下，故要使内时空由形而下的时空分裂状态回到形而上的时空统一状态，也就是使精、气、神由分裂状态回到统一状态，也就是回到元精、元气、元神不分的状态。这一在内时空操作的精、气、神相统一的过程就是生命修炼的过程，其始点就是要将外用之心神收摄回来，神归则气聚，气聚则精足，重回元精、元气、元神合一的内时空统一态，即为得道。

在具体的生命存在感受上，生命落入后天，开始外时空的生命盲动，使内时空日益分裂之后，身体内原本贯通的经络系统就开始间化、堵塞，产生各种病症。当男子十六精通，女子十四行经，开始形成有漏之身，身体任督二脉就彻底中断了。督脉主一身阳脉，任脉主一身阴脉，任督中断，则意味着全身经脉系统已经日益堵塞，也就是阴长阳消，使疾病日生，当阳尽阴纯，内时空全部堵塞之时，就是生命终结之时。内丹学的生命修炼之道就是将外放之心神收回内时空，使气聚精足，亦是炼精化气，使生命能量汇聚于内时空而不外泄，当元炁积累到一定时候（火候），自然产生上行之动力，引之上行入脑以养神（炼气化神），实现精、气、神合一，并在精气运行的过程中逐渐冲开堵塞的经脉，重新打通全身经脉，实现内时空统一。首先打通任督二脉，也就是"小周天"功夫，进而打通全身经脉，也就是"大周天"功夫，彻底实现内时空的统一。此时疾病尽消，外时空的分裂、变化不再影响内时空的自在统一，外时空变动而内时空不变不动，故能不受外时空影响而实现"我命在我不在天"。在更进一步的理论推定上，当实现内时空统一之后，可以进一步操作内时空，最终粉碎虚空，超越形体的时空局限，实现内时空与外时空的完全统一，也就是丹经所言之"由后天返先天，回到父母未生前之本来面目"。

如此之生命修炼原理本不难懂，却何以自古以来"修道者如牛毛，得道者如兔角"呢？关键在于生命之修炼纯为内时空之事，来不得半点虚假，必须正心诚意，绝弃外时空一切诱惑。而现实人生自无量劫以来，已经习惯于在外时空中思维与运作，即使明白此内时空修炼原理又有几人能完全舍弃外时空中各种名利财色之诱惑呢？故世间本无障道之物，只为人生一晌贪欢，误了多少卿卿性命。如此不能入道之人只因亡其本心而迷恋于外时空之声色犬马之中，故孟子言"学问之道无他，求其放心而已"（《孟子·告子上》），老子言"万物并作，吾以观其复"（《道德经·第十六章》），《易》言"复，其见天地之心"。而对于已经立志求道之人，其问题则主要在于急于求成，私心用智，盲修瞎炼，故孟子警告勿揠苗助长，"必有事焉而勿正，心勿忘，勿助长也"（《孟子·公孙丑上》）。在现代社会中更是如此，现代人已经习惯了西方化的理性思维方式，内时空完全是理性思维的视域盲区。既使有意修炼内时空，也受到外时空诸多条件的影响和限制，故现代人修道要有比古人有更坚强的决心与意志，要付出更多的时间与精力。一切皆在取舍之间，欲得真道，必舍其假，明者自明，迷者自迷，其间之差只是觉与不觉而已。

三、儒家的生命自全之道："咸""艮"二卦的生命修炼原理

儒家自古以来被认为没有如道家内丹学一样的生命修炼之道，认为孔子只有仁义之术而无"性与天道"之学。虽然《大学》也讲"自天子以至于庶人，壹是皆以修身为本"，但此"修身"通常被理解为伦理道德的培育，宋明诸儒虽然也打坐习静，但培养的仍然是心性的纯净，注重的是伦理道德品质的提升。故在中国思想史的历史进路中，儒家与道家截然分判，道家只注重身心性命的修炼，儒家只注重人伦日用的安顿，成为中国人两种不同的生命存在样态与生活方式，造成儒道殊途，甚至儒道相绌。而鞠曦先生通过对易学的正本清源，通过自身的生命实证，揭示出《易经》承载着孔子的"性与天道"之学，"咸""艮"二卦内含着儒家的生命修炼原理，可以与道家的内丹修

炼原理相互贯通，从而可证儒道会通，在庄子所言之"道术将为天下裂"之前，本无儒道之分别，中华文化具有本质为一的道统传承。

1. "咸"卦的生命修炼原理

按照鞠曦先生正本清源，重新编订后的《易正疏》，"咸"卦的卦爻辞、象辞、系辞、象辞系统如下：

咸：亨，利贞，取女吉。

《彖》曰：咸，感也。柔上而刚下，二气感应以相与，止而悦，男下女，是以亨利贞，取女吉也。天地感而万物化生，圣人感人心而天下和平。观其所感，而天地万物之情可见矣！

初六，咸其拇。

《系》曰：咸其拇，志在外也。

六二，咸其腓，凶，居吉。

《系》曰：虽凶，居吉，顺不害也。

九三，咸其股，执其随，往吝。

《系》曰：咸其股，亦不处也；志在随人，所执下也。

九四：贞吉，悔亡。憧憧往来，朋从尔思。

《系》曰：贞吉悔亡，未感害也；憧憧往来，未光大也。

九五，咸其脢，无悔。

《系》曰：咸其脢，志末也。

上六，咸其辅颊舌。

《系》曰：咸其辅颊舌，滕口说也。

《象》曰：山上有泽，咸，君子以虚受人。

咸者，感也。"咸"卦的生命修炼之道核心在于一个"感"字，此"感"非仅指人之所独具之感应能力，而是具有一种本体论意义，贯通于天、地、人之万有共通之感,故《彖》言"观其所感,而天地万物之情可见矣"!在《彖》辞中,"柔上而刚下"言地道之"刚柔";"二气感应以相与",言天道之"阴阳";"止而悦,男下女",言人道之"仁义";可见此"感"通于天、地、人三才之道。"天地感而万物化生",言天地以相互感通的方式化生万物,使万物生生不息,故"感"实乃给出天地万物生生流行之化生方式,唯有感通,方能生生。故"圣人感人心而天下和平",言圣人以一己之道心与众人之心相感通,引之入道,达于生生,自然天下和平。无奈"中人以上可以语上也,中人以下不可以语上也"(《论语·雍也》),故吕祖云"天涯尽说人寻我,走遍天涯不见人",此为"道不远人,人之为道而远人"(《中庸》)。

而"天道远,人道迩",儒乃人之需,"咸"卦六爻展开者,唯在人道之感通也。而人道之感通,已经内含天道之阴阳与地道之刚柔在其中。那么人道如何感通才能有利于生生,合于天地之道呢?人之感通有向外与向内两个路向,西方哲学与文化只有向外一个路向,也就是在外时空思维和感通,而中国哲学则注重向内的路向,也就是在内时空思维和感通。而"内时空"为"形而上","外时空"为"形而下",从而西方哲学只能发展出形而下之自然科学,而中国哲学则发展出形而上之生命科学。但中国哲学从来都不是大众哲学,而是圣人之学,目的是培养圣贤,再由圣人制礼作乐,教化民众,化民成俗,使个体安顿,社会安定。故由"咸""艮"二卦所揭示的"内时空"生命修炼原理就是孔子的"性与天道"之学的核心,却非常人所能理解,使子贡言"夫子之言性与天道不可得而闻也"(《论语·公冶长》),而孔子最聪明的弟子颜渊早死,使孔子痛呼"天丧予"(《论语·先进》),孔子之性与天道再无人能解。从而中国上古圣人的生命修炼之道就由道家一脉传承下来,发展成为后世的内丹修炼之学,而儒家则只注重于日用伦常与政治领域,彻底遗失了自己的生命修炼之道。鞠曦先生以对《易经》的正本清源揭示出了"咸""艮"二卦的生命修炼原理,使儒家的生命修炼之道大明于天下,其理论与实践意义必将显见于思想史之未来。

"咸"卦以人身取象，上卦"泽"为"少女"，下卦"山"为少男，揭示出少男少女时期的生命存在特征与修炼之理。首先以初爻、二爻、三爻揭示人生于知识初开而至于青春时期日益感通于外时空之生命历程，故言"志在外也"，在这一感通于外时空的过程中会产生各种生命的盲动，故警告以"居吉"，"往吝"。四爻则指出感于外时空，产生"憧憧往来，朋从尔思"生命问题的根本原因："未感害也"，"未光大也"。不知外时空追逐之危害，未能光大自己之生命才会产生"憧憧往来，朋从尔思"的生命问题。故五爻、上爻给出具体的解决之道，由外时空思维和感通转向内时空思维和感通。而内时空为形而上，又如何感通呢？五爻示以的路径为"咸其脢"，即感于后背督脉所在，即庄子"缘督以为经"的易理化表达。"咸其脢"的道理在于通过前四爻的生命指引，已经绝弃了外时空的生命盲动，将心神集中于内时空，此时已经是精、气、神合一的状态，生命之能量（即阳气）开始积聚，此时需要将之引导到益生的方向，就要"咸其脢"，使真气延督脉上升，即为"精义入神，以致用也"，逐渐打通任督二脉，使真气运化入口而有津液满口，吞咽入腑，以益于生，从而有上爻"滕口说也"的生命感受。如此使生命能量运化于内时空，而不是浪费于外时空，从而滋养生命，祛病强身，并因消除外时空的生命盲动而提升生命内在的性德培育，即为"利用安身，以崇德也"。

　　《象》辞最后示以"咸"卦的内时空生命修炼原理的关键点是一个"虚"字，取象于"山上有泽"，故而"咸，君子以虚受人"。何以强调一个"虚"字？因内时空为形而上，本无形无象，故为"虚"，但内时空又是现实的生命存在，故此"虚"非空无所有的"顽空"，此"虚"为"虚灵不昧"之"虚"，相当于佛家的"真空妙有"。故此虚实乃精、气、神相统一，元气充盈的内时空状态，恰如山上之泽，氤氲迷漫，滋养生命。《庄子》借孔子之口曰："气也者，虚而待物者也。唯道集虚，虚者，心斋也。"（《庄子·人间世》）心斋也就是守住内时空之虚灵，以招先天一气而与道合一。

2. "艮"卦的生命修炼之道

按照鞠曦先生正本清源,重新编订后的《易正疏》,"艮"卦的卦爻辞、彖辞、系辞、象辞系统如下:

艮:艮其背不获其身,行其庭不见其人。无咎。

《彖》曰:艮,止也。时止则止,时行则行,动静不失其时,其道光明。艮其止,止其所也。上下敌应,不相与也。是以不获其身,行其庭不见其人,无咎也。

初六:艮其趾。无咎,利永贞。

《系》曰:艮其趾,未失正也。

六二:艮其腓,不拯其随,其心不快。

《系》曰:不拯其随,未退听也。

九三:艮其限,列其夤,厉薰心。

《系》曰:艮其限,危薰心也。

六四:艮其身,无咎。

《系》曰:艮其身,止诸躬也。

六五:艮其辅,言有序,悔亡。

《系》曰:艮其辅,以中正也。

上九:敦艮,吉。

《系》曰:敦艮之吉,以厚终也。

《象》曰:兼山,艮。君子以思不出其位。

艮者,止也。"艮"卦的生命修炼之道核心在于一个"止"字。在"咸"卦的生命修炼原理之中,已经内含了一个"止"的维度,即止住外时空的生命盲动,以感于内时空的生生之流,以之冲开经脉,达于内时空统一。故"咸"卦是止其外而感于内,而"艮"卦则不仅是感于内,而且止于内,故为兼山艮,止而又止，不仅止住外时空的生命盲动，而且要使生命完全止于内时空的生命操作之中，使生命的内时空操作完全不受外时空的限制，以达于"我命在我不在天"。内时空为形而上之生生流行，故"艮"卦之"止"就是止于生生。《大学》言"大学之道，在明明德，在亲民，在止于至善"，何为"至善"？超善恶之生生本体也，"止于至善"即止于生生也，与"艮"卦之"止"同一义理。而止于内时空之生生乃是一生生大化的流行过程，非一动不动之谓也，故《象》言"时止则止，时行则行，动静不失其时，其道光明"。"艮其止，止其所也"，即止其所当止，同样是"动静不失其时"之义，《大学》言："'缗蛮黄鸟，止于丘隅'。子曰：于止，知其所止，可以人而不如鸟乎？"黄鸟虽不知生命修炼之道，尚且出于生命本能而知道止于其所当止之处而保其生，人难道还不如鸟吗？自然应当"居善地，心善渊"（《道德经·第八章》），"危邦不入，乱邦不居"（《论语·泰伯》），更应当觉解内时空的形而上生命原理，以止于内时空操作，修炼生命。

"艮"卦具体的内时空操作之法就是"艮其背不获其身，行其庭不见其人"，最终达于上爻的"敦艮之吉，以厚终也"。"艮其背"即心神止于后背，操作真气沿督脉上行，运行至前庭沿任脉而下，即"行其庭"，如此任督二脉往来贯通，真炁沿周天运行，自然内景不出，外景不入，内"不获其身"，外"不见其人"，物我两忘，只有一炁流行，达于"敦艮之吉"。之所以如此操作内时空，是因为"上下敌应，不相与也"。就一身而言，上身为内时空精、气、神直接操作之所，下身则与之为敌而不相与也，需要打通任督二脉之后才可打通下身经脉。就内外时空而言，内时空才是人人可操作之生命本在，外时空则与之为敌而不相与也，只有打通内时空才能解决好外时空的问题，只有内道在身才能行外儒之事业。而现实人生多不解内时空生命原理，只在外时空中谋生活，结果是一生困惑，一身问题，最终抱憾而终。

"艮"卦初爻、二爻、三爻与"咸"卦前三爻一样直言生命存在与修炼中存在的问题，"咸"卦前三爻言感于外时空的危害，而警告以停止外时空之盲动，"艮"卦前三爻则直言停止外时空盲动所必经之"其心不快"，"厉薰心"等矛盾、困难与问题。四爻则指明解决问题的根本方法在于"止诸躬也"，也就是心诚求之，为自己的生命负责，自然会认识到外时空存在的无常变幻与各种凶险，自觉求取内时空的恒定与生生，通于《大学》之"诚意"，《中庸》之"诚者，天之道也，诚之者，人之道也"。五爻以"艮其辅，言有序，悔亡"揭示生命修炼之要在于"言有序"，言起于思，思与言为生命运作之始点，思不得其正，则言不及义，行不合道，精、气、神乱用，内时空分裂，必然于外时空落入生命盲动之中。故必以内时空之统一，得生命流行之中正，方可于外时空中措置得当，进退合宜，与时偕行，如孔子为"圣之时者"（《孟子·万章下》），"用之则行，舍之则藏"（《论语·述而》），"无可无不可"（《论语·微子》），"七十而从心所欲不逾矩"（《论语·为政》），必然以内时空修为为根源，故《系》言"艮其辅，以中正也"。以此反思，现代人终日在外时空中奔逐忙碌，才小志大，却终日大言不惭，言不及义，空耗精气，伤损性命而不自知，实可悲也。也可以理解何以"子欲无言"，何以老子骑青牛出函谷关而欲不留一言，实乃不为无益之言，也正因为圣人能够做到"言有序"，才有孔子编订"六经"，老子留下道德五千言，成就中华道统之一贯。如孔子与老子，才能做到"吾道一以贯之"（《论语·里仁》），至诚无息而止于生生之至善，方为上爻之"敦艮之吉，以厚终也"，达于生命之极致，"穷理尽性以至于命"，超越内外时空一切限制，达于生命之大自由，大自在，方为"穷神知化，德之盛也"，即为庄子之"逍遥游"。

《象》辞以"兼山"取象，强调生命修炼的另一个关键点是"思"字，与五爻之"言有序"贯通，思在于人，为最平常不过之事，睡梦之中亦有思之所在，正因其"须臾不可离也"，才为入道与离道之关键点。如思不得其正，则言而无序，行而无当，甚至伤生害性，故君子观兼山艮之象，止而又止，思止于内时空而不出其位，自然得生命之益而达于至道。

四、老子的"恒道"与孔子的"损益之道"

儒家与道家具有本质同一的生命修炼之道，说明儒道本然会通。但孔子编订《易经》与老子作《道德经》的思维进路却完全不同，虽然具有相同的本体论承诺，宗旨为一，却具有不同的思维逻辑进路，从而在主体论承诺上形成两套不同的推定形式，形成《易经》与《道德经》两套不同的话语系统与言理方式。孔子与老子的本体论承诺都是生生本体，但老子的思维起点直指终极，直取天道，然后再以天道指引人道。《阴符经》亦言"立天之道，以定人也"，"观天之道，执天之行，尽矣"！而天道为形而上者，难以言诠，只能"强为之名"，故而老子《道德经》之语言才玄而又玄，只能让"上士闻道，勤而行之"，而"下士闻道"只能"大笑之，不笑不足以为道"。故老子言道只针对上根之人，对下根之人则不负教化之责。故道家似乎永远都高高在上，深不可测，清高脱俗，甚至瞧不起众生，如庄子"以天下为沈浊，不可以庄语"（《庄子·天下》）。而孔子更有入世担当的精神，其思维起点就在日用伦常之中，制礼作乐以教化民众，但其终点仍然是形上之天，生生之道，故要尽人以合天，"穷理尽性以至于命"，以人道合天道是儒家的进路。故《中庸》言"君子之道费而隐，夫妇之愚，可以与知焉，及其至也，虽圣人亦有所不知焉；夫妇之不孝，可以能行焉，及其至也，虽圣人亦有所不能焉"；又言"君子之道，造端乎夫妇，及其至也，察乎天地"。

在具体的思想表达与理论进路上，老子直接言说天之"恒道"，而孔子则以《易经》六十四卦系统揭示生命自在的"损益之道"，引导现实人生如何避损行益，以上合于天道之"恒"。故"恒道"为儒道二家共同的终极价值追求，故本次长白山书院会讲又着重讲解了老子的"恒道"与《易经》的"损""益"二卦。

1. 老子之"恒道"

> 道可道也，非恒道也。名可名也，非恒名也。无名万物之始也，有名万物之母也。故恒无欲也以观其眇，恒有欲也以观其所徼。两者同出，异名同谓。玄之又玄，众眇之门。

《道德经》首章，通行本为"常道"，而帛本为"恒道"，历来解读亦多以通行本为据而以"道"字为宗，而鞠曦先生的《道德经》解读则以帛本为据而以"恒"字为宗，以示老子之道为求"恒"之道也，而恒者，生生也，与《易经》"生生之谓易"同一本体也。

"道可道也非恒道也"，可以断句为"道可道也，非恒道也"，"道，可道也，非恒道也"，"道，可道也，非，恒道也"。无论哪种断法，其含义大致无差，无论此"道"可以通达还是不可通达，也无论此"道"可以言说还是不可言说，都内在承诺着有一个"恒"给出了此"道"。

同样的逻辑，"名可名也非恒名也"，可以断为"名可名也，非恒名也"，"名，可名也，非恒名也"，"名，可名也，非，恒名也"。无论哪种断法，其含义都内含着无论此"名"是"可名"还是"不可名"，都是由"恒"给出，"可名"与"不可名"皆为不可确定，但"恒"却是一定的，故老子所求者，"恒"也。

"无名万物之始也有名万物之母也"，断句为"无，名万物之始也；有，名万物之母也"更有利于整体文义的贯通。这是对"无"与"有"两个概念的内涵解读与注释，因为下文的"恒无欲""恒有欲"以这两个字的理解为前提。"无"意为万物生生之起点与始点，"有"意为万物生生之母体与本源，以"生生"论"有""无"，则第一个"生"为"无"，第二个"生"为"有"，无中生有，有生万物，生生不息，以至无穷。

"恒无欲也以观其眇"，断句为"恒，无欲也，以观其眇"。先说一个"恒"字，以明确其为终极价值追求。接下来的逻辑自然就是如何达于"恒",回答是以"无欲"的方式"观其眇","眇"指细微、精密,可理解为玄机,"其"指"恒","观其眇"即"观恒之眇"。前面已解释,"无"为万物之始,"无欲也"即将"我思"拉回到万物之起始点,体悟万物正在产生却还未产生的状态,此刻必然已经蕴含着一种生生的力量,正在逐渐积聚,只是还未生出万物。这种生而未形之微妙状态就是"无欲也"所观之"眇",此"眇"为"恒"之"眇",故可由观此"眇"而入"恒"。将此种"无欲"与"观眇"状态纳入"我"当下的生命体悟之中,就是使心神回到没有万物,仅有生生的力量正在积聚的状态,这种状态在"我"当下的生命时空存在之中就是一种内时空的能量积聚。如果有意操作这一状态就是使心神由外时空思维转向内时空,由观内时空之生生流行之妙而把握到生生之"恒道",实已引导我们进入生命修炼状态。

"恒有欲也以观其所徼",断句为"恒,有欲也,以观其所徼"。仍然先言一个"恒"字以明其为终极价值追求,接下来指引我们达于"恒"的另一条路径,即"有欲也,以观其所徼"。"有欲也"即将"我思"指向万物的母体与本原,以观"恒"之"所徼"。"徼"王弼解为"归终也",即于万物的母体与本原之处观恒之所归终。可以联系老子的另一表达:"万物并作,吾以观其复,夫物芸芸,各复归其根,归根曰静,静曰复命",在此归根复命之处可见万物生生之本原。在此万物之本原处,可见"恒"之所归终于生生也。将之纳入"我"当下的生命体悟中,"我"亦是万物之一,或言"万物与我为一",而"我"之本原何在?外而父母,内而内时空之生生流行也。故观此"徼"可知外孝父母,内修其身,方合于恒道也。

此"眇"与"徼"皆为"恒道"之生生所现化,故言"两者同出",而二者虽然名称不同,所指却是一事,故言"异名同谓",此"观眇"与"观徼"之事已是玄奥,而给出此"眇"与"徼"之"恒"与之相比更是玄奥,故言"玄而又玄"。但此"玄而又玄"之"恒"却是通达众理,决定一切,亦是主体之人理解一切,操作一切的总门径,故谓之"众眇之门"。

2. 孔子的"损益之道"

天之"恒道"使万物生生，亦使万物死死，落于人道，则有个体人生之生、老、病、死。孔子以《易经》六十四卦系统揭示人之生命由顺行此天道流行而受损，而知之修炼，逆而行之，则得地道之益。故《帛书易》的六十四卦卦序内含了天地损益之理，以损道三卦"恒—既济—损"与益道三卦"咸—未济—益"为核心揭示了生命顺损逆益之理，而《易经》最终承诺的是"数往者顺，知来者逆，是故《易》逆数也"，也就是要转顺为逆，避损行益。故"损""益"二卦在六十四卦系统中具有生命价值取向选择的意义，故本次会讲又着重讲述了"损""益"二卦。

就"损""益"二卦而言，天之"恒道"只是生生之流行，本无所谓损益，损益乃人道给出的价值论判断，故"损""益"二卦主旨在于示人以于天道之"损"中求取人道之"益"，于人道求"益"的过程中而知天道之"损"，从而自觉实现避损而行益。

（1）"损"卦解读

按照鞠曦先生正本清源，重新编订后的《易正疏》，"损"卦的卦爻辞、彖辞、系辞、象辞系统如下：

损：有孚，元吉，无咎，可贞，利有攸往。曷之用？二簋可用享。

《彖》曰：损，损下益上，其道上行。损而"有孚，元吉，无咎，可贞。利有攸往。曷之用？二簋可用享"。二簋应有时，损刚益柔有时。损益盈虚，与时偕行。

初九，已事遄往，无咎；酌损之。

《系》曰：已事遄往，尚合志也。

九二，利贞，征凶；弗损益之。

《系》曰：九二利贞，中以为志也。

六三，三人行，则损一人；一人行，则得其友。

《系》曰：一人行，三则疑也。

六四，损其疾，使遄有喜。无咎。

《系》曰：损其疾，亦可喜也。

六五，或益之十朋之龟，弗克违，元吉。

《系》曰：六五元吉，自上佑也。

上九，弗损益之；无咎，贞吉，有攸往，得臣无家。

《系》曰：弗损益之，大得志也。

《象》曰：山下有泽，损；君子以惩忿窒欲。

天道顺行，生命由生而损，直至死亡。"损"卦却于此天之损道中揭示损中有益，教以人避损行益之道，故卦辞言"元吉，无咎"。而要于此天之损道中得吉，必以中正诚信为先，故言"有孚"，如此方可得生命之正道而有为于当世，故言"可贞，利有攸往"。是故"君子务本"，生命本不需太多外在之支撑，如颜子"一箪食，一瓢饮"，却乐在其中，而外物缠身，有时恰为伤生障道。故损中有益，如果损去对生命无益有害之事，则意味着对生命有益。如生命修炼损去外时空盲动，则自然增益内时空修为，故言"曷之用？二簋可用享"，以二簋之薄祭，亦可得天地之佑护，则何必铺张？一切皆当根据生命的本质需求与现实条件而定夺，如孔子之"用之则行，舍之则藏""无可无不可"，故《象》言"二簋应有时，损刚益柔有时。损益盈虚，与时偕行"。

《彖》辞之"损下益上，其道上行"何意呢？此"上""下"各有所指，在《帛书易》的天地损益六十四卦卦序中，以"恒"卦为界，向上展开由损道三卦"恒—既济—损"各统领十卦，加上"否""乾"二卦，共同构成天之损道三十二卦，向下则以"坤""泰"二卦开始，由益道三卦"咸—未济—益"各统领十卦，共同构成地之益道三十二卦。故"上"指上行之损道，"下"指下行之益道，"损下益上"意为损下行之益道而益上行之损道，从而是无益之损，故言"其道上行"。

如何于损中而得益呢？"损"卦六爻给出了指引：

"初九，已事遄往，无咎；酌损之。"生命的流逝，即为天道之损，其损已成，无法挽留，亦不必追悔，故言"已事遄往，无咎"。但已逝之生命为当下生命之基奠，故当"酌损之"而留下有益于当下与未来的生命积累，故《系》言"尚合志也"。

"九二，利贞，征凶；弗损益之。"人生欲避损行益，就应当立志寻得真道，如孔子"十有五而志于学"，故《系》言"中以为志也"。如能得生命之正，自当择善固执，"拳拳服膺而弗失之"，故言"利贞"，"弗损益之"。如不识生命之正道，却自以为是，任意妄为，则必然受损，故警之以"征凶"。

"六三，三人行，则损一人；一人行，则得其友。"人生行事，贵在专一，择善固执，直道而行，从而"君子喻于义"，自然会"德不孤，必有邻"，"虽蛮貊之邦可行矣"，故言"一人行，则得其友"。如立心无恒，丧其真我，心无定所，遇事不知何所当为，何所不当为，虽呼朋唤友，亦是以盲引盲，故《系》言"三则疑也"。群盲交汇，不过是各逞其能，自以为是而已，难免见利而争，争而交绝，故言"三人行，则损一人"。

"六四，损其疾，使遄有喜。无咎。"观天之损道，君子当自觉损去有害于生命之言行，如此虽非主动增益生命，起码做到无伤于生命，此为珍爱生命者之底线，故《系》言"损其疾，亦可喜也"，爻辞言"损其疾，使遄有喜。无咎"。

"六五，或益之十朋之龟，弗克违，元吉。"如能得生命之正道，知之修炼，则能夺天地之造化，增益生命，使"我命在我不在天"，故言"或益之十朋之龟，弗克违，元吉"，而《系》言"自上佑也"，即以人合天，逆而修之，避损行益。

"上九，弗损益之；无咎，贞吉，有攸往，得臣无家。"得生命之正道，修炼生命，固执之而不为外物所动，方能光大生命，故《系》言"弗损益之，大得志也"，爻辞言"无咎，贞吉"。以此光大之生命立身行事，方能进退自如，随心所欲,如孔子"七十而从心所欲不逾矩",故爻言"有攸往,得臣无家"。

《象》辞取山下有泽之象,揭示君子以"损"卦之理"惩忿窒欲",减损有害生命之忿欲,亦是在消极的意义上有益于生命的一种方式,如山下之泽,虽不能使山上之草木繁盛,却也能滋养山下之生众也。

(2)"益"卦解读

按照鞠曦先生正本清源,重新编订后的《易正疏》,"益"卦的卦爻辞、彖辞、系辞、象辞系统如下:

益:利有攸往,利涉大川。

《彖》曰:益,损上益下,民说无疆,自上下下,其道大光。利有攸往,中正有庆。利涉大川,木道乃行。益动而巽,日进无疆。天施地生,其益无方。凡益之道,与时偕行。

初九,利用为大作,元吉,无咎。

《系》曰:元吉无咎,下不厚事也。

六二,或益之十朋之龟,弗克违,永贞吉;王用享于帝,吉。

《系》曰:或益之,自外来也。

六三,益之用凶事,无咎;有孚中行,告公用圭。

《系》曰:益用凶事,固有之也。

六四,中行告公从,利用为依迁国。

《系》曰:告公从,以益志也。

九五,有孚惠心,勿问元吉,有孚惠我德。

《系》曰:有孚惠心,勿问之矣;惠我德,大得志也。

上九,莫益之,或击之;立心勿恒,凶。

《系》曰:莫益之,偏辞也;或击之,自外来也。

《象》曰:风雷,益;君子以见善则迁,有过则改。

避损而行益，此乃生命之本能，何以现实之生命却行之有差？始为利生而来，却以害生而终？实乃因不知生命之道，从而不知利害，自以为在行有益于生命之事，却因行之失当而受损。故"益"卦宗旨在于指引现实生命于益道之中如何得其中正，以免失而受损，故《彖》言"利有攸往，中正有庆"。欲行益道，必顺于生命之道，合于性命之理，故言"木道乃行。益动而巽，日进无疆"。人之求益，要合于天地之道，才会真正有益于生命，故言"天生地施，其益无方。凡益之道，与时偕行"。

"初九，利用为大作，元吉，无咎。"当益之时，有诸多有利条件，似可大有作为，应当"元吉"，但《系》却警之以"下不厚事也"，当居安思危，以保"无咎"为要。

"六二，或益之十朋之龟，弗克违，永贞吉；王用享于帝，吉。"当益之时，动而合道，自然天佑人助，故言"或益之十朋之龟，弗克违"，《系》解之以"自外来也"。而要保此天佑人助，需要固守正道，故言"永贞吉；王用享于帝，吉"。

"六三，益之用凶事，无咎；有孚中行，告公用圭。"益之道，必以中正，而不殉于私心与私情，故为生命之本质与长远之益，有时要"惩忿窒欲"，采取违背常情之手段，是为"益之用凶事"，但因其合于生命之道，故可保"无咎"。《系》解之以"益用凶事，固有之也"，即为此"凶事"乃生命之道中所固有，行之自然"无咎"。其中要妙，在于行此"凶事"要做到中正有孚，非为己私，方可行之于天下，故言"有孚中行，告公用圭"。

"六四，中行告公从，利用为依迁国。"得此中正有益之道，自当公之于众，使之大行于天下，故言"中行告公从，利用为依迁国"，使天下人皆得此生命之益，推己及人，泽被加于人，何乐如之？故《系》言"以益志也"。

"九五，有孚惠心，勿问元吉：有孚惠我德。"如能实得此生命之益，自然诚而信之，执之不失。世间有一种求道不诚、半途而废之人，其实是其无能见到真道，未有见真道而不求者也，未有得真道而再失之者也，故言"有孚惠心"，《系》解之以"勿问之矣"，已经得道之人，还用问其是否相信道之存在吗？得者自得，失者自失，故孔子才"人不知而不愠"，自己已经实受其福，还在意他人是否知道，是否理解自己吗？故言"勿问元吉，有孚惠我德"。

"上九，莫益之，或击之；立心勿恒，凶。"生命之益道必以中正而行之，如有偏差，就不可再益，故言"莫益之"，《系》解之以"偏辞也"。如不知适时而止，益之无穷，则可能反受其害，故爻辞警之以"或击之"，《系》解之以"自外来也"，言吉凶自招也。发生如此偏差的原因就在于"立心勿恒"，结果必然是"凶"。

《象》辞以风雷取象，提示君子见急风迅雷之象，毫不迟疑，"见善则迁，有过则改"，如此才能避损行益，增益生命。

（作者为吉林师范大学马克思主义学院副教授，哲学博士）

丙申研修班综述

孙铁骑

2016年7月27日—8月9日,长白山书院每年一度的暑期儒道研修班如期进行。此次研修班为期十五天,中间休息一天,每天早起打坐,上午8：30开始上课,11：30午餐休息,下午3：00上课,6：30晚餐,晚上学员讨论。本次研修主题为"哲学、《易》与建设性后现代主义及过程哲学",研修内容非常丰富,既有对中国哲学,尤其是易哲学的学理研究,对鞠曦先生的两个哲学体系——"时空统一论"与"形而中论"——的理论阐释,又有对西方过程哲学及建设性后现代主义的学理研讨,并与来自美国过程哲学研究中心的华裔学者展开中西哲学的对话和研讨。研修过程中以鞠曦先生讲授为主,鞠曦先生弟子助讲,学员随时提问和讨论。书院生活以自助为主,学员分组做饭,分工安排各项任务,团结合作,以道情化人情,人心死而道心生,真正做到"学以聚之,问以辨之,宽以居之,仁以行之",使全体学员真正经受到传统文化从学理、学术到践行、生活的全面教育。下面将参加本次研修的心得与综述总结如下:

一、"时空统一论"的深入阐释

"时空统一论"是鞠曦先生在贯通西方哲学的基础上,为破解西方哲学走向终结的理论困境,为解决以生命为中心的人类性的哲学问题而构建起来的以时空统一为核心的哲学体系。但此哲学体系一直藏之深山,"时空统一论"的完整著作一直未曾出版,只能散见于鞠曦先生发表于网络、期刊及各种学术会议的论文之中。而每次长白山书院会讲,由于时间有限及学员层次不同,鞠曦先生只是因时、因人制宜地阐释出"时空统一论"的某个观点、观念或个别的理论架构,而对于"时空统一论"的完整体系建构还一直未曾为世人所知。但经过累年研修班的逐渐积累,尤其是今年暑期研修班鞠曦先生的开示与研讨,"时空统一论"的整体架构已经初步展现出来,使我们可以大致整体地理解和把握"时空统一论"的精髓所在。具体内容参见本书前文《时空统一论哲学之学理初探》。

二、与美国"建设性后现代主义"及"过程哲学"的中西对话

本次研修班的另一个重要主题就是研讨美国当代社会的重要思潮"建设性后现代主义"及其哲学基础"过程哲学"。鞠曦先生为全体学员介绍和分析了"建设性后现代主义"及"过程哲学"的主要思想、理论进路及其价值诉求,并分析其理论进路的内在承诺及其未来发展的可能出路,引导学员从中国哲学的理论视角与"建设性后现代主义"及"过程哲学"进行中西思想与学术理路的对比思考与研究。8月1日、2日,来自美国过程哲学研究中心的旅美学者王治河教授及樊美筠教授等一行人到达长白山书院,鞠曦先生及书院弟子与王治河教授和樊美筠教授又就相关问题展开了直接而深入的学术交流与对话。

(一)"建设性后现代主义"的思想根源

"建设性后现代主义"是相对于"后现代主义"而给出的思想定位,而"后现代主义"又是相对于"现代主义"而给出的思想定位。而"后现代主义"与"现代主义"的分野并不是先后不同历史时期的分野,而是在同一历史时期与社

会发展境遇之下产生的不同理论价值诉求及其不同的思想进路的分野。所以在思想根源的追溯上，"建设性后现代主义"思潮实乃根源于"后现代主义"与"现代主义"思潮共时性的彼此互动之中。也就是说，"建设性后现代主义"既认识到了"现代主义"存在的问题，也认识到了"后现代主义"存在的问题，实质是在同时批判"现代主义"与"后现代主义"二者的基础上提出的第三条道路。

"建设性后现代主义"的思想逻辑是如何展开的呢？首先要对"现代主义"的问题有一个清晰的认知。"现代主义"的核心标志就是理性至上，这是西方哲学从古希腊开始逐渐发展而来的必然进路，理性从最初对世界的"惊异"，到对神学的证明，再到对人的启蒙和解放，最终达到了对自身确定性的极度自信，一切都必须经受理性的考问，一切不符合理性的存在都失去了存在的合法性，而经由理性确证的一切也都变成了不可怀疑的确定性。于是，理性成为新的上帝，似乎一切都在理性面前确定下来，世界从此安宁。

可现实的世界并非如理性所设想的一样，现代理性主义统治下的世界出现了理性自身所无法解决的各种"现代性"问题，尤其是人的生命存在意义问题成为理性无法解决的终极禁区。人何以存在？人为何存在？人如何去存在？理性无法给出满意的解答。于是，生活在现代性的"空虚"与"烦忙"之中的人开始怀疑理性的绝对权威，开始对"理性主义"进行反思和批判，并在这种反思和批判中形成了所谓的"后现代主义"。

"后现代主义"的基本特征就是对现代理性主义的批判和反思，这一批判和反思认识到了现代理性主义所导致的各种问题，从而对理性主义所构建的一切都发起了攻击，解构一切理性的确定性，颠覆一切传统的理性信念，意图将现代人从理性主义的迷梦中唤醒，将现代人从理性主义的束缚中解放出来。但这样一种初衷却在事实上产生了一种相反的效果，就是后现代主义解除了一切理性主义的迷咒之后，现代人已经成了一无所有的精神流浪者，现代人的精神世界已经没有了可以栖居的家园。"上帝死了""哲学的终结""中心的消解""基础的塌陷""结构的颠覆""主体性的死亡""人死了",等等,这种"后现代主义"的流浪者思维所带来的问题并不比现代主义的理性至上所带来的问题少,这应当是"后现代主义"的思想初衷所未曾料想过的客观结果。

面对"后现代主义"所产生的各种问题,"建设性后现代主义"也就合乎逻辑地产生了。"建设性后现代主义"显然认识到了"后现代主义"这种解构一切、颠覆一切的做法并不能解决现代主义的问题,故希望在批判和否定现代主义的基础之上重新建立起一个理想的社会发展愿景。所以"建设性后现代主义"实质既是对"现代主义"的批判,也是对"后现代主义"的批判。面对现代主义造成的诸多现代性问题,"建设性后现代主义"提出超越现代性,"所谓超越现代性,在建设性后现代主义那里,意味着超越现代社会存在的个人主义、人类中心论、父权制、机械主义、经济主义、消费主义、民族主义和军国主义"①。相对于"后现代主义"的只批判不构建,只否定不肯定,"建设性后现代主义"更加明确地提出自己的建设性、肯定性的社会与文化主张,明确提出需要构建一种什么样的社会发展模式,需要构建一种什么样的人与世界、人与自然的关系,倡导"绿色生活方式",要"敬畏大地","走向一种富有人文情怀的后现代科学",推崇"尚和文化"和"有机教育",主张"文化互补",提出"道义民主""深度自由"等理念②。"建设性后现代主义"这些社会诉求与价值取向与中国哲学的传统观念都具有某种相通之处,可以说这是西方文明发展到现代所自然展现出来的一种向东方文明靠近的历史文化发展趋势。

---

① 王治河:《后现代哲学思潮研究》,北京大学出版社,2006年版,第292页。
② 王治河:《第二次启蒙》,北京大学出版社,2011年版。

（二）作为"建设性后现代主义"理论根基的"过程哲学"

任何思想理论的给出都要有其相应的哲学基础作为支撑，否则就是空中楼阁。"建设性后现代主义"的提出具有其自己的哲学基础，那就是怀特海的"过程哲学"。"过程哲学"自怀特海创始，经哈特肖恩、约翰·柯布、大卫·格里芬等著名学者的历代传承至今，已经形成了自己的思想谱系，成为现当代很有影响力的西方哲学流派。王治河教授作为美国"过程哲学中心"中国部主任对于"过程哲学"在中国的传播做出了杰出贡献，"过程哲学"已经在国内诸多大学设立了"过程哲学研究中心"，产生了广泛的社会影响力。此次长白山书院之行又开启了"过程哲学"与中国传统儒道哲学沟通和对话的大门，可见"过程哲学"及其研究学者真正具有开放性的文化视野，真正践行着"建设性后现代主义"所提倡的"尚和文化"与"文化互补"的人文精神。这种知行合一的精神完全与中国传统文化特质相通，难怪怀特海认为自己的"过程哲学"更容易被中国人所理解和接受。

"过程哲学"的核心理念就在"过程"二字，强调世界就是一个过程，而不是简单的物质或实体的组合。怀特海以具有发生性与流动性的"事件"概念取代西方传统的实体概念，认为整个世界就是处于各种"事件"的演化之中的流变过程。每一"事件"又都不是一个孤立的事件，而是所有"事件"相互交错、相互连接而成的一个有机整体，所以"过程哲学"又称为"有机哲学"。

"过程哲学"的有机的、整体的、兼容并包的哲学理念是对西方传统哲学理念的反动。西方传统理性主义的哲学就是要对世界进行条分缕析的分割，在世界流变的表象之中找到一个不变的本质，在变中找到不变，从而可以理性地把握世界、征服世界。而"过程哲学"则强调世界的流动性、共生性，人不是作为一个理性的征服者，世界也不是一个处于主体之外，与主体无关，或等待被主体征服和支配的客体，主体与客体同处于世界共同体之中。这显然破解了理性主义的狂妄自大，打破了主体与客体的二分与对立，形成了万物一体的整体性观念。这是对西方传统哲学思维的最大突破，从而其产生的世界愿景与价值追求也自然与西方传统哲学不同，而是在自然而然的思想与理论进路中走向与中国哲学相近的价值追求与世界图景的描述之中。

可以看到，"过程哲学"这一有机的、整体的、相互联系的哲学理念与中国哲学的"天地与我为一"、"万物与我并生"等"天人合一"观念何其相近，所以"过程哲学"与中国哲学在价值诉求与世界图景的描述上如此相似、相通，甚至相同，这就给中西哲学的交流与融通打开了可能性之门。但也应当看到，"过程哲学"对世界图景的描述与哲学价值论追求是在西方哲学史的理论进路之中，按照西方哲学的理性发展逻辑，面对现代与后现代的社会发展现实而必然得出的结论，而中国哲学的世界图景与价值论追求却是在中国哲学的"轴心时期"的儒道哲学的原始经典之中就已经内含的结论，二者具有不同的思想根源。在此不同的思想根源的基础之上，中西哲学却在当代走向了可以相互沟通与融通的历史结合点，正如《易经》所言"天下同归而殊途，一致而百虑"，对于生命的关注，求解生命问题是任何人类性哲学都无法回避的思想与理论核心。从"过程哲学"的核心理念可以看出，"过程哲学"已经走到了与中国哲学殊途而同归的交汇点，在接下来的理论进程中，"过程哲学"可以通过与中国传统儒道哲学的融合与贯通而更加有力地影响中国思想界，中国传统的儒道哲学也可以通过"过程哲学"而让西方人更深入地了解、理解和接受中国传统的思想理念，共同为走向"建设性后现代主义"的世界文化潮流提出贯通中西的思想资源与理论支持，为打造融贯中西的人类性文化做出贡献。

三、对《易》学的深入研讨

长白山书院学术理路以《易》为宗，故《易》学研究是每次暑期研修班必定研讨的重要内容。经过多年会讲的渐次积累，鞠曦先生的《易》学思想在学员的理解中已经日渐明晰和完备。本次研修班在历年研修的基础之上，由书院弟子概论了"时空统一论""形而中论""承诺推定法"的基本要义，又导读了通行本《易经》的《说卦传》与《系辞传》（在《鞠本易》中为《文言》），对鞠曦易学的理论基础、整体脉络及核心义理进行了系统研讨。在此基础之上，本次研修班着重讲解和讨论了乾、坤二卦。乾，天道也，万物创生与发展之力量根源也。坤，地道也，万物得以长养生息之本据也。故"生生之谓易"，生生之流行，以乾道给出万物，以坤道长养万物，即通行本《系辞传》（在《鞠本易》中为《文言》）所言之"乾知大始，坤作成物"。

（一）乾卦的义理解读

乾：元亨利贞。

《彖》曰：大哉乾元，万物资始，乃统天。云行雨施，品物流形。大明终始，六位时成。时乘六龙以御天。乾道变化，各正性命。保合太和，乃利贞。首出庶物，万国咸宁。

初九：潜龙勿用。

《系辞》曰：潜龙勿用，阳在下也。

九二：见龙在田，利见大人。

《系辞》曰：见龙在田，德施普也。

九三：君子终日乾乾，夕惕若，厉，无咎。

《系辞》曰：终日乾乾，反复道也。

九四：或跃在渊，无咎。

《系辞》曰：或跃在渊，进无咎也。

九五：飞龙在天，利见大人。

《系辞》曰：飞龙在天，大人造也。

上九：亢龙，有悔。

《系辞》曰：亢龙有悔，盈不可久也。

用九：见群龙无首，吉。

　　《象》曰：天行健，君子以自强不息。

　　鞠曦易学解卦的基本根据就是"六爻成效"。《鞠本易》中的《经》《彖》《系》《象》《说卦》《文言》六章书分别对应"动—齐—见—悦—劳—成"六效。

1. 动以《经》：

　　乾，元亨利贞

　　按照"六爻成效"，"动"以"经"，则"乾"卦卦辞为原始经文，孔子要对之再解释，故为"动"以"经"。"乾"卦之动，展示生命流行之健动不息之过程，以示君子如何自强不息，安顿生命之道。故卦辞言"元亨利贞"，实乃生命与万物存在之大圆满也。

2. 齐以《彖》：

　　《彖》曰：大哉乾元，万物资始，乃统天。云行雨施，品物流行。大明终始，六位时成，时乘六龙以御天。乾道变化，各正性命，保合太和，乃利贞。首出庶物，万国咸宁。

　　《彖》传为孔子对卦辞的解读，以使原始卦辞合于生生之道，故为"齐"，即齐之以生生。乾道之动，以生生为本体，摇动生机，给出万物之存在，并赋予万物以生生之力量，使万物生生不息。故《彖》辞"大哉乾元，万物资始，乃统天"，即为对卦辞"元"之解读；"云行雨施，品物流行"，即为对卦辞"亨"之解读。

　　卦辞以龙喻生生健动之力量，六爻之变则以六龙喻之，故《彖》言"大明终始，六位时成，时乘六龙以御天"。而乾道之发动生机，只是给出一个力量源泉，并不给出万物运行之必然轨迹，故乾道之伟大，首在于创生万物，使万物因时而生，适时而长，终始有成，次则在其只是给出生生之力量，却不束缚万物应当如何成长，如老子所言之"生而不有，为而不恃"，使万有不同，却能各尽其性，各至其命，而成就一大和谐，此为乾道之所以能大也。故《彖》辞"乾道变化，各正性命。保合太和，乃利贞。首出庶物，万国咸宁"，即为对卦辞"利贞"之解释。

3. 见以《系》

《鞠本易》中的《系辞传》为通行本的《小象传》，是孔子将自己对每卦六爻爻辞的解读"系"于原始爻辞之下，使原始爻辞"和顺于道德而理于义"。也就是说，孔子通过自己对每卦六爻的系辞，使原始爻辞之义理和顺于道德理义而"明""见"之于天下，使人可以用之以解决自己的生命问题。而具体到每卦六爻的系辞根据也是按照"六爻成效"的原理展开，从而对系辞（通行本之《小象》）的解读也要以"六爻成效"原理为据。因各卦之原始爻辞乃为上古圣人所作，系辞（通行本之《小象》）则为孔子为解原始爻辞所作，故系辞更符合孔子本义，从而解爻辞之主要根据在于系辞。

（1）初爻动：

爻辞："潜龙勿用"。系辞："潜龙勿用，阳在下也"。

六爻之动，"其初难知，其上易知"，万物之初生，一切尽在未知之中，故要小心谨慎，不可妄动，此为乾卦初爻以潜龙喻之之根由。生命之初创，行事之初萌，内蕴之生机薄弱，外贮之条件不备，则不能大有作为，亦不可大有作为。君子于此之时，自当涵养与培育力量，积蓄力量，以待时机，方可有为。故初爻言"潜龙勿用"，孔子则系辞而释之以"潜龙勿用，阳在下也"。阳气初萌，还很柔弱，故而警之以"阳在下也"，从而不可妄动而潜龙勿用。孔子又评之曰："龙德而隐者也，不易乎世，不成乎名，不见是而无闷，乐则行之，忧则违之，确乎其不可拔，潜龙也。"

（2）二爻齐：

爻辞："见龙在田，利见大人"。系辞："见龙在田，德施普也"。

六爻之动,"二多誉,四多惧"。因二爻乃齐之以理,一卦之正理多内蕴于二爻之中。乾卦二爻以"见龙"喻之,龙已由隐而见,却又不离于田,可上可下,用行舍藏,无入而不自得,人生之至理已内在其中。故"见龙在田,利见大人",即为君子以潜龙勿用之精神,内道修身以自蕴,当足以有为之时,即当济世利人,交友同道,"利见大人",以行外儒之事业。孔子系辞而释之以"见龙在田,德施普也",君子德行天下,普惠众生。孔子评之曰:"龙德而正中者也,庸言之信,庸行之谨,闲邪存其诚,善世而不伐,德博而化,《易》曰'见龙在田,利见大人',君德也。"

(3)三爻见:

爻辞:"君子终日乾乾,夕惕若,厉,无咎"。系辞:"终日乾乾,反复道也"。

六爻之动,"三多凶,五多功"。因三爻乃见之以行,行而不当则有凶咎。故乾卦三爻言"君子终日乾乾,夕惕若,厉,无咎",即为警告君子之言行,当以圣贤为志,戒慎恐惧,进德修业,无有止境,不可止息,才可保此生无咎。孔子系辞而释之以"终日乾乾,反复道也",也就是君子之生命,健动不息,却不离于道,以此才可无咎。孔子评之曰:"君子进德修业。忠信,所以进德也,修辞立其诚,所以居业也。知至至之,可与几也。知终终之,可与存义也。是故居上位而不骄,在下位而不忧,故乾乾因其时而惕,虽危无咎矣。"

(4)四爻悦:

爻辞:"或跃在渊,无咎"。系辞:"或跃在渊,进无咎也"。

六爻之动,"二多誉,四多惧",因二爻是齐之以理而无差,故多誉,而四爻则是由三爻之见而悦之,如果三爻所见之言行合于生生之道,则四爻之悦为合道而无咎,如果三爻所见之言行悖于生生,则四爻之悦为不当悦而悦,故而可惧。而世俗之人,多不知修道,言行悖道而又悦之,故四爻"多惧"。乾卦三爻君子乾乾夕惕,进德修业,四爻悦之而当,亦应无咎,然君子之所志,圣贤之厚德,固有不为人知者,纵有德之圣人亦有外境之遇与不遇,亦有难随人愿者。故乾卦四爻言"或跃在渊,无咎",即为君子不为苟得之事,亦不为强求之事，进退取舍，一任于时，用之则行，舍之则藏，无可无不可，与时偕行。孔子系辞而释之以"或跃在渊，进无咎也"，或跃在渊，为退也；孔子又言"进无咎也"，也就是说君子于此之时进也无咎，退也无咎，一切因任自然，不必强求。故孔子评之曰："上下无常，非为邪也；进退无恒，非离群也。君子进德修业，欲及时也，故无咎。"

（5）五爻劳：

爻辞："飞龙在天，利见大人"。系辞："飞龙在天，大人造也"。

六爻之动，"三多凶，五多功"。因五爻经前四爻之积累已经到可以有为之时，故五为劳爻且多功。乾卦五爻以飞龙喻之，而言"飞龙在天，利见大人"，即当君子得志，圣人在位之时，则可以大有作为，使天下归心，使群伦各遂其生，各得其所，各正性命而天下大治。孔子则系辞而释之以"飞龙在天，大人造也"。孔子评之曰："同声相应，同气相求。水流湿，火就燥，云从龙，风从虎，圣人作而万物睹，本乎天者亲上，本乎地者亲下，则各从其类也。"

（6）上爻成（成终而成始）：

爻辞："亢龙有悔"。系辞："亢龙有悔，盈不久也"。

六爻之动，"其初难知，其上易知"。事物之将终之时，易于看出结局。然具体到某一事件之中，易于判断者乃是其事实之结局，但对此事件之应然与应当之结局，也即理想之结局却殊难判断。如不知生命之道，不明生生之理者，往往奉实然为当然、为应然，至死也不知其途已错。

上爻为艮位，成终而成始，成而当止，乾卦五爻飞龙在天之后仍然不知止而成亢龙，则过而失当，悔之将至，故上爻言"亢龙有悔"。君子知止，乃止于内也。如只知外而不知内，或求于外而忘其内，外本而内末，则失君子之根基矣，其悔可至矣！孔子系辞而释之以"亢龙有悔，盈不可久也"。盈为外，必以内为根基，如无内修之根本，或内修之根本不足，则外盈不可持久，此为天之道也。孔子评之曰："贵而无位，高而无民，贤人在下位而无辅，是以动而有悔也。"

九为老阳之数，故以"用九"而言乾道之变化。乾道变化，在于生生之德，创生万物，又使万物各正性命，"生而不有，为而不恃，长而不宰"。故言"用九，见群龙无首，吉"，孔子系辞而释以"用九，天德不可以为首也"。

4. 悦以《象》

《鞠本易》中的《象》为通行本中的《大象传》，《象》传为孔子对于易道如何应用于人道之指引，也就是揭示每一卦能够应用于现实人生的哪个方面，人道自觉遵此易道而行，就能吉无不利，故为"悦"。"乾"卦《象》辞为"天行健，君子以自强不息"，揭示"乾"卦二乾相重，健动不息，生生不已之象也，君子观之而思效法天道之健动而自强不息，生生不已，自然为人生之正途大道。

（二）"坤"卦的义理解读

坤：元亨。利牝马之贞。君子有攸往，先迷，后得主，利。西南得朋，东北丧朋。安贞吉。

《象》曰：至哉坤元，万物资生，乃顺承天。坤厚载物，德合无疆。含弘光大，品物咸亨。牝马地类，行地无疆，柔顺利贞。君子攸行，先迷失道，后顺得常。西南得朋，乃与类行。东北丧朋，乃终有庆。安贞之吉，应地无疆。

初六：履霜，坚冰至。

《系辞》曰：履霜坚冰，阴始凝也，驯致其道，至坚冰也。

六二，直、方、大，不习，无不利。

《系辞》曰：六二之动，直以方也。不习无不利，地道光也。

六三，含章，可贞，或从王事，无成有终。

《系辞》曰：含章可贞，以时发也。或从王事，知光大也。

六四，括囊，无咎无誉。

《系辞》曰：括囊无咎，慎不害也。

六五，黄裳，元吉。
《系辞》曰：黄裳元吉，文在中也。
上六，龙战于野，其血玄黄。
《系辞》曰：龙战于野，其道穷也。
用六，利永贞。
《系辞》曰：用六永贞，以大终也。
《象》曰：地势坤，君子以厚德载物。

鞠曦易学的解易原则一以贯之，坤卦之解读依据与乾卦完全一致。
1. 动以《经》

坤：元亨。利牝马之贞。君子有攸往，先迷，后得主，利。西南得朋，东北丧朋。安贞吉。

此段卦辞为上古圣人所作的原始经文，孔子要对之进行"和顺"以使之合于"道德理义"，故为动以《经》。

乾健坤顺，各从其性，是以"元亨"。就人与万物之存在而言，男女有别，雌雄有分，各有其性，各具其德，唯充分发展其性德，才有各自生命之光大。坤德之柔顺，以助乾德之刚健，恰为得其性命之正，故卦辞言"利牝马之贞"。

君子于生命之道，必经一番寻找、修炼之过程，故人生总有一个迷茫期，必得真师指点，方能得其正道，而终得生命之圆满。故卦辞言"君子有攸往，先迷，后得主，利"。

而对于人之生命而言，天道损，地道益，人生当逆天道之损而行地道之益。故坤卦为"天地损益卦序"的地道之始，人生当行地道之益，故卦辞言"西南得朋"，因西南为坤方。而欲行地道之益必先停止天道之损，使天道成终而地道成始，故卦辞言"东北丧朋"，因东北艮位，成终而成始也。天道终而地道始，逆天道而行地道，避损行益，自然"安贞吉"。

2. 齐以《彖》

《彖》曰：至哉坤元，万物资生，乃顺承天。坤厚载物，德合无疆。含弘光大，品物咸亨。牝马地类，行地无疆，柔顺利贞。君子攸行，先迷失道，后顺得常。西南得朋，乃与类行。东北丧朋，乃终有庆。安贞之吉，应地无疆。

《彖》为孔子对卦辞的解释。"至哉坤元，万物资生，乃顺承天"为对卦辞"元"之解释，乾坤皆为"元"，有起始之义，但坤卦之"元"与乾卦之"元"在性质上不同，乾以"健"始，坤以"顺"始，故言"乃顺承天"，揭示坤卦之德为"顺"。乾健也，坤顺也，此为天地之至理也。故天主生，地主长，乾道创生万物，坤道长养万物。于人生而言，天道为冥冥在上而不可知，而地道则为日用伦常之中"须臾而不可离"。

"坤厚载物，德合无疆。含弘光大，品物咸亨"为对卦辞"亨"之解释。大地博厚，无物不生，无物不长，助成万物之亨通，却大公而无私，实乃最伟大之德行。

"牝马地类，行地无疆，柔顺利贞"为对"利牝马之贞"的解释，以牝马喻坤德，"地类""行地无疆"喻地道，人道欲避损行益，就要逆天道而行地道，故为"柔顺利贞"。

"君子攸行，先迷失道，后顺得常"为对"君子先迷，后得主"之解释，人生行事，多顺行天道之损，而不知地道之益，多盲从于外时空之限制，而失去内时空之生命本质，故为"先迷失道"，只有以生命自觉，逆天道而为地道，由外时空盲动回归内时空修炼，才能找到生命之正，故为"后顺得常"。

"西南得朋，乃与类行"为对"西南得朋"之解释，西南为坤方，万物皆致养焉，君子以生生为本，故当怀此坤德而成己成物，与万物同其生生。

"东北丧朋，乃终有庆"为对"东北丧朋"之解释，东北艮位，成终而成始也，艮为止，止于外时空之生命盲动，回归内时空之生命本真，天道成终而地道成始，避损而行益，"乃终有庆"也。

"安贞之吉，应地无疆"为对"安贞吉"的解释。贞者正也，安贞之吉，安于正道而得吉之谓也，而人道之正不是顺行天道，而是逆行天道之损，而顺行地道之益，故言"应地无疆"。

3. 见以《系》

《系辞》为孔子对爻辞之解释，一卦六爻仍然按"六爻成效"的原则展开。

（1）初爻"动"：

爻辞："履霜，坚冰至"。系辞："履霜坚冰，阴始凝也，驯致其道，至坚冰也"。

由霜至冰，喻君子育德之由浅入深、由小到大也。君子欲厚德载物，前提是"厚德"。德之厚，非一朝一夕之事也。必得念兹在兹，勿忘勿助，学不塌等，时时涵养，处处慎独，由微而著，由幽而显，终得大道有成也。故初爻言"履霜，坚冰至"，孔子系辞而释之以"履霜坚冰，阴始凝也，驯致其道，至坚冰也"。

六爻之动，"其初难知"，故初爻动而知险，乾卦"潜龙勿用"是也，坤卦初爻亦是如此，君子育德，亦当小心谨慎，始点有失，则可能由微而著，遗害无穷。

（2）二爻"齐"：

爻辞："直方大，不习无不利"。系辞："六二之动，直以方也；不习无不利，地道光也"。

厚德之要，在于内修其本，外行其宜，方能成就生命之光大也。内修，以内道修炼性命也；外行，以外儒济世利人也。如此则不自显而自然章著于外也，不自露而自然光大于世也，利己而利人也。故二爻言"直方大，不习无不利"，孔子系辞而释之以"六二之动，直以方也；不习无不利，地道光也"。

六爻之动，"二多誉"，因二爻乃"齐之以理"。直、方、大为君子厚德之要领，无论是见之于言行，还是内蕴于德行，皆有利而无害，光大于生命，故言"六二之动，直以方也。不习无不利，地道光也"，已经内含乾卦二爻"见龙在田"之义理。

（3）三爻"见"：

爻辞："含章可贞，或从王事，无成有终"。系辞："含章可贞，以时发也。或从王事，知光大也"。

厚德之行，诚于中而形于外，非为有意外求也。故厚德之人光华内敛，不露锋芒，却意志坚定，不动不摇。故三爻言"含章可贞"，孔子系辞而释之以"含章可贞，以时发也"。

厚德之行，只在助成万物，非求己功。故能尽己之能，而慎终如始，尽己之力而不与天争功，不以所成就者为一己之功，从而不自矜，不自伐，此方为德之大也。老子言"功成身退，天之道"，其义大矣。故三爻又言"或从王事，无成有终"，孔子系辞而释之以"或从王事，知光大也"。

六爻之动，"三多凶"，因其有自现、自是、自大之危险。故乾卦三爻警以"夕惕若厉"，而坤卦三爻则警以"含章可贞，以时发也"，内修为本，外用以时，不可强求。

（4）四爻悦：

爻辞："括囊，无咎无誉"。系辞："括囊无咎，慎不害也"。

君子厚德载物，非为外求与自显，而是中心悦而为之，诚于中而形于外，故虽助成万物，却不以之为己功而自大也。于现实人生，无论功成与否，如自大自显，则反招祸害，悖于性命之情也。故四爻以"括囊，无咎无誉"喻君子之谨言慎行，孔子系辞而释之以"括囊无咎，慎不害也"，即君子厚德修身，须时时谨慎也。

六爻之动，"四多惧"，因四爻之效为悦，而悦有正与不正，悦不得其正则会有害，故坤卦四爻警以"括囊无咎"，正与乾卦四爻"或跃在渊"、"进退不失其时"相通。

（5）五爻劳：

爻辞："黄裳，元吉"。系辞："黄裳元吉，文在中也"。

君子厚德载物，在位而行其志，助成天下，自然元吉。而君子之厚德，以内修为本，内修之功，以守中为要。黄色为中央之色，故"黄裳"喻人道之中也，孔子系辞而释之以"黄裳元吉，文在中也"。

六爻之动，"五多功"，因其爻效为劳，正合于乾卦五爻之"飞龙在天"之义，故坤卦五爻亦为"黄裳元吉"。

（6）上爻成：

爻辞："龙战于野，其血玄黄"。系辞："龙战于野，其道穷也"。

六爻之动，"其上易知"，因一卦之末，往往容易预见结果，但坤卦上爻之深义却不易知，本次会讲的坤卦上爻解读让人深感意外。

"龙战于野"，龙为乾，野为坤，"龙战于野"即为乾坤交战，"其血"为龙之血，即乾为坤所败。按正常卦理言，乾健也，坤顺也，坤顺于乾，地顺于天，而坤卦上爻却言"龙战于野"，乾坤交战，"其血玄黄"又言乾为坤所败，这就说明坤卦上爻具有非同寻常之义理。尤其孔子在系辞中说"龙战于野，其道穷也"，不是指坤道穷也，而是指龙之道穷，也就是乾道穷也。这是需要特别注意的地方，通常解读都以坤卦上爻为坤道已穷而有"龙战于野，其血玄黄"，而按照文意，"其血"与"其道"都应指"龙"之血与"龙"之道，故坤卦上爻应为乾道穷。

以损益之道解之将会使义理更加明确，乾为天道，坤为地道，天道损，地道益，人生欲避损行益，就要逆天道之损而行地道之益，故"龙战于野"即为人之生命损益交织；"其血玄黄"即为逆天道而行地道，避损行益；"其道穷也"即为逆损道而为益道，使损道不得行而得人生之益道，是为坤卦上爻成终而成始，损道终而益道始之深义也。

故坤之道，在于贞正性命，由微至著，持之以恒，以成就生命之终极。

故言"用六,利永贞",孔子系辞而释之以"用六永贞,以大终也"。

4. 悦以《象》

坤卦《象》辞言"地势坤,君子以厚德载物"。其象为重坤,大地博厚之象也,君子观之而思自修性德,温柔敦厚而助成万物各正性命。

四、结语

本次长白山书院暑期儒道研修班为期较长,研讨内容与成果丰富,尤其是鞠曦先生对"时空统一论"整体理论框架的揭示极大加深了学员对于长白山书院学术理路的理解。在研修过程中更与美国的"建设性后现代主义"与"过程哲学"进行了中西哲学与思想的交流与对话,对于开扩学员视野,提升学员的理论自觉与继续学习的积极性起到了积极作用。

从本次会讲的整体情势来看,长白山书院的学术影响力正在日益扩大,学员参与人数已经达到了书院接待能力的极限,书院的相关配套设施与各种硬件和软件要求都急需完善,而这些都不是鞠曦先生一人之力所能完成,须书院弟子及社会各界向道之士共同努力,共成道业。

从整体人才储备来看,长白山书院已经具有了一支自己的学术队伍,能够遵从共同的学术宗旨,用同一个理路,发出同一种声音,形成自己的学术影响与学术作用。但从另一方面看,鞠曦先生的学术著作大多还未出版,包括书院弟子也未曾系统全面地了解鞠曦先生的整体思想理路,再加之书院弟子与来访学员自身的理论素养与理解程度也参差不齐,从而对于鞠曦先生思想研究的现有成果还都很不成熟,距离形成一个完备、成熟而有影响力的长白山学派还有很长的路要走。

道不远人,人之为道而远人,书院诸君与向道君子,我们共同努力!

(作者为吉林师范大学马克思主义学院副教授,哲学博士)

后　记

此本文集能够集结出版，实乃机缘所至，水到渠成。动念之初，乃是为《恒道》辑刊组稿，然发现所组稿件之中，诸多研究鞠曦思想之文章如皆收入《恒道》，则使《恒道》成为一家之言，有违《恒道》兼容并包之办刊宗旨，遂顺势而为，将这些文章集结为《鞠曦思想研究》文集出版。此或为天意所在，不可违之！

本书在编辑与出版过程中得到了许多同仁、道友的大力帮助，大家通力合作，群策群力，方促成此书面世。张金鑫、彭卿、杨建平、贾传宏等同道都尽其所能，联系出版事宜，最终促成了此书出版，在此一并致谢。还要感谢线装书局与李媛编辑慧眼识珠，为本书出版提供平台支持！